KB230830

굴기의 시대

G1으로 향하는 중국몽

굴기의 시대

G1으로 향하는 중국몽

김태일 지음

이담 Books

머리말

　본서의 목적은 중국의 앞날을 예언하고 그에 합당한 대안을 제시하는 데 있지 않다. 그보다는 중국의 미래에 영향을 끼칠 변수를 추상적 모형의 틀 속에 가두고 그 경로를 탐색하는 데 더 큰 의미를 두었다. 물론 구체적인 모습은 아무도 모르며 논리적으로 그걸 풀어내지도 않았다. 거듭 밝히지만 이 글이 던지고 단정하는 결과는 그리 중요하지 않다. 세상은 계속 변하고 온갖 사건들이 수시로 발생한다. 일반적인 세상에서는 꿈꿀 수 없는 극단적 사건들이 불쑥불쑥 등장해 기존 추세 자체를 뒤엎을 수도 있다. 다시 한 번 강조하지만 이 글의 결론은 그리 중요치 않다. 저자가 독자들에게 바라는 것은 결과를 도출하는 과정을 지켜보면서 이를 취사선택해 본인만의 결과를 한번 그려보라는 것이다. 여기서 종속변수, 즉 결과는 중국 미래이고, 독립변수는 각 단락의 주제인 10가지 영역이다. 중국 굴기는 결정된 사실이 아니며 그 말 자체도 동태적 성격이 강하다. 각 영역의 진퇴에 따라 변화하는 현상일 따름이며 이들의 움직임에 따라 중국은 굴기할 수도 혹은 쇠퇴할 수도 있다. 우리는 단지 미래의 방향성이 예전보다 뚜렷해졌다고 관찰할 따름이지 그 추세가 최종적 모습일 수는 없다.

이 기회를 빌려 책을 구상하면서 고민한 생각의 파편들을 소개하고자 한다. 우선 중국 부상이 서양에서 동양으로 글로벌 파워가 이동하는 역사적 과정 속에서 벌어지는 현상인지, 아니면 중국의 부상으로 인해 서양에서 동양으로 글로벌 파워가 이전하는 것인지를 생각해봤고, 이어서 미국 쇠퇴와 중국 굴기가 역사적 대세라면 글로벌 정치체계는 어떤 모습을 띠고 중국과 미국으로 상징되는 G2와 21세기 영향력의 중심들(21st Century centers of influence) 간의 관계설정은 어떻게 될지를 고민했다. 다음으로 중·미의 권력교체 시점과 방식, 중국 굴기의 지정학적 결과는 무엇인가를 떠올려봤으며, 21세기 중국의 역할은 무엇이고 이런 중국이 한반도에 어떤 영향을 미칠까를 생각했다. 또한 중국의 발언권 강화 환경과 그 환경이 부정적으로 바뀔 가능성은 없는지, 중국의 지속성장 전제조건과 동력은 무엇인지, 중국이 직면할 도전과제는 어떤 것이 있는지 등을 염두에 뒀다. 이 책이 위 고민의 해답을 온전히 제시하지는 않지만 문제 접근방식에서 약간의 도움은 될 것이다.

막연한 생각일 수는 있지만 21세기에는 이전 세기처럼 단독으로 한 국가가 다른 강대국들을 압도하는 시대는 오지 않을 것 같다. 특정 경제권이 다른 경제권의 의사에 반해 자신의 주장을 관철하는 일도 드물 것이고 한 문명이 다른 문명보다 확고한 우위에 서는 상황도 재현되기는 힘들 것이다. 2050년경 세계 구도는 오늘날과는 완연히 다를 것이지만 그렇다고 기존 권력구도에서 완전히 이탈해 전혀 새로운 권력체계가 뚝딱 만들어질 것 같지도 않다. 우리 자신도 콕 집어서 말할 수 없지만 세계가 새롭게 재편되고 있다는 점을 분명 느낄 것이다. 지금 이 순간에도 세계 구도는 점진적으로 변형되고 있으며 게임의 룰이 바뀌고 있다. 아직 그 최종형태를 확인할 길이 없을 따름이다.

21세기 글로벌 질서는 G2를 중심으로 구축될 것이나 이들 누구도 강력한 지도력을 발휘하지는 못할 것이다. 유럽은 완만한 하락세, 러시아는 완만한 상승세를 보일 것이고, 일본은 느리게 하락하다 어느 시점에 급격히 추락할 것 같다. 그리고 신흥 경제대국 인도와 브라질은 늦어도 2030년경에 그들이 고대하던 강대국 티켓을 차지하며 글로벌 성장엔진에서 글로벌 기둥으로 변모할 것이다. 게다가 이때쯤 브릭스는 '넥스트 일레븐(Next Eleven)'에 자신의 역할을 넘기며 뒤로 물러날 듯하다. '넥스트 일레븐(Next Eleven)'은

골드만삭스가 제시한 개념으로, 콜롬비아·이집트·인도네시아·이란·사우디아라비아·멕시코·터키 등을 차세대 동력으로 보고 이들에 이 같은 이름을 붙여주었다. 이미 G20이 G7의 자리를 대신하며 글로벌 어젠다를 주도하고 있다. 이런 점에서 우리는 글로벌 역학관계가 다변화되고 있다는 점을 직관적으로 알 수 있다.

그러나 지금 현시점은 더없이 불안하다. 전 세계적으로 카타스트로프(catastrophe, 파국) 징조들이 속속 나오고 있기 때문이다. 미국은 아메리카 드림을 외치지만 나이트메어가 된 지 이미 오래고, 중국은 다 함께 잘살자며 왕조를 뒤엎었지만 현실은 예나 지금이나 나만 잘살자로 귀결되고 있다. 일본은 천천히 망하는 것에 지쳐 빨리 망하는 길로 들어섰고, 한반도는 긴 대치상태에 노이로제가 걸려 이제는 한판 붙고 빨리 끝내자는 극단적 생각마저 고개를 들고 있다. 유럽은 이대로 다 함께 빈곤해지니 지금이라도 각자 찢어져 제 살길을 찾자는 욕구가 강렬해지고 있으며, 중동은 총체적 난국 속에서 탈출구가 보이지 않는다. 아프리카는 이제 막 근대에서 탈피하고 있으며, 중앙아시아는 여전히 방황한다. 러시아는 구소련의 정화를 바탕으로 유럽과 아시아를 양 날개로 삼아 창공을 비약할 생각에 부풀어 있지만 영향력 중심 위치도 고수하기 힘겹고, 인도는 글로벌 강대국을 꿈꾸지만 지역 강대국도 불안하다. 브라질은 가야 할 길만큼 불확실성도 크고, 아세안은 계속 주변부만 맴돈다. 이렇듯 국가적 파국, 지역적 파국, 글로벌 파국이 뒤엉켜서 중구난방으로 분출되고 있다. 이쯤에서 카타스트로프의 어원을 통해 이 말의 의미를 되새겨보자. 카타스트로프는 그리스어 'katastrophē'가 어원으로 전차 경주가 열렸던 고대 원형경기장의 곡선 주로에서 따온 말로, 연극에서는 대단원·파국 등으로 종종 번역되고 일반적으로는 대참사·재난 등으로 해석된다. 이 말에서 유추해 프랑스 수학자인 르네 톰은 카타스트로프 이론(catastrophe theory, 파국이론)을 발표했다. 이 이론은 일정한 상태로 변하다가 어떤 임계치에 이르러 갑자기 붕괴한다는 것이 주 논지로, 간단히 말해 '여태 그럭저럭 잘 굴러가다가 왜 말썽이지?'라는 의문을 가질 때 바로 이 이론을 떠올리면 된다. 즉, 서서히 문제가 누적되다가 어느 지점에 이르러 갑자기 폭발하면서 파국을 초래한다는 뜻이다. 지금 현시점이 혹시 임계치에 근접한 것은 아닌지 고민해볼 필요가 있다.

각 나라에서 주장하는 가치들은 바로 그들 자신이 결핍된 것이다.

중국은 늘 평화와 안정을 말하고 미국은 항상 정의를 내세운다. 미 대통령이 안정을 주장하는 걸 본 기억은 별로 없는 것 같다. 안정이라는 말 대신에 주로 안보를 언급하여 이에 전략 방점을 찍는다. 같은 맥락에서 중국 지도자가 정의를 외친 적은 별로 없다. 정의라는 말 대신에 공정을 주장한다. 이는 개인의 사소한 언어적 습관일 수도 있겠지만 반어법적으로 각 나라의 가치관과 현실이 함축되어 있다고 생각한다. 즉, 중국은 분쟁이 잦고 불안정한 나라라는 점, 미국은 정의롭지 못하고 불안한 나라라는 사실을 말이다. 덧붙이자면 일본은 늘 보통국가로의 회귀를 말하는데 이는 한마디로 일본이 비정상적인 국가이기 때문이다. 그런 의미에서 한국 역시 입버릇처럼 안보를 달고 살며 민주주의와 복지를 수시로 언급한다는 점에서 한국이 위태롭고 덜 민주적이며 삶이 불투명하다는 사실을 말해준다.

세계는 단지 차이가 존재할 뿐이지 분리된 개체는 아니다. 그럼에도 나와 다른 존재는 격리되어야 한다고 믿는 이들이 있는데 이는 상당히 극단적인 생각이다. 분리에서 편견과 차별, 갈등이 잉태되며 포용 속에서 발전이 이루어진다. 우리는 단지 서로 간에 차이가 존재할 뿐이다. 차이를 서로 연결하는 것이 진화의 토대이자

불안정한 세상을 구제하는 실질적 길이다. 오늘날 경쟁은 진화를 촉진하는 것이 아니라 파괴하는 기제다. 일어날 법한 일이 일어나는 것이 아니라 일어날 것 같지 않은 일이 일어날 때 진화가 이루어진다고 한다. 지구에 있어 인류는 아마 일어날 것 같지 않은 존재였던 것 같으며 너무 진화되어 이제는 자신을 포함한 다른 생명체에게 크나큰 위협이 되고 있다. 유사 이래로 인류의 생존은 조화와 협력을 통해 획득됐지 경쟁을 통해 보장받은 것은 아니다. 그런데 집단주의에 대한 두려움으로 개인주의가 너무 과도히 질주한 나머지 협력과 공존은 집단으로 매도됐고 집단은 다시 전체주의로 전체주의는 제국주의와 군국주의로 개념이 확장되어 최종적으로 다시 공산주의로 연결됐다. 그래서 우리는 협력과 공존은 아주 나쁜 것이라는 암시에 걸려들었다. 두레와 향약이 인류의 적은 아니질 않는가! 대개 독재자들이 사람이 모이는 걸 두려워하고 서로 연결되고 생각을 나누는 걸 꺼린다. 마치 민족주의가 피해야 할 개념으로 취급받듯이……. 제국에 있어 타국의 민족주의는 곧 테러리즘과 동격이며 이 점에서 미국과 중국은 공감대를 같이한다.

한편 이 세상에는 세계의 본질은 변하지 않으며 이것이 바로 자연의 법칙이라고 믿는 이들이 있다. 우리는 이들을 보수주의자라 부른다. 그리고 세계는 움직일뿐더러 그 방향은 앞으로 향해야 한다고 믿는 이들이 있다. 우리는 이들을 진보주의자라 부른다. 심지어 세계가 앞으로 움직이면 그것을 되돌려야 한다고 믿는 이들이 있다. 우리는 이들을 수구주의자라 부르며 반대로 느리게 움직이는 것은 부정의하며 빠르고 거침없이 나아가야 한다고 믿는 이들이 있다. 이들을 우리는 급진주의자라고 부른다. 냉소적 자세로 이들 모두가 관념의 늪에 빠져 세상을 불안하게 만든다고 주장하며 현실을 직시하라고 다그치는 이들이 있다. 우리는 이들을 현실주의자라고 부른다. 현실주의자는 눈앞의 현실에 가까운 미래가 있고 현실 속에 지나온 과거가 모두 응축되어 있다고 믿는다. 그래서 말과 생각의 성찬에 냉소를 보낸다. 만약 그대가 진보주의자라면 탄탄한 현실주의의 등을 밟고 올라서야지 비로소 자신이 원하는 세상을 이룰 수 있을 것이다. 진보의 맞은편에는 보수가 아닌 현실이 있어야 한다. 부실한 발판으로 "이상"은 대개 "몽상"으로 막을 내리고 언제나 제자리를 돈다.

　엄밀히 말해 보수주의는 가치가 아니라 본능에 가까운 생존법칙이다. 설득과 계몽의 대상이 아니며 환경에 적응하는 존재다. 그러므로 과거의 친일은 현재의 친미로 바뀌고 미래의 소중화로 변할 것이다. 예컨대 '과거 친일행각을 뉘우치고 역사에 참회하라!' '독재에 앞장선 경력을 부끄럽게 여겨라!' 등과 같은 말처럼 실없는 소리도 없다. 그들의 행위는 비록 정의롭지도 고귀하지도 않지만 그들 입장에서는 자신의 생존본능에 몸을 맡겨 최대한 살길을 찾은 것뿐이다. 그들 자신은 아마 한 점의 부끄러움도 없다고 여길 것이며 다시 그 시대로 돌아가도 똑같이 행동할 것이라고 주장할 가능성이 높다. 세상이 발전하려면 이들을 수면 위로 끄집어내 공개 비판하는 데 정력을 쏟을 것이 아니라 생존이라는 가장 본질적 욕구를 거슬러 가며 국가와 민족을 위해 자신의 생명을 내던진 애국자와 민주열사에게 거대한 명예와 부를 안겨 후세의 귀감이 되게 만들어야 한다. 그래야만 세상이 제대로 돌아간다. 하지만 현실은 어떠한가? 애국자는 골목을 떠돌고 민주열사는 병실을 배회한다. 임진왜란 때의 그 많던 의병들이 불과 한 갑자를 두고 발생한 병자호란 때는 왜 자취조차 없었는지를 깊게 고민해보길 바란다. 비난할 대상을 비난하기보다 존경할 대상을 더 존경해야 한다. 이것이 기본이다.

중국의 지배력을 인정하는 때는 중국이 미국을 완전히 넘어설 때일까? 그렇지는 않을 것이다. 지금 미국은 아시아 지역에서 중국의 영향력을 배제하지 못한다. 그렇다고 아시아 각국이 중국의 지배력을 당연시하고 있지는 않다. 오히려 빈번히 저항하고 있다는 편이 더 타당하다. 그렇다면 언제 아시아는 중국의 지도력을 인정하고 패자로 받아들일까? 그건 중국이 적어도 아시아에 한해서 미국을 넘어설 때이다. 그리고 저자는 그 시기를 2030년 전후로 예상하고 있다. 참고로 브레진스키는 2025년 이후를 헤게모니 전환 기준점으로 보는 듯하다. 중국의 지배력에 반대하지 않고 이를 거의 당연시하고 받아들일 때 중국은 진정으로 굴기했다고 할 수 있다. 그러나 지금은 아니다. 아직은 중국이 온전한 아시아 패자가 아니다. 이 지역에서 중국이 패권을 가지고 있지만 아직 패자는 아니다. 현재 중국은 미국이라는 글로벌 패자에 저항하는 것이지 권력이 작동하는 방식인 패권에 반대하는 것은 아니다.

앞으로 우리는 중국 굴기를 즐겨야 할 때인지, 경계심을 가지고 관망해야 할 때인지, 적극적으로 저지해야 할 때인지를 염두에 두면서 국제정세를 수시로 살펴야 한다. 21세기 첫 20년은 아마 편승의 시대에 가까울 것이고, 그다음 20년은 신중히 취사선택을 하며, 2050년 전후로는 냉정히 정세를 판단해야 한다. 즉, 2050년 이후로는 중·미의 힘겨루기 강도와 가능한 결과를 바탕으로 정책 방향성을 조정할 필요가 있고, 2070년쯤에는 주어진 조건하에서 적극적 의사표현을 해야 한다. 그러므로 중국 굴기에 압도되어 마냥 위축될 필요도 없고, 중국 굴기를 시기해 무분별한 비난을 해서도 안 된다. 중국 굴기가 한국에 유리하면 그 등에 올라타면 되고 불리하면 굴기하는 그 지점을 누르면 된다. 굴기하는 그 지점이 바로 중국의 역린이기도 하다. 종종 한국이 미국과 중국 가운데 어느 편에 서는 것이 유리한지 물어보는 이가 있다. 만약 우리가 이들 가운데 꼭 하나를 택해야 한다면 답은 아주 간단하다. 둘 중 더 강한 쪽에 붙으면 된다. 국가라는 존재에 있어 미국과 중국의 차이는 햄버거와 만두의 차이보다 더 미미하다. 이들이 자신의 전체 역량을 가지고 고하(高下)를 정할 때 우리는 그 결과를 수긍하면 된다. 우리의 게임이 아니라 그들의 게임이다. 즉, 양국이 결정해서 결과를 통보해달라고 요구하면 끝이다. 이를 고상한 말로 흔히 페킹 오더(pecking order) 준수라고 한다.

브레진스키의 번뜩이는 직관을 소개하는 글로 머리말을 마무리하고자 한다. 브레진스키는 그의 최근 저서인 『전략적 비전(부제: 미국과 글로벌 파워 위기)』에서 다시 한번 날카로운 통찰력을 보여줬는데 그는 지정학적으로 가장 위험에 처한 8개 지역으로 한국, 조지아, 대만, 벨라루스, 우크라이나, 아프가니스탄, 파키스탄, 이스라엘과 중동을 꼽았다. 브레진스키는 여기서 "미국의 쇠퇴로 한국은 고통스러운 선택에 직면할 것이다. 중국의 지역적 지배력을 받아들이며 동아시아 안보의 보증인으로서 행동하는 중국에 좀 더 기대든지 또는 역사적으로 인기는 없지만 민주주의 가치와 북한 또는 중국의 침략에 대한 두려움을 공유하는 일본과의 관계를 훨씬 강화하는 길을 찾아야 한다. 그러나 강력한 미국의 뒷받침 없이 중국에 맞서는 일본의 경향은 기껏해야 (가능할지) 의문시되는 정도일 따름이다. 그러므로 동아시아에서 미국의 안보 공약이 덜 믿을 만할 때는 한국은 혼자 힘으로 군사 또는 정치적 위협에 직면해야 한다"고 적었다. 그의 견해를 직설화법으로 바꾸면, "한국은 미국의 쇠퇴와 중국의 지역적 우위를 인정하고 이제 독자생존의 길을 준비해라" 정도로 해독할 수 있다. 이대로 반세기만 흐른다면 한반도는 지도에서 사라지고 두 번 다시는 일어서지 못하게 될 것이라는 불길한 생각도 가끔 떠오른다. 다가올 2050년 우리가 살고 있는 이 나라가 계속 존속하리라 장담하지 마라. 한국이 식민지에서 탈출한 지 70년도 채 되지 않았고 그 이전 몇백 년간은 중국의 변속국으로 존재했다.

아무쪼록 부족한 글이나 이는 조국과 민족에 주는 저자의 마음 한 가닥이며 중국을 연구하고 있는 이로서 해야 할 책무라고 생각한다. 그리고 언제인지 기약할 수 없지만 이 글과 함께 보면 좋을 두 편의 글을 마무리하는 것으로 이제 그만 그 마음과 책무를 내려놓으려고 한다. 끝으로 한국학술정보(주)의 지속된 배려에 감사하며 편집팀, 디자인팀 직원들에게 지면을 빌려 고마움을 전한다. 또한 사랑하는 파트너 경희와 부모님에게 애정 어린 마음을 전하며 독자 여러분이 무엇인가 쓸 만한 것 하나라도 건질 수 있기를 진심으로 바란다.

2013년 9월

I

중화굴기

崛起

이번 장에서는 우리는 21세기 중화주의가 어떤 얼굴을 가지고 있는지 살펴보고 왕도와 패도를 두 손에 쥐면서 21세기 게임의 룰을 바꾸는 중국의 일면을 그려본다. 이어서 울지 않는 세계를 울도록 만드는 미국과 울 때까지 기다리는 중국을 서로 대비하며 왜 국제정세가 중화에 유리하게 돌아가고 있는지를 짚어보고 이에 더해 수신제가 치국평천하(修身齊家治國平天下)라는 화두를 들고 내부개혁에 눈을 돌리는 중국의 모습을 그리며 마지막으로 왜 중국이 21세기를 주도할 수밖에 없는지를 논해본다.

1장
중화주의를 만천하에 고하노라

세계는 반세기 동안 춘추전국시대로 빠져들고 각국의 흥망성쇠는 선명히 갈린다. 혼돈의 시기가 찾아오고 새로운 질서가 태동한다. 클라우제비츠는 전쟁은 나의 의지를 실현하기 위해 적에게 굴복을 강요하는 행위라고 말했다. 이런 점에서 미국은 자신의 의지를 다른 나라에 강요하고 유럽은 의지가 분열되어 있으며 일본은 의지를 숨기고 러시아는 의지를 다잡는다. 그런가 하면 중국은 자신만을 위해 의지를 행사한다. 세계의 우려와 달리 중화주의는 야심 찬 팽창주의보다 나르시스적 고립주의에 더 가깝다.

중화주의는 달리 화이(華夷)사상이라고도 한다. 여기서 화(華)는 화하족(華夏族)을 말하고 이(夷)는 화하족 이외의 부족을 일컫는데 대표적으로 동이(東夷), 서융(西戎), 남만(南蠻), 북적(北狄)으로 부르는 사이(四夷)가 있다. 중화주의의 뼈대는 유일한 문명국인 중국을 따라 미개한 이(夷)가 중국화된다는 것으로 이를 화이지변(華夷之辨) 또는 이하지변(夷華之辨)이라고 부른다. 여기서 화하족의 하(夏) 자는 관을 쓰고 춤을 추는 모습을 형상화한 것이고, 이족의 이(夷)는 사람이 무릎을 꿇는 형태를 나타낸 말로 우리는 화이(華夷)라는 두 글자를 통해 중화사상의 본질, 즉 문명을 매개로 한 지배논리라는 점을 꿰뚫어볼 수 있다. 참고로 하(夏)나라는 중국 역사상 최초의 왕조이기도 하다.

아무튼 중화라는 말이 적힌 최초의 문헌은 『삼국지』 제갈량전 주로 여기에 "중화(中華)를 거닐면서 용광(龍光)을 편다"는 문구가 있다. 이어서 중국(中國)이라는 말은 『맹자』 양혜왕 상에 나오며 여기에 "중국에 이르러 사이를 어루만진다(莅中国而抚四夷也)"는 글귀가 있다. 중국이라는 통일된 국가가 등장한 계기는 진나라 때부터로 진시황이 춘추전국시대를 끝내고 각 제후국을 복속해 천하통일을 실현함으로써 구주(九州)는 중국(中國)이 되고 중국은 천하(天下)가 됐다. 그럼에도 고대 중국에 일국(一國)은 여전히 모호하고 불편한 관념이었고 대다수는 이를 통합이 아닌 획일로 받아들였다. 그러므로 한의 동중서(董仲舒)는 유교를 지배사상으로 삼아 중국에 정형화된 사고체계를 이식했다. 진이 영토통일을 이룩했다면 한은 사상통일을 실현했고 이때부터 중국은 천하를 중화와 이적으로 선명히 구분했던 것이다.

중국은 천하의 질서가 중화와 이적 사이의 조공과 책봉관계로 유지되고 이적이 중화를 거부하며 중국을 침략하는 일은 천하의 질서를 흩트리는 불의한 일로 여겼다. 따라서 중화가 이적 위에서 천하를 조율할 때만 진정한 평화가 찾아오고 황제의 권위는 이적들의 분쟁을 진정시키고 천하의 안정을 유지함으로써 보장받는다고 생각했다. 따라서 조공국 상실과 분쟁조절 실패는 권위상실로 직결됐고 이런 사태는 어떤 대가를 치르더라도 피해야 할 일로 인식됐다. 우리는 흔히 루이 14세(1643~1715)의 "짐은 곧 국가다"라는 말로 절대 권력을 가늠하는데 이도 역대 중국 황제들과 비교하면 그리 대단한 망상은 아니다. 신해혁명 이전까지 중국 황제들은 자신을 천하와 동일시했고 권위상실은 천하혼란의 단초였으며 중화 붕괴를 의미했다. 한편으론 아시아, 특히 동아시아에 대한 중국의 강박적인 책임(?)의식을 이런 각도로도 해석할 수 있다. 중화라는 관념은 중국이 부강할 때는 질서 규범이지만 쇠퇴할 때는 폐습으로 작동한다. 대개 지배자에게 질서는 안정으로 도전자에게는 구태로 비친다. 그래서 도전자는 언제나 '새로운(New)'을 외치며 헤게모니, 즉 질서의 재배열을 요구한다.

그럼 옛 역사 속에서 중화라는 개념 한계가 드러난 사례를 살펴보자. 영국은 1792년 청나라 건륭제의 83세 생일을 맞이해 첫 공식 사절단을 중국에 파견했다. 청나라는 사절단이 도착하자 이들의 선박에 영길리국공선(영국에서 보낸 조공선박이라는 의미)이라는 깃발을 달게 하고 선물상자에는 영길리국공물이라는 표기를 붙이도록 했다. 이어서 건륭제에게 삼궤구고(三跪九叩, 세 번 절하고 아홉 번 머리를 조아리는 것)의 예를 취하도록 요구했다. 그러자 사절단 단장인 조지 매카트니(George Macartney)는 영국의 존엄을 떨어뜨린다는 이유로 이를 거부했고, 몇 번의 첨예한 협상 끝에 첫 접견은 영국식으로 하고 두 번째 정식접견은 중국식 삼궤구도의 예를 올리는 것으로 합의했다. 이렇듯 양국 사이의 첫 대면은 비걱거리며 출발했고 뒤이어 영국의 9가지 요구사항을 듣고 건륭제가 불같이 화를 내면서 결국 파탄을 맞이했다. 건륭제는 영국 국왕에게 훈계조의 거절 편지를 보냈으며 사절단은 참담한 굴욕을 안고 영국으로 돌아갔다. 조지 매카트니 수행원은 당시 상황을 "거지처럼 들어와 범죄자처럼 머물다가 도둑처럼 빠져나왔다"고 단 세 마디로 묘사했다.

양국의 첫 만남은 이렇게 막을 내렸지만 역사는 또 다른 무대를 마련하며 중국에 파란만장한 질곡을 안겨줬다. 중국은 영국과의 아편전쟁 패배로 권위를 잃었고 뒤이어 서구열강들에 의해 갈가리 찢어졌으며 청일전쟁 패배로 완전한 사망선고를 받았다. 그 결과 인류는 생애 최초로 동양의 몰락과 서양의 부상이라는 새로운 시대를 맞이했고 21세기 현재도 그 여파는 면면이 이어져 오고 있다. 요즘 아시아에서 분출되는 각종 파열음은 좁게는 19세기 이전 체제로의 되돌림 현상으로, 넓게는 서양에서 동양으로의 재전환되는 징조로 받아들일 수 있다. 어쨌든 청나라는 개방보다 쇄국, 개혁보다 안주, 기계보다 인력, 과학보다 팔고문(八股文)을 택하는 역사적 잘못을 범했고 건륭제와 조지 매카트니가 만난 지 40여 년 만에 동서양의 양대 제국은 아편전쟁이라는 첫 충돌을 일으켰다. 아편전쟁은 중화와 이적으로 구별된 천하를 양자가 대등한 천하로 바꿨고 이어 발발한 청일전쟁은 전자와 후자가 뒤바뀐 세상을 열었다. 그 결과 중화주의는 송두리째 뽑혀나갔으며 중국은 역사상 최초로 이적이 되는 아픔을 맛본 채 21세기 들어 옛 영광을 일부 회복하기 전까지 "중화"라는 두 글자를 입에 담지 못했다.

중화주의 몰락으로 중국은 구심점을 잃고 방황을 거듭했다. 이때 중국은 중화주의를 대신할 다양한 이념을 시도했고 최종적으로 공산주의가 낙점됐다. 하지만 21세기로 넘어오면서 공산주의도 점점 설득력을 잃고 있으며 중화주의가 차츰 복원되고 있다. 그리하여 내부로는 공산주의를 내세우고 외부로는 중화주의를 주장하는 이원적 가치체계가 형성됐다. 이런 미묘한 변화는 공산당 창당 90주년 기념사를 통해서도 잘 드러난다. 후진타오는 이 석상에서 중화주의를 전면에 내걸고 중화의 미래를 역설했다. 그는 공산당 설립이 중화민족 역사에서 천지창조와 같은 대변혁이라고 말하고 사회주의 중국이 세계동방에 우뚝 솟았으며 중국 특색의 사회주의 깃발을 내걸고 13억 중국인은 중화민족의 위대한 부흥의 길을 가고 있다고 말한다. 또한 신해혁명 100주년 기념식에서는 중국 공산당이 신해혁명을 완수한 계승자라는 점을 강조하며 현 중국 정부가 중화민족의 정통성을 가진 유일한 정부라는 점을 강조했다. 후진타오는 이때 "중화민족의 위대한 부흥"이라는 단어를 힘주어 몇 차례나 언급했는데 이는 좁게는 대만을 겨냥한 말이고 넓게는 화교권 모두를 향한 메시지로 여겨진다. 다시 말해서 중화민족이라는 큰 울타리 속으로 다시 들어오라는 담대한 선언과도 같다.

그뿐 아니라 '후진타오 시대'를 마무리하고 '시진핑 시대'를 연 첫 공식 무대(2012년 11월 15일 18기 중앙정치국 상무위원회 기자 간담회)에서 새로운 권력인 시진핑은 "우리 민족은 위대한 민족이다"라는 말로 서두 발언을 시작했다. 그는 "중화민족은 5,000여 년의 문명발전 과정에서 인류문명의 진보를 위해 불멸의 공헌을 했지만 근대 이후 역경을 경험했으며 가장 위험한 시기도 맞이했다"고 담담히 소회를 밝히며, "많은 지사들이 중화민족의 위대한 부흥을 위해 힘차게 투쟁했지만 연이어 실패를 맛보았다"고 통탄했다. 이어서 힘주어 말하길, "중국 공산당의 책임은 세계민족이라는 숲에서 중화민족이 더 강건하고 힘차게 자립하도록 만들고 인류를 위해 새롭고도 더 큰 공헌을 하는 것이다"고 역설했다. 뒤이어 그는 "중국인민은 위대한 인민으로 긴 역사의 과정에서 근면, 용감함, 지혜에 의지해 민족이 화목하게 공존하는 아름다운 정원을 창조하고 우수한 문화를 육성했다"고 주장하며, "중국은 세계를 이해하고 세계도 중국을 좀 더 이해할 필요가 있다"는 과감한 결론으로 연설을 끝맺었다.

여기서 우리는 시진핑이 '화평(和平, 평화)' 대신에 '이해(理解)' 를 촉구한 점을 주목해야 한다. 중국 지도자는 '화평'이라는 말을 입버릇처럼 달고 사는데 이는 논리적 판단에 앞서 매너리즘적 사고로 이미 굳혀진 용어로 결코 실수 또는 무의식적으로 이 단어를 빠트릴 수 없다. 그런데도 화평이라는 말이 첫 공식연설에 언급되지 않은 것은 자신의 시대에는 무조건적 화평이 아닌 선택적 화평을 추구하겠다는 속마음을 살짝 드러낸 것으로 해석할 수 있다. 이를 지도자 성향 문제로 접근하는 것은 올바르지 않다. 더구나 중국은 집단체제 틀에서 권력이 움직여 민주국가의 대통령보다 실질적 권한이 더 적은 편이다. 그래서 이를 해독하기 위해서 우리는 먼저 후진타오의 중국과 시진핑의 중국이 놓였던 출발점이 다르다는 사실부터 인정해야 한다. 그래야 현재의 움직임과 다가올 중국의 전략변화를 이해할 수 있다.

사실 후진타오는 영향력 중심들 가운데 하나에서 시작해 세계를 주도해야 한다는 사명감이 상대적으로 약했다. 이에 반하여 시진핑은 세계의 두 뿔인 G2(Group of Two)라는 자신감을 바탕으로 중국의 핵심이익 그 가운데서도 주권과 관계된 일에는 왕도가 아닌 패도의 칼도 휘두를 수 있다는 점을 천명하고 있으며 중국의 의도를

"이해"하라고 세계 각국에 좀 더 분명히 요구한다. 물론 세계가 중국의 의도를 이해하고 받아들일지는 별개의 문제다. 주요 강대국이 그의 첫 발언을 듣고 채널을 가동해 시진핑의 의도를 탐문했는지 알 길은 없지만 두 달이 조금 지난 2013년 1월 28일 중앙정치국 제3차 단체학습에서 시진핑은 다음과 같이 약간 물러서는 발언을 내놓으며 평화와 안정을 강조하는 기존 수사로 돌아왔다. 그럼에도 이전 세대보다는 좀 더 강경한 태도를 내세우며 평화에 전제조건을 내세우는, 즉 무조건적인 평화가 아닌 조건부 평화를 추구하는 느낌 역시 강하게 풍긴다.

중화민족은 평화를 사랑하는 민족으로 전쟁을 없애고 평화를 실현하는 것이 근대 이후 중국인의 가장 절박하고 깊은 바람이다. 평화발전의 길을 걷는 것이 중화민족의 우수한 문화전통을 계승 발전하는 것이자 근대 이후 고난을 겪으면서 얻어낸 필연적 결론이다. 중화민족은 전쟁이 가져다준 고난을 뼈에 사무치도록 기억하고 있고 평화에 대한 끊임없는 추구와 평화롭고 안정된 생활을 매우 귀하게 여긴다. **중국인이 두려워하는 것은 혼란이고 추구하는 것은 안정이며 바라는 것은 천하태평이다.** 그래서 중국은 5가지 평화공존 원칙에 따라 독립자주적인 평화외교 정책을 수립 이행하고 영원히 패권을 추구하지 않으며 영원히 팽창정책을 하지 않는다는 점을 세계에 약속한다. 중국은 세계평화 수호를 위한 견고한 역량이다. 우리는 18대에서 두 가지 100년 목표를 제기하고 **중화민족의 위대한 부흥이라는 "차이나 드림(중국몽, 中國夢)" 목표 실현**을 명확히 제시했다. 이 목표를 실현하기 위해서는 반드시 **평화로운 국제환경이 필요**하며 평화가 없다면 중국과 세계 모두 순조롭게 발전할 수 없고 **발전이 없으면 중국과 세계 역시 오랫동안 평화를 지속할 수 없다.** 우리는 반드시 기회를 포착해 역량을 집중하고 자신의 일을 잘 처리하며 국가는 한층 더 부강하게, 국민은 한층 더 부유하게 만들어야 한다. 이울러 부단한 발전 역량에 기대어 더 좋은 평화발전 길을 걸어야 한다.
그리고 세계 역사를 더듬어보면 무력에 의존해 대외침략 팽창정책을 펴는 것은 결국 모두 실패로 돌아갔다. 이는 **역사의 규율**이다. 세계의 안정번영은 중국의 기회이고 중국발전 역시 세계의 기회. 평화발전이 길이 통용될지는 세계의 기회를 중국의 기회로 바꿀 수 있을지, 중국의 기회를 세계의 기회로 바꿀 수 있을지, 중국과 세계 각국이 긍정적 상호연동과 win-win 속에서 앞으로 나아갈 수 있을지 등에 달려있다. 우리는 **중국의 현실에서 출발해 자신의 길을 확고부동하게 걸을 것이며 동시에 세계적 시각을 수립해 국내발전과 대외개방을 함께 묶어서 중국발전과 세계발전을 연계하고** 중국인의 이익과 각국 국민의 이익을 결합하며 부단히 각국과의 협력을 확대하고 한층 더 적극적 자세로 국제적 일에 참여하고 글로벌 도전에 공동으로 대응하며 글로벌 발전에 공헌하기 위해 노력한다. 우리는 평화발전의 길을 굳건히 하겠지만 **결코 우리가 가진 정당한 권익을 포기하지 않을 것이며 국가의 핵심이익을 희생하지도 않을 것이다.** 어떤 다른 나라도 우리가 자신의 핵심이익을 놓고 거래를 할 것으로 기대해서는 안 되며 중국의 주권, 안보, 발전이익 성과에 해를 끼칠 생각을 말아야 한다. 중국은 평화발전의 길을 걸을 것이며 다른 나라들도 이 길로 가야 한다. 각국이 모두 평화발전의 길을 걸을 때만이 각국은 비로소 공동으로 발전하고 국가 간에 평화로운 관계가 가능하다. 중국 발전은 개별 국가의 희생을 (중국 발전의) 대가로 하지 않으며 우리는 절대로 다른 이들에 해를 끼쳐 자신의 이익을 도모하지 않는다. 중국은 평화발전의 실천자이고 공동발전의 추진자이며 다변 무역체계의 수호자이자 글로벌 경제 관리의 참여자라는 직무를 확고히 수행한다.

위의 내용을 천천히 음미하며 비록 뒤늦은 감이 있지만 지금이라도 주위 국가들은 중국에 대한 전략을 조정하고 이를 다듬을 필요가 있다. 중국의 평화는 상대적·한시적 평화로 발전과 차이나 드림(중국몽, 中國夢) 실현을 위해 필요한 환경일 따름이며 보편적 울림을 가진 고귀한 가치는 아니다. 중국이 평화와 안전을 그토록 강조하는 것은 중국이 평화의 수호자라서가 아니라 제대로 발전하기 위해서는 앞으로 20~30년이 필요하고 완전한 차이나 드림 실현을 위해서 최대 100년이라는 세월이 더 요구되기 때문이다. 우리는 장기간의 평화를 영원한 평화로 착각하지는 말아야 한다. 중국은 지금 급성장에 따른 각종 사회문제와 부패 등 내부적 모순을 해소하는 과정에서 중화주의를 중심기제로 내세워 내부를 결속하고 있다.

그러하다면 중화주의는 세계에 무슨 의미를 가질까? 내부적 용도로 쓰다 버리는 개념일까? 꼭 그렇지만은 않다. 이는 미국적 가치가 미국에서만 통용되는 개념이 아닌 것과 같은 이치다. 표상적 개념과 달리 중화주의는 중국을 중심으로 한 획일적 질서보다는 무질서라고 생각될 여지조차 있다. 그들 역시 중국을 중심으로 한 세상을 희망하겠지만 그걸 실현하려고 굳이 노력하지는 않을 것 같다. 그래서 중국이라는 중심을 두고 위성이 궤도를 빠르게 돌든 느리게 돌든, 멀리서 돌든 가까이서 돌든 크게 신경 쓰지 않는다. 자신을 중심에 두고 돌면 그뿐이며 도는 방식은 위성의 몫이라고 생각한다. 게다가 위성이 언젠가는 태양이 될 수 있다는 점을 인정하고 자신이 중심에서 떨어져 나갈 수 있음을 경험적으로 안다. 그러므로 각국의 문화, 제도, 관습을 되도록 존중하고 내정개입에 덜 적극적이다. 무엇보다 신의 나라보다는 철인의 나라에 더 우호적이며 종교적 문제에 관대하다. 중국은 아직 신의 이름을 걸고 종교전쟁을 벌인 적이 없으며 화하족만 존재할 가치가 있다고 민족대청소를 시도한 적도 없다. 신장과 티베트 문제도 종교자유가 아닌 분리독립이라는 세속적 영토문제다.

2013년 3월 모스크바 국립국제관계대 강연에서 밝힌 시진핑의 신발론도 이런 사고의 한 갈래다. 그는 "신발이 발에 맞는지 안 맞는지는 신발을 신어 봐야 비로소 알 수 있고, 한 나라 발전의 길은 해당 국가의 국민만이 알 수 있다"고 주장했다. 요컨대 미국식으로 거칠게 말하면 "it is none of your business(참견하지 마라)"라고 볼 수 있고 중국식으로 돌려 말하면 "세상에는 무를 좋아하는 사람도 있고 나물을 좋아하는 사람도 있다. 즉, 사람마다 좋아하는 것이 다르다" 정도로 해석할 수도 있다. 어느 것에 더 가깝든 이 말이 던지고자 하는 메시지는 분명하다. 즉, '나라마다 사정이 다르므로 서구의 관점에서 일률적 잣대로 판단해 그들의 시스템을 다른 나라에 적용해서는 안 된다'는 의미다. 이를 좀 더 거칠게 표현하면, '서구 당신들 잣대로 이래라저래라 하지 말고 당사자가 아니라면 제발 그 입 좀 다물어라!' 정도로 해독할 수 있다.

비트겐슈타인은 "말할 수 없는 것에 대해서는 침묵하라"고 했고, 노자는 "아는 자는 말하지 않고 말하는 자는 알지 못한다: 지자불언(知者不言) 언자불지(言者不知)"라고 했다. 두 사람 모두 침묵을 주장했지만 그 접근법은 뚜렷한 차이를 보인다. 전자는 말할 수 없는 것, 즉 구체적으로 명명할 수 없는 것들, 예컨대 가치, 신념, 믿음, 체제, 종교 등 추상적 개념에 대해 보다 직설적 어조로 침묵을 요구한 반면, 후자는 명명이라는 개념 자체를 부정하며 타인을 정의하거나 자신의 생각을 강요하지 말 것을 우회적으로 요구한다. 이러한 말의 밑바탕에는 당신이 진리라고 알고 있는 것이 사실은 진리가 아닐 수 있다는 사고가 깔려 있으며 각자의 깨달음이 다를 수 있다는 점을 받아들이길 바라는 마음도 있다. 우리가 이따금 언급하는 중국식 사회주의, 베이징컨센서스, 덩샤오핑의 흑묘백묘론, 후진타오의 조화사회론, 시진핑의 신발론 등 역시 크게는 위 사상에 뿌리를 두고 있다.

서구는 바로 이런 세상을 무정부상태라고 부르며 거대한 불확실성이 인류를 뒤덮고 있다고 불안해한다. 따라서 개별성을 뛰어넘는 보편적 기준이 필요하다고 생각하고 이를 감시할 파수꾼을 만들어 낸다. 그래서 제국의 출현을 두려워하면서도 이를 자꾸 만들어내고 있다. 이에 비하여 중국은 절대적 질서는 부조화를 상징하며 패권의 증거물이라고 여긴다. 민주주의라는 개념조차도 각국의 특수성이 존재한다고 보며 첨예한 문제는 구동존이(求同存異, 같은 것은 추구하고 이견은 남겨둔다)의 정신으로 해결하자고 한다. 또한 서양의 질서와 아시아의 질서는 다르며 한 나라의 질서를 다른 나라에 강제할 수 없다고 여긴다.

세계적 측면에서 오늘날의 중화주의는 팽창주의보다는 고립주의, 제국주의보다는 무정부주의에 더 가깝다. 사실대로 말해 중국의 천하가 미국의 천하보다 더 이롭다는 근거는 희박하며 아직은 후자가 전자보다 더 최선인 것 같다. 따라서 중국은 미국의 천하를 비난하기에 앞서 중국의 천하가 더 우월하다는 점을 설득해야 한다. 시류가 중국을 제국으로 만들었다는 변명보다는 자신이 시류를 주도할 수 있음을 세계에 증명해야 한다. 아시아에서 대세를 탄다는 말은 일본 하나로 충분하며 그 한계 역시 모두 잘 알고 있다. <최종병기 활>에서 주인공 남이는 "바람은 계산하는 것이 아니라 극복하는 것이다"라는 명대사를 남겼다. 한국은 근 몇백 년간 바람에 휘둘리고 일본은 틈만 나면 바람을 타려 하며 미국은 스스로 바람을 만들고 있다. 중국은 아마 '내가 바람인지 바람이 나인지 알 수 없다'는 뜬구름 잡는 소리를 할 것이다. 정책을 내놓으며 입버릇처럼 "명확히" 밝힌다고 말하지만 사실 중국처럼 "모호한" 존재도 드물다. 노자는 "도가도비상도(道可道非常道), 명가명비상명

(名可名非常名)"이라고 했는데 이를 중국에 적용하면 "중국을 중국이라고 말하면 늘 그러한 중국이 아니고 중국을 어떠하다고 명명할 수 있지만 늘 그렇게 정의된 중국은 아니다" 정도로 이해할 수 있다.

2장
왕도와 패도를 두 손에 들고

패도(覇道) 없는 왕도(王道)는 분열을 낳고 왕도(王道) 없는 패도(覇道)는 단명한다. 그래서 패도와 왕도를 두 손에 움켜쥔 국가만이 세계를 선도할 수 있다. 중국은 21세기에도 글로벌 지배력을 행사하는 유일한 4대 문명 발상지로 중국의 국력이 높아질수록 본인의 의사와는 상관없이 중국 특색보다 중국 우월이 더 도드라지게 된다. 중국은 근대역사의 참담한 고통에서 '기소불욕물시어인(己所不欲勿施於人, 자기가 하길 원하지 않는 일을 남에게 베풀지 않는다)'이라는 도리를 깊이 체득했다고 밝히지만 섶에 누워 자며 굳게 결의를 다져도 일단 눈앞의 목표를 달성하면 의지는 무뎌지고 눌러둔 욕망이 고개를 쳐드는 것이 인지상정이다. 따라서 패권을 추구하지 않는다는 말보다 행동을 판단의 근거로 삼아야 한다. 이런 맥락에서 우리는 "한 국가의 외무장관이 평화회담에서 목숨을 걸고서라도 국제평화를 지킨다고 하면 그 시간에 본국 정부는 최신 함정과 전투기를 만들고 있다고 보면 된다"는 스탈린 말을 한번쯤 되새겨볼 필요가 있다.

모름지기 미국은 늘 정의의 편에서 글로벌 평화를 수호한다고 주장하지만 중국은 그 말이 공허하다고 한다. 중국 시각에서 미국은 천하를 상대로 세가의 이익을 꾀하는 불한당에 불과하기 때문이다. 설혹 진정으로 자유와 평화를 위해 칼을 빼 든 것일지라도 중국에는 유가적 질서를 무너뜨리는 유협으로 비친다. 중국에서 유협이란 상벌로 지탱되는 법을 파괴하고 서열로 뒷받침되는 예를 무시하는 인간으로 천하의 질서를 위태롭게 하는 존재다. 더구나 사농공상 어디에도 속하지 않으며 무로써 삶을 영위하는 비생산적 인물이다. 따라서 미국은 잘해 봐야 천하질서를 위협하는 유협이고 못 하면 천하를 도탄에 빠뜨리는 불한당에 불과하다. 21세기 현재 미국은 게임의 지배자이고 중국은 게임의 변경자다.

중국은 지금 중화주의로 왕도와 패도의 문을 열려고 한다. 유교 문화권을 복원하고 공산당이 아닌 중화의 이름으로 세계에 호소한다. 주위를 경제블록으로 두르고 위안화를 매개로 차이나 경제권을 구축하고 있다. 중국을 지역세력으로 묶어두려는 미국의 시도는 비관적이며 이후에도 성공할 가능성은 낮다. 왜냐하면 전략의 전제조건부터 오류로 점철되어 있기 때문이다. 중국은 영국, 프랑스, 일본과 같은 국가단위의 존재가 아니다. 그 자체로 대륙이며 시장이고 문화권이다. 따라서 미국 자신을 봉쇄하는 것만큼의 재원과 역량을 투입해야 하는데 지금의 미국으로는 이를 감당하기 힘들며 우방국들은 서로 손발이 맞지 않다.

중국은 이제껏 국제관계는 왕도로 풀고 내부문제는 패도로 진압했다. 이런 대처가 최근에 약간 변화될 징후를 보이고 있다. 내부문제는 유화책을 쓰고 외부문제는 강경책을 내세우는 목소리가 심심찮게 터져 나온다. 국제문제를 힘의 논리로 풀어 중국의 주장을 관철해야 한다는 발언도 날마다 쏟아진다. 1세기 이상 숨죽인 상태를 벗어던지고 주위 소국들에게 진정한 라오따(老大, 큰형)가 누구인지 한번쯤 환기시킬 필요가 있다고 주장한다. 2004년에 후진타오는 이미 "인민해방군은 반드시 국가생존을 보장할 뿐만 아니라 발전이익을 보호하는 데도 주의해야 한다"고 말했다. 이는 경제이익을 위해 인민해방군을 투입할 수 있음을 뜻한다. 중국 군부의 의중을 반영하는 『해방군보』도 2012년 5월 10일 기사를 통해 황엔타오 문제를 주권찬탈 행위로 규정하고 '중국 정부와 중국 인민이 승낙하지 않을 것이고 중국 군대는 더욱더 이를 승낙하지 않을 것이다'고 밝혔다. 이에 덧붙여 중국 외교부도 "필리핀의 사태 확대에 맞서 온갖 준비에 만전을 기하고 있다"고 말하며 무력충돌 가능성을 비쳤다. 또한 인민일보는 중국 고사성어를 들먹이며 "세력은 소진될 때까지 사용하지 말고 사태는 막다른 골목까지 몰리지 않도록 해야 한다"고 경고하며 필리핀에 자신의 분수를 알라고 타일렀다.

이런 군사·외교적 압박과 더불어 중국은 경제적 압박이라는 카드도 함께 사용했다. 2011년 기준으로 중국이 수입하는 바나나의 84.75%, 파인애플의 94.27%가 필리핀산이다. 황엔타오 사태가 터지자마자 중국은 필리핀산 과일에 대한 검역을 강화하고 필리핀 관광도 사실상 중단했다. 이런 반응에 필리핀은 큰 파장은 없으며 대체시장을 발굴하면 된다고 짐짓 여유를 부린다. 필리핀은 외교적으로 사태를 풀자고 조르지만 중국은 벌써 경제적으로 해결하고 있다. 이 사건의 결말은 이미 나와 있다. 미국이 줄 수 있는 이익은 심리적이고 모호하지만 중국이 줄 수 있는 이익은 경제적이고 현실적이기 때문이다. 필리핀은 몇 년 이내에 '도대체 우리가 그때 무슨 짓을 했지!' 하고 한탄할 것이다. 한때 냉전의 양대 축이었던 러시아조차 한발 물러서 있는데 굳이 필리핀이 냉전시대 깃발을 들고 돌격할 필요는 없다.

남중국해 문제로 필리핀이 일격을 받았다면 일본은 조어도(釣魚島, 일본명 센카쿠 열도) 문제로 패배감을 맛보았다. 논의에 앞서 양국 사이의 무역상품 구조를 짚고 넘어갈 필요가 있다. 일본의 대중 수출품은 기계장비, 자동차, 철강, 화학 등 생산재 중심인 반면 중국의 대일 수출품은 소비재 위주로 형성되어 있다. 그러므로 중국은 공급선을 일본 대신에 유럽, 미국, 한국 등으로 다변화할 수 있지만 일본은 그것이 힘들다. 일본이 애초에 가장 안정적이고 납품단가가 싼 곳을 선택하여 소비재 공급원을 결정했기 때문이다. 더구나 분쟁의 여파 역시 중국은 기업이 주로 타격을 받지만 일본은 소비자가 피해의 주체라는 차이점이 있다. 조어도 사태 등으로 중·일 관계는 악화일로를 걷고 있으며 양국 경제에 직접적인 영향을 미치고 있다. 일례로 도요타의 경우 글로벌 판매에서 중국이 차지하는 비중은 10% 전후인데 조어도 사태로 9월 중국 판매량이 2011년 대비 절반 가까이 감소했다. 닛산과 혼다도 40% 전후로 감소하며 그 여파를 비켜가지 못했다. 또한 2012년 중·일 양국의 무역규모는 3,294.5억 달러를 기록하며 2011년 대비 3.9% 감소했고 일본의 대중 수출은 10% 이상 줄어들었다. 그 결과 일본은 중국의 4대 무역파트너에서 5대 무역파트너로 한 단계 주저앉았고 마지엔탕 국가통계국 국장은 "왜 이런 결과가 출현했는지는 모두가 그 배경

원인을 잘 알고 있을 것"이라는 의미심장한 말을 남겼다.

이 당시 유엔 총회 참석차 미국을 방문한 노다 총리는 호주, 인도네시아, 콜롬비아, 몽골 수반들과 잇달아 회동을 하며 조어도 문제에 관한 지지를 요청했다. 우리는 회담 대상국 면면으로 본 일본 외교의 한계와 중국의 힘을 직시할 수 있다. 인도네시아는 전통적으로 일본의 지원세력으로 여겨져 새로울 것이 없으며 콜롬비아는 지정학적으로 조어도 문제와 전혀 관계가 없고 몽골은 솔직히 일본보다는 중국을 더 의식해야 하는 처지다. 이어서 호주는 중립적 태도를 표명하며 뒤로 한 걸음 물러섰다. 중국과 맞서며 대만이 외교적으로 주변화된 그 경로를 일본이 열심히 뒤쫓고 있는 것 같다. 일본이 외교행위를 펼쳤다는 말을 사용하려면 전통적인 유럽 강대국을 붙잡고 자신의 주장을 설명하든지 은근히 중국의 신경을 건드리는 인도와 만나 전략적 대화를 나누든지 그렇지 않다면 적어도 ASEAN의 이해를 구해야 했다.

물론 이 같은 행보가 말처럼 그리 쉬운 일만은 아니다. 세계 각국은 자신의 핵심이익과 관련이 없는 한 중국이 불편해하는 일에 굳이 개입하려고 하지 않는다. 신념과 이익 사이에서 빈번이 충돌이 벌어질 것이며 이런 문제를 두고 각국의 여당과 야당, 정부부처 간에 의견충돌이 갈수록 빈번해지게 된다. 아마 2030년 이전에 각 나라가 친미 외교를 펼칠지, 아니면 친중 외교를 펼칠지를 놓고 내각이 심각히 다투는 일은 없을 것이다. 그러나 중국이 민감히 여기는 대만독립, 인권, 티베트문제 등에 대해 할 소리를 하면서 외교를 펼칠지 아니면 경제과 금융 분야에서 실질적 이익을 도모하며 가치문제는 눈감을지를 놓고 정부부처 간 자주 의견충돌이 있을 것 같다. 그리고 시간이 지날수록 이런 불협화음은 후자를 택하는 쪽으로 점점 모아지며 정책 프로토콜로 자리 잡게 될 가능성이 높다.

예컨대 캐머런 총리는 달라이라마를 한 번 접견한 일로 중국과 사이가 틀어져 시진핑과 정상회담 날짜도 잡지 못한 채 80억 파운드 투자가 물거품이 될 위기에 놓인 반면, 차기 보수당 당권주자인 보리스 존슨 런던 시장은 그보다 빨리 중국을 방문해 새 지도부를 상대로 투자유치 활동을 벌였다. 그는 캐머런이 숨어서 자신을 따라오지 않는 한 함께 중국 땅을 밟을 일은 없을 것이라고 말하며 캐머런을 한껏 비웃었다. 이제는 이런 일들이 그리 낯설지 않으며 각국의 외교정책은 중국에 친화적으로 변할 것이다. 급기야 일본은 내심 자신의 똘마니로 생각하던 대만과 꼴사나운 물총 세례를 벌이며 떨어진 자신의 위상을 다시 한번 실감했다. 제2차 세계대전 이후에도 영국과 프랑스가 제국주의 향수를 잊지 못해 이집트와 베트남에서 각각 불명예스러운 퇴장하며 자신이 더 이상 강력한 서구열강이 아님을 재확인했듯이 일본 역시 조어도 사태로 더 이상 아시아 넘버 1이 아닌 현실을 세계 각국에 알렸다.

한 가지 더 역설적인 점은 대만이 남사군도에서 필리핀과 더 치열한 힘겨루기를 한다는 사실이다. 흡사 중국이 아닌 대만이 영토수호의 선봉장인 듯한 느낌마저 안겨준다. 대만이 영유권 분쟁도서에 대해 실탄 사격훈련을 하자 필리핀은 대응조치에 나설 것이라고 으름장을 놓았고 이런 양국의 긴장관계는 2013년 5월 마침내 필리핀 해양경비대의 총격에 의한 대만 어부 사망이라는 사건으로 비화됐다. 대만은 강력히 반발하며 72시간 내에 필리핀의 진정한 사과, 책임자 처벌, 보상대책 등 4가지 요구가 받아들여지지 않는다면 필리핀인의 대만취업신청을 중단하는 등 보복조치에 나설 것이라고 으름장을 놓았다. 안 그래도 필리핀과 껄끄러운 관계를 지속하던 중국은 이 사건을 기화로 중화의 자손을 건드리는 이들은 끝까지 그 책임을 추궁할 것이라고 열을 올리며 남해함대를 난사군도에 보내며 무력시위를 했다.

미국은 이런 우방국 간의 영토분쟁으로 곤혹스러운 처지에 빠졌다. 독도문제와 일본의 역사왜곡 발언으로 당분간 한·미·일 삼각 공조는 물 건너갔고 다른 축들도 앙숙관계로 돌아서며 구도 자체가 흔들리고 있다. 우방국들 간의 시너지 효과는 몰라도 적어도 서로가 서로를 구축하지 말아야 하는데 지금은 1+1이 2 밑으로 떨어지는 상황으로 돌변했다. 그래서 미국은 할 수 없이 제하 우방국들을 다독이면서 대화와 협상을 권하며 기존 중국에 대한 점진적 압박에서 중국을 자극하지 않는 쪽으로 돌아서며 사태를 관망하고 있다. 따라서 한바탕 소동이 끝날 때까지 통합보다는 개별 연합작전을 수행할 가능성이 높으며 타깃도 북한 등과 같은 중국의 주변세력으로 좁혀 간접적으로 중국을 흔들 것으로 전망한다. 극단적 가정에서 우방국 사이에 무력마찰이 발생한다면 미국은 곤혹스러운 입장에 빠지게 되고 경중을 따져 두 나라 가운데 하나를 선택하든지 또는 중립적 자세를 취하며 이 둘 모두에게 실망감을 안겨줘야 한다. 미국 처지에서는 이렇든 저렇든 손해만 나는 상황으로 상당히 성가신 문제인 셈이다.

이에 반하여 중국의 태도는 훨씬 명료하다. 대만과 자신을 동일시해 군사적 개입에 나설 가능성이 높다. 그래서 미국은 아시아 우방국들에게 냉정할 것을 주문하며 물밑에서 분주히 교통정리에 나서고 있다. 실무 차원에서 아베 내각의 거침없는 질주를 일단 단속하며 주요 언론을 동원해 불쾌한 감정을 직설적으로 표출한다. 만약 아베의 무한질주가 전략적 노이즈(noise)를 넘어 미국의 아시아 전략판도를 뒤엎는다면 미국의 인내심은 무뎌지고 아베내각 교체를 심각하게 고민할 것이다. 예컨대 무라야마 전 총리는 "자신의 담화, 즉 무라야마 담화를 수정하면 한국과 중국의 불신을 사고 미국으로부터 비난을 받아 일본이 고립될 것"이라고 말하며 아베 총리를 비난했는데 일본 특유의 화법인 관계로 상당히 완곡한 면이 있다. 직설적으로 풀어 쓰면 "한국과 중국을 적으로 만들고 미국으로부터 버림받을 것이다"로 요약될 수 있다. 전 세계적으로 보편적 공분을 사는 문제, 특히 우방국들의 결집을 약화시키고 경쟁국에 명분을 넘기는 일에 미국이 두 손 들고 환영을 보내는 일은 극히 드물다. 특히 일본의 역사인식 문제는 제2차 세계대전 이후 수립된 현 글로벌 체계의 토대를 부정하는 일이며 현실적 필요에 의해 일본의 망언을 눈감아주기에는 자국민의 가치체계가 이를 쉽게 용납하지 않는다. 어떤 정치인이라도 이 문제에 관해 침묵함으로써 동조를 표하기에는 짊어질 정치적 리스크가 너무 크다. 두고두고 정치적 족쇄로 남아 개인적 커리어를 송두리째 날려버릴 수도 있다. 달리 말해서 일본은 미국이 전혀 받을 수 없는 카드를 막 던진 셈이며 뒤늦게 뭔가 잘못 돌아가고 있다는 것을 느낀 듯하다.

일본과 대만의 조어도 공동관리수역 합의도 이런 배경에서 나온 것이다. 두 나라는 배타적경제수역이 겹치는 부분에서의 어업은 인정하는 대신 일본이 점유하고 있는 조어도 해역 12해리 이내에 대한 진입은 불허하는 쪽으로 협상을 하고 있다. 일단 대만을 중국에서 떼어내는 것이 급선무라고 판단한 것 같은데 이는 불침함의 포구는 동북방향의 일본이 아닌 북쪽의 대륙을 향해야 하기 때문이다. 그럼에도 논란은 당분간 수그러들지 않을 것이다. 민족과 영토라는 휘발성 강한 물질에 일단 불이 붙으면 장작을 다 태우기 전까지 쉽게 꺼지지 않을 것이며 그만큼 아태지역에 대한 미국의 통제력은 약화된다. 이는 중국이 합종책보다 연횡책을 더 선호하는 이유이자, "동맹국 및 파트너들과 협조하여"로 서두를 꺼내는 미국의 합종책에 그리 큰 점수를 주지 않는 까닭이기도 하다.

남중국해 문제는 중국의 전략적 대응을 살펴보는 좋은 표본이다. 여기서 중국은 왕도와 패도라는 두 얼굴을 드러낸다. 한반도 문제와 성질은 다르지만 국제역학 관계를 파악하고 각 지역의 전략을 관조할 수 있는 사례다. 중국은 남중국해 문제의 국제화와 다자화에 반대하며 당사자 간 협상으로 해결루트를 한정한 채 관련국들에 경제혜택을 제공하고 이익을 배분할 용의가 있음을 내비친다. 중국은 미국이 반객위주(反客爲主)의 계로 아시아에서 주인 행세를 한다고 불편해하고 미국은 이런 중국의 태도에 발끈하며 남중국해에 미국의 이익이 걸려 있다고 주장하며 개입지속 의사를 분명히 밝혔다. 2010년 7월 클린턴 미 국무부 장관은 "남중국해의 자유로운 항해와 아시아의 공동수역에 대한 제한 없는 접근에 미국은 국가적인 이해관계를 가진다"고 말했으며 그해 9월에는 오바마 미 대통령이 아세안 국가와 뉴욕 정상회담을 가지며 "미국은 아시아 태평양 국가로서 아시아 지역에 거래한 이해관계를 갖는다"고 주장했다. 그 이전부터라도 미국의 아시아 회귀 움직임은 곳곳에서 포착됐다. 2009년 11월 도쿄 연설에서 오바마는 자신을 미 최초의 태평양계 대통령이라 칭하며 동아시아 정상회담에 정식으로 참여하고 싶다는 뜻을 비쳤다.

아세안 각국은 이에 화답하며 미국의 아시아 회귀에 쌍수를 들고 환영한다. 쌍방체제보다 다자체제로 중국을 견제하면서 자국의 이익을 모색하고 있는 것이다. 어쨌든 토끼 입장에서 개별 협상은 힘의 논리에 따라 결정이 될 것임을 잘 알기 때문이다. 늑대를 쫓으려다 호랑이를 불러들일 수 있다는 중국의 경고를 한 귀로 흘려보내며 중국에 2002년 채택된 중국-아세안 남중국해 당사국 행동 공동선언(DOC)에 따라 분쟁의 평화적 해결을 촉구해 결국 2011년 7월에 시행지침을 이끌어냈다. 2012년 4월 30일 미국과 필리핀 양국은 처음으로 외무부장관과 국방부장관이 동시에 참가하는 "2+2" 회담을 개최했는데 이는 양국의 파트너 관계가 새로운 장으로 접어들고 있음을 반영해준다. 여기서 힐러리 클린턴은 미국과 필리핀은 지역 안전 문제를 토론하며 한반도 형세와 황옌다오 사건에 "깊은 관심"을 가지고 있다고 밝혔다. 비록 미국이 주권문제에 대한 태도를 밝히지는 않았지만 태평양 대국으로서 운행의 자유, 유지와 안정, 국제법 존중 등의 측면에서 미국의 국가적 이익이 있다는 점을 천명했다.

여기서 우리가 짚고 넘어갈 점은 왜 한반도 형세에 관해 미국과 필리핀이 의견을 교환하는지다. 필리핀은 6자회담의 참가국도 한반도 문제의 이해 당사자도 아니다. 이 말은 황옌다오 사태가 미국의 대 아시아 전략카드라는 말이다. 중국의 시각처럼 남의 집 대문에 불을 지르고 그 옆에서 소화기를 팔고 있는 셈이다. 비록 필리핀이 중국을 봉쇄하는 한반도-일본-오키나와-대만-필리핀-호주로 이어지는 '도련선(island chains)'의 한 축이지만 그렇다는 사실이 한반도 주권문제에 관해 필리핀이 의견을 표명해야 된다는 의미는 아니다. 필리핀이 한반도 형세를 다루는데 이를 침묵으로 일관한 한국도 딱하기는 매한가지다.

미국은 글로벌 단위에서 전략을 구사하며 그 연장선에서 아시아를 도모한다. 주객전도(主客顚倒)와 이이제이(以夷制夷)를 섞어서 어부지리를 노리고 있다. 한마디로 혼수모어(混水模漁, 흐린 물속에서 고기를 잡는다)의 계를 펼치며 혼란한 아시아에서 중국이라는 큰 물고기를 낚으려고 한다. 아세안 각국은 중국의 천하에서 벗어난 지 채 2세기도 못 돼 다시 중화의 그림자가 자신의 머리 위를 뒤덮자 합종(合綜)으로 중국에 대항하며 호가호위와 허장성세로 자신의 몸집을 부풀리고 미국을 이용해 중국의 힘을 분산한다. 중국은 미국과 달리 아시아 단위에서 이 문제를 접근한다. 중국에 대항한 각국의 합종(合綜)에 중국은 연횡(連橫)으로 대처하며 이들을 흩어버리려 한다. 중국은 유럽에 중립을 요구하고 러시아 관계를 과시하고 있다. 중국과 러시아 관계는 이후 장들에서 차차 언급하겠다.

때론 중국도 미국의 아시아 회귀를 인정하는 듯한 언사를 하며 이것이 지역안정과 글로벌 경제발전에 유리하다는 평을 늘어놓고 있지만 그럼에도 미국이 이 지역의 최대주주는 아니라고 분명히 못 박는다. 즉, 아태지역이 두 나라를 모두 담기에 충분히 크지만 미국은 최고의 귀빈일 따름이라며 그 지위를 한정한다. 그리고 중국과 베트남의 불편한 관계 역시 영토적 문제로 관점을 제한할 필요는 없다. 예상과 달리 글로벌 분업체계에서 인도는 중국의 경쟁자가 아니다. 양국의 주력산업이 겹치기보다는 오히려 중국과 인도로 나뉘어 양대 분업체계가 형성되어 있다는 편이 더 타당하다.

인도의 취약한 인프라 시설과 산만한 관료체계로는 하드웨어로 대표되는 중국의 몫을 떠맡기 힘들다. 이런 틈새를 파고든 것이 베트남으로, 가공무역 분야에서 중국의 몫을 점점 잠식하고 있다. 베트남에 당신의 경쟁상대는 중국이라는 점을 자꾸 주입하려는 인상마저 든다. 중국만 없다면 당신의 나라에 더 많은 기업들이 몰려올 것이고 베트남은 더 부유해질 것이라고 속삭인다. 한때 한국에도 차이나펀드, 브릭스펀드의 뒤를 이어 베트남펀드가 유행했다. 인도네시아, 말레이시아, 태국도 있는데 왜 굳이 베트남이었을까? 인구와 자원, 경제 수준 등을 고려할 때 인도네시아가 베트남보다 훨씬 더 가능성이 높음에도. 그래서 글로벌정세의 밑바탕에서 해외투자를 살펴보는 것이 의미가 있다. 위험부담이 큰 해외진출의 경우 초기 물꼬는 개별기업보다는 정부정책이 터주는 경우가 더 많기 때문이다. 최대 이슬람국가인 인도네시아의 급부상은 미국에 있어 썩 달갑지 않은 현상이다.

이처럼 각국의 이해가 첨예하게 맞물린 곳에서 외교가 빛을 발한다. 손자병법은 구지편(衢地篇)에서 이를 구지합교(衢地合交)라는 말로 함축하고 있다. 구지(衢地)란 사통팔달한 지역으로 누가 이곳을 선점하는지에 따라 천하의 향배가 갈리는 곳으로 오늘날에는 이를 전략적 요충지라는 말로 부르고 있다. 2013년 3월 기자간담회에서 리커창 총리는 다음과 같이 밝힌 적이 있다. "아태지역은 중·미 이익의 합류점이면서 또한 가장 밀집되는 지역으로 중·미가 모두 지역안정, 번영촉진을 수호하고 아태지역부터 시작해 신형(新型) 대국관계를 수립하길 바란다. 이는 아태지역과 세계 평화발전에 유리하다." 중국 입장에서 한반도가 육상의 구지라면 남중국해는 해상의 구지다. 따라서 이런 요충지는 제3국과 외교관계를 맺어 자국에 유리하도록 국제정세를 조장해야 하며 중국 정부도 이런 외교적 접근법을 택하고 있다. 그렇지만 중국 내 모든 세력이 이에 동의하는 것 같지는 않다. 대표적으로 중국군부 세력은 정치권의 유화적 태도를 내심 못마땅해하며 여러 통로로 강성발언을 내놓는다. 시진핑도 강경파 분위기를 의식해서인지 2013년 4월 해남도 어촌마을과 산야 해군기지를 깜짝 방문해 신형 잠수함을 시찰하는 등 남중국해 수호 의지를 간접적으로 비쳤다. 해남도에서 열리는 보아오포럼 참석차 방문한 길이라 대외적으로는 불필요한 오해도 방지하고 내부적으로는 강경파를 다독이는 효과를 연출했다. 주 전략목표는 아닐지라도 중국군부와 정치세력의 갈등까지 보고 절묘하게 미국이 이런 행보를 이어갔을 수도 있다.

이런 맥락에서 북한에 대한 중국의 딜레마를 한번 살펴보는 것도 가치 있다. 일각에서는 북한이 수시로 금기 선을 넘나듦에 따라 중국이 북한카드를 포기할 수 있다는 소위 북한의 평화적 붕괴와 남한 주도의 흡수통일을 논의할 준비가 돼 있다는 평가를 하는데 이런 견해는 극히 신중하게 받아들여야 한다. 역으로 한국의 반응을 떠보며 이를 토대로 미국의 의도를 읽으려는 포석일 수도 있다. 이런 말을 흘리는 이가 외사영도소조 조원이 아니라면 신뢰성이 떨어지며 설혹 그쪽에서 흘러나온 말이라도 이를 현실화하기 위해서는 원로들이 포함된 전체 권력층의 절대적 동의가 있어야 한다. 결코 시진핑-리커창 체제 단독으로 풀 수 있는 문제가 아니다. 이의 전제로 21세기 권력재편에 관한 미중 간에 충분한 교감과 신뢰가 있어야 하며 여기에 더해 통일 한국이 중국에 적대적이지 않으며 때론 후방지원도 가능하다는 확답을 주어야 한다. 만약 그 결과가 중화부흥에 부정적으로 흐른다면 이 둘을 포함해 관련 세력들은 모두 하방의 고초를 겪을 것이다. 즉, 북한문제는 중국에 있어 외교적 문제임과 동시에 내부 권력문제로 각종 이해관계가 복잡하게 얽혀 있어서 단칼에 자르기 힘들다.

이어서 구도적인 측면에서 정세를 읽어보자. 진나라 정치가 상앙은 패도철학의 본질을 간명하게 적었는데 그는 『상군서(商君書)』에 "역생강(力生强), 강생위(强生威), 위생덕(威生德), 덕생어력(德生于力)"이라는 문구를 남겼다. 이를 풀이하면 "힘은 강함을 낳고 강함은 위엄을 낳으며, 위엄은 덕을 낳고 덕은 힘에서 나온다"고 해석할 수 있는데 결국 덕의 뿌리는 자비가 아닌 자비를 베풀 수 있는 힘에 근거를 둔다는 의미다. 앞으로의 중국이 왕도만을 내세우지 않으리라는 점은 해방군전략규획부 설립에서도 잘 나타난다. 이는 미국의 통합전략사령부에 해당하는 조직으로 전쟁에 대비해 모든 군사력을 통합적으로 운용하겠다는 의지의 표명이다. 기존에는 육·해·공과 제2 포병이 개별적으로 운용되었고 필요에 따라 협력하는 체제였다. 이런 점 하나에서 우리는 중국 군부가 도광양회에서 요소작위로 점점 이동하고 있음을 감지할 수 있다.

현 글로벌 구도를 그리스 패권시대와 비교해 살펴보는 것도 정세 파악에 도움이 될 듯하다. 중국이 춘추전국시대를 보내며 제국통일에 여념이 없을 때 당시 그리스는 패권시대로 진입했다. 기원전 5세기 폴리스를 지킨다는 명분으로 그리스와 페르시아 간 전쟁이 발생했고 이 전쟁 결과 오늘날의 서방이라는 실체가 형성됐다. 페르시아 전쟁의 승리로 그리스는 존속할 수 있었지만 이들은 곧 아테네 중심의 델로스동맹과 스파르타 중심의 펠로폰네소스동맹으로 분열돼 내전상태에 빠졌다. 역사는 이를 펠로폰네소스전쟁이라고 부른다. 델로스동맹은 아테네 주도로 설립된 반페르시아동맹이었지만 차츰 아테네의 지배도구로 변질됐다. 아테네는 주위 폴리스를 강제로 동맹에 가입시키는 한편 막중한 군비를 부담하게 했다. 또한 동맹국에 민주주의를 강요하고 사법권까지 침해했다. 이에 스파르타를 필두로 아테네의 제국주의에 반대하는 펠로폰네소스동맹이 조직됐다. 그렇다고 현 중국이 펠로폰네소스동맹을 주도한 스파르타라는 말은 아니다. 그러나 미국은 델로스동맹을 이끈 아테네의 길을 가고 있는 것 같다. 미국은 왕도를 유지할 능력을 상실하며 패도의 길로 한 걸음씩 들어서고 있다.

흥미롭게도 미국의 역사상 가장 긴 전쟁은 미국이라는 나라를 건설한 독립전쟁도, 서로에게 총구를 겨눈 남북전쟁도 아니다. 전 세계가 전쟁의 소용돌이에 휩싸였던 제1, 2차 세계대전에도 미국은 각각 2년과 4년 남짓 참전했을 따름이다. 미국을 깊은 늪지대로 빠뜨린 저 베트남전쟁도 8년 만에 대단원의 막을 내렸다. 미국은 20세기 강력한 라이벌이었던 소련을 포탄 한 발 날리지 않고 도태시켰고 21세기 새로운 라이벌인 중국은 현 수준의 봉쇄만으로 숨막히는 압박감을 느끼게 했다. 이런 강력한 미국이 10년이라는 긴 세월과 막대한 재원을 투입해 일개 조직을 상대로 전쟁을 벌였으며 승패도 성과도 어느 것 하나 뚜렷하지 않은 실정이다. 테러리스트와의 전쟁은 시공간적으로 상대를 확정할 수 없고 진정 그 끝을 볼 수 있을지조차 의문시되는 그야말로 밑 빠진 독에 물 붓기의 재원 탕진형 전쟁이다. 전략적 마인드가 작동했다면 군대가 아닌 작전부대 정도를 파견해 그 범위를 전투단위로 한정해야 했다. 그러나 미국은 무언가에 홀린 듯 교조적 신념으로 전쟁을 치렀고 제 손으로 제국의 멸망을 부채질했다.

먼 훗날 역사가들은 거대한 미 제국이 한 줌의 테러리스트에 의해 그 몰락이 앞당겨지며 21세기 새로운 역사가 쓰였다고 촌평할 것이다. 조지 캐넌(George Kennan)은 펠로폰네소스 전쟁사를 읽고 미국은 아테네의 길을 따라가서는 안 된다고 생각했지만 그의 바람은 헌신짝처럼 내팽개쳐진 채 미국은 맹렬이 과거 아테네의 길을 향해 달려가고 있다. 흔히 제국이 쇠퇴할 때는 동맹국에 군대가 아닌 군비를 요구한다고 알려지는데 근래 미국의 모습이 이와 유사하다. 고대 아테네처럼 미국 역시 동맹국을 겁박하며 현물징발에 열을 올리고 있다. 병력지원에 손사래를 치며 그보다는 방위비 확대를 요구하고 시장개방을 강력히 주장한다. 이제는 스스로 거대한 군사력을 지탱하기 힘든 상태까지 떨어졌으며 현재 미국은 잠재적 군수국가로 갈지 또는 정상적인 산업국가로 재편할지 기로에 서 있다. 미국이 줄 수 있는 당근은 바닥을 드러내고 있으며 채찍을 드는 횟수는 점점 늘어난다.

이에 반하여 중국은 당근과 채찍을 모두 테이블에 올려두고 영향력을 빠르게 확대해가고 있다. 군사적 압박과 경제적 지원이라는 투 트랙 전략을 구사하며 한편으론 불만에 찬 국가들을 다독이고 다른 한편으론 무력시위를 벌이며 힘을 과시한다. 그래서 세계는 큰 몽둥이만 드는 미국보다 약간은 작은 몽둥이일지라도 케이크를 함께 내미는 중국에 더 기울며 이런 중국이 세계를 지배하게 될 것으로 믿는지도 모른다. 역사적으로 패도(覇道) 없는 왕도(王道)는 분열을 낳고 왕도(王道) 없는 패도(覇道)는 단명했다. 공자도 문치무공(文治武功, 문으로 나라를 다스리고 무로써 공을 세운다)이 강대국의 바탕이라고 생각했다. 미국은 점점 강력한 패도만 내세우고 중국은 패도와 왕도를 함께 휘두른다.

3장
세계는 중화에 유리하게 돌고

세계가 중화에 유리하게 돌아가는 것보다 세계가 미국에 불리하게 돌아간다는 편이 더 올바르다. 배부른 투정일지 몰라도 세계는 지금 미국이 의미하는 것들에 싫증을 내고 있다. 중국과 미국이 매우 유기적인 관계이지만 미국이 가라앉고 있다는 말이 중국도 침몰한다는 의미는 아니다. 물론 그 역의 관계도 성립된다. 그럼에도 21세기 천명은 미국에서 중국으로 흐르고 있는 것 같다. 역사의 시계가 한 축으로 돌아갈지 두 축으로 돌아갈지는 아직 지켜볼 필요가 있지만 베이징이 그 축이라는 점은 분명하다.

소련이 무너진 후 글로벌 권력구조는 미·소 투톱체제에서 미국 중심의 원톱체제로 변경됐다. 그런데 30년도 채 지나지 않아 원톱체제가 심하게 흔들리며 미국은 자신의 위치를 세계의 지도자에서 균형자 혹은 조율자로 재조정하고 있다. 그런데도 앞날이 썩 긍정적인 편이 아니다. 미국이 조율하는 것이 아니라 조율되는 것이며 균형을 잡는 것이 아니라 균형이 잡히는 것이라고 생각하는 대국들이 연달아 고개를 내밀며 21세기 새로운 국제질서를 요구하고 있다. 엄밀히 말해 미국은 일극 중심체제를 완전히 단념한 것이 아니며 새로운 글로벌 환경에 맞게 그 체제의 성질을 약간 바꾼 것일 뿐이다. 미국은 21세기 영향력의 중심들(21st Century centers of influence)이 결코 자신과 동등한 존재가 될 수 없다고 믿으며 이들은 단지 해당 지역에서 체제의 질서를 잡는 핵심요소일 따름이라고 여긴다. 그리하여 자신은 중심이 아니라 중심들을 조율하는 존재라고 굳게 믿으며 그럴 때만 질서가 유지된다고 생각한다. 이런 미국의 사고에 다른 강대국들은 불편한 기색을 숨기지 않으며 다가올 시대를 준비한다. 이들은 자신의 위에 전지전능한 존재가 버티고 서서 세계를 조율하는 체계가 더 이상 통용될 수 없음을 분명히 하고 글로벌 권력체계가 이참에 다극으로 바꿔야 한다고 주장한다. 이런 상황에서는 원래 약간 처진 스트라이커가 주목을 받는데 그게 바로 중국이다. 우리는 최전방 원톱보다 때론 약간 처진 스트라이커가 게임을 주도한다는 점을 경험적으로 알고 있다. 미국이 세계를 휘저으며 글로벌 이슈를 주도하는 듯해도 정작 그 과실은 중국이 챙기는 경우가 종종 관찰된다.

이를테면 현 글로벌 정세를 일본 전국시대 3인방과 '울지 않는 새'라는 고사를 통해 파악해보자. 이들 3인방은 오다 노부나가, 도요토미 히데요시, 도쿠가와 이에야스로 일본 통일의 기틀을 다진 사람이다. 이들에게 '두견새가 울지 않는다면 어떻게 처리할 것인가'라는 질문을 던졌을 때 오다 노부나가는 "울지 않는 새는 필요가 없어 죽여버린다"고 했으며 도요토미 히데요시는 "울지 않는 새가 울도록 만든다"고 답했고 도쿠가와 이에야스는 "울지 않는 새가 울 때까지 기다린다"고 말했다. 그럼 세계를 '울지 않는 새'로 보고 소련,

미국, 중국에 같은 질문을 던져본다면 소련은 아마 '소련이 중심이 아닌 세계는 필요가 없다'고 책상을 탕탕 칠 것이고 미국은 '세계가 미국중심으로 돌도록 만든다'고 확고한 어조로 답할 것이며 중국은 '세계가 중국 중심으로 돌 때까지 기다린다'고 거드름을 피우며 말할 것 같다. 이리하여 소련은 세계의 반을 쥐고도 역사 속으로 해체됐고 미국은 슈퍼파워로 올라서며 세상을 주도했지만 존경보다는 비난을 더 많이 받고 있으며 늦깎이 주자인 중국은 이들을 발판으로 삼아 세계화의 과실을 즐기며 새로운 시대의 문을 열고 있다.

그럼 이쯤에서 미국과 중국의 전략적 차이를 살펴보자. 전통적으로 미국은 세력균형보다 국제 지배체제를 더 선호하며 후자에 의해 세계가 관리되길 바란다. 한때 의욕적으로 밀어붙인 WTO 체제도 지금은 탐탁찮게 여기며 양국 또는 지역 간 FTA 등과 같은 형태의 쌍무적 관계로 새판을 짜고자 한다. 미국은 자신의 이익에 대한 도전을 용납하지는 않으며 무질서한 세계를 합리적이고 질서정연하게 만들길 원한다. 미국은 자신이 지배자 또는 조정자로서 절대불변의 진리라고 생각하는 세상을 만들기 위해 각종 수단을 사용해 무질서한 세계에 질서를 부여해야 된다는 사명감에 불타오른다. 그리고 그 근원에는 서양철학의 본질이 자리 잡고 있다. 서양의 사고체계는 삼위일체론의 프레임에서 벗어나지 못하고 있는데 예컨대 신학에서는 성부·성자·성령, 철학에서는 플라톤의 진선미, 칸트의 이성·오성·물자체, 심리학에서는 상상·상징·실재로 표현된다. 다시 말해서 이들은 모두 능동적인 주체, 불변의 법칙, 유동적인 타자로 구성되어 있는데, 여기서 능동적인 주체는 설계자, 불변의 법칙은 설계도, 유동적인 타자는 질료, 즉 재료와 수단을 말한다. 그래서 설계자는 절대적 진리인 설계도를 들고 각종 재료와 수단을 사용해 파라다이스를 만들어야 하는 것이다. 이는 선택이 아니라 사명이며 운명이다.

부시 행정부가 악의 축들을 해방시킨다는 명분으로 레짐전환을 추구하며 지나치게 교조적으로 나간 측면이 있지만 의외의 돌연변이는 아니다. 서구, 특히 미국은 세상을 이분법으로 보는 시각이 강하다. 선과 악, 정의와 부정의, 진리와 거짓, 좋은 세상과 나쁜 세상의 기준이 명확하며 미국은 항상 선, 정의, 진리의 수호자로 좋은 세상을 만들 의무가 있으며 이를 위해서는 확고한 질서와 불변의 마지노선이 필요하다고 생각한다. 게다가 이런 질서는 협상보다는 강력한 지배력의 결과물이라고 본다. 그래서 부시 정부는 악의 축 제거로 오바마 행정부는 전략적 인내라는 비협상, 무시 전략으로 나아간다. 이 둘은 다른 듯하지만 결국 비슷한 사고다. 때려 죽이나 말려 죽이나 죽인다는 본질은 같기 때문이다. 국제관계에서 민주적 의사결정은 무질서를 일으키고 미국의 안보를 해친다고 여긴다. 더구나 국가마다 한 표의 의결권을 행사하는 국제체제를 못마땅해하며 이는 민주주의 원칙에 위배된다고 생각한다. 인구 1만 명 남짓의 나우루와 미국이 똑같이 한 표를 행사하는 데 분노를 금하지 못한다. 13억의 중국은 조용함에도……

이에 비하여 중국은 전통적으로 세력균형을 선호한다. 일국의 독주체제는 불안정하다고 여기며 권력은 집중이 아닌 분산돼야 할 성질의 것이라고 여긴다. 초강대국이 주도하는 질서가 아닌 강대국 사이의 합의와 표결로 세계의 흐름을 이끌어가고자 한다. G2로 대변되는 중·미 양강체제도 썩 달가워하지 않으며 한 발짝 뒤로 물러선다. 중국은 현 정치국 상무위원과 같은 집단 지도체제로 국제질서가 움직이길 바라며 정해진 세상의 모습은 없다고 생각한다. 그때그때 상황에 따라 세계는 적응하고 변해야 한다고 여기며 미국의 주도적 지위는 인정할지라도 절대적 권위부여는 안 된다고 믿는다. 말하자면 미국은 명분을 스스로 만들지만 중국은 다른 나라가 명분을 제공해주길 원한다. 명분이 없는 개입을 패도로 보는 경향이 강하여 내정불간섭 원칙을 고수한다. 『논어』 공야장 편에서 자공은 "남이 나에게 가하기를 원치 않는 것을 나 또한 남에게 가하지 않겠다"고 말했다. 이것이 바로 중국이 지향하는 태도인데 공자는 자공의 말을 듣고 "네가 그렇게 하기는 어렵다"고 답했다. 이는 인자(仁子)의 도리를 설파한 것으로 공자는 자공이 인(仁)하기는 어렵다고 보고 수(恕)에 매진하길 바란 것이다. 즉, "자기가 하길 원하지 않는 일을 남에게 베풀지 않는다" 정도로 만족한 셈이다. 중국은 인(仁)을 내세우나 서(恕)만 지켜도 존경받으며 자신의 시대를 열 것이다. 세력대결에서도 입장이 나뉘는데 미국은 동맹(同盟)을 추구하지만 중국은 연대(連帶)를 더 선호한다. 미국은 동맹이 힘의 원천이라고 여기지만 중국은 실익 없는 부담이라는 견해가 강하다. 전쟁에서 미국은 전멸전을, 중국은 항복전을 목표로 한다. 중국은 적이 조공을 약속하면 군사를 물리고 기존체계를 인정해주지만 미국은 아예 적국을 포맷시킨다. 인디언을 보호구역에 몰아놓고 고립시킨 것이나 제2차 세계대전 후 일본을 구석기시대로 되돌리려 한 것, 이라크 등 중동지역에서 레짐전환을 꾀한 것 등이 그 대표적 사례다.

21세기 지배권을 향해 미국은 유럽에서 아시아로 힘을 이동하고 있다. 그러나 유럽에서 밀려난 것인지 전략적 선택인지는 아직 불분명하다. 3대 신용평가기관을 풀어 유럽의 독자노선을 일단 저지했지만 이는 추락에 대한 유예를 얻는 수준에 불과하다. 우리는 국제정치에서 아름다운 이별이란 존재하지 않음을 유럽 재정위기를 통해 알 수 있다. 유럽은 지금 제2차 세계대전 이전으로 시계를 되돌리려고 한다. 무주공산이라 생각했던 중동에서도 미국은 점점 밀려나고 있다. 4조 달러짜리 폭탄을 투하하며 존재감을 과시했지만 이라크는 더 혼란해지고 이란은 한껏 고삐가 풀렸다. 역으로 SNS가 중동의 미 동맹국들을 뒤흔들었다. 미국은 중동의 핵심 플레이어지만 유일한 플레이어는 아니다. 중동에서조차 점점 지배력이 약화되고 있으며 유럽이 옛 지배력 일부를 회복하고 있다. 뒷동네 남미는 더 이상 똘마니가 되기 싫다고 하고 아프리카는 구미보다는 중국에 더 친화적이다. 미국은 분명 쇠퇴하고 있다.

아시아의 상황은 다른 지역보다 한층 더 암울하다. 한·미·일 삼각공조로 중국을 제어하며 ASEAN을 획책해 중국을 교란하고 인도를 부각시켜 중국에 생채기를 내고 있지만 그 성과는 만족스럽지 않다. 왜냐하면 한·미와 한·일은 서로 다르고 ASEAN은 사공이 없는 배와 같으며 인도는 실력이 야심을 따르지 못한다. 인도의 경우 중동과 아시아를 연결하는 넓은 교량으로서 전략적 시야가 확대되고 있으며 그에 비례해 야심도 신속히 팽창하고 있다. 따라서 같은 브릭스 국가로서 베이징과 뉴델리의 경제적 연대는 강화될 것이나 그에 반비례해 두 대국의 군사적 불신은 누적되고 있다. 이런 국경분쟁과 불신의 장벽을 넘지 못하는 한 중국과 인도 사이 경제협력은 대륙적으로 팽창하지 못한다.

바야흐로 자의 반 타의 반으로 긴 잠에 빠졌던 중국이 부상하며 아시아에 새로운 질서가 만들어지고 있다. 어떤 나라는 이 같은 변화에 순응하고 어떤 나라는 이를 거부하며 또 다른 나라는 자신의 질서도 그곳에 존재함을 강변하고 있다. 그럼에도 아직 상당수는 명확한 입장을 유보한 채 전략적 모호성을 견지한다. 이 같은 환경 속에서 2012년 12월 인도와 ASEAN은 전략적 파트너 관계를 맺었다. 이들은 공동성명서를 내며 정치, 안보, 경제, 사회 등 전 분야에 걸쳐 협력을 강화하고 정기적 고위급 안보회의를 개최해 정보를 공유하기로 했다. 또한 해양안보, 항해자유, 자원획득, 해상교통 루트 안전 등의 방면에서 서로 협력을 심화하고 2015년경 쌍방 간 무역규모를 1,000억 달러까지 확대할 것을 목표로 제시했다. 불행히도 이런 움직임이 중국과 ASEAN 사이의 긴밀한 경제협력 관계를 위협할 것 같지는 않다. 인도가 야심차게 내놓은 1,000억 달러 목표치는 2012년 중국과 ASEAN이 달성한 수치의 1/4에 불과하다. 인도와 ASEAN의 무역규모가 간신히 1,000억 달러에 도달할 때쯤이면 중국과 ASEAN의 무역규모는 5,000억 달러를 가뿐히 돌파했을 것이다.

중국과 인도가 1962년처럼 전쟁을 벌일 것으로 생각하지는 않는다. 다만 티베트 문제와 국경선 확정이 함께 해결되지 않는 한 간헐적인 신경전은 피할 수 없으며 돌발적인 힘겨루기 상황도 배제할 수 없다. 2013년 5월 리커창 총리 인도방문을 한 달 앞두고 중국 소대 병력이 카슈미르 실질통제선을 몇십 킬로미터 넘게 전진해 양국 군대가 대치한 적도 있다. 그리고 그 일 년 전엔 인도가 대륙

간 탄도미사일 발사에 성공하자 중국 언론은 날마다 이를 집중 보도하며 양국관계에 미칠 영향을 분석했다. 인도는 중국의 부상에 공포를 느끼고 중국은 인도의 움직임에 신경을 곤두세운다. 그래서 이 둘은 경제는 가급적 한목소리를 내지만 군사·외교적으로는 수시로 파열음을 낸다. 그럼에도 중국이 아시아 맹주라는 타이틀에 집착하지 않고 그 시야를 세계로 직접 돌려 인도의 지역맹주 지위를 인정한다면(적어도 존중만 한다면) 21세기 이 둘의 관계는 새로운 단계로 접어들면서 좋은 팀플레이를 펼칠 수 있다. 예컨대 2013년 5월 리커창은 총리 임명 후 첫 방문지로 인도를 택해 중국이 인도와의 관계발전을 고도로 중시하고 있다는 점을 드러냈다. 그는 5가지 제의를 발표했는데 첫째는 전략적 소통 강화와 정치적 신뢰 증진이고, 둘째는 실물협력 추진과 이익융합 심화이며, 셋째는 방위협력 강화와 안전신뢰 증진이고, 넷째는 인문교류 확대와 상호이해 증진이며, 다섯째는 서로의 관심 문제 배려와 민감한 문제의 타당한 처리다. 여기서 우리는 중국의 대 인도 접근에서 실물, 즉 경제협력보다 전략과 정치가 우선한다는 점을 주목해야 한다. 중국은 러시아와 인도라는 두 대국과의 전략적 협력관계를 통해 다변화된 글로벌 질서를 만들려고 한다. 중국과 인도는 개발도상국이라는 현실적 처지와 함께 과거 서구에 의해 중심에서 외곽으로 밀려난 아픈 경험을 공유하고 있다. 이런 상황에서 미국의 아시아 회귀가 부상의 결과가 아닌 쇠퇴의 방증이라면 미국에 대한 우리의 자세는 수정돼야 한다.

여기에 더해 중국은 남중국해 문제로 최근 불편한 관계에 있는 ASEAN을 다독이고 실질적 협력강화를 위해 2013년 4월 브루나이

총리를 본국에서 맞이하는 첫 외국 수반으로 택해 양국 간 정상회담을 개최했다. 물론 브루나이가 올해 ASEAN 주최국이라는 점을 높게 봤겠지만 브루나이가 가진 본연의 지정학적 가치도 충분히 고려됐을 것이다. 외교관계는 철저히 실리에 따라 움직여야 한다. 13억 인구의 중국은 필요하다면 인구 40만 명이 아니라 1만 명인 나라도 만날 준비가 돼 있다. 무엇보다도 중국에 브루나이는 전략적 가치가 높다. 브루나이는 인구 40만에도 못 미치는 군주제 형태의 도시국가로 2/3 정도가 말레이시아계이고 중국계도 20% 전후를 차지한다. 비록 국가적 역량은 미약하지만 지리적 가치는 뛰어나다. 아래로는 인도네시아, 오른쪽은 필리핀, 왼쪽은 말레이시아와 베트남이 자리 잡고 있다. 만약 여기에 전략적 허브 항을 둔다면 중국은 동남아시아국가연합(ASEAN)을 한꺼번에 조망할 수 있다. 즉, 바둑으로 따지면 교본과도 같이 돌을 둬야 할 전통적 포석자리다. 이렇듯 강대국은 상대방의 지정학적 위치를 보고 약소국은 상대방이 강대국인지 유무만을 살핀다.

미국은 가급적 유럽에 중동문제를 맡기고 아시아에 최대한 힘을 집중한다. 미국 중심의 헤게모니 구조가 흔들리고 중국을 향한 포위망도 느슨해지고 있다. 그물을 세차게 다잡고 있지만 벌써 곳곳에 구멍이 뚫려 있다. 예부터 전쟁에 이기려면 천시(天時), 지시(地時), 인시(人時)가 맞아떨어져야 한다고 했는데 지금 이 세 요소가 미국에 불리하게 흐른다. 일본 대지진이 그 좋은 방증이다. 미국은 일본의 방사능 유출상황이 심각하다면 주일미군을 소개할 계획이라고 밝혔다. 여기에는 오키나와 주둔 미 해병대도 포함되는데 오키나와 미 해병대가 철수할 정도로 방사능이 넓게 퍼졌다면 남한도 안전지대가 아니다(후쿠시마와 오키나와를 직선으로 연결해 컴퍼스로 원을 그려보기 바란다). 다시 말해서 주한미군도 함께 철수한다는 의미며 이는 미국이 제1 열도선을 포기하고 제2 열도선으로 물러난다는 뜻이다. 어쨌든 육체적으로나 정신적으로나 그물망 한쪽 끝이 부식된 것은 사실이며 이는 미국에 결코 좋은 징조가 아니다.

상황이 이러하자 미국은 육지와 바다를 연결하는 넓은 포위보다는 집중적 압박으로 전략을 선회했다. 제1 라인은 방어가 아닌 공격선으로 성질이 바뀌고 제2 라인이 기존 제1 라인 역할을 담당하고 있다. 이런 전략조정에 따라 호주에 미 해병대 급파하고 필리핀을 점검한다. 그뿐 아니라 한국과 일본을 방어돌에서 공격돌로 전환하고 있다. 부연하자면 미국의 제1 열도선 포기로 뜬금없이 유탄을 맞은 이는 오사마 빈 라덴 같다. 2011년 5월 2일 파키스탄 수도 이슬라마바드 외곽에서 미 특수부대는 오사마 빈 라덴을 사살했다. 등하불명(燈下不明)보다는 토사구팽(兎死狗烹)이라는 말이 더 어울리는 듯하다. 육상과 해상을 모두 봉쇄하기 어려운 상황에서 미국은 해상을 택했다. 현실적으로 미국은 육상에서 중국을 제어할 능력이 사라졌다. 아프가니스탄은 이제 짐이 되었고 파키스탄의 전략적 가치는 퇴색됐다. 따라서 해상에 가능한 한 모든 전력을 투입해 중국 포위망을 더욱 견실히 한다. 독립된 각각의 사건(點)을 이으면 흐름(線)이 생기고 흐름(線)을 연결하면 구도가 나온다. 혹자는 미국이 제1 열도선을 포기할 일이 없다고 말한다. 제1 열도선은 일본이 점유한 조어도에서 대만·브루나이·베트남을 연결하는 선이고, 제2 열도선은 일본 북남쪽 라인에서 오사카·괌·마닐라·인도네시아를 잇는 선이다. 참고로 한반도는 지리적으로 제1 열도선

안에 위치해 있다. 그리고 중국이 전진 배치한 공중 또는 해상 플랫폼에서 발사된 크루즈 미사일은 괌까지 타격할 수 있는데 이는 미항공모함의 안전작전 범위를 제한하고 있다. 엄밀히 말해 **포기하는** 것이 아니라 **포기되는** 것이다.

2012년 벽두부터 미국은 국방비 감축과 함께 '2개의 전쟁(two-war)' 개념을 포기했다. 이는 1990년대 초 소련해체 이전 상태로 미국의 위상이 점점 떨어지고 있음을 나타낸다. 미국은 소련해체와 더불어 2개 전장에서 동시에 전쟁을 수행하여 승리로 이끈다는 소위 윈-윈(win-win) 개념을 수립했는데 여기에는 설혹 러시아와 중국이 연합해도 미국이 동맹국과 함께 이를 격퇴할 수 있다는 자신감이 깔려 있었다. 그런 미국이 2012년 마침내 '2개의 전쟁(two-war)'이 더는 유효하지 않음을 실토했다. 대신에 1개 전장에 먼저 개입하고, 다른 전장은 최대한 억제한다는 원 플러스(one-plus) 전략을 내놓았다. 만약 중동과 한반도에 전쟁이 동시에 발발할 경우 한국은 산술적으로 50% 확률에 운명을 내맡겨야 한다. 더구나 미국의 외교 우선순위를 감안할 때 현실적으로 이 확률도 한국에 매우 부정적이다. 동맹을 택할지, 석유를 택할지 묻는다면 미국은 단연코 석유를 선택할 것이다.

흔히 국제관계에서는 '영원한 적도 영원한 친구도 없으며 영원한 이익만 존재할 뿐이다'고 말한다. 이 문구에 가장 부합한 이가 바로 미국이다. 우리가 단지 그렇게 되길 바라기 때문에 미국을 그렇게 보는 것일 뿐이다. 신념에 찬 보수주의도, 낭만에 찬 진보주의도 모두 위험하다. 지금 이 시대에서는 적어도 21세기 새로운 국제질서가 확립되기 전까지는 냉철한 현실주의만이 국가와 민족의 생존을 보장할 뿐이다. 동맹을 전략이 아닌 종교로 보는 이들을 위해 생각하기 싫은 아픈 과거를 하나 끄집어내보자.

> "한국은 완전히 일본의 것이다. 확실히 한국의 독립이 조약에 따라 엄숙히 약속됐지만 한국 스스로가 그 조약을 이행하기에는 무력했다. 그리고 이해관계가 없는 다른 나라가 자신을 희생해 한국 자신이 도저히 할 수 없는 일을 한국인을 위해 시도할 것이라는 생각은 말도 안 된다. 게다가 그 조약은 한국이 훌륭히 자치할 수 있다는 잘못된 억측에 기반을 뒀다. 실제로 한국이 자치를 할 수 없다는 점이 이미 잘 드러났다. 일본은 외세의 손에 한국이 놓이는 상황을 지켜볼 수 없었을 따름이다."
> — 「세계전쟁 그 비극과 교훈」, 시어도어 루스벨트(Theodore Roosevelt), 아웃룩 기고문 발췌

시어도어 루스벨트(1858~1919)는 최연소 미 대통령으로 20세기를 팽창주의로 장식한 사람인데 그는 한미수호통상조약 파기에 관해 위 글과 같이 변명으로 일관했고, 이 과정에서 한국은 극동외교 정책의 희생물로 변했다. 그는 워싱턴 주재 독일대사 시테른부르크에게 보낸 서한에서 "나는 일본이 한국을 차지하는 것을 보고 싶다. 일본은 러시아에 대한 견제역할을 담당할 것인데 지금의 행동으로 보아 (일본은) 한국을 차지할 자격이 있다"고 적었다. 어딘지 모르게 상당히 낯익은 문구처럼 들린다. 아마 미래의 어느 시점에서 미 대통령이 "나는 일본이 한국을 차지하는 것을 보고 싶다. 일본은 중국에 대한 견제역할을 담당할 것이고 일본의 지금 행위로 보아서 한국을 차지할 자격이 있다"고 말할 수 있다.

불행히도 이 시점은 우리가 생각하는 것보다 훨씬 더 가까이에 있다. 20세기에서 21세기로 타임라인을 한번 이동해보자. 2006년

4월 일본의 독도 인근 해양조사 등 연이은 도발로 한·일 양국이 첨예하게 대립할 때 토머스 시퍼 주일 미 대사는 "한국이 정신이 나간 짓을 하거나 중대한 문제를 일으킬까 걱정스럽다. 일본은 국제법에 맞게 권리를 행사하고 있고 한국은 비이성적으로(irrationally) 행동한다"고 단정에 찬 허튼소리를 내뱉었다. 어떤 이에게는 받아들이기 힘든 역사지만 1905년 11월 을사늑약이 맺어지자 가장 먼저 대한민국과 외교를 단절한 나라가 바로 미국이다. 19세기 한미수호통상조약을 21세기 한미동맹으로 바꾸더라도 그 의미는 크게 변하지 않는다. 미국은 감성적으로 대통령을 선택하는 나라지 이성적으로 대통령을 뽑는 나라는 아니다. 그래서 신뢰하기에는 너무 불확실하다. 나라의 멸망에는 우매한 이들이 큰 구실을 한다. 청나라 말 유가는 "나라가 망하더라도 개혁은 안 된다"고 강변했고, 지배세력인 만주족은 "나라를 외세에 넘기더라도 가노, 즉 한족에게는 안 된다"는 시대 망상적 생각을 고수했다. 이런 허튼소리에 동조한 대가로 중국인은 5천 년 역사상 가장 참혹한 비운을 겪었고 역사적 부침에도 지배이념 자리를 굳건히 유지했던 유교는 아직까지도 복권되지 못한 상태며 300년 동안 광활한 중국 대륙을 지배한 만주족은 역사 전면에서 철저하게 사라졌다. 바야흐로 이런 19세기 대륙의 망조가 21세기 한반도에서 펼쳐지고 있다.

결론적으로 중국이 잘해서 세계가 중화에 유리하게 돌아가는 것이 아니라 경쟁국들이 너무 못해서 중국이 부상하는 것이다. 예컨대 미국과 유럽은 러시아에 대한 깊은 공포로 나토 확장정책을 펼쳤고 이는 북극곰을 중립지대에서 중국의 우리 안으로 밀어버렸다. 유럽은 러시아를 구소련 재건이라는 풀리지 않는 퍼즐 속에 가

뒤야 했다. 이것은 누가 더 잘하는지 게임이 아니라 누가 덜 못하는지 게임이다. 그리고 중국은 미국이 한 번 더 거대한 실수를 할 것으로 믿으며 그때가 바로 글로벌 권력교체 시점이라고 본다. 10년 안에는 힘들겠지만 세월이 좀 더 지난다면 부시와 같은 이가 또다시 미 대통령이 안 된다는 보장이 어디 있냐는 말이며 이 점에 대해 중국은 강한 확신을 가진 듯하다. 즉, 부패가 중국을 주저앉히기 전에 미국이 먼저 자멸할 것으로 보는 것이다. 그렇다면 브레진스키가 그의 책 『두 번째 기회(Second chance)』에서 묘사했듯이 미국은 마지막이 될지도 모를 두 번째 기회마저 놓치게 될 확률이 높다. 양국의 승패는 힘의 크기가 아닌 인내의 깊이, 추진력보다는 신중함에 따라 결정될 것이며 이 둘에 관해서 중국은 단연 독보적인 명성을 누리고 있다.

4장
수신제가치국평천하(修身齊家治國平天下)

중화는 수와 시간의 세계이다. 수는 힘의 원천이고 시간은 힘의 지속이다. 인류 역사의 한 페이지를 장식했던 수많은 제국들이 결국 이들 앞에서 무릎을 꿇었다. 미국 역시 긴 역사의 시간 속에서는 한때 융성한 변방국가로 평해질 것이다. 1~2세기의 강대함으로 천 년 제국의 영광을 노래하기는 힘들다. 기껏해야 로마제국 정도만 중화제국과 견줄 수 있을 정도고 그 외는 스쳐간 강대국에 불과하다. 중국은 결코 21세기 갑자기 떠오른 나라가 아니다. 이보다는 19세기 돌연히 추락했다는 편이 옳다.

우리는 흔히 강대국에 있어 외교는 내정의 연장선이고 약소국에 있어 내정은 외교의 연장선이라는 말을 줄곧 한다. 그런 점에서 중국 1세대 지도자들은 중일전쟁과 국공내전을 거치며 독립과 영토보전에 급급했으며 2세대 지도자들은 13억 인민을 빈곤상태에서 탈출하게 만들고 산업기반을 확보하는 데 정신이 없었다. 뒤이어 3세대 지도자들은 중국이 소련처럼 붕괴되지 않도록 체제존속에 온 신경을 쏟았고 4세대 지도자들은 다극화의 기류를 타고 세계에 대국의 이미지를 심는 데 정열을 다했다. 이제 5세대 지도자들이 중국호의 키를 넘겨받았다. 시진핑－리커창으로 5세대 지도자들은 "수신제가치국평천하(修身齊家治國平天下)"라는 글귀를 가슴에 품고 외부에 집중한 눈길을 안으로 돌리고 있다.

과거 후진타오가 조화사회를 주장했다면 시진핑은 차이나 드림이라는 깃발을 내걸며 그 전제로 부패와 개혁을 전면에 내세운다. 여기서 차이나 드림(중국몽, 中國夢)이란 부강한 민주문명과 조화로운 사회주의 현대화 국가라는 목표를 달성하고 중화민족의 위대한 부흥을 실현한다는 의미로 중국의 차이나 드림이 중화민족의 위대한 부흥, 즉 국가적 관점이라면 미국의 아메리칸 드림은 근면하고 성실하면 누구나 중산층이 될 수 있다는 개인적 부흥이 강조된다. 그래서 시진핑은 당이 부패를 척결하지 못하면 차이나 드림을 결코 이룰 수 없다고 하고 오바마는 미국이 다시 아메리카 드림을 꿈꿀 수 있는 사회가 돼야 한다고 주장한다. 달리 말해서 중국은 차이나 드림 실현을 위해 국민이 국가를 위해 무엇을 할 것인지를 묻고 미국은 아메리카 드림 재현을 위해 이제 국가가 국민을 위해 무엇을 할 것인지를 되묻는다. 참고로 시진핑은 2013년 6월 중·미 정상회담에서 차이나 드림이란 국가부강, 민족부흥, 인민행복을 실현하는 것으로 이는 평화, 발전, 협력, 윈－윈의 꿈이라고 말하며 차이나 드림은 아메리카 드림을 포함한 세계 각국 인민의 아름다운 꿈과 상통한다고 주장했다.

이전 후진타오－원자바오 조합이 부패척결과 개혁추진을 주장하지 않은 것은 아니다. 기회가 있을 때마다 각자의 방식으로 이를 언급했으며 썩 만족스럽지는 않지만 나름의 성과도 보였다. 그런데도 본질적 문제 앞에서 이들은 주저했으며 이전 세대들의 "안정과 발전"이라는 화두에 막혀 과감히 메스를 들이대지 못하였다. 그러나 금번 5세대는 이런 벽을 정면으로 직시하고 일부라도 타파하려 한다. 그렇다고 이들이 예전 지도자들보다 도덕적으로 우월하고 강력한 지도력을 보유하고 있기 때문만은 아니다. 이는 개인적 소신 및 능력과는 별개로 시대적 환경이 다르고 국내외 정세가 이를 요구하고 있기 때문이다. 리커창은 2013년 3월 전인대 기자간담회에서 "개혁이 깊은 단계에 진입했으며 공방기라고 말할 수 있고 기존 이익구조를 건드린다. 이익을 건드리는 것은 영혼을 건드리는 것보다 더 어렵다. 그러나 더 깊은 물이라도 우리는 건너야 한다. 왜냐하면 이에 대해 별다른 선택이 없기 때문이다. 이는 국가 명운과 민족 전도와 관련되어 있다"고 간단명료하게 부패척결과 개혁의 필요성을 요약했다.

달리 말해서 중국은 지금 사면초가에 빠진 상태로 부패를 척결하고 강한 개혁드라이브를 거는 것 이외에 뚜렷한 탈출구가 없으며 이는 결국 중국의 안정과 발전을 유지하는 길로 통한다는 의미다. 아울러 경제발전지속, 민생개선, 사회공정 촉진을 중국이 당면한 세 가지 문제로 보고 이를 해결하기 위해서는 혁신정부, 청렴한 정부, 법치정부를 수립하는 길뿐이라고 말한다. 이전과 달리 국제정세를 핑계로 삼지도 않고 글로벌 거대담론에서 답을 구하지도 않는다. 외부동력에서 내부동력으로 시각을 돌리고 이제는 성장만능주의에서 벗어나 기존 정책을 점검하며 산적한 국내문제를 해결할 때라고 말한다. 아울러 정부의 손에서 시장의 손으로 체계를 전환할 것이라고 밝힌다. 리커창은 이를 권력을 제거하는 자아혁명이라고 정의하고 중국은 거대한 내수를 바탕으로 지속성장을 유지할 것이라고 공언한다. 그는 또한 중국은 여전히 개발도상국으로 현대화는 멀고도 먼 길이라고 논술하며 성장 땔감은 아직 산적해 있으며 이는 10년, 20년으로 소진될 양이 아니라고 밝힌다. 그러므로 지속성장에 관한 우려는 빠른 감이 있고 그 땔감을 다 소진하기 전에 중국이 패권다툼에 자원을 낭비할 일은 없다고 주장한다. 저우샤오촨 인민은행장 역시 2013년 IMF 춘계회의에 참석해 "중국은 지금 경제구조 조정을 진행하고 있으며 비록 단기성장을 희생하더라도 구조개혁 목표에 도달할 필요가 있다"고 말하며 일시적 성장을 포기해서라도 이참에 내부정리에 나서야 된다는 뜻을 피력했다. 주제를 좀 벗어난 말이지만 중국 국무원 총리는 해박한 지식과 표현력이 없으면 그 역할을 담당할 수 없다. 3시간에 이르는 기자간담회를 원고를 따라 읽지 않고 온갖 수치와 전문용어를 나열하며 이를 소화할 수 있는 능력을 갖춰야 그나마 국무원 총리가 될 꿈을 품을 수 있다. 쉽게 말해서 머리가 명석하고 성실하지 않으면 아무리 정치력이 뛰어나도 그 자리를 밟을 수 없다.

부패와 개혁을 큰 화두로 접근하면 정치개혁 문제가 떠오른다. 일부는 부패척결 출발점을 정치개혁으로 보기도 한다. 정치개혁 문제는 원자바오가 바람을 잡고 후진타오가 일단 화룡점정을 찍었다. 비록 개혁이라는 화폭에 그려진 용이 미약한 새끼 용에 불과할지라도 중국 정치역사의 한 페이지를 넘긴 것은 사실이다. 원자바오가 2013년 3월 자신의 마지막 정부공작보고에서 정치개혁을 언급하지 않은 일을 두고 국내외적으로 이익집단의 강력한 저항에 막혀 시진핑의 개혁작업이 순조롭지 않은 징조라고 견해가 제기됐다. 하지만 이는 반은 맞고 반은 틀린 말이다. 중국에서 정치개혁이란 우리가 말하는 삼권분립, 국민투표, 민주주의를 꼭 의미하지는 않는다. 그것보다는 파벌과 정경유착 고리단절을 뜻하는 것이 더 알맞다. 후진타오는 2012년 11월 18기 1중 전체회의에서 2013년 전인대를 끝으로 국가주석직과 군사위원회 주석직을 모두 내려놓겠다고 폭탄발언을 하며 상왕정치 폐습을 종식했다. 후진타오－원자바오 체제의 정치개혁 임무는 일단 이렇게 유종의 미를 거뒀다. 즉, 자신들은 결코 정치개혁을 등한시하지 않았고 늦게나마 "노인의 정치개입"이라는 오랜 관행을 타파했으니 그다음 개혁은 제5세대의 몫이라는 점을 분명히 했다. 후진타오의 폭탄발언 이후 중앙군사위원회 건물에 있던 장쩌민의 사무실은 폐쇄되었고 막후에서 정치에 빈번히 개입하는 노인들의 명분이 사라졌다. 요컨대 퇴장하는 마당에 굳이 정치개혁을 주장하며 5세대 개혁드라이브에 재를 뿌릴 필요가 없었던 셈이다. 그래서 조금은 평이하게 마지막 정부공작보고를 마무리한 후 전인대 주석단에 한 번 허리 숙여 절하고 뒤돌아서 전체 전인대 대표에게 세 번 허리 숙여 절하며 한 시대의 마침표를 찍었다.

　이는 서구식 관점에서는 정치개혁이라고 부르기 민망할 정도지만 중국 입장에서는 물길을 돌리는 큰 진전이다. 게다가 "부패와의 전쟁"과 "국무원 조직개편"이라는 큰 주제 이외에 7인으로 정치국상무위원을 축소한 점과 총리와 전인대 상무위원장 서열조정 등도 나름 정치개혁의 연장선에 있는 조치다. 중국의 주류세력은 부패는 기호지만 극좌는 멸절할 적이라고 본다. 문화대혁명과 4인방이 겹치며 극좌는 공청당과 태자당 모두에게 공포를 안겨준다. 아울러 상해방 역시 정치적으로는 이를 이용하지만 진심으로 좌파의 시대를 원하는 것은 아니다. 그래서 창홍다헤이(唱紅打黑, 공산주의 이념고취와 범죄와의 전쟁)로 혼란을 조장할 수는 있어도 이를 내세워 정치 주도권을 잡기는 힘들다.

사실 중국이 자생적으로 개혁과 부패척결을 이룬 역사는 극히 드물다. 그만큼 이 길이 순탄치 않으며 역사적 경험도 부족하다. 과거 전국시대 진나라 개혁가인 상앙은 평민이 군에 참가해 전공을 올리면 귀족이 될 수 있고 귀족이라도 전공이 없으면 계급이 떨어지는 개혁조치를 단행하여 강한 군대를 육성하는 발판을 마련했다. 이런 개혁조치는 당시 지배계층인 귀족의 기득권을 침해하는 결과를 야기해 상앙은 귀족들의 집중 표적이 되어 결국 개혁은 좌초됐고 그는 오마분시가 되는 비운을 겪었다.

현 중국 정부가 설립된 이래 지도자별 개혁 자세를 함축해보면 우리는 중국이 처한 당시 상황을 미루어 짐작할 수 있다. 제1세대인 마오쩌둥은 농민을 위해 개혁했는데 이는 구시대와 신중국을 가르는 분기점이 바로 농촌과 농민에 있다고 생각했기 때문이다. 즉, 농민으로부터 신중국의 정당성을 획득하려고 했다. 제2세대인 덩샤오핑은 당을 위해 개혁했는데 이는 대약진 운동, 문화대혁명 등을 거치며 이대로 가다가는 공산당의 존립이 위태롭다고 봤고 더구나 소련해체와 공산주의 퇴조로 이런 위기감은 한층 더 깊어졌다. 그래서 덩샤오핑은 당의 생존을 최우선에 두고 개혁에 나설 수밖에 없었다. 제3세대인 후야오방은 이런 덩샤오핑의 당 위주 개혁에서 민중이 소외돼 주변화될 것을 우려했다. 초기 건국의지는 퇴색되고 개혁개방의 과실이 소수에 독점되는 상황을 감지해 민중을 위한 개혁을 시도했으며 자오쯔양은 그 개혁을 지키기 위해 실각됐다. 장쩌민은 후야오방의 우려를 현실화하며 자본주의 시장경제를 중국에 대거 이식하며 국가재산의 사유화를 추진했다. 경제력 팽창과 부패가 동시에 분출되며 중국 사회를 1949년 이전으로 되돌렸고 그 속에서 자신이 최대 수혜자가 됐다. 덩샤오핑이 당을 위해 개혁했다면 제4세대인 후진타오는 국가를 위해 개혁했다. 그는 이대로라면 중국이라는 나라의 존립이 힘들 수도 있다고 느낀 듯하며 중국이 두 동강으로 쪼개지지 않고 온전한 모습을 유지하는 데 모든 정력을 쏟았다. 신흥 경제대국을 넘어 미국과 함께 G2로 올라섰지만 만연한 부패와 양극화, 이해관계 세력에 휘둘리는 정부정책, 국가의 사유화 진척 등 각종 문제에 압도되어 눈앞에 닥친 현안을 처리하기에 급급했으며 임기 막판에야 한숨 돌리며 자기 목소리를 약간 낼 수 있었다. 그리고 제5세대인 시진핑은 후진타오가 열어둔 길을 따라 중화를 위해 개혁하려고 한다. 전임자에 비해 그의 발걸음은 한층 가벼우며 국내외 정세도 유리하게 돌아간다.

이런 배경에서 시진핑은 2013년 1월 중앙기율검사위원회 제2차 전체회의에서 "두 가지 100년" 목표 실현을 강하게 주장했다. 그가 주장한 두 가지 100년 목표 가운데 하나는 중화민족의 위대한 부흥이라는 "차이나 드림" 실현이고, 다른 하나는 공산당 건설을 잘 수행하는 일이다. 이에 덧붙여 시진핑은 "노호"와 "파리"를 함께 근절해야 한다고 강한 톤으로 자신의 의지를 피력했는데 여기서 노호란 지도자급 인사를 말하고 파리는 하급관료를 의미한다. 왕치산 중앙기율위서기는 시진핑 의견에 동조하며 천리안(千里眼)을 가지고 노호와 파리 색출에 나설 것을 중앙순시팀에 당부했다. 우리는 종종 중국과 미국 가운데 누가 21세기를 지배할지를 놓고 복합한 개념과 온갖 시나리오를 동원해 최선의 답을 제시하려고 노력한다. 굳이 전략적 마인드를 빌리고 여러 패권이론을 나열할 필요는 없다. 답은 간단하다. 중국이 먼저 부패를 척결할지 혹은 미국이 먼저 아메리카 드림을 재현할지에 따라 21세기 지배자는 정해진다.

5장
왜 중국이 21세기를 주도할까?

일본은 대세에 편승하길 좋아하고 유럽은 대세를 만들 구심점이 없다. 미국이 만든 대세는 세계가 싫어하고 러시아는 대세를 만들 힘이 부족하다. 그래서 우리는 중국을 떠올리게 되고 이 나라가 21세기를 주도할 것으로 믿는다. 그렇다고 이런 직관이 상상의 부산물만은 아니다. 그 밑바탕에는 역사와 현실, 추세와 가능성이 존재한다. 돌고 돌아서 천명이 다시 중국으로 이동하고 있다. 중국이 초강대국이 될 것인지에 대한 논의는 더 이상 무의미하다. 우리가 주목할 점은 중국이 어떤 초강대국이 될 것인지다.

중국과학원은 2013년 1월 발표한 『국가건강보고(National Health Report)』에서 신흥 강대국이 기존 강대국을 초월할 때는 일반적으로 세 단계 과정을 겪는다고 주장했다. 첫 번째 단계는 국가건강에서, 두 번째 단계는 경제규모에서, 세 번째 단계는 국제지위에서 기존 강대국을 초월하는 것이라고 말한다. 그러면서 중국은 이미 2007년 국가건강에서 미국을 넘어섰고, 2019년에는 경제규모에서 미국을 앞설 것이며, 건국 100주년인 2049년에는 전면적으로 미국을 초월한 국제지위를 누릴 것으로 전망했다. 이어서 20세기가 미국의 세기라면 21세기는 중국의 세기일 것이라고 주장하며 이는 낙관적인 억측이 아닌 중·미 양국의 건강상태에 따라 도출된 실사구시의 연구판단이라고 밝힌다. 이 보고서를 작성한 국가건강연구팀은 2003년 중국과학원이 조직한 단체로 "국가건강"이라는 관점에서 각국을 연구하며 2008년『국가건강보고(National Health Report)』라는 첫 성과물을 세상에 내놓았다.

위 보고서는 "국가건강"이라는 면에서 100개 샘플국가를 비교 분석하여 국가건강지수를 산출한 후 건강잉여형, 건강표준형, 건강가불형, 건강취약형이라는 4그룹으로 샘플국가를 나누었는데 중국은 스웨덴, 노르웨이, 핀란드, 스위스, 캐나다, 덴마크, 뉴질랜드, 호주, 오스트리아, 코스타리카에 이어 11위에 올랐다. 덧붙여 건강잉여형에는 앞서의 상위 10개국이 속하고 건강표준형에는 중국, 독일, 네덜란드, 프랑스, 브라질, 러시아 등이 있으며 한국은 미국, 영국, 일본, 이탈리아, 스페인 등과 함께 건강을 미리 당겨쓰는 건강가불형에 포함됐다. 에티오피아, 카메룬, 나이지리아, 우간다, 앙골라, 이라크, 아프가니스탄 등은 건강취약형에서도 가장 심각한 국가군으로 꼽혔다.

그리고 국가행동시스템 면에서 국가책임지수를 산출지표 가운데 하나로 삼으며 전체 국가책임을 국내와 국제 책임으로 구분했다. 이 가운데 국내책임으로는 빈곤율, 아동사망률, 성별평등, 실업률, 안전한 식수들을 평가요소로 꼽고 국제책임으로는 군비감축, 자원절약, 환경보호와 원조를 평가요소로 선택했다. 이어서 연구진은 국가책임지수를 잉여형·표준형·가불형·취약형으로 두고 샘플국가들을 분류했는데 국가책임지수가 높은 3대 국가로 스웨덴·중국·룩셈부르크가 선정됐고 미국은 뜻밖에도 최하위로 조사됐다. 이 보고서는 중국이 유엔 새천년개발목표(MDG) 약속을 성실히 이행했다고 평한다. 2008년 세계은행발표 자료를 언급하며 중국이 과거 25년간 글로벌 빈곤탈피 성과의 67%를 실현했다고 공헌하며 중국은 자신의 능력범위에서 개발도상국에 대한 원조를 아끼지 않았다고 주장했다. 더구나 원조를 제공할 때 어떤 정치적 조건도 달지 않았으며 국제적 의무와 책임을 적극적으로 떠맡았다고 결론짓는다. 이에 반하여 2011년 11월 미국의 최근 인구조사 자료를 언급하며 미국 빈곤인구는 약 5,000만 명 정도로 전체 미국인의 16%에 달한다고 말하며 잠재적 빈곤층까지 합산한다면 총인구의 절반가량이 빈곤상태에 놓여 있다고 비꼰다. 게다가 전 세계 인구의 5%에 불과한 인구로 세계에너지 1/4을 소모하고 있다는 점을 드러내며 미국은 도쿄의정서 등 국제환경보호협약에 대한 서명을 거부하고 있고 UN 납입금 최대 연체국가이라고 적시하며 세계에 대한 미국의 무책임을 우회적으로 비난한다.

이 보고서는 중국이 미국을 초월할 때 필요한 최대이자 최고의 자산은 바로 국민건강이라고 주장한다. 그리고 중·미 양국은 '국가체질'·'국가식성'·'생존방식'·'생명주기단계'라는 네 가지 면에서 현저한 차이점이 있다고 말하며, 미국은 '소비형'·'기생형' 국가인 반면, 중국은 '생산형'·'노동형' 국가라고 선고한다. 나아가 미국은 현재 갱년기라고 진단하며 신체가 노화되어 보수적 자기연민상태와 초조한 공황상태에서 갱년기증후군에 쉽게 빠진다고 평한다. 이에 견주어 중국은 청년기 국가로 고속 성장하고 있다고 말하며 풍부한 꿈을 간직한 채 새로운 것을 추구하고 변화를 희망하며 낙관적 자신감을 가져 성장기 번뇌에 빠지기 쉽다고 진단한다. 전반적으로 미국은 여전히 재물형과 역량형 국가로 건강하지 못할뿐더러 가불상태가 심각하다고 진단한 반면, 중국 국가건강은 표준성장형으로 앞으로 40년간 다양한 곤란에 직면하고 예상치 못한 난관에 부딪치며 온갖 발전병에 시달리겠지만 전도가 유망하고 미국을 초월하는 일은 시간문제라고 이 보고서는 주장했다. 그러면서 중국 문명은 발전성과를 수출하는 특징이 있다고 말하며 중국은 2049년 미국 초월이라는 "차이나 드림"을 이룬 후 미국처럼 "세계경찰"을 자처하지 말고 "세계의사"가 되어 인류문명 발전과 진보에 공헌해야 한다고 촌평했다.

발상의 전환을 통해 중국은 뜻밖에도 "건강"이라는 관점에서 자신과 세계를 평가하고 미국에 대해 매섭게 포문을 열었다. 이는 가장 통렬하면서 은유적으로 미국의 아픈 곳을 건드린 보고서들 가운데 하나라고 생각된다. 그러나 평가방법에서 정치적 민주주의, 언론의 자유, 부패 등과 같은 문제들을 지표에 적절히 반영하지 않았다는 맹점이 있고 너무 중국적 시각에서 논리를 전개한다는 한계도 관찰된다. 위 보고서와 한 달 간격을 두고 미국 국가정보회의(NIC, National Intelligence Council)는 '대안적 세계(Alternative World)'라는 부제의 『Global Trends 2030』을 발표했다. 이 보고서는 미국이 부딪칠 주요 도전을 여섯 가지로 나누어 그 전개과정을 분석했는데 첫째는 국제 시스템에서 미국의 역할에 주목하고, 둘째는 국제시스템 내 중심그룹을 확실히 이해하며, 셋째는 글로벌 트렌드 변화 속도와 시간을 한층 더 잘 파악하고(중국 파워가 예

상보다 일관되고 더 빨리 확대되고 있다는 자기반성도 엿보인다),
넷째는 위기와 단절에 대한 더 큰 토론을 수행하며, 다섯째는 이
데올로기에 더 많이 주목하고, 여섯째는 다가올 불균형을 식별하
는 접근방법에서 첫 번째 결과 외에 두세 번째 결과도 좀 더 깊게
이해해야 한다는 말이다. 즉, 예전보다 마이너리티 리포터에 더 많
은 관심을 둔다는 의미며 국제행위자 사이의 역동적 움직임을 이
해하는 데 워 게임 혹은 시뮬레이션 접근법을 사용한다는 말이다.

그리고 이 보고서는 "국가권력 이전은 단지 절반의 이야기로 권
력속성에서 훨씬 더 근본적 이전이 발생하여 (국가권력 이전은) 그
늘지게 된다"고 적고 있다. 다시 말해서 국가권력이 권력의 모든
속성을 대변하는 시대는 이제 저물어가며 국가적인 것과 비국가적
인 것이 공존하는 시대로 차츰 세상이 바뀌면서 사안에 따라 권력
분배 작업이 일어난다는 뜻이다. 권력이 중국으로 이전하는 현상
이 글로벌 헤게모니를 설명하는 데 중요한 부문이지만 그것이 전
체 파워이동을 설명하지는 못한다는 말로 해석할 수 있다. 또한 가
능한 4가지 세계구도를 두고 글로벌 경제를 시뮬레이션 했는데 그
결과는 다음과 같다. 먼저 미국과 중국이 서로 협력하면서 글로벌
도전을 해결할 때 가장 높은 글로벌 경제성장을 달성했다. 다음은
비국가적 주체가 글로벌 문제를 주도하는 경우이고, 그다음은 세
계적으로 경제적 불평등이 만연한 상황이며, 최악은 미국과 유럽
이 내향적으로 바뀌고 글로벌화가 주춤하는 경우다. 이 상황에서
는 미국 경제 규모가 중국을 앞서며 최대 경제권은 유럽이 되고
다음은 미국, 중국 순이다. 무엇보다도 최상의 시나리오를 제외하
고는 중국이 미국을 넘어서지 못하는 것으로 나타났다. 그러므로

중국은 불편한 협력과 실익, 미국은 절대적 성장과 상대적 퇴보라는 딜레마를 놓고 하나를 선택해야 하는 상황에 놓인 셈이다.

우리는 오늘날의 중국이 완벽해서가 아니라 오늘보다 내일이 더 밝다고 믿기 때문에 중국시대를 노래한다. 예컨대 2012년 10월 도쿄에서 열린 IMF·WB 연차총회에서 우리는 중국의 존재감을 거듭 확인했다. 중국이 불참한 금번 연차총회는 "중구난방"이라는 한마디로 요약된다. 유럽은 긴축과 성장의 갈림길에서 긴 방황을 거듭하고 신흥 경제대국은 성장동력 상실이라는 위기감에 잔뜩 움츠렸으며 미국은 재정절벽에 직면해 주도적으로 의제를 이끌지 못했다. 이보다 더 큰 문제는 각 주체 사이의 신뢰와 유대감이 점점 무너지고 있다는 사실이다. 신흥 개발국들이 IMF가 유럽을 중심으로 돌고 있다고 비난하는 가운데 유럽과 미국은 각자도생을 추구하고 중국과 일본은 영토문제를 두고 갈등을 겪는다. 그래서 총체적 부실에 빠진 세계경제는 나침반조차 없는 상태로 그저 굴러가고 있다. 그나마 방향키 노릇을 하던 중국과 일본이 조어도 문제를 놓고 충돌함에 따라 완전히 판이 깨지는 결과를 가져왔고 상대방에 대한 응어리만 더 깊어졌으며 차라리 금번 연례회의는 건너뛰는 것이 더 좋았다는 평도 제기됐다.

왜 우리는 중국에 그렇게 열광하는 것일까? 현실적으로 중국이 미국보다 강대국은 아니며 일본보다 기술력이 우월한 것도 아니다. 더구나 유럽보다 선진국도 아니고 러시아만큼 자원이 풍부하지도 않다. 그런데도 중국은 21세기를 이끌 가장 유망한 국가로 손꼽힌다. 그 까닭은 단순하다. 중국은 지금도 계속 전진하고 있기 때문이다. 과학·기술·산업 등 물질적 영역에 국한되지 않고, 정치·사회·문화·도덕으로 진보가 확대되고 있다. 영역별로 진보의 속도가 다르고 절대적 수준도 열악하지만 퇴행하지 않고 계속 나아간다. 이 점이 중요하다. 중국의 진보는 정책 일관성, 명확한 지표, 주체적 판단, 개방적 사고라는 4가지 동력이 견인한다. 우리는 여기서 이 동력들에 대해 알아본다.

첫째로 정책 일관성이다. 중국의 역량은 정책과 전략의 완결함에 있지 않다. 이보다는 정책을 현실화하는 능력에 있으며 이는 독특한 정치체제로 지탱된다. 중국의 통치체제는 "경제분권(經濟分權), 정치집중(政治集中), 유가논리(儒家論理), 정권개방(政權開放)"이라는 4가지 특징으로 요약될 수 있다. 이런 사고에서 예부터 정치 수도는 중앙에, 경제 수도는 지방에 두는 이원적 체제가 만들어졌다. 그래서 정치는 북경을 보고 경제는 상해를 말한다. 예컨대 주식시장을 들어 설명하자면 시장기능에 속하는 상해증권거래소(SSE), 심천증권거래소(SZSE), 상해선물거래소(SHFE) 등은 남방에 있지만 "1행·3회(중국인민은행과 증권·은행·보험 감독위원회를 말함)"는 모두 북경에 몰려 있다. 시장 주체는 남방에 두고 정책 주체는 북방에 놓는 옛 사고가 이어져 오고 있는 셈이다. 이런 사고는 병력배치에도 적지 않은 영향을 미치는데, 중국은 어림군을 늘 정치 수도 부근에 배치하며 총구에 대한 고삐를 놓지 않았다. 예부터 산동군이 중국군부에서 독특한 대접을 받은 것도 이런 맥락에서다.

이전 『차이나이펙트』에서도 지적했듯이 중국 정치체제는 엘리트 관료제도를 토대로 하며 유가논리는 이에 대한 정당성을 부여한다. 유가가 2,000년 동안 통치이념으로 면면히 이어올 수 있었던 것도 지배계층의 권위에 정당성을 부여하였기 때문이다. 천자(天

子)와 이를 지탱하는 관료계층, 관료계층을 부양하는 일반백성 간에 "권위와 특권의식"이 연동되면서 계층사회를 자연 발생적인 제도로 만들었다. 유교적 관료사회는 철학자로 대변되는 엘리트들이 국가를 통치하는 플라톤적 국가관과도 일맥상통하는데 현 중국 정치도 비슷한 면모를 보인다. 장기간 관찰하고 시범하면서 미래 동량을 선별하는 인재등용 방식은 전통적 관료사회와 맥을 같이한다. 205명의 중앙위원회 위원에서 8배수로 25명의 정치국 위원을 선출하고 여기서 또다시 3배수로 9명의 정치국 상무위원을 뽑는다. 이들 9명의 정치국 상무위원이 주석, 총리, 상무위원장 등 주요 직책을 담당하며 각자의 영역에 대한 결정권을 가지는 집단 지도체제를 구성한다. 그런데 5세대 지도부로 넘어오면서 정법 분야를 담당하는 정치국 상무위원의 권한이 너무 비대해졌다고 판단해 법, 공안, 국가안전 권력을 분산하는 한편 상무위원 수를 7명으로 축소하며 주석과 총리의 권한을 나름 강화했고 권력서열 2위 직위가 전인대 상무위원장에서 총리로 변경됐다.

국민투표에 따른 정권교체는 아니지만 그들 나름의 경쟁과 협상으로 정권이 이양되고 견제와 균형을 통하여 어느 일방의 독주를 막고 있다. 여기에 더해 베이다허 회의를 통해 현 지도부에 대한 견제와 조율도 실시한다. 베이다허 회의는 원로를 포함한 당정군 수뇌부가 모인 비공식 회의로 차세대 지도부에 대한 밑그림을 구상하고 각 계파 갈등을 조정하는 한편 국가운영의 큰 물줄기를 잡는다. 이 같은 이중삼중의 장치로 전략적 실기를 방지하면서 국가를 최대한 안정적으로 운영하는 것이다. 입법·행정·사법으로 나뉜 서구식 삼권분립체제 도입과 국민투표 실시는 21세기 중엽 이전에는 힘들 것 같다. 2010년 중앙선전부는 "6대 의문-중대 문제에 대한 견해"로 "공산당의 영도" 아래 인민이 국가의 주인으로 법치국가를 실현한다는 것이 중국의 정치체제라고 밝혔다. 전(前) 우방궈 전인대 상무위원장은 서구식 삼권분립과 다당제가 중국에 뿌리내리지 못하게 하겠다고 누차 천명했으며 이를 막아낸 것을 그의 정치적 치적으로 자화자찬하기도 했다. 중국 지도자들은 견제와 균형원리를 인정하더라도 부와 신분, 학벌과 성별에 관계없이 누구나 한 표를 가진다는 서구 민주주의 표어는 악의 씨앗으로 여기며 한 걸음 더 나아가 탐욕스러운 이가 국가의 미래를 놓고 한 표를 행사하는 것은 참더라도 무지한 이가 한 표를 행사하는 것은 어불성설이라고 본다.

부동산 버블 사례를 통해 중국 정치체제의 작동원리를 좀 더 탐색해보자. 중국 정부는 부동산 버블이 시장논리를 벗어나자 전방위로 거품 빼기에 착수했다. 연이어 고강도 부동산 조절정책을 발표하고 획일적이고 반강제적인 집행이 이루어졌다. 일부 지역이 완화 기미를 보이면 그다음 날 바로 철퇴가 가해졌다. 그래서 한때 "오독(誤讀)의 유행"이라는 말까지 등장했다. 미디어가 부동산 정책을 오독해 시장에 잘못 전달했다는 지방정부 변명을 이런 식으로 풍자한 것이다. 더블딥 가능성이 제기되고 경제가 하락했지만 부동산 조절정책은 불변이었다. 부동산 업계가 아우성치고 지방정부가 볼멘소리를 늘어놓아도 요지부동이다. 최고 권력의 강력한 의지로 여타 이해관계 세력을 억누르며 계속 밀고 나가고 있다. 이는 정부가 정책을 주도하고 제어할 능력이 있을 때 가능하며 그 밑바탕에는 기업보다는 업종이 우선이고 업종보다는 시장이 중요하며 시장보다는 경제가 중요하고 경제보다는 국가가 더 중요하다는 불문율이 자리 잡고 있다. 상식이지만 일부 국가는 기업이 국가보다 우선시된다. 게다가 권력 내부에서는 국운과 당 존립 위기 앞에서는 부패와 탐욕도 제어돼야 한다는 지침이 작동한다. 그러나 서구, 특히 미국은 이것이 불가능하다. 제어를 자유침해와 같은 선상에서 보고 이는 자유민주주의 헌법에 위배된다고 여긴다. 그래서 자기 제어 장치가 없이 그냥 폭주한다. 삼권분립에 부정적인 이유도 법권력이 자본과 결탁해 세상을 어떻게 혼탁하게 만드는지를 너무 잘 알고 있기 때문인지도 모른다. 결국 중국은 삼권분립의 폐단과 현 정치체제의 폐단 가운데 후자의 폐단이 더 적다고 보고 있으며 설혹 후자가 더 큰 문제일지라도 중국의 현 상황과 앞으로 발전을 위해 권력은 퍼지는 게 아니라 모아져야 한다고 생각하는 듯하다. 즉, 집중 속 분산을 택하고 있는 셈이다.

둘째는 명확한 지표이다. 중국은 미래에 대한 명확한 지표가 있다. 5개년 규획으로 중단기 목표를 설정하고 산부조우(三步走, 세단계) 전략으로 장기 목표치를 점검한다. 여기에 더해 현대화를 위한 100년 로드맵을 마련하며 중국 부흥을 위한 큰 그림을 그린다. 이 과정에서 발생할 정치·이념적 장애는 "하나의 중심과 두 개의 기본관점"이라는 공산당 규정으로 제거한다. 여기서 하나는 경제건설이고 두 개는 4개의 기본원칙과 개혁개방이다. 4개의 기본원칙은 "공산당의 지도적 위치, 사회주의 노선, 인민에 의한 민주정치, 마르크스 및 마오쩌둥 사상견지"를 말한다. 이런 지도이념하에 중국은 방황하지 않고 전력을 다해 목표를 향해 나아간다. 중국이 동북아 안정을 내세우고 화평굴기를 추구한다는 말은 결코 빈말이 아니다. 이는 중국이 선해서라기보다 허튼 곳에 역량을 낭비할 여유가 없기 때문이다. 100년 동안 업무량을 눈앞에 두고 느리게 걸을 수는 있지만 결코 쉬지는 못한다. 중국은 아편전쟁 이후 1세기 이상 미뤄둔 숙제를 다급히 풀며 축약과 중첩발전을 통해 선진국을 맹렬히 뒤쫓고 있다. 중국이 2050년 전후로 중등선진국 단계에 도달한다고 해도 2100년경 완전한 선진국이 될 확률은 1/4 수준에 불과하다. 적어도 2050년 이전에 패도를 왕도 앞에 두는 경우는 없을 것 같다. 중국이 21세기 첫 키워드로 "조화"를 내세웠다면 다음은 "혁신"이 될 것 같다. 중국은 도전을 두려워하지 않고 실패에 관용적인 사회를 만들고자 한다. 이는 끊임없이 혁신할 때만 지속성장이 가능하고 중국의 미래가 있음을 그들 스스로 깊게 체득하고 있기 때문이다. 오늘날 중국은 창업이 가능한 사회를 만들고 한국은 취업이 가능한 사회를 꿈꾼다.

셋째는 주체적 판단이다. 강대국은 내정의 연장선에서 외교를 펼치고 약소국은 외교의 연장선에서 내정이 이루어진다. 그래서 중국은 타인의 반응보다는 자신의 이익에 민감하고 이익을 극대화할 수 있는 루트로 행동양식이 정해지고 있다. 중국내정이 안정될수록 중국의 외교력은 높아지고 국제문제에 대한 개입은 빈번해진다. 달리 말해서 미국의 권위가 더 자주 생채기를 입는다는 말이다. 푸틴(Putin)은 2011년 10월 Central Channels 인터뷰 자리에서 "중국은 믿을 만한 파트너로, 러시아에 대한 위협이 아니다"고 밝혔다. 또한 "러시아는 글로벌 리더십을 두고 중국과 경쟁할 계획이 없다. 중국은 다른 라이벌을 가지고 있다. 글로벌리더십은 그들 간에 해결하도록 하면 된다"고 말했다. 그의 발언은 중국이 미소 냉전시대 힘을 비축했듯이 러시아도 중·미 경쟁시대에 기틀을 닦겠다는 논지다.

중국이 부정할지는 몰라도 중국은 이미 지정학적 거인을 넘어 초강대국인 미국의 최대 경쟁자로 부상했다. 외교에 관해 중국과 미국의 자세는 판이하다. 『손자병법』 구지 편에는 '부쟁천하지교(不爭天下之交) 불양천하지권(不養天下之權) 신기지사(信己之私) 위가어적(威加於敵)'이라는 말이 있다. 이는 '다른 나라와 외교관계를 맺으려고 다투지 않고 주변국 권세를 빌려 자신의 힘을 기르지 않는다. 온전히 자신의 힘을 믿고 적국을 위압한다'는 뜻이다. 미국이 동맹국을 끌어 모아서 전선을 만드는 사이 신구(新舊) 경쟁자는 나란히 제 갈 길을 가고 있다. 미국은 동맹관계를 힘의 원천이라고 보며 실제로 과감하게 단독행동을 개시했던 베트남전쟁과 이라크전쟁 모두 좋은 결과를 남기지 못했다. 그래서 전략적 유연성을 테제로 지역동맹을 글로벌 연합체 형태로 넓히고 있다. 전통적 지역동맹 개념에서 한미동맹 전략범위는 공식적으로 한반도로 국한되지만(비공식적으로는 아마 중국과 극동러시아 일부까지도 염두에 두었을 것 같다) 이제는 아시아 전체로 넓히고 있으며 중동문제에 한국이 개입될 수도 있다. 게다가 NATO가 동진을 계속하면서 유럽을 넘어 아시아로 들어올 수도 있다.

문제는 미국이 이 모든 연합체의 연결고리라는 사실이다. 여기에는 세 가지 맹점이 존재하는데 첫째, 미국이 쇠퇴할수록 연결고리가 이완되어 유기적 대응이 어려워지고 적체현상이 발생한다. 둘째, 본연의 힘으로 목계가 되는 것이 아니라 외부의 힘을 끌어당겨서 목계로 치장한다는 뜻이다. 자발적 참여가 아닌 강압적 압박의 결과로 파괴력이 떨어진다. 셋째는 타인의 힘을 자신의 힘으로 오판해 전략범위를 폭넓게 잡는다는 점이다. 동맹국이 중립지대로 이동할 수도 있고 심하면 적으로 돌변할 수도 있다. 영원한 적도 영원한 친구도 없다는 국제사회의 냉엄한 현실을 미국은 아직 실감해본 적이 없다. 그걸 일깨워주는 위치였지 본인이 직접 받아본 적은 없다. 반면에 중국은 꼭대기에서 밑바닥까지 추락해 다시 현 수준으로 올라왔다. 단맛과 쓴맛을 모두 맛보며 물러날 때와 나아갈 때를 안다. 체면에 연연하지 않으며 필요하다면 굽힐 줄도 안다. 그래서 생존력이 미국보다 강하다. 문득 우리의 먼 후대는 중국과 미국의 시대가 아닌 중국과 러시아의 시대에 살지도 모른다는 생각이 든다.

넷째, 개방된 사고와 유연한 자세다. 이는 부드럽게 표현한 것이고 속된 말로 몰염치하다는 뜻이다. 중국인에게 경쟁은 생활의 일부분이고 부는 능력의 상징이다. 애초에 그들에게 세상은 강자존의 정글이고 이익추구에서 자유는 수단이 된다. 이는 이익을 위해 가능한 모든 수단을 동원해도 된다는 의미다. 이를테면 미국은 기술 확보를 위해 기업을 사지만 중국은 기술을 빼 올 사람을 산다. 한국에서 가끔 접하는 중국발 기술유출 사고도 그 맥락에서 이해할 수 있다. 국내 차세대 디스플레이 패널인 아몰레드 기술이 중국 패널업체인 BOE에 넘어간 일도 한국에는 불공정한 행위로 여겨지지만 중국에는 합법적 기술도입으로 평가된다. '도고일척(道高一尺) 마고일장(魔高一丈)'이라는 말이 있다. 현실세계에서 선은 악을 절대 이길 수 없다. 무자비하게 이익을 추구하는 이가 그렇지 못한 이보다 우뚝 서는 곳이 우리가 사는 세상이다. 족쇄가 채워진 미국, 사공이 많은 유럽, 배타적인 일본, 잔뜩 움츠린 러시아, 안면 두꺼운 중국 가운데 누가 21세기를 주도할지는 쉽게 답이 나온다.

몰염치라는 말이 나온 김에 만리장성 문제를 간단히 짚어보자. 최근 난데없이 중국 국가문물국이 2007년부터 진행되어 온 고고학 조사결과라고 밝히며 서쪽으로는 신장, 동쪽으로는 헤이룽장성까지 기존 만리장성 길이를 2배 이상 늘렸다. 일본은 해양의 길이를 늘리고 중국은 대륙의 길이를 확장한다. 그 속에서 한국은 참 예의가 바르다. 노예만큼 예의가 바른 족속도 드물다. 노예는 대개 자신의 생각을 말하기보다 주인의 의중을 읽는다. 중국은 역사발굴이 아닌 현실정치를 하고 있으며 그 정치는 무례하다. 근 1세기 동안 숨죽였던 대륙의 습성이 스멀스멀 고개를 들고 있다. 중국이 만리장성 길이를 2배로 늘린 까닭은 현 영토의 정당성을 유지하고 이웃과의 영토분쟁을 차단하는 것에 그치지 않는다. 미국이 그러하듯이 영토를 이익지대 개념으로 읽어가고 있는 것이다. 중국은 소련이 가지지 못한 경제력을 보유하고 있으며 일본이 가지지 못한 정치력을 가지고 있다. 미국은 20세기 이후 자신을 위협할 진정한 경쟁자를 처음으로 만나고 있는지도 모른다. 중국은 조금씩 마오와 덩샤오핑을 지우고 있지만 미국은 레이건을 다시 부르고 있다. 그래서 미국은 중국을 이길 수 없다.

미국은 지적으로도 물질적으로도 퇴보하고 있다. 미국의 시각과 미 국민의 시각은 커다란 차이가 있으며 미 국민은 왜 오바마가 아시아로 회귀하는지 이해하지 못한다. 미 국민은 미국이 세계경찰이 되길 지지한다면 그건 현실적 이익과 확신이 아니라 모호한 어쩌면 교조적이기조차 한 믿음에 기인한다. 그저 정의의 사도가 되어야 한다는 것이다. 미국인은 자신이 살고 있는 미국도 잘 모르지만 세계는 더욱 잘 알지 못한다. 앞으로 미국은 경제적 이득이 없다면 전쟁참여를 자제하고 철저한 손익계산을 바탕으로 가치전쟁이 아닌 경제전쟁을 수행해야 한다. 미국이 좋은 안보제공자인지에 대해서는 논란이 있다. 낡은 것은 갔지만 새로운 것이 아직 오지 않았고 세계는 2030~2040년 사이에 중국과 미국의 권력교체 소용돌이에 본격적으로 휩쓸릴 것이다. 그러나 이는 권력의 크기이지 권력의 질이 교체된다는 말은 아니다. 누가 더 강대국인지는 권력의 크기와 권력의 질의 곱으로 결정된다.

마지막으로 『거대한 체스판』에서 브레진스키가 통찰한 글을 빌려 본 장을 마무리한다. 그는 "미국은 대외적으로 독재가 되기에는 국내적으로 너무 민주적이다. 이는 미국의 파워, 특히 군사적 위협을 가할 역량이 발휘되는 것을 제한한다. 미국 이전에 대중 민주주의국가가 국제적인 슈퍼파워가 된 적이 없다. 국내 복지에 대한 대중적 느낌을 갑자기 위협하거나 도전하는 상황을 제외하고 파워 추구는 대중적 열망이 지시하는 목표가 아니다. 경제적 자기부정과 인간의 희생은 민주주의 감각에 맞지 않다. 민주주의는 제국적 동원에 반한다"고 말했다. 그의 말처럼 민주주의는 종종 제국주의를 억누르는 기제로 작용한다. 그럼 중국과 같이 대중 민주주의가 정착되지 않는 나라는 무엇이 제국주의를 제약하는 기제가 될까? 중국의 경우 문화, 그 가운데도 유가와 노장사상이 그 같은 역할을 담당하지는 않을까?

Ⅱ
문화굴기

문화는 정치도구에서 경제상품으로 용도가 확대되고 있으며 가까운 장래에는 금융상품으로 전환될 것이다. 그러므로 문화는 정치적이고도 경제적인 존재에서 이제는 금융적인 존재라는 타이틀마저 석권하며 3관왕이 될 듯하다. 제황들이 역대 선황과 자신의 기록을 역사에 남기도록 명하고 수많은 학자들을 편찬 작업에 동원한 것은 이들이 좁은 방 안에 모여 시간을 죽이며 현실을 잊고 시시콜콜한 문제에 매달리도록 만들기 위함이다. 그리고 가끔 어떤 문장을 꼬투리 삼아 한번씩 이들을 역도로 몰아 대규모로 물갈이를 했다. 황제 입장에서 학자들이 현실에 눈을 뜨고 목소리를 높이면 매우 성가시기 때문이다. 학자들은 대개 숨 쉴 틈 없는 공간에 함께 놓아두면 칼을 외부가 아닌 내부로 돌려 서로가 서로를 잡아먹게 된다. 총구가 그렇듯이 펜대도 당에 절대적으로 충성해야 한다고 믿는다.

1장
문화와 소프트파워 전략

중국에 있어 문화는 예전부터 권력의 상징이자 통치수단의 구현방식이었다. 소프트파워라는 말은 없었지만 그·개념은 수천 년부터 존재했다.

중화의 역사에서 일본은 늘 칼 찬 야만인이고 한국은 충실한 번속국으로 존재했다. 지금 이 순간 한류가 기세를 타고 있다는 것이 중화를 넘어섰다는 증거가 될 수는 없다. 한류는 반세기도 지나지 않아 스쳐가는 유행 정도로 치부될 것이며 1~2세기가 지나면 번속국에서 중화로 파견한 가무단쯤으로 추락하게 된다. 지금은 '세계의 공장'이라는 말이 글로벌 분업체계의 하단을 상징하지만 1~2세기가 흐른다면 중국이 전 세계 각국과 맺은 조공과 책봉관계의 표상으로 여겨질 것이다. 그리고 각국의 기업이 중국에 운집한 것을 중국은 대당성세(大唐盛世)의 재현이라고 기록할 것이다. 긴 역사의 눈으로 보면 이런 주장은 왜곡이 아닌 사실이 된다. 역사는 단기 집중의 소산이 아닌 장기 지속력의 산물이기 때문이다.

우선 키워드로 중국 문화 전략 코드를 파악해보자. 중국 정부는 문화란 "네 가지 봉사"와 "네 가지 견지"라는 큰 틀 안에서 움직여야 한다고 여긴다. 여기서 "네 가지 봉사"는 해외와 국내로 나뉘는데 해외 분야는 대외업무의 전반적 국면과 중화문화의 국제영향력 확대에 봉사해야 한다는 것이고 국내 분야는 중국 통일의 대업과 전면적 샤오캉 사회건설에 봉사해야 한다는 의미다. 그리고 '네 가지 견지'란 문화사업의 주요 지침으로 작용하는데 첫째는 국내와 해외 두 국면의 통합을 견지하고, 둘째는 문화 저우추취(해외진출)와 도입을 견지하며, 셋째는 문화교류와 문화통상 병행을 견지하고, 넷째는 정부와 민간교류 병행을 견지한다는 말이다.

게다가 문화건설은 슈앙바이(雙百) 방침, 얼웨이(二爲) 방향, 싼티에진(三貼近) 원칙에 따라 이루어져 사회주의 정신문명과 물질문명의 전면적 발전을 추진해야 한다고 본다. 여기서 슈앙바이란 예술 분야에서 다양한 형식과 스타일이 자유롭게 발전하고 과학적으로 다양한 학파가 자유롭게 쟁론을 펼칠 수 있어야 한다는 의미로 백가쟁론에 그 뿌리를 두고 있다. 얼웨이(二爲)는 문학예술이 인민과 사회주의를 위해 봉사해야 한다는 의미이고 산티에진(三貼近)은 후진타오가 16대 때부터 제시한 개념인데 문화는 관념 속에서 헤맬 것이 아니라 실질, 생활, 군중에 바짝 다가서야 한다는 뜻이다. 이런 간단한 문장과 용어를 통해 우리는 중국에 문화란 자발이 아닌 인위이고 결과가 아닌 성과이며 무형이 아닌 유형이고 만든 것이 아닌 만들어져야 하는 존재임을 알 수 있다.

그럼 본격적으로 소프트파워라는 개념을 탐험해보자. 조지프 나이는 소프트파워가 문화, 정치적 가치, 외교정책이라는 세 가지 형태의 자원에 따라 좌우된다고 보았다. 하드파워가 군사와 경제의 결합으로 표현되는 전통적인 힘이라면 소프트파워는 이를 제외한 총합으로 해석할 수 있다. 차후에 설명하겠지만 조지프 나이(Joseph S. Nye) 이전에도 소프트파워라는 관념은 분명 존재했다. 다만 그는 매력적이고도 직관적인 말로 단순화해 이를 이해하기 쉽게 포장했을 따름이다. 하지만 그의 주 고객인 미 정치가들은 소프트파워 개념을 사지 않았는데 이는 마초적 성향이 강한 미 정계에서 '소프트(soft)'는 부드러움보다는 나약함으로 비쳤고 강력한 지도력을 갈망하는 미 유권자들의 취향과도 그리 맞지 않았기 때문이다. 오히려 그의 개념은 딱딱함보다 부드러운 이미지가 더 필요한 중국 지도자들에게 한층 매력적으로 다가왔다. 결국 미 정치가들은 하드파워와 소프트파워를 결합하여 전략적 성공을 이룬다는 스마트파워 개념을 소프트파워 개념보다 더 상위에 두었다.

그럼 조지프 나이는 왜 소프트파워라는 개념을 들고 나왔을까? 이는 일본, 독일의 경제적 부상과 맞물려 당시 폴 케네디의 『강대국의 흥망』과 같은 권력전이 이론과 쇠퇴론이 크게 성행했기 때문으로 알려진다. 그래서 조지프 나이는 앞으로도 미국이 글로벌 헤게모니를 유지할 수 있는 길을 나름 고민했으며 그 결과물로 소프트파워를 제시했다. 한동안 잠복해 있던 그의 결과물은 소련 붕괴에 따른 냉전시대 종말과 글로벌화의 바람을 타고 21세기에야 빛을 보기 시작했다. 그의 두 저서인 제국의 패러독스(The Paradox and American Power)와 소프트파워(Soft Power)도 각각 2002년과 2004년에 국내에서 소개됐다.

그는 이 책에서 이제는 세계정치의 어젠다를 수평과 수직으로 함께 플레이할 때만 이길 수 있는 3차원 체스게임처럼 되어버렸다고 진단하고, 이 게임에서는 전통적인 국가 간 군사이슈가 상위보드에 있고 그 밑의 중간보드에는 국가 간 경제이슈가 놓여 있으며 그 아래 하위보드에는 테러리즘·국제범죄·기후변화·전염병 등과 같은 다국적 이슈가 깔려 있다고 생각했다. 그리고 상위보드에서 미국은 글로벌 군사범위를 커버하는 유일한 슈퍼파워의 위치에 있고 중간보드의 경우 EU·일본·중국 등과 협력해야 하지만 하위보드는 파워들이 넓게 퍼져 있으며 국가와 비국가적 행위자 간에 카오스적으로 구성되어 있다고 정의하고, 미국은 더 이상 하드파워만으로는 다른 나라에 자신이 원하는 일을 하도록 설득 또는 강권하기 불충분하며 이제는 소프트파워와 병행하여 전략적 목표를 얻을 시기라고 주장했다.

　조지프 나이(Joseph S. Nye)는 NGO, 다국적 기업 등 초국가적 단체에 대한 경계감을 드러냈는데 이는 충분히 이해할 만한 일이다. 대개 전략가란 국가를 중심단위로 놓고 전략을 설계하며 통제 불가능한 변수를 위험으로 인식하는 경향이 강하기 때문이다. 따라서 그도 각양각색의 목적을 띠고 다양한 목소리를 내면서 국가 전략의 일관성을 뒤흔드는 존재에 대해 다른 전략가들처럼 우려하는 눈길을 보냈다. 이를테면 조지프 나이는 격월간 외교전문지인 포린폴리시(Foreign Policy)와의 인터뷰에서 "세계적으로 미국의 지배력이 약화되고 있다. 금세기는 두 개의 거대한 권력전환이 이루어지고 있는데 하나는 국가 사이의 권력전이이고, 다른 하나는 국가로부터 비국가적 행위자로의 권력확산이다"고 밝혔으며 전자보다 후자가 더 파괴적일 것으로 생각했다. 아울러 중국에 대한 미국의 우위를 지지하며 "현재 미국이 가진 어려움에도 미국 경제는 중국보다 왕성하며 미국 문화는 (중국보다) 더 큰 영향력을 가지고 있다. 미국은 심각한 문제에 직면하고 있지만 이런 문제들은 큰 그림의 일부분으로 대체로 긴 세월을 통해 해결될 것이다"고 평했다. 이런 판단은 강력한 설득력이 있으며 적어도 반세기 동안은 유력하리라 생각한다. 2030년 전후로 중국의 경제력이 미국을 넘어서고 군사력도 금세기 내에 따라잡을 가능성은 분명 존재한다. 그럼에도 문화영향력만은 21세기에 극복되기 힘들 것 같다.

그 이유를 음식에 대한 자세로 비유해 설명해보자. 중국은 일반적으로 "중국 음식에 내재된 함의와 오묘한 맛은 중국인만이 느낄 수 있다"는 견해를 가지고 있다. 이에 반하여 미국은 미국 음식이 비록 거창한 의미를 두지는 않지만 그 맛만은 모두 느낄 수 있으며 또한 그래야 한다고 믿는다. 우리는 특수성과 일반성 가운데 무엇이 꼭 옳다고 단정하기 힘들다. 그러나 중국이 진정한 문화강대국이 되려면 중국 문화의 함의와 오묘한 그 맛을 중국인만이 아니라 세계인 모두가 느낄 수 있도록 만들어야 하며 이는 경제개발 5개년 규획으로 뚝딱 만들 수 있는 것이 아니다. 아주 긴 시간을 두고 광범위하게 퍼져 중국과 세계가 서로 호흡을 같이 해야 이룩할 수 있다. 게다가 전 세계에 중국 문화의 우월성을 강조하며 세계인이 받아들여야 할 좋은 유산이라고 주장할 것이 아니라 중국의 문화가 적극적으로 세계인을 찾으며 공명을 일으켜야 한다. 이런 점에서 중국은 이제야 신발 끈을 매고 있는 후발주자에 불과하다.

이어서 문화에 대한 중국적 사고를 통해 오늘날의 소프트파워를 이해해보자. 고대 중국은 '문(文)'과 '화(化)'를 결합하여 '문화'라는 개념을 만들었다. 여기서 '화'는 동사로 사용되며 그 내용은

'문'을 드러내 '화입인심(化入人心)'의 역량을 갖춘다는 의미다. 문은 한편으론 도덕 및 정치의식과 연계된 인륜질서와 사회제도를 뜻하고 다른 한편으론 서적과 연관된 사상문화와 관념형태를 말한다. 하지만 '문'이 '화'와 결합하면 그 뜻이 확대된다. 즉, 문이라고 부르는 것들을 이용해 인간을 교화한다는 의미로 넓혀진다. 그런데 교화는 보통 상위 권력이 하위 권력에 생각과 행동의 테두리를 정하고 이를 준수할 것을 요구하는 말이다. 즉, 교조보다는 약하지만 가치공유보다는 강한 성질의 행위이다. 예컨대 피지배자가 지배자를, 야만인이 문명인을, 상놈이 양반을 교화한다고 말하지는 않는다. 보통 그 반대 경우에 적용된다. 그래서 고대부터 문화는 권력과 불가분의 관계로 존재했고 통치수단의 구현으로 인식됐다.

　이런 맥락에서 중국의 고대 사상가들은 권력을 '무력으로 천하를 정복하는 것'과 '문덕(文德)에 따른 교화로 천하를 이루는 것' 두 가지로 나누고 문화역량을 통해 "천하를 이루길" 주장하고 무력을 통한 천하정복에는 반대했다. 어떤 사람은 과거 중국인의 문화관념이 21세기 중국과 무슨 연관성이 있는지 물음표를 그릴 것이다. 더구나 현재의 중국을 과거의 사고로 재단할 경우 현실을 똑바로 보지 못하고 미래를 올바로 전망할 수 없다고 반론을 제기할 이도 존재할 것이다. 그럼에도 고대 중국의 문화인식을 살펴야 하는 이유는 그것이 비록 과거의 잔재에 불과할지라도 중국의 방향을 결정할 유일한 개념이기 때문이다. 문화사상은 중국호의 조타수와 같다. 미국의 경우 자유와 민주주의가 그 역할을 수행하고 있고 불행히도 이웃나라인 일본은 가치·제도·문화가 아닌 일왕이라는 신적인 존재에 의지한다.

만약 냉전시대에 소련이 미국과 중국에 대해 문화적 우위를 확보했다면 그토록 급작스럽게 공산주의가 몰락하는 일은 없었을 것으로 판단한다. 자본주의 진영의 대표주자인 미국은 군사·경제·문화 등 전 부분에 걸쳐 다른 강대국에 견주어 확고한 우위를 행사하며 수직적이고 유기적인 협력체계를 구성했다. 반면에 공산주의 진영은 군사와 경제라는 두 축을 토대로 중국에 대해 소련이 불완전한 우위를 확보했고 이는 전략의 통일성과 투사력을 제한했다. 사실 몇 세기 전만 해도 중국에 소련은 조공국보다 한 단계 낮은 야만국의 전형이었다. 중국은 예부터 자신들과 같은 선상에 놓일 수 있는 존재로 군사적 우위를 가진 국가도, 경제적 우위를 가진 국가도 아닌 문화적 우위를 가진 국가를 꼽았다.

중국이 자신을 천하의 중심이라고 생각하고 변경과 그 외 지역은 야만지대로 여긴 것도 이런 문화적 우월성에 바탕을 둔다. 그래서 중국인은 변경이주를 문화중심에서 벗어나 야만지대로 떨어지는 치욕적인 일로 여겼다. 중국 관료에게 변경을 수호하고 제국을 팽창하는 일은 몰락의 증거였으며 황제에게 대외 정복사업은 제국의 부를 탕진하고 반란군을 양성하는 길로 비쳤다. 따라서 몽고보다 광활하고 로마보다 세계화된 제국을 건설할 수 있었음에도 중국은 자신이 곧 세계의 중심이라고 말하며 유교라는 자물쇠로 자신을 봉쇄했다. 서구와 달리 중화제국 관점에서는 타민족은 착취 대상이 아닌 교화의 대상이었다. 그리고 20세기 미국이 세계 질서를 유지하는 경찰로 자신의 역할을 정의했다면 그보다 훨씬 이전부터 고대 중국은 세계 조화를 유지하는 관리자로 자신의 역할을 규정했다.

그러나 오늘날의 중국은 천하의 조화를 찾던 고대 중국보다는 세계의 부를 탐하던 근대 유럽에 더 가깝다. 더 이상 중국은 조화의 주재자도 문명의 파수꾼도 아니다. 중국에게 세계는 시장과 자원의 공급처에 불과하다. 세계는 중국에 G2에 걸맞은 책무를 요구하지만 중국은 국가 그 이상이 되길 원하지 않는다. 중국은 강대한 국가를 원하지 강대한 제국을 바라는 것은 아니다. 이는 제국의 영광보다는 그 짐이 더 무거움을 역사를 통해 절실히 경험했고 그 대가를 과도하게 지불했다고 생각하기 때문이다. 중국은 자신이 제국으로 거듭나는 순간이 바로 쇠퇴할 때임을 본능적으로 알고 있으며 이런 까닭에 제국으로 상징되는 힘은 최대한 취하더라도 그에 수반된 책무는 되도록 멀리하고 있다. 과거처럼 천자의 책무로 중화의 덕을 만방에 떨친다든가, 이족을 올바르게 교화한다는 생각 자체를 품지 않는다. 내부적으로는 제한된 자유주의 혹은 느슨한 전체주의를 택하고 외부적으로는 약간 아나키즘적 성향을 보일 수도 있다. 그래서 중국이 부상할수록 세계는 과거보다 한층 더 무질서해질 가능성이 높다.

2장
중국의 글로벌 문화위상

**글로벌 문화는 동양과 서양이 아닌 유럽과 미국으로 나뉜다. 이
는 아시아의 한계임과 동시에 중국의 한계이기도 하다. 서구는 문
화적 존재이고 동양은 서구문화를 다채롭게 만드는 퓨전적 존재다.**

중국이 21세기 중엽 이전에 경제와 군사적으로 미국을 앞지를
수는 있다. 이는 결코 불가능한 시나리오가 아니며 이 순간에도 영
역별로 헤게모니 교체 가능성이 시시각각 언급되고 있다. 21세기
권력이전이란 말이 과거 완전한 부정에서 지금은 일부 긍정으로
전환되고 있다. 그럼에도 문화영역은 이런 논쟁의 울타리에서 약간
벗어난 것 같다. 왜냐하면 문화는 권력이전의 선행적 원인이 아닌
후행적 결과, 즉 따라오는 부산물이기 때문이다. 그러므로 설혹 미
래지향적 문화는 존재할지라도 미래지향적 문화권력은 없다고 생
각한다. 권력이란 과거를 되새기고 현재를 강화하면서 미래를 주
도하는 힘인데 이런 논지로 보면 문화권력은 중국 굴기의 증거가
아닌 영광의 전리품이 될 가능성이 높다.

비록 위 주장을 뒷받침하는 결정적 자료는 아니지만 브랜드파이낸

스(blandfinance)가 발표한 「Brand Finance Journal: Nation Brand 100 Issue」를 살짝 검토해보는 것도 유의미할 것 같다. 여기서 2012년 중국의 국가브랜드 가치는 4조 8,470억 달러로 추산되며 독일을 제치고 지난해 글로벌 3위에서 2위로 도약했다. 해당 기관은 투자, 관광, 상품, 인재 등 4개 영역이 경제에 미치는 영향을 바탕으로 순위를 산출했다고 밝혔는데 미국은 14조 6,410억 달러로 여전히 독보적 위치를 차지했고, 일본은 2조 5,520억 달러, 영국은 2조 8,190억 달러, 프랑스는 1조 9,630억 달러로 추산되며 나란히 4~6위 자리를 차지했다. 미국과 중국의 GDP 격차(2배 정도)보다 브랜드가치 격차(약 3배 정도)가 더 크게 나타났는데 이는 달리 말해서 문화는 경제보다 더 천천히 현실을 반영한다는, 즉 21세기 중엽이 아니라 21세기 말쯤에야 중국의 전리품이 어떤 모양새인지 어렴풋이 그려볼 수 있다는 점을 암시한다.

현시대의 글로벌 문화란 서구문명이라는 요리에 오리엔탈문명이라는 양념이 첨가된 것에 불과하다. 다양한 문화들이 서구문화와 융합하면서(서구문화를 포함한 다양한 문화들이 동양문화와 융합하거나 서구문화와 동양문화가 대등한 위치에서 상호 영향을 주고받는 것이 아닌) 새로운 양식이 창출되고 이를 글로벌문화라고 부르는 것 같다. 쿤이 『과학혁명의 구조(The Structure of Scientific Revolution)』에서 주장한 논리를 적용하면 지배문화가 비판을 받고 새로운 문화가 등장하는 변칙사례들이 자주 등장하면서 문화 패러다임이 전환하기 전까지 지배문명에 도전하는 모든 행위는 비정상적인 것이며 세상을 불안정하게 만든다고 볼 수 있다. 그래서 우리, 즉 아시아(좁게는 중국)가 서구문명 중심주의로 대변되는 글로벌 문화질서를 뒤흔드는 일은 비정상적이며 문화적 변질행위로 가급적 피해야 할 현상인 셈이다.

예컨대 후쿠야마는 "역사의 종언"에서 공산주의 문명과 자본주의 문명을 대립시키며 역사는 결국 자본주의 문명의 우월성에 손을 들었다고 주장했다. 그리고 새뮤얼 헌팅턴은 『문명의 충돌』에서 이슬람문명이 서구문명을 계속 위협하면서 인류 역사는 흘러왔으며 그로 인해 세계가 불안정해졌다고 진단했다. 이들의 생각이 세계에 소개된 이후 벌써 몇십 년이 흘렀으며 21세기는 태평양의 시대라고까지 부른다. 그럼에도 우리는 아직 서구문명과 그 밖의 다른 문화 관계가 뒤바뀌는 시대를 상상하지 못한다. 글로벌문화에서 주류 문화는 유럽과 미국으로 나뉘고 동양문화는 여전히 옵션으로, 그리고 이슬람문화는 그 변두리 어딘가에 존재하고 있으며 아프리카문화는 문화가 아닌 자연적 행위로 인식되고 있다. 그럼 몇 가지 통계수치로 비서구권, 특히 아시아와 중국의 한계를 들춰보기로 한다.

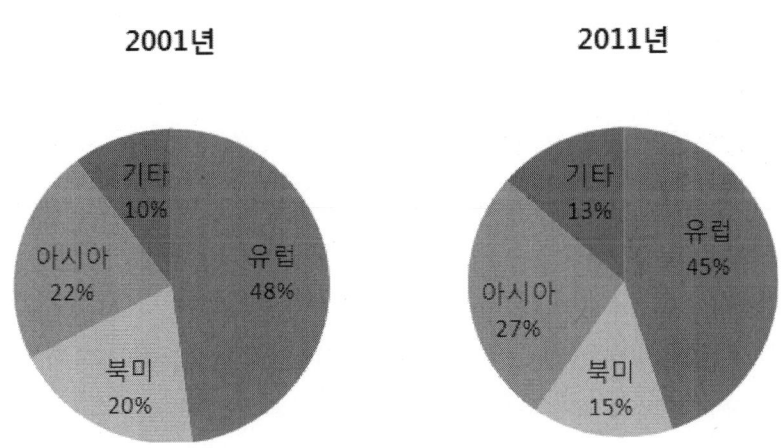

자료원천: WTO 웹사이트

<그림 1> 대륙별 글로벌 상업서비스 점유율

<그림 1>은 대륙별로 글로벌 상업서비스 점유율을 나타낸 자료다. 2001년 대비 2011년 현재 비서구권 비중이 늘어난 것을 살펴볼 수 있다. 그럼에도 유럽과 북미로 대변되는 서구문명이 거의 6 대 4 비율로 그 밖의 문명권보다 우위에 있음은 확인할 수 있다. 영역별로는 관광과 운송이 절반 정도를 차지하고 있다. 금융, 로열티, IT 서비스도 각각 6~7% 내외를 점하고 있다. 그 외 통신 서비스, 건축, 보험은 각각 2%대에 불과하고 문화 레크리에이션은 1.3%로 가장 낮은 비중을 보인다. 하지만 엄밀히 말해 운송·금융·보험 등은 문화 산업이 아니다. 따라서 이 영역은 분석에서 제외하기로 한다.

　그림 관광부터 자세히 살펴보기로 한다. 관광은 가장 직접적이고 여운이 깊게 남는 문화체험 통로다. 각 나라는 관광객에게 자신의 문화를 소개하고 관광객은 복합적으로 해당 문화를 체험한다. 영화, 책, 음악, 음식 등이 오감 가운데 한 가지 또는 두 가지 감각을 결합해 문화를 느끼게 한다면 관광은 오감 모두를 사용해 문화를 체험하고 그 속에서 추억이라는 감각 외적인 것을 만들어낸다. 따라서 순간적인 강렬함은 떨어져도 긴 시간 은은한 향기로 남아 해당 지역에 대한 이해를 높이는 기제로 작동한다. 따라서 우리는 관광지표를 통해 각 지역의 문화 영향력을 간접적이나마 가늠할 수 있다. 먼저 세계관광수출 분포를 살펴보면 2011년 현재 유럽이 41%로 선두이며 아시아(27.3%)와 북미(16.7%)가 상당한 격차를 두고 유럽의 뒤를 따른다. 관광수입 분포도 유럽이 41%로 가장 높고 아시아와 북미는 26.1%와 13.5%를 기록했다. <표 1>은 세계 10대 관광 수출입 지역을 나타낸 자료다.

<표 1> 세계 10대 관광 수출입 지역

단위: %

구분	수출(유입)비중		구분	수입(유출)비중	
	2005년	2011년		2005년	2011년
EU(27)	42.5	35.3	EU(27)	46.3	36.9
미국	15.3	14.0	미국	11.7	9.1
중국	4.2	4.5	중국	3.4	7.6
마카오	1.1	3.6	캐나다	2.8	3.5
호주	2.4	2.9	러시아	2.7	3.4
홍콩	1.5	2.6	일본	4.3	2.9
태국	1.4	2.5	호주	1.8	2.8
터키	2.6	2.1	브라질	0.7	2.2
싱가포르	0.9	1.8	싱가포르	1.6	2.1
말레이시아	1.3	1.7	한국	2.4	2.1

자료원천: WTO 웹사이트

<표 1>을 통해 서구문명 양대 축인 EU와 미국의 쇠퇴를 뚜렷이 관찰할 수 있다. 아시아에서는 중국의 부상이 특히 두드러졌다. 2005년 중국의 관광수입(유출)은 3.4%에 불과했지만 2011년 현재 7.6%로 2배 이상 늘어났는데 이는 기본적으로 문화와 소득이 정(+)의 상관관계에 있음을 말해준다. 나아가 중국 정부가 정책적으로 해외관광을 국제수지 균형과 외교수단으로 사용한 것도 크게 작용했다. 그 외 중국 정부는 기업뿐만 아니라 사람의 '저우추취'도 장려하면서 글로벌과 동시대로 호흡하려 한다. 참고로 중국여행국은 2013년 자국인 출국여행이 9,200만 번에 달할 것으로 전망한다.

반면에 중국으로 유입되는 인구도 계속 늘고 있다. 2012년 4월 전인대 보고자료에 따르면 2011년 외국인 출입국 수는 5,412만 명으로 이 가운데 입국이 2,711만 명으로 나타났다. 그리고 중국 주재 해외근로자는 22만 명으로 전체 거주외국인의 37%로 조사됐다. 일례로 왕징(望京, 중국의 코리아타운으로 불림)에 거주하는 한국인 수는 3만 명으로 이 지역 인구의 1/5에 달하며 현재 500개 이상의 점포가 영업을 하고 있다. 중국은 불법거주자들을 산페이(三非)로 통칭해서 부른다. 산페이는 불법입국·불법거주·불법취업으로 구분되며 개중에 불법거주가 80%를 차지한다. 그렇다고 드라마와 영화에서 보던 그런 종류의 불법거주는 아니다. 거주신고 미필이 대부분으로 다음 자료를 살펴보면 이 말이 무슨 뜻인지 명확히 알게 된다. 2011년 중국 공안기관이 적발한 산페이 외국인은 2만 명 정도로 이를 북경으로 한정할 경우 한국인, 미국인, 캐나다인, 러시아인, 일본인이 상위 5위를 차지했다. 그러나 이들 국가는 모두 중국보다 1인당 국민소득이 높은 곳이다. 달리 말해서 차이나 드림 실현을 위해 불법 이주한 이들이 아니라 단순히 거주등록이라는 행정적 절차에 익숙지 않은 이들이 대다수라는 의미다.

일본의 경우 장기 경기침체 영향인지 2005년 4.3%에서 2011년 2.9%로 글로벌 관광유출 점유율이 크게 떨어졌다. 한때 EU, 미국과 더불어 3대 해외관광 소비국이었지만 지금은 중국과 3배 가까이 차이가 나고 러시아에게도 밀리고 있다. 주요 관광지에 일본인이 몰려오던 시대에서 이제는 중국인이 뒤덮는 시대로 바뀌고 있다. 다만 앞의 자료는 일본에 대한 중국의 경제적 우위는 설명할 수 있어도 문화적 우위는 설명하지 못한다.

통신, 컴퓨터와 정보서비스는 글로벌 문화교류 주 플랫폼으로 2010년 기준 전 세계 통신서비스 수출의 절반 정도를 EU가 차지했다. 미국은 11.9%로 두 번째로 큰 비중을 차지했으며 쿠웨이트도 3.7%를 기

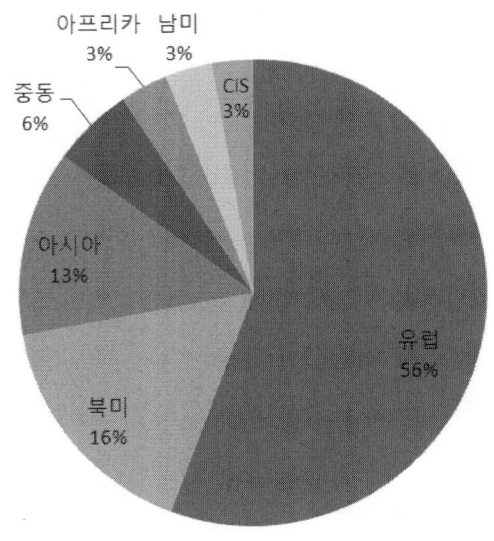

자료원천: WTO 웹사이트

<그림 2> 2011년 대륙별 통신서비스 수출 점유율

록하며 비록 이들보다는 현저히 뒤처지지만 그래도 순위상으로는 3위에 랭크됐다. 아마 쿠웨이트가 중동의 통신서비스 센터 역할을 담당하는 것 같다. 반면에 중국은 1.3%로 상위 10대 지역에 간신히 턱걸이했는데 이는 정보통신 플랫폼이 외부가 아닌 내부로 향하고 있음을 간접적으로 드러내준다.

한편 컴퓨터와 정보 서비스 분야는 2005~2011년 연평균 15% 증가한 것으로 나타났는데 2010년 시장규모는 2,150억 달러로 유럽이 52.7%를 기록하며 글로벌 시장의 절반을 차지했다. 인도도 19.1%를 기록하며 소프트웨어 강국다운 면모를 보여주었다. 반면에 미국과 중국은 6.4%와 4.3%에 그치며 취약한 면모를 나타냈다. 미국의 경우 아웃소싱을 하는 입장이고 중국은 자국시장을 중심으로 산업

2005년 　　　　　　　　　　　　2011년

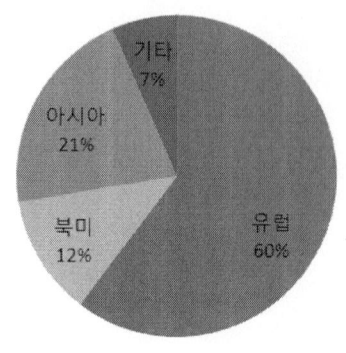 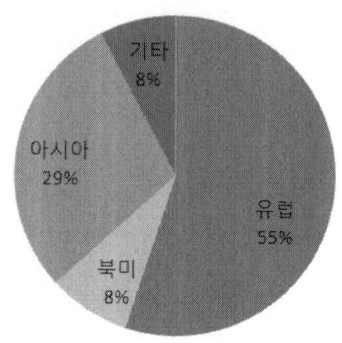

자료원천: WTO 웹사이트

<그림 3> 대륙별 컴퓨터와 정보서비스 점유율

이 돌아가고 있는 것 같다. 참고로 2011년 시장규모는 2,500억 달러로 2010년 대비 15% 증가했다.

　　로열티와 라이선스 시장은 2011년 현재 2,700억 달러로 2005~2011년 사이 연평균 13% 성장세를 기록했다. 이 분야 3강은 미국, EU, 일본으로 각각 38.4%, 34.8%, 18.2%를 차지하고 있다. 스위스(7.1%)가 앞서 3강의 뒤를 받치고 있으며 한국(1.6%)과 캐나다(1.5%)의 경우 이들과 현격한 차이를 보이며 하위그룹을 형성했고 중국은 0.3%로 극히 미미한 존재감을 드러냈다. 그렇다고 21세기 중국이 18세기 산업혁명을 놓치고 20세기 정보화에 뒤처진 것과 같은 시대착오적 처지라는 뜻은 아니다. 아직 글로벌을 선도할 수준은 아니라는 것일 뿐이다. 양적인 결과는 중국이 미국을 넘어선 것으로 나타난다. 일례로 중국은 2011년에 52만 건의 특허신청을 수리하며 50만 건에 머문 미국을 넘어 세계 최대 특허신청국이 됐

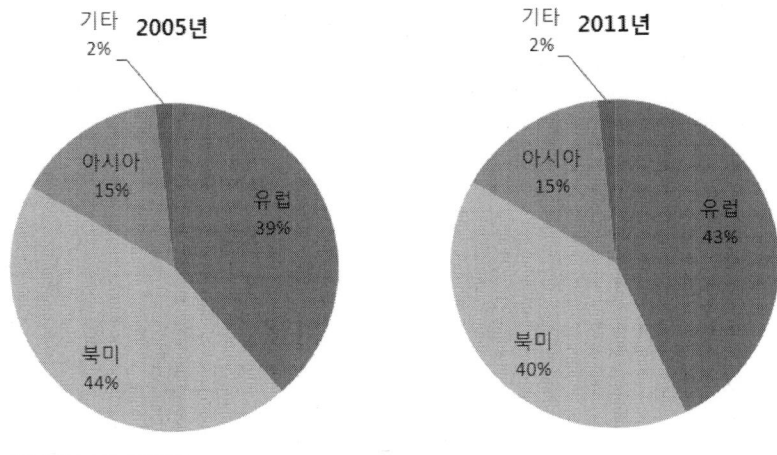

자료원천: WTO 웹사이트

<그림 4> 대륙별 로열티와 라이선스 점유율

다. 반면에 일본은 34만 건에 그치며 이들과 20만 건 정도 차이를 기록했다. 또한 2011년 글로벌 상표 신청 수는 420만 건으로 2010년 대비 13.3% 증가했는데 이런 성장세의 밑바탕에 중국이 존재함은 두말할 여지도 없다. 공업품 외형디자인 특허신청수도 77만 건을 넘어섰는데 여기서도 중국이 두각을 나타내고 있다. 지금 중국기업 은 <특허협력조약>에 근거해 세계지적재산권기구(WIPO)에 국제 특허신청을 대거 제출하고 있다. 중흥통신(TCL)은 2,826건의 특허 신청을 제출하며 일본 도시바를 제치고 글로벌 최대 특허신청 기업 으로 부상했고 화웨이도 1,831건으로 글로벌 3위를 차지했다.

이어서 문화 레크리에이션 서비스 분야를 살펴보자. 이 분야의 글로벌 시장규모는 500억 달러로 다른 분야에 견주어 상대적으로 적지만 그럼에도 대륙별 문화영향력을 살펴볼 수 있는 좋은 지표임 은 분명하다. 여기서 유럽과 북미는 각각 52.1%와 35.5%를 차지하며 절대적 우위를 유지하고 있다. 반면 아시아는 7.2%에 그쳤고, 남미·중동·아프리카·CIS는 2% 미만에 불과하다. 국가별로는 EU(27)와 미국이 49.9%와 31.8%로 단연 독보적 위치에 올랐다. 한편 캐나다, 터키, 한국은 5.0%, 2.0%, 1.8%를 차지하며 멀찍이 떨어져 이들을 뒤따른다. 놀랍게도 중국은 상위 10개국 명단에도 들지 못하며 문화적 변방임을 다시 한번 각인했다.

시청각 서비스 분야 10대 수출국을 살펴보면 미국과 EU(27)가 각각 48.1%와 39.8%로 글로벌 시장을 양분하고 있는 것으로 나타났다. 국내에서 그렇게 떠들지만 한류 중심지 한국은 0.7%에 불과하고 중화문명의 맹주인 중국도 0.4%에 그치며 이 분야에서 거의 존재감을 발휘하지 못하고 있다. 한 가지 특이한 점은 수입의 경우 유럽이 60.5%로 독보적인 데 반해 미국은 7.5%로 캐나다(10.8%)에도 못 미친다는 점이다. 또한 중국과 한국은 1.7%와 1.6%로 일본(3.3%)보다는 낮지만 앞서의 수출자료와 비교해 상대적으로 높게 조사됐다. 덤으로 이 자료를 통해 유럽의 문화적 다양성과 관용, 미국의 문화적 배타성을 살펴볼 수 있었다.

끝으로 시진핑의 견해를 소개하는 것으로 이번 단락을 마무리하려 한다. 2012년 12월 5일 인민대회당에서 외국 전문가들을 예방한 자리에서 시진핑은 "쇄국으로는 성공이 불가능하며 대외개방이라는 (중국의) 기본국책은 변함이 없다. 중국은 여전히 개발도상국이며 일련의 심각한 도전에 직면해 있다. 비록 해결할 문제들이 산적해 있지만 중국은 자기비화도 그렇다고 자존광대도 하지 않을 것"이라고 말하며, 덧붙이길 "세계 각국이 창조한 우수한 문명성과를 한층 더 배울 것"이라고 밝혔다. 그의 발언처럼 중국은 아직 배워야 할 단계이지 글로벌 문명을 선도할 위치에 있지는 않다. 솔직히 말해 춘추전국시대 제자백가에서 한 걸음도 나아가지 못하고 있으며 그 나마도 백가 가운데 남은 것은 두세 개뿐이다. 과거는 찬란했지만 현재는 물음표이고 미래는 아직 열리지 않았다.

세계문명에서 중화문명은 분명 일극이지만 현대문명에서는 여전히 주변부다. 세계에서 두 번째로 큰 경제규모를 자랑하지만 중국 사회는 아직도 개발도상국 단계에 머물러 있으며 과거를 먹고 살고 있다. 이를테면 우리에게 미국 드라마는 모던의 기준과 미래상을 제시하지만 중국 드라마는 부모세대의 향수만 불러일으킨다. 소득수준이 향상될수록 문화소비가 늘어나며 중국 문화도 발달할 것이고 더불어 세계에 미치는 문화 영향력도 증대할 것이다. 그럼에도 반세기 이내에 중국이 글로벌 문화를 선도할 것으로 보기 힘들고 21세기에 그날이 올 것인지도 장담하기 어렵다. 문화굴기는 만만디로 이루어진다.

3장
경제적 문화(Economic Culture)

우리는 문화와 경제를 분리할 수 없는 시대에 살고 있고 21세기는 중국이 하면 그 자체로 문화가 되는 시대이기도 하다.

경제는 문화가 발달하기 위한 충분조건은 아닐지라도 필요조건임에는 분명하다. 그래서 우리는 고소득 국가를 선진국과 등가관계로 보며 은연중에 선진국 사회를 현대문화의 표본으로 인식한다. 중국에서도 이와 비슷한 현상이 관찰된다. 일부 계층의 소득수준이 일정한 임계치를 넘어서면서 문화소비가 빠르게 증가하고 있다. 이를 일반적 의미로 풀어쓰면, 일단 의식주가 기본적으로 해결되면 소비지출 증가율이 소득 증가율을 초과하게 되고 이어서 문화소비 증가율이 소비지출 증가율을 상회하게 된다는 말이다. 중국의 경우 이 임계치가 1인당 국민소득 8,000달러 전후로 판단된다.

논의의 진척을 위해서 우선 중국 문화소비 현황을 간략히 살펴보자. 2006~2011년 사이 중국의 문화소비는 연 11% 이상 성장했다. 지역별로는 동부지역이 1,451위안으로 가장 높고 그 외 중부, 서부, 북부는 각각 824위안, 884위안, 741위안을 기록했다. 그리고 소비지출에서 문화소비가 차지하는 비율은 지역별로 각각 8.1%, 6.5%, 6.6%, 5.5%로 이 또한 동부지역이 가장 높게 나타났다. 게다가 연령별로는 청년층이 1,236위안으로 가장 높고 중년층과 노령층이 각각 1,057위안과 1,016위안으로 조사됐다. 중국은 대개 한국보다 5~10년 빨리 직업전선에 뛰어들고 있으며 그래서 소득도 중년층과 노령층보다 더 많은 특징이 있다. 바꿔 말하면 중국 청년층은 높은 문화소비 욕망과 이를 실현할 자금을 가진 주력 소비자인 셈이다.

중국 역시 원바오(溫飽) 단계에서 벗어나 샤오캉(小康, 먹고살 만한 단계로 중위권 생활 수준을 말함) 사회로 진입함에 따라 문화에 대한 관심도가 점점 상승하고 있으며 문화 산업규모도 연평균 15% 이상 성장하면서 GDP 성장률을 뚜렷이 상회한다. 그럼에도 2009년 현재 중국 문화 산업규모는 8,400억 위안으로 GDP 대비 2.5% 수준에 불과하다. 상해와 같은 대도시는 예외적으로 5%를 넘어선 것으로 나타났지만 주요 선진국과 비교해 여전히 갈 길이 멀다. 분석결과에 따르면 중국 문화 산업규모는 2020년경에야 GDP 대비 5%를 넘어설 것으로 전망되는데 한국은 이 비율을 2000년대 초에 달성했다. 통속적으로 말해 2020년도 중국인의 삶의 질은 2000년 초 한국과 비슷하다고 볼 수 있다. 1인당 국민소득 차이를 고려해 계산해도 중국의 문화 산업은 지금 당장 3조 위안 정도 공백이 발생한다. 문화를 경제와 산업이 아닌 자원낭비로 본 정책 판단이 이런 결과를 가져온 것 같다. 물론 지금은 문화에 대한 중국정부의 자세가 변하고 있으며 이를 새로운 성장동력으로 가꾸고 있다.

<표 2> 소비지출 대비 문화 분야 소비

구분	도시주민			농촌주민		
	소비지출	문화소비	비중	소비지출	문화소비	비중
2002년	6,030	407	6.7%	1,834	47	2.6%
2003년	6,511	420	6.5%	1,943	53	2.7%
2004년	7,182	474	6.6%	2,185	59	2.7%
2005년	7,943	526	6.6%	2,555	68	2.7%
2006년	8,697	591	6.8%	2,829	74	2.6%
2007년	9,997	691	6.9%	3,224	84	2.6%
2008년	11,243	736	6.5%	3,661	93	2.5%
2009년	12,265	827	6.7%	3,993	108	2.7%
2010년	13,471	966	7.2%	4,382	126	2.9%
2011년	15,161	1,102	7.3%	5,221	165	3.2%

자료원천: 중국 국가통계국

앞서 밝혔듯이 중국 경제력이 높아질수록 중국인의 소비지출도 늘어나고 있다. 도시의 경우 10년 사이에 2.5배로 소비지출이 늘며 15,161위안을 기록했다. 이 가운데 문화소비에 사용된 금액은 1,102위안으로 2002년 대비 2.7배 증가하면서 소비지출 증가율을 약간 상회했다. 그럼에도 이를 고무적인 결과라고 정의하기는 힘들다. 첫째로 문화지출이 소비에서 차지하는 절대적 비중이 낮기 때문이다. 2002년 6.7%에서 2011년 7.3%로 약간 진전됐지만 이를 뚜렷한 추세라고 보기는 어렵다. 오히려 중간 중간에 하락하는 구간도 발견됐다. 둘째로 농촌지역의 문화환경이 여전히 열악하다는 점 때문이다. 2011년도 농촌주민 문화지출 비용은 도시주민의 15% 정도로 두 지역의 소비지출 차이를 감안해도 이는 2배 이상 차이가 난다. 결국 소득 차이가 소비능력 차이를 만들고 이것이 다시 소비구조에 영향을 주고 있다.

이쯤에서 소득과 문화의 연계성을 탐구해보자. 2011년 소비지출 한계소비의향은 53.9%로 개중에 문화소비는 6.3%로 나타났다. 이는 교통통신과 식품에 이어 세 번째로 높은 것으로 소득이 상승할수록 문화수요도 강렬해지고 있다. 또한 문화소비 탄력성은 1보다 크게 나타났으며 교통·통신을 포함한 그 밖의 항목들보다 더 높다. 그리고 문화소비 가운데 문화오락서비스의 소득 탄력성이 뚜렷이 높게 나타났다. 즉, 소득이 증가할수록 소비, 개중에서도 문화오락서비스 수요가 빠르게 증가한다는 사실을 말해준다. 한편 소득계층별로는 상위 20%의 문화소비 지출이 하위 20%보다 9.1배 높게 나타났는데 위 결과는 5.4배와 3.9배 차이의 소득 격차와 소비지출 격차보다 명확히 높다. 이를 통해 우리는 소득이 높을수록 문화소비가 빠르게 상승한다는 이전 결론을 다시 한번 확인했다. 그리고 2011년 현재 문화소비가 가장 많은 지역은 상해로 1인당 평균 2,461위안을 사용했지만 서장의 경우 상해의 12% 수준에 머물며 이 부문 최저를 기록했다. 또한 소비지출 대비 문화소비 비중이 가장 높은 지역은 강소로 10.1%를 기록했고 가장 낮은 지역은 앞서와 같이 서장이 차지했다. 그리고 2002년 대비 문화소비가 가장 빠르게 증가한 지역은 강소, 안휘, 내몽고 순이고 가장 느린 곳은 신장, 감숙, 청해 순이다. 전국의 2/3 정도가 증가세를 보였지만 신장, 감숙, 산동 등은 약간 떨어진 것으로 나타났다. 그럼에도 문화오락서비스만은 전체 지역에서 골고루 증가하고 있다.

이런 결과들을 종합해 판단해보면 2020년경에야 비로소 중국 문화시장이 온전한 산업적 면모를 보일 것이라는 점을 말해준다. 이때가 되면 중국의 1인당 국민소득이 8,000달러를 넘어서면서 문화욕구가 본격적으로 분출될 것 같다. 그러므로 각국은 지적재산권 보호를 꾸준하고 강력하게 요구해야 하지만 이를 통상전쟁 주재료로 사용해서는 안 된다. 자칫 실속 없는 힘겨루기로 끝날 가능성이 높다. 의식주를 포함한 연 소비지출이 2,500달러 정도인 이들에게 몇 백 달러짜리 정품 소프트웨어를 강요한다면 과실을 수확하기도 전에 시장 자체가 죽을 수도 있다. 더 많은 달걀을 얻으려고 닭을 잡는 오류에 빠지지 말아야 한다. 중국은 아직 개발도상국이며 문화가 생활의 일부분인 나라가 아니다. 중국 사회는 여전히 소프트웨어보다는 하드웨어에 더 가치를 두며 문화가 이제 막 사치영역에서 생활 분야로 들어섰다. 따라서 긴 호흡을 두고 중국 문화 산업이 부흥하는 과정을 지켜볼 필요가 있다. 중국 문화시장은 아직 양털 깎기를 할 단계도, 다국적기업이 전면적으로 투자할 단계도 아니다.

그럼 문화 산업을 몇 가지 영역으로 나누어 살펴보자. 2011년 현재 중국 미디어 산업규모는 6,379억 위안으로 2010년보다 15.1% 확대됐다. 영역별로는 인터넷 부문이 42%로 거의 절반을 차지하고 있으며 그다음이 신문과 TV로 31% 비중을 차지한다. 그 외 라디오, 간행물, 음악, 영화 등이 나머지 27%를 나누어 가지고 있다. 중국 역시 전통적 미디어산업이 빠르게 퇴조하며 뉴미디어로 시장이 재편되고 있다. 2040년경 디지털신문이 종이신문을 완전히 대신할 것이며 미국에서는 이 같은 현상이 벌써부터 보편화되고 있다. 2017년에는 종이신문이 역사 속으로 사라질 것이라는 예측도 잇달아 나오고 있다. 그렇다고 모든 사람이 종이신문을 배격한다는 말은 아니다. 2040년이 되어도 일부는 디지털신문보다 종이신문을 더 좋아할 수 있다. 그러나 사업성이 없는 분야는 비록 고객층이 존재하더라도 도태되기 마련이다.

『2011년 중국 미디어 산업발전보고서』에 따르면 2009년 말 현재 중국에서 출판되는 신문은 1,937개로 2008년 대비 0.3% 감소했다. 뉴미디어와 경쟁에서 점점 도태되고 있으며 2010년 신문체계 개혁을 통해 기업화로 빠르게 전환하고 있지만 생존 가능성은 나날이 떨어지고 있다. 2011년 신문발행수입은 300억 위안 정도이고 광고수입은 약 490억 위안으로 집계됐다. 비록 신문업계 전체 수입이 2010년 대비 15% 정도 늘어났지만 광고수입이 둔화되어 장기 전망은 부정적이다. 그나마 출판시장은 선전하고 있는데 2009년 현재 580개 출판사가 있으며 개중에 중앙출판사가 221개, 지방 출판사가 359개다. 한국과 달리 정부가 출판사 설립을 엄격히 통제하여 업종 과잉문제는 존재하지 않는다. 2009년 출판도서 수는 30만 종으로 10% 정도 성장했다. 그리고 2011년 도서 순 판매액은 654.6억 위안으로 2010년 대비 6.8% 늘어났다. 또한 2010년 현재 간행물 수는 9,851종으로 발행수입은 169.6억 위안으로 나타났다. 2011년 에는 187억 위안을 찍었으며 여기에 광고수입을 더한다면 총매출은 220억 위안으로 확대된다. 한편 2011년 도서인쇄량은 77억 권으로 2010년 대비 7.4% 증가했으며 휴대폰을 이용한 잡지 구독자도 연 30~40% 확대되고 있다. 참고로 전자도서 시장도 빠르게 부상하고 있는데 2010년 말 현재 전자도서 수는 115만 종으로 지난해 대비 15.65% 증가했으며 시장규모는 8.69억 위안으로 200% 이상 성장했다.

한국처럼 중국 음반산업 역시 침체를 보인다. 중국 음반시장 규모는 16억 위안에 불과한데 13억 인구를 대비시킬 경우 이는 매우 협소하게 느껴진다. 이에 반하여 중국 영화산업은 양호한 발전을 이루고 있다. 2011년 기준 도시지역에 2,800개의 영화관이 운영되고 있으며 영화관마다 평균 3.3개 스크린을 확보하고 있다. 중국광전총국은 2012년 중국 영화시장이 171위안 매출을 기록하며 2011년보다 28% 성장했다고 밝혔다. 개중에 중국 영화가 83억 위안을 올리며 시장의 절반을 차지했다. 2012년은 말 개봉된 <태경(泰囧)>은 상영 18일 만에 관객 약 3,000만 명을 불러 모으며 중국 영화의 존재감을 보여주었고 <서유(西遊)> 역시 단기간에 10억 위안 박스오피스 수입을 돌파하며 생기를 불어넣고 있다. 그럼에도 중국 영화의 미래는 마냥 밝지만은 않다. 2012년 2월 중·미 양국은 외국영화 쿼터를 20편에서 34편으로 확대하기로 합의했으며 온갖 장벽에도 할리우드의 중국 영화시장 공략은 갈수록 거세진다. 무엇보다도 중국 관람객의 취향이 할리우드 블록버스터에 익숙해지고 있다. 그리고 중국인은 미국 드라마를 통해 모던한 서구적 삶을 느끼고 한국 드라마를 통해 그들이 그려갈 미래 삶을 미리 체험하고 있다. 서구적 향기도 다가올 미래의 모습도 없는 중국의 것은 점차 구시대적 유산으로 다가온다.

중국 영화계도 이런 추세에 발맞추어 중국산 블록버스터를 잇달아 내놓고 있지만 연이은 참패만 기록할 따름이다. 탄탄한 구성 없이 어중간한 특수효과만 남발해 오히려 예전보다 경쟁력이 떨어지고 있다. 저작권 문제로 상업화는 더디지만 중국 온라인 동영상 시장도 주목할 가치가 있다. 2012년 현재 동영상 이용자는 3.72억 명으로 전체 네티즌의 65.9%가 이를 즐긴다. 다만 대다수가 불법 동영상을 다운로드하여 시장규모는 이용자에 견주어 상대적으로 작은 실정이다. 2011년 현재 이 분야 시장규모는 약 63억 위안으로 광고와 지적재산권이 양대 수입원천으로 자리 잡고 있다.

한편 2011년 중국 방송시장 규모는 2,458억 위안으로 개중에 TV 시장 규모가 1,196억 위안으로 거의 절반을 차지하고 있다. 비록 TV 시장이 2010년 대비 14.4% 늘었지만 그 성장률은 2010년보다 2.6% 포인트 떨어졌다. 이런 결과가 나타난 주원인은 다양한 미디어채널로 이용자들이 분산되고 있기 때문이다.

또한 중국 정부는 애니메이션산업을 문화 산업 중점 성장 분야로 설정하고 적극적으로 육성하고 있는데 2011년 애니메이션산업 규모는 621.72억 위안으로 32% 확대됐다. 규모 면에서 중국은 이미 애니메이션 대국의 길로 들어섰지만 질적인 면에서 일본, 미국 들에 견주어 상당한 격차를 보인다. 관련 기관도 이런 고민을 안고 「12차 5개년 국가 애니메이션산업발전규획」을 발표하며 정책지침을 마련했다. 이에 앞서 중국 정부는 2009년 12월 1차로 100개 애니메이션 기업을 인증했으며 2011년 12월에는 2차로 169개 기업을 추가 인증했다. 여기에 더해 국가급 중점 애니메이션 기업 18개를 첫 인증했다. 앞으로 유수의 애니메이션 브랜드 5~10개 정도를 만들고 애니메이션산업의 '저우추취'를 실현해 계획할 중국이 미국과 일본이 지배하는 애니메이션 시장 판도를 뒤엎을 수 있을지 좀 더 지켜볼 문제다.

무엇보다도 중국 문화채널의 키워드는 온라인이다. 2011년 중국 온라인 시장규모는 2,627억 위안으로 지난해 대비 70.1% 급성장했다. 이는 2010년 57.1% 성장률보다 13%포인트 높은 수치로 성장동력이 한층 강화됨을 의미한다. 분야별로는 전자상거래, 모바일인터넷, 온라인 게임이 삼두마차를 이루며 전체 시장의 70%를 차지한다. 특히 모바일인터넷의 경우 약 100% 성장세를 보이며 시장확대를 주도하고 있다. 전자상거래의 경우 그 성장률이 2009년 25.5%에서 2010년 32.6% 상승했으며 2011년에는 지난해보다 시장점유율이 7%포인트 상승했다. 게다가 2011년 온라인 광고수입은 512억위안으로 지난해 대비 59.4% 늘어났다. 다만 온라인 게임의 경우 시장포화로 매출증가세가 둔화되고 있는데 2010년 352억 위안에 이어 2011년에는 414억 위안 매출에 머물렀다. 2012년 현재 온라인게임 이용자는 3.36억 명으로 전체 네티즌의 59.5%를 차지하고 있지만 이는 2011년 대비 3%포인트 이상 하락한 수치다. 그럼에도 새로운 인구가 계속 유입됨에 따라 절대치는 여전히 2011년보다 3.5%(1,142만 명) 증가한 것으로 나타났다. 온라인 게임업계는 새로운 일자리를 창출이라는 긍정적 효과 이외에 유해성이라는 부정적 효과가 존재하는 양면적 시장이다. 그러므로 온라인 게임에 대한 중국정부의 전반적 기조는 육성보다 관리에 모아진다. 물론 스마트폰이라는 새로운 경쟁자 출현도 온라인 게임시장 성장둔화에 적지 않은 공헌을 하였다.

온라인 게임시장 침체로 PC방이 직격탄을 맞고 있다. PC방 이용자의 85%가 온라인게임 이용자인데 게임시장이 위축되면서 이들이 발길을 돌리고 있다. 중국문화부는 2011년도 중국 PC방 수를 14.6만 개로 집계하며 시장규모는 2010년 대비 20% 감소한 619억 위안으로 추산하고 있다. PC방 고용 인원은 106.6만 명으로 이들 가운데 절반이 18~23세 사이인 것으로 알려진다. 중국도 PC방이 차츰 사양산업으로 변하여 고용전망이 긍정적인 편은 아니다. 일례로 중국 출장길에 가끔 들렀던 PC방도 끝내 문을 닫았다. 여담이지만 외국인이 중국 PC방을 이용할 때는 여권 원본을 소지해야 한다. 예전에는 사본도 인정했지만 어찌 된 일인지 요즘은 여권원본 제출을 고집하고 있다. 그래서 장기간 중국에 체류하면서 E-Mail, 검색 등과 같이 간단한 업무만 수행할 경우라면 무선 인터넷카드를 사용하는 것도 대안이 될 수 있다. 보통 반년 단위로 카드를 판매하며 월 60위안에 3.5GB의 데이터 사용량을 제공한다. 다만 다른 성에서 이용할 경우 1/6 정도인 600MB로 데이터 사용량이 줄어든다. 인터넷 접속비용이 결코 싼 것은 아니지만 인터넷 개통에 필요한 번거로운 신분확인 절차와 서류작성 따위를 피할 수 있고 개인정보가 통신업체에 누출되는 위험도 방지할 수 있어 이용해 볼 만하다.

지금은 통신이 곧 문화인 시대다. 중국 네티즌 수는 글로벌 최대로 양적 토대는 이미 마련됐다. 또한 인터넷 보급률도 북경, 상해, 광동, 복건의 경우 각각 72.2%, 68.4%, 63.1%, 61.3%로 선진국 수준에 거의 도달했다. 하지만 외곽지대인 안휘, 감숙, 하남, 귀주, 운남 등은 30% 전후로 세계평균에 못 미친다. 특히 도시지역 인터넷 보급률은 60%에 달하지만 농촌지역은 이제 막 20%를 넘어섰다. 소득 양극화만큼 문화 양극화도 심한 상태다. 통신접속 도구의 경우 데스크톱이 73.4%에서 70.6%로, 노트북은 46.8%에서 45.9%로 소폭 하락한 반면에 휴대폰 접속은 69.3%에서 74.5%로 확대된 것으로 조사됐다. 인터넷 접속방식이 전통적 PC에서 점점 스마트폰과 태블릿으로 전환됨을 발견할 수 있다. 참고로 중국 네티즌은 매주 20시간 인터넷에 접속하는 것으로 조사됐다. 확대 해석하자면 하루에 3시간 정도 인터넷에 접속하면서 실시간으로 세상의 일을 따라가는 이들을 중국 정부가 영원히 통제하지는 못할 것이다. 중국의 부패관료를 적발하는 것은 왕치산하의 중앙기율검사위원회가 아니라 사회 곳곳에 퍼진 중국 네티즌이다. 중국 네티즌은 광범위하게 비리관료 자료를 실시간으로 공유하면서 중국 정부를 압박하고 있다. 사정기관은 오히려 뒷북을 치며 사후 수습에 여념이 없다. 그래서 중국의 고위층 부패적발은 정부(政府)가 아닌 정부(情婦)가 도맡아 한다는 우스갯소리도 있다.

중국 통신환경도 이제는 질적인 분야로 눈길이 옮겨지고 있는데 그 대표적 분야가 바로 속도다. 중국의 인터넷 속도는 세계 90위 정도로 세계평균에도 못 미치는 것이 엄연한 현실이다. 인터넷 접속 속도가 정보통신 발달의 유일한 측정기준일 수는 없지만 중요 지표임에는 분명하다. 예컨대 양방향 통신, 동영상, 온라인게임, 시청각강의 등은 빠른 속도가 열쇠다. 따라서 인터넷 기반산업을 육성하기 위해서는 브로드밴드를 일반화하고 서비스 비용을 획기적으로 낮출 필요가 있다. 일례로 DCCI가 2011년 발표한 <중국 브로드밴드 고객조사> 자료에 따르면 중국의 1MB 초고속 인터넷 접속비용은 13.13달러로 베트남의 3배, 미국의 4배, 한국의 29배, 홍콩의 469배에 이른다. 느린 속도와 함께 높은 접속비용이 중국 인터넷산업 및 이와 연계된 IT 문화발전을 가로막고 있다. 그래서 공업정보화부는 2012년 3월 브로드밴드 차이나 건설기치를 내걸고 중국이 속도의 시대로 진입했음을 선포했다. 12차 5개년 기간 중국은 브로드밴드 인프라 건설에 1.6조 위안을 투자했고 그 가운데 접속망 투자가 5,700억 위안에 달한다. 적어도 인터넷산업에서는 만만디가 중국적 속성으로 더 이상 인정되지 않는다. 브로드밴드 차이나를 계기로 전국단위의 통신망 건설 붐이 일어났다.

　2012년 현재 FTTH(Fiber To The Home) 가구 수는 9,400만으로 2012년 한 해만 4,900만 가구가 늘었다. 또한 2012년 브로드밴드 접속 고객 수는 1.75억 가구로 지난해 대비 2,510만 가구 증가했다. 그리고 4MB 이상의 브로드밴드 접속 고객이 23%포인트 상승하며 63% 이상을 기록하고 있다. 여기에 더해 중국 정부는 2013년 FTTH 가구 수와 브로드밴드 고객 수를 각각 3,500만 가구와 2,500만 가구 확대할 계획이다. 이를테면 상해는 주택건설 부속표준을 정하며 2013년 말까지 650만 가구에 FTTH를 강제할 계획을 세웠다. 3대 통신업체도 관련 목표를 제시하며 발걸음을 다잡는다. 차이나유니콤의 경우 2012 내에 3G 네트워크, 광섬유 브로드밴드 등 분야에 1,000억 위안을 투자할 계획을 수립했는데 이 가운데 약 20%는 브로드밴드 사업에 투자할 예정이다. 2012년 현재 중국 3대 통신업체 FTTH 포트 수는 9,000만 개 이상으로 추정된다. 다만 6,000억 투자 필요성은 모두 공감하고 있지만 재원마련 문제에 부딪혀 계획처럼 순탄하게 흐르지 않고 있다. 도시의 경우 브로드밴드 침투율이 거의 80%에 달하지만 농촌지역은 여전히 낙후된 상태다. 500억 위안을 투입해 네트워크를 건설해도 해마다 유지비용으로 100억 위안이 투입될 것으로 예측되며 수익률도 극히 낮아 통신업체의 재무비용을 악화시킬 것으로 전망되고 있다. 따라서 비수익지역에 대한 정부지원 없이 도시와 농촌 네트워크 격차를 좁히기는 힘들다.

　중국은 독립된 시장을 형성할 능력을 가지고 있다. 즉, 그들만의 문화시장을 가꾸어갈 잠재력이 있다는 의미다. 예컨대 한국은 트위터와 페이스북을 그대로 차용하지만 중국은 이를 모방해 웨이보

(Weibo)라는 소셜 네트워크를 만들었다. 그렇다고 한국인의 IT 기술, 창조력과 모방능력이 중국인에 뒤진다는 말은 아니다. 도리어 중국인을 선도하고 있다는 편이 옳다. 그럼에도 중국은 되고 한국은 되지 못하는 이유는 중국은 규모 경제가 가능하지만 한국은 그것이 불가능하기 때문이다. 한국에서 영화관람은 거의 유일한 국민적 문화이다. 이런 환경에서도 1,000만 관객을 돌파한 영화는 2013년 2월 현재 7편 정도에 불과하다. 반면에 영화관람이 아직 대중화된 상태가 아님에도 중국은 관객 3,000만 정도가 의미 있게 다가온다. 한국은 최대로 쥐어짜야 1,000만 명이 나오지만 중국은 대충 털어도 3,000만 명이 나온다. 영화가 지금보다 대중화되고 소득이 높아지면 1억 명 관객돌파 영화들도 수시로 등장할 것이다. 이것이 바로 중국 시장과 한국 시장을 나누는 경계선이다. 스마트폰 분야만 해도 애플이 시장을 창조하고 후발주자들이 넓히는 전략은 피할 수 없는 선택 같다. 일반적으로 글로벌 트렌드를 창출하려면 적어도 광대한 본국시장, 강대한 국력, 넓은 문화권, 세계 공용어라는 4가지를 구비해야 한다. 선천적으로 애플에는 이들이 부여되었고 삼성에는 이것이 결여됐다. 따라서 애플에는 선도자 위치가 삼성에는 형성자 위치가 주어진 것 같다.

그럼 커뮤니케이션 관점에서 문화를 살펴보자. 2012년 현재 중국 웨이보 이용자는 3.09억 명으로 지난해보다 5,873만 명이 늘어났다. 2012년 한 해 만에 한국 전체 인구를 넘어선 수가 새로 가입한 것이다. 이들 가운데 2억 명 정도가 휴대폰 단말기로 웨이보에 접속한 것으로 조사됐다. MSN과 스카이프(Skype)는 이보다 먼저 QQ에 자리를 내주었고 구글(Google)은 바이두(baidu)로 대체됐다. 이를 단순히 언론통제 관점으로 해석하면 그건 부분적 발상이다. 네트워크는 흐름이고 이것이 실어 나르는 것은 사고다. 따라서 네트워크를 제어한다는 것은 사고 흐름을 통제하여 전혀 다른 결과를 만들어낼 수 있다는 말과 같다. 한 국가를 인격체로 보았을 때 다른 나라에 네트워크를 모두 떠맡긴다는 말은 자기의 두뇌를 타인이 관리하도록 한다는 것과 진배없다. 따라서 중국은 타인이 아닌 본인이 자기의 생각을 제어하려 한다. 그리고 13억 명이라는 거대한 인구가 이걸 가능하게 한다. 중국이 움직인다는 것은 전 인류의 1/5이 움직인다는 말과 같다. 중국이 하면 그 자체로 문화가 된다.

4장
중국의 21세기 문화강국 전략

아시아 헤게모니 회복과 산업적 측면에서 문화강국 전략을 추진하고 있다. 동서양의 문명충돌과 같은 논란적 주장은 피하고 있지만 중화문명을 부흥한다는 말은 공공연하게 강조한다. 중국은 문화를 반 접근의 타개책으로 내세운다.

중국은 2002년 16대까지만 해도 "대외교류를 확대하고 전 세계인과 우의를 증진한다"는 원론적 수준의 문화정책을 내놓았다. 그러나 2007년 17대로 넘어오며 "국가의 문화소프트파워를 높이고 중화문화를 드높이며 국제 영향력을 강화한다"는 내용으로 문화정책이 선회했고 문화를 권력으로 보기 시작했다. 그리고 18대를 앞두고 "중화의 우수한 전통문화를 크게 드높이고 사회주의 선전문화를 크게 발전시키며 중화문화 영향력을 부단히 확대하여 중국의 국제지위에 걸맞은 문화 소프트파워를 기른다"는 말로 문화정책을 집약하며 본격적으로 문화와 권력을 연계했다. 2011년 10월 17기 6중 전체회의에서 문화강국이 중국의 중장기 전략임을 명시했고 폐막한 후 장쉬지엔 중앙당교 주임은 "중국은 세계경제 발전중심 이전을 맞아 문화강국이라는 문제에 부딪혔다"고 밝혔다. 또한 2012년 1월 후진타오는 "국제적으로 볼 때 종합 국가경쟁력의 뚜렷한 특징은 문화지위와 작용이 전보다 더 부각되고 있다는 점이다. 많은 국가들, 특히 주요 대국은 문화 소프트파워 향상을 핵심경쟁력 강화의 중요 전략으로 삼는다. 세계적 범위로 각종 사상문화 교류와 융화가 빈번해지는 상황에서 누가 문화발전의 감제고지(瞰制高地)를 차지하고 누가 강대한 문화 소프트파워를 보유하는지에 따라 국제경쟁력의 주도권을 잡을 수 있다"고 말하며 문화강국 필요성을 전면에 내세웠다. 이어서 2월에는 「국가 "12차 5개년" 기간 문화개혁발전규획 강요」를 발표하며 세부적인 문화 전략을 세웠다.

그렇다고 중국이 중국식 문화를 다른 나라에 강요한다는 말은 아니다. 중국은 다른 나라에 어떤 형태의 문화침투도 한 적이 없고 가치관과 발전모델도 수출하지 않았다고 말하며 이 점을 매우 자랑스럽게 생각한다. 중국은 자신이 당사자가 아닌 일을 두고 다른 나라에 무언가를 강제하는 것은 내정불간섭이라고 보며 이는 자신의 기본국책에 위배되는 일임과 동시에 중국의 화평굴기와도 정면으로 배치된다고 생각한다. 우리가 흔히 부르는 베이징컨센서스라는 말도 이런 중국적 특색을 담고 있다. 각국의 고유한 가치를 보존한 상태에서 세계화를 추구한다는 뜻은 일국의 레짐 전환을 강제하지 않는다. 논점에서 약간 벗어난 내용이지만 이쯤에서 일국양제(一國兩制)를 한번 음미해보자. 홍콩은 자신들에게 본토식 레짐을 강요하고 있다고 중국을 비난하며 선악 개념을 대입한다. 소위 강자가 약자를 힘으로 누른다는 말이다. 그러나 솔직히 말해 이는 강자와 약자의 문제도 선악의 문제도 아니다. 홍콩은 중국에 편입되길 거부하는 것이 아니다. 단지 상해를 넘어선 특별한 도시, 즉 선택받은 이들만의 지대로 남길 원할 뿐이며 중국 문화를 거부하는 것이 아니라 그들의 특권문화가 상실될 것을 우려하는 것뿐이다. 말하자면 한때 지면을 뜨겁게 달구었던 '중국식 국민교육' 논란의 본질은 이념이 아니라 문화와 삶의 질인 셈이다.

그럼 다시 본론으로 돌아와 보자. 실패한 보통 전략보다는 성공한 나쁜 전략이 좋고 시도조차 않은 좋은 전략보다 실패한 보통 전략이 훨씬 가치가 있다. 그리고 전략은 대개 막대한 돈을 필요로 한다. 문화 전략은 예술가치보다는 대중세뇌를 지향하게 되고 이는 막대한 자금으로 뒷받침된다.

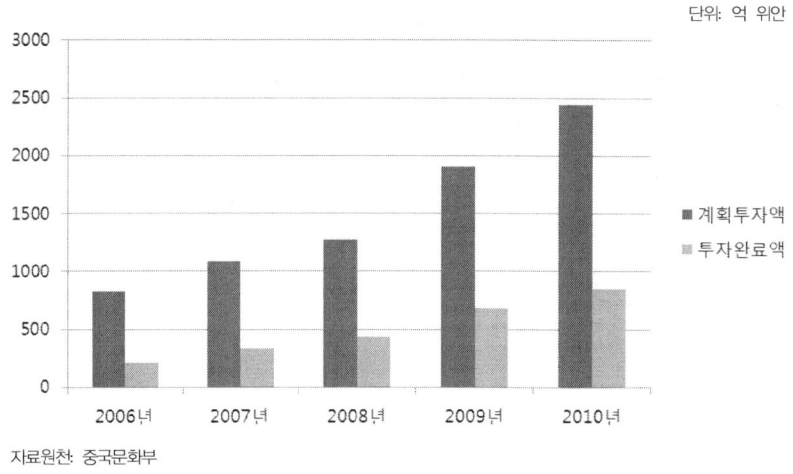

<그림 5> 중국 문화 산업 투자현황

중국의 경우 11차 5개년 기간 문화 산업에 7,545억 위안을 투자할 계획이었다. 10차 5개년 당시보다 3.4배 확대된 규모지만 실제 투자액은 계획자금의 33%에 그쳤다. 지역별로는 동부지역이 절반 이상을 차지했고 중부와 서부는 24.2%와 22.4%에 머물렀다. 이도 10차 5개년 때보다는 그 불균등이 많이 해소된 수치다. 자금성격으로 보면 60% 정도가 자체 조달자금이고 국가예산은 21% 수준에 불과했다. 또한 금융권 대출자금은 8% 정도였고 해외자금은 0.5%로 거의 제로 상태였다. 이는 중국 문화 산업이 아직 해외기업에 매력적이지 않다는 점을 드러내준다. 한편 2010년 중국의 문화사업비는 323억 위안으로 2005년 대비 140% 정도 증가한 것으로 나타났다. 그러나 이를 1인당으로 나누면 24위안으로 중국인 한 사람당 KFC 햄버거 한 개 살 가격을 문화예산으로 배정한 셈이다. 한중 양국의 1인당 국민소득 차이를 고려해도 이 금액은 한국의 25% 수준에 불과하다. 2015년까지 중국은 재정지출의 1% 전후를 문화사업에 투입할 계획이지만 선진국과의 격차를 좁히기는 턱없이 부족하다.

한마디로 중국의 문화시설 기반이 얼마나 취약한지는 공공도서관 수를 살펴보면 바로 드러난다. 2011년 말 현재 중국에는 공공도서관 2,952개가 있는데 가까스로 각 현에 한 개 정도의 공공도서관 보유목표를 달성한 것 같다. 그럼에도 다른 나라와 비교해 이 수치는 턱없이 적은 수준인데 국제 공공도서관 표준은 인구 5만 명당 1개의 도서관을 권고하고 있다. 중국의 경우 1/9 수준인 46만 명당 1개의 도서관이 있으며 1인당 도서관 면적도 국제표준의 1/4 수준에 불과하다. 인적 자원이 가장 우수하다는 핀란드의 경우 인구 3,000명 당 하나의 도서관이 있고 그 밖의 서유럽은 보통 인구 5,000명당

하나, 일본은 2만 명당 하나, 한국은 10만 명당 하나의 공공도서관
이 있다. 공공도서관이 문화의 요람이라는 사실을 알고 있다면 중국
이 얼마나 문화로부터 떨어져 있는지 짐작이 가능하다. 물론 그 뒤
를 한국이 빠짝 뒤쫓고 있다. 이외 중국은 3,285개의 문화관과 4만
개의 문화센터를 보유하고 있지만 넓은 국토와 13억 이상의 인구
를 대비하면 이 역시 한없이 작아 보인다.

그렇다고 중국의 문화역량이 마냥 뒷걸음질치고 있다는 뜻은 아
니다. 경제역량에 견주어 사회역량이 뒤지고 사회역량보다 문화역
량이 취약하다는 사실이 새삼 다가올 뿐이다. 그럼에도 우리는 중
국의 역량을 얕잡아볼 수는 없다. 문화강국 전략이 제대로 작동하
기도 전에 중국은 벌써 가시적 성과를 내고 있다. 스웨덴 한림원
이 중국에 보내는 화해 메시지라는 일각의 평도 있지만 중국 문화
계 입장에서 모옌의 노벨문학상 수상은 분명 고무적인 일이었다. 이
는 중국의 것이 세계에 통한다는 말이며 경제계에 이어 문화계에도
중국의 존재감이 각인되고 있다는 증거다. 솔직히 말해 상은 권력
의 부산물이지 진실의 증거는 아니다. 고대로 상벌은 권력자의 가
장 효과적인 통치수단이었다. 그렇다고 모옌의 작품성을 평가절하
할 의도는 없으며 붉은 수수밭은 분명 좋은 문학작품이다. 모옌의
수상을 놓고 중국의 반체제 인사들은 그를 어용작가라고 비난했고
그는 "침묵도 자유다"라고 대응했다. 그러나 여러분이 이런 이슈
에 민감하게 반응할 필요는 없다. 우리의 관심 분야는 모옌의 정
치적 견해도, 중국 문학의 우수성도 아니다. 이보다는 중국의 모옌
이 일본의 하루키를 제치고 2012년 노벨문학상을 수상한 사실이
다. 작품성의 잣대는 모호해도 권력을 재단하는 기준은 뚜렷하다.

만약 중국의 국력이 일본보다 약했다면 모옌이 노벨문학상을 수상할 수 있었을까? 아마 심사위원 누구도 모옌이라는 작가에 깊은 관심을 가지지 않았을 것이고 그 상은 마땅히 하루키에게로 돌아갔을 것이다. 문화는 현실을 늦게 반영하는 권력의 전리품이다. 달리 말해서 정치권과 경제계보다 문화계가 중국 굴기를 늦게 받아들였다고 평하는 편이 더 타당할 듯싶다. 그런 의미에서 문화권력은 본질적으로 보수주의자다.

한편 세계가 중국 굴기에 대해 찬탄과 구애를 보내는 사이 중국은 도리어 세계가 자신을 거부할지 모른다는 위기감을 부쩍 느낀다. 세계 각국에 걸쳐 중국에 대한 반 접근(anti-access) 기류가 전파되고 있다고 생각한다. 미국의 제국주의와 중국의 팽창주의 사이에서 아직은 전자가 후자를 압도하며 표적이 되고 있지만 이 둘의 관계가 언제 뒤바뀔지 모르는 일이다. 전 세계적으로 차이나머니가 맹위를 떨치는 가운데 중국의 해외 M&A가 경제적 이유보다는 국민감정에 따라 좌절되는 사례들이 연달아 등장하고 있다. 이에 대한 대비책으로 중국 정부는 해외 진출기업에 경제적 윈-윈에 더해 감정적 윈-윈도 고려할 것을 당부하며 요즘 들어 현지 국민의 감정을 건드리지 말도록 부쩍 강조한다. 이런 맥락에서 중국은 문화강국 건설에 한층 힘을 기울이며 중국 문화 '저우추취'를 서두르고 있다. 완다의 AMC 인수도 큰 틀에서는 이의 연장선이다. 2012년 5월 완다(Wanda)그룹은 미국의 2대 영화관인 AMC를 26억 달러에 인수했고 2013년에는 유럽으로 눈을 돌려 Odeon & UCI Cinemas Holdings와 Vue 인수를 시도하고 있다. 왕지엔린 완다그룹 대표이사는 2015년까지 세계 최대 시네마관을 가진 업체로 발돋움할 것이라고 밝혔다. 공공연한 사실이지만 미국 문화의 상징은 누가 뭐래도 할리우드다. 그래서 중국은 할리우드를 플랫폼으로 세계시장에 중국 문화를 전파하려 한다. 할리우드는 중국 시장을 노리고 중국은 할리우드라는 채널을 통해 중국풍을 입히려고 한다. 이런 양자의 이해관계가 맞아떨어져 최근 중국적 소재가 할리우드에서 활발히 이용되고 중국 배우들이 스크린에 빈번히 모습을 내민다. 그 외 상해미디어 그룹은 쿵푸팬더를 제작한 드림웍스와 합작회사를 설립했다.

앞의 사례가 기업단위 해외진출이라면 정부단위로는 공자학원과 중국문화센터가 있다. 중국은 2011년 현재 104개 국가와 지역에서 공자학원 826개를 설립했다. 그리고 미국에만 이런 공자학원가 81개 있으며 약 300개의 과정이 개설되어 있다. 또한 중국어 과정을 설립한 미국 공립학교 수는 5,000개로 중국어를 배우는 학생 수만 20여만 명에 달한다. 이는 5년 전과 비교해 10배 늘어난 수치로 그 성장세가 눈부시다. 여기에 더해 중국어학과를 설립한 대학은 1,000여 개이며 총 5.2만 명이 중국어를 배우고 있다. 한편 중국문화센터가 1988년 모리셔스와 베냉에 첫 문화센터를 설립한 때부터 중국은 26개 국가와 문화센터 설립에 관한 서명을 체결했고 현재 13개의 중국문화센터가 운영되고 있다. 개중에 최근 5년 사이 설립된 문화센터 수는 9개이며 이들 문화센터는 2,500건에 이르는 활동을 벌였고 참여인원과 수강생 수는 각각 60만 명과 3만 명에 이른다. 더욱이 모리셔스, 파리, 서울 3개 센터는 연 수강생이 1,000명을 초과한 것으로 알려진다. 또한 주요국에 소재한 중국문화센터는 외국 정부의 고위층 인사와 빈번한 교류를 하고 있으며 최근 5년간 장관급 인사가 문화센터 활동에 참여한 횟수가 500번에 달한다. 중국문화부는 여기에 더해 「해외 중국문화센터 발전규획」에 따라 2020년까지 중국문화센터를 약 50개로 확대해 세계 주요 국가에 중국 문화를 전파하는 네트워크로 삼을 생각이다. 그리고 이 계획 일환으로 2011년 17차 6중 전체회의에서 '해외 중국문화센터건설 가속화'라는 지침을 명확히 내리고 2012년에는 「"12차 5개년" 문화개혁발전규획강요」를 통해 "해외 중국문화센터 건설"에 관한 구체적 요구를 담았다. 이 문건은 "국가 간 관계발전 촉진을 위해 중국과 세계인의 감정을 증진하고 중화 문화 저우추취를 추진한다. 문화센터 설립은 양국 정부의 정치적 결정으로 양국 관계 심화발전의 구체적 발현이다"라고 기술하고 있다.

사회에서 문화는 개인의 정체성을 특징짓고 국제사회에서 문화는 국가의 정체성을 규정한다. 모름지기 다른 나라의 문화와 표현하는 방식을 이해할 필요가 있다는 말이다. 예컨대 미국은 그들의 안보울타리에서 한국을 제하며 미국이 이제는 한국을 놓아줄 때라고 말할 것이다. 충실한 동맹국을 버린 일이 자유를 선물한 행위로 바뀐다. 불행히도 한국은 자신이 내팽개쳐졌다는 사실조차 애써 외면하고 미국의 품을 떠날 만큼 한국이 강대해졌다고 진실을 호도할 수도 있다. 혹자는 한국이 굴곡의 역사를 딛고 일어나 진정한 독립을 이뤘다고 눈물을 흘릴지도 모른다. 우리는 자신이 아닌 타자의 문화를 이해할 때만 타자의 진실한 생각과 의도를 파악할 수 있다. 개인에게 문화가 기호라면 국가에게 문화는 권력의 또 다른 속성이다. 따라서 세계는 중국의 문화를 이해하고 그들의 사고체계를 읽어야 한다. 왜냐하면 21세기 권력의 큰 조각이 그들의 손에 놓일 것이기 때문이다.

Ⅲ
경제굴기

이번 장에서 우리는 21세기 글로벌 경제 패러다임 전환이 일어나고 있는 원인을 살펴보면서 대륙 간 경제력 이전 현상을 탐구한다. 이를 위해서 매디슨의 연구결과를 인용해 세기적 경제력 이전 추세를 직시하고 20년 단위 대륙 간 경제비중 변화를 추적해 매디슨의 결과와 비교하며 미시적으로 이를 보충한다. 위 분석결과를 토대로 아시아로의 경제력 이전 현상을 확인하며 이런 현상 밑바닥에 중국이 존재함을 드러냈다. 숲만 보고 나무를 보지 못하는 우를 피하기 위해 세부적으로 중국 경제를 분석해보았다. 우선 5년 단위로 경제전망 추이를 점검했으며 21세기 100년간의 중국 현대화 로드맵도 살펴봤다. 이 같은 큰 흐름을 배경으로 두고 중국의 고대 사상과 21세기 현 상황을 융합시켜 중국이 그리고자 하는 모습을 더듬었고 지대물박(地大物博)으로 상징되는 강력한 경제력을 회복함과 동시에 국제질서 재편을 시도하는 중국의 움직임에 관해 로마제국과 중화제국으로 나뉜 양대 구도로의 회복을 꾀하는 것은 아닌지 조심스럽게 추론하며 그 연장선에서 21세기 조공무역이라는 개념을 제기했다.

1장
동방의 아틀라스, 세계를 짊어지다

글로벌 경제에 미치는 중국의 영향력이 아직은 미국보다 약하
지만 중국은 글로벌 경제가 성장하고 있다는 것을 느끼게 해준다.
따라서 우리는 미국 경제가 불황에 빠질 때는 글로벌 경제가 곧
붕괴될 것이라는 공포에 휩싸이지만 중국 경제가 불황에 빠질 때
는 글로벌 경제가 더 이상 성장하지 않을 것이라는 비관에 물든
다. 그 결과 세계는 지금 공포와 비관 사이를 주기적으로 배회하
며 깊게 침체되어 간다. 역사는 우리에게 권력자는 화무십일홍처
럼 지고 제국은 흥망성쇠 법칙을 좇는다는 점을 알려준다.

금세기로 들어서면서 미국의 거대한 소비가 글로벌 경제를 지탱
한다는 신화가 퇴색하고 있다. 미국은 제2차 세계대전 후 유럽경
제 부흥과 공산주의 저지라는 깃발을 내걸고 마셜플랜을 가동했는
데 그 밑바탕에는 대공황 재현과 공산주의 확장이라는 공포가 깔
려 있었다. 그래서 미국은 부득불 빠르게 수입형 경제로 전환했고
미국의 소비는 세계경제의 버팀목이 됐다. 당시 미국은 전 세계
부를 독점한 상태였으며 생산능력은 미국을 넘어 세계로 향했다.

그러므로 생산의 무한팽창을 억제하고 집중된 부를 분산할 필요가 있었다. 이리하여 오늘날 미국 경제를 대표하는 표어들이 전면에 등장하게 된다. "우선 **소비**로 경제를 조율하고 **수입**으로 생산을 제어한다. 생산통제로 인한 실업은 **서비스**로 보충하고, **투자와 원조**를 통해 거품을 해외로 전가한다. 거품은 **달러**를 매개로 이전되고 **달러 지배력**은 강화된다. **효율로** 생산의 무한팽창을 억제하고 전 산업에 걸쳐 **구조조정이** 활성화된다. 구조조정으로 **금융시장은** 확대되고 금융기법은 혁신을 거듭한다. 금융시장과 기업은 효율을 내세워 **글로벌 분업체계를** 만든다. 글로벌 분업은 **제도 통일성을** 필요로 하고 그런 연유로 **글로벌 스탠더드**라는 개념이 탄생했다." 미국의 막대한 부와 과잉생산 능력이 바로 위 논리의 뿌리인데 21세기 미국은 부유하지도 풍족하지도 않다. 즉, 세계경제가 제대로 돌아갈 전제조건이 이미 그 효력을 상실한 것이다.

미국은 중국으로 하향 복제되고 중국은 미국으로 상향 복제되는 것이 역사의 큰 줄기다. 그러므로 우리는 동전의 양면처럼 중국과 미국을 함께 고찰해야 한다. 언젠가는 두 나라의 궤적이 한 점에서 교차하면서 이 둘의 위치가 바뀔 것이다. 교차과정이 직선인지 곡선인지, 빠른지 느린지는 본질이 아니다. 힘의 축이 이동한다는, 즉 기존 패러다임이 전환되고 새로운 패러다임 속에 우리가 던져진다는 점이 중요하다. 2011년 세계은행은 "다극화: 신글로벌 경제(Multipolarity: The New Global Economy)"라는 경제예측 보고서를 내놓았다. GDH(Global Development Horizons)라는 타이틀을 앞에 붙였는데 이 문구는 마치 토마스 프리드먼의 키워드 "세계는 평평하다"를 연상하게 한다. 그러나 세계는 결코 평평하지 않다. 거미

138 굴기의 시대

줄처럼 넓고 촘촘하게 얽혀 있을 따름이지 세분화된 수직구조다. 진정 세계가 평평하다면 수직구간 속의 각 보드에서 평평할 따름이다. 예컨대 유럽의 592유로 세대, 한국의 88만 원 세대, 중국의 개미족은 같은 보드에서 평평해진다. 현실은 치열하며 냉엄하고도 비참하다. 감성적 말로 현실을 희석하고 관점을 왜곡할수록 세상은 계속 퇴보한다. 2011년 열병처럼 휘몰아친 마이클 샌델의 『정의란 무엇인가』는 우리에게 정의란 트렌드고 베스트셀러라는 것을 알려주었다. 정의는 현실이 아니라 글자 속 도덕이 되며 이를 쟁취할 투쟁은 사라진다. 이보다 더 세상을 망치는 말이 바로 힐링이다. 이는 단지 사회적 문제를 개인의 문제로 바꾸는 개념일 따름이다. 역설적이게도 힐링은 치유하지 말고 지금 그대로 두자고 은근히 속삭인다. 지금 이대로 영원히 지속되자고.

상기 보고서는 경제와 금융 전반에 걸쳐 다양한 수치와 추이를 점검하고 2025년 글로벌 경제의 모습을 진단한다. 결론부터 요약하면 경제권력이 이동하고 있으며 브릭스를 포함한 신흥 경제권이 부상하여 글로벌 경제성장을 견인하고 세상의 눈높이는 한층 더 평평해져서 글로벌 경제가 다이내믹하게 변한다. 또한 2025년경에는 달러를 기축으로 한 단일 국제통화 체계가 유지될 수 없을 것으로 전망한다. 보고서의 키워드는 '변환'과 '다극'으로 집약되는데 이러하다면 미래를 장밋빛으로 채색할 필요는 없을 것 같다. 왜냐하면 국가와 조직은 보여도 사람이 보이지 않기 때문이다. 국가가 부유한 것과 국민이 부유한 것은 별개이고 국민이 부유한 것과 개인이 부유한 것도 다르다. 오히려 절대다수가 평평하게 다져질 수도 있다.

이렇듯 다극은 변환이지 변환의 결과는 아니다. 달리 표현하자면 다극은 간이역으로 한 시대의 종착역은 아니라는 말이다. 조반니 아리기는 『장기 20세기』에서 베네치아, 네덜란드, 영국, 미국 순으로 패권이 이동했고 이들 각국의 규모, 자원, 권력은 그 이전 국가보다 더 커짐을 짚어냈다. 넥스트(next) 미국이 누군지는 아직 불투명하다. 국가가 아닌 지역블록 또는 세계정부일 수도 있다. 그러나 국가단위라면 중국이 가장 유력하고 앞서 추세에 따라 중국은 미국이 통제한 자원과 권력의 크기를 넘어설 것이다. 아틀라스가 짊어진 지구본을 반고(盤古)에게 넘겨줄 시기가 다가오고 있다. 아틀라스의 강건한 어깨는 어느덧 노쇠해지고 지구본은 크게 흔들리고 있다. 그렇다고 당장 지구본이 아틀라스에서 반고로 넘어간다는 뜻은 아니다. 반고는 온전한 성인이 아니며 여전히 그 어깨는 미덥지 못하다. 그러므로 우리는 늙은 아틀라스와 어린 반고를 묶어서 "G2"라고 부르며 이들의 행보를 불안한 눈길로 지켜보고 있다. 그럼 지역과 국가별로 나누어 경제현황과 특색을 살펴보기로 한다.

<표 1> 2011년 지역 간 상품수출 비중

	북미	남미	유럽	CIS	아프리카	중동	아시아	세계
북미	37.7	26.9	5.6	2.9	7.0	9.3	9.3	12.8
남미	6.2	26.8	2.0	1.6	4.0	2.7	3.3	4.2
유럽	16.4	15.9	67.8	44.2	37.1	28.9	12.4	37.1
CIS	1.5	1.4	5.9	29.1	2.3	3.5	2.3	4.4
아프리카	3.5	2.6	3.0	0.3	14.3	3.2	2.8	3.3
중동	3.7	1.3	2.3	1.1	7.0	16.4	12.9	7.0
아시아	31.0	25.2	13.4	20.8	28.3	36.0	57.0	31.1

자료원천: WTO

<표 1>을 통해 우리는 유럽이 타 대륙보다 폐쇄적이라는 점을 알 수 있다. 유럽국가 간 수출, 즉 지역 내 수출이 67.8%를 차지하고 있다. 아시아도 57.0%로 다른 대륙과의 수출비중보다는 역내 국가 간의 수출비중이 높다. 반면 북미는 유럽 및 아시아와 달리 37.7%에 그치며 타 대륙과 활발한 수출관계를 수립하고 있다. 남미는 대륙안배가 가장 안정적이고 아프리카와 중동은 타 대륙에 대한 의존도가 상당히 높다. 그리고 독립국가연합(CIS)도 유럽에 치중하는 특색을 보인다. 위 결과는 유럽과 아시아는 역내수출로도 안정적인 대외무역을 실현할 수 있는 데 반하여 아프리카와 중동은 자체 생산기반이 낮아 다른 대륙의 수출품에 대한 의존도가 높다는 사실을 말해준다. 그리고 북미와 독립국가연합도 아프리카와 중동 정도는 아니지만 다른 대륙에 의존하는 경향이 있다는 점을 알려준다.

즉, 아프리카 지역 수출업자에게 유럽 영향력은 심대하고 아시아도 북미의 4배에 달하는 영향력을 가진다는 점이다. 습관적 생각과 달리 아프리카 경제는 북미가 아니라 유럽과 아시아를 두 축으로 돌아가고 있다. 이는 중동도 비슷하다. 이를 통하여 우리는 미국이 지정학적으로 아프리카와 중동에서 구축되고 있는 현상 그리고 남미에서 영향력을 잃고 있는 추세를 확인할 수 있다. 생각하는 것만큼 미국 소비시장 지위는 독보적이지 않으며 어떤 이유에서인지 그 능력보다 과대평가되고 있다. 만약 우리가 상품을 권력으로 본다면 북미에 아시아는 필수적 존재이지만 아시아에 북미는 선택적 존재다.

<표 2> 세계 10대 상품 수출입 국가(2011년 기준)

단위: 10억 달러, %

수출국				수입국			
순위	국가	금액	비중	순위	국가	금액	비중
1	중국	1,898	10.4	1	미국	2,266	12.3
2	미국	1,480	8.1	2	중국	1,743	9.5
3	독일	1,472	8.1	3	독일	1,254	6.8
4	일본	823	4.5	4	일본	855	4.6
5	네덜란드	661	3.6	5	프랑스	714	3.9
6	프랑스	596	3.3	6	영국	638	3.5
7	한국	555	3.0	7	네덜란드	599	3.2
8	이탈리아	523	2.9	8	이탈리아	557	3.0
9	러시아	522	2.9	9	한국	524	2.8
10	벨기에	477	2.6	10	홍콩	511	2.8

자료원천: WTO

홍콩의 무역액을 중국에 산입할 경우 중국은 2011년 이미 세계 최대 무역국으로 부상했다. 다만 우리가 유럽연합(EU)을 단일 국가로 보고 순위를 다시 매긴다면 유럽연합이 수출 2조 1,330억 달러와 수입 2조 3,500억 달러로 두 분야 모두 세계 최대를 기록했으며 세계점유율은 각각 14.9%와 16.2%를 보였다. 2012년 중국은 근소한 차이로 최대 무역국 지위를 미국에 양보했지만 2013년에는 미국을 제칠 것이 확실시된다.

<표 3> 세계 10대 상품서비스 수출입 국가(2011년 기준)

단위: 10억 달러, %

수출국				수입국			
순위	국가	금액	비중	순위	국가	금액	비중
1	미국	581	13.9	1	미국	395	10.0
2	영국	274	6.6	2	독일	289	7.3

3	독일	253	6.1	3	중국	237	6.0
4	중국	182	4.4	4	영국	170	4.3
5	프랑스	167	4.0	5	일본	166	4.2
6	일본	142	3.4	6	프랑스	143	3.6
7	스페인	140	3.4	7	인도	124	3.1
8	인도	137	3.3	8	네덜란드	118	3.0
9	네덜란드	134	3.2	9	아일랜드	114	2.9
10	싱가포르	129	3.1	10	이탈리아	114	2.9

자료원천: WTO

<표 3>은 세계 10대 상품서비스 수출입 국가를 조사한 것으로 수출과 수입 모두 미국이 확고한 선두를 유지하고 있다. 수출의 경우 2위인 영국과 2배 이상 차이 나고 중국과는 3배 이상 격차를 보였다. 다만 수입은 수출보다는 상대적으로 격차가 적은 편이다. 만약 유럽연합을 한 나라로 본다면 수출과 수입이 각각 7,840억 달러(점유율 24.7%)와 6,440억 달러(점유율 21.1%)를 기록하며 미국을 크게 앞서는 것으로 나타났다. 결국 중국이 진정한 무역강국이 되려면 상품서비스 분야에서도 미국이라는 관문을 넘어서고 이어서 유럽연합을 제쳐야 글로벌 최대무역권이라는 타이틀에 걸맞은 모습을 갖추게 된다. 퇴임 전 원자바오는 중국을 "일조퇴장 일조퇴단(一條腿長 一條腿短, 한 다리는 길고 한 다리는 짧다)"이라는 말로 함축하며 긴 다리의 경제와 짧은 다리의 사회를 가진 몸으로 불안하게 절뚝절뚝 걷고 있다고 진단했다. 중국의 대외무역 역시 두 다리의 발육상태가 달라 상대적으로 안정감이 떨어진다.

다음으로 <표 4>를 통해 미국과 기타 주요 지역의 상품수출 상황을 살펴보자. 중국이 미국 상품수출에서 차지하는 비중은 7%

<표 4> 미국의 지역별 상품 수출입 비중

단위: %

구분	수출						수입					
	1963	1973	1983	1993	2003	2011	1963	1973	1983	1993	2003	2011
북미	21.2	26.4	25.4	30.6	36.9	32.4	25.7	28.6	26.1	25.6	28.1	25.8
남미	11.6	9.5	7.9	7.9	7.1	11.2	20.1	10.3	9.5	6.1	6.4	7.9
유럽	29.7	28.8	26.8	24.9	23.3	21.3	27.5	27.6	21.1	20.1	21.6	18.4
CIS	-	-	-	0.8	0.5	0.9	-	-	-	0.4	0.8	1.9
아프리카	4.3	3.1	3.7	2.0	1.5	2.2	4.7	4.3	5.6	2.6	2.6	4.2
중동	2.4	3.0	6.5	3.6	2.7	3.9	1.8	2.4	2.8	2.7	3.4	4.7
아시아	20.6	23.3	26.0	30.1	28.0	27.8	19.6	26.1	34.5	42.5	37.0	37.1
일본	7.5	11.4	10.1	10.3	7.2	4.4	8.8	13.8	16.1	18.3	9.3	5.9
중국	0.0	0.0	1.4	1.9	3.9	7.0	0.0	0.1	0.9	5.6	12.5	18.4
6개국	3.0	5.6	9.2	13.4	12.2	11.0	2.9	7.5	12.2	14.4	10.6	7.8
기타아시아	10.1	6.3	5.3	4.5	4.6	5.4	7.9	4.8	5.3	4.1	4.6	5.0
총계	100.0	100.0	100.0	100.0	100.0	100.0	100.0	100.0	100.0	100.0	100.0	100.0

자료원천: WTO

에 불과하지만 상품수입의 경우 18.4%에 달한다. 아시아 전체로 넓히면 미국에 대한 수출비중은 1993년을 정점으로 하락 횡보하는 추세를 보이고 있다. 일본과 동아시아 6개국 역시 아시아 전체 흐름과 그 맥을 같이하지만 유독 중국만 반대로 움직인다. 달리 말해서 일본과 동아시아 6개국 감소분이 중국으로 전이되고 있는 것이다. 그러므로 우리는 아시아가 아닌 중국이 미국의 상품무역 적자를 일으키는 주범이라고 말할 수 있다. 아시아 각국으로 보면 미국에 대한 수출의존도가 감퇴하고 중국 및 역내국가에 대한 수출의존도가 증가한다고 말할 수 있겠다.

이처럼 아시아에서의 미국 영향력 쇠퇴는 무역수치로도 쉽게 감지되고 있다. 예전에 미국은 아시아 최대 고객이었지만 지금은 주요 고객 가운데 하나로 위상이 추락했다. 수출입 품목을 살펴보면 1963년부터 계속 증가세를 보이던 상품수출 비중이 2003년 81.3%로 정점을 찍은 후 2011년에는 70.8%로 10%포인트 이상 떨어졌다. 그리고 상품수입은 1993년 77.1%에서 2003년 76.0%로 소폭 하락한 이후 2011년에는 67.2%로 축소됐다. 반면, 농산품 수출입은 소폭 늘어나는 추세를 보이고 있으며 연료와 광물은 2003년 이후 무역규모가 뚜렷이 확대되고 있다. 이를 통해서 우리는 미국인의 일상생활이 상당히 위축되고 있음을 유추할 수 있다. 과거의 풍족한 황금시대가 천천히 막을 고하고 있다.

<표 5> 중국경제 장기경제 전망

구분	1995~2010년	2011~2015년	2016~2020년	2021~2025년	2026~2030년
잠재 GDP성장률	9.9	8.6	7.0	5.9	5.0
고용증가율	0.9	0.3	-0.2	-0.2	-0.4
노동생산성 증가율	8.9	8.3	7.1	6.2	5.5
경제구조(기말수치)					
투자/GDP	48.6	42	38	36	34
소비/GDP	47.4	56	60	63	66
공업부가가치/GDP	46.7	43.8	41	38	34.6
서비스업부가가치/GDP	43.1	47.6	51.6	56.1	61.1
농업고용비중	36.7	30	23.7	18.2	12.5
서비스업고용비중	34.6	42	47.6	52.9	59

자료원천: 세계은행과 국무원발전연구센터 공동과제팀 출간자료 『2030년의 중국: 현대, 조화 및 창조력을 가진 사회 건설』, 1장 10페이지, 중국재정경제출판사. 참고로 잠재 GDP성장률, 고용증가율, 노동생산비율 증가율은 연평균 수치를 말하며 2010년 이전은 실질증가율을 이후는 예상치를 나타낸 것임

그럼 글로벌 경제지각 변동에 앞서 <표 5>를 가지고 중국 경제 장기추이를 살펴보도록 한다. 미래수치, 즉 첫 단계(1995~2010)

이후 자료는 시뮬레이션 분석 결과라기보다는 정책목표라고 보는 편이 더 타당할 듯싶다. 따라서 각 단계 수치보다는 흐름을 유심히 살피고 최종목표가 어느 정도일지를 짐작하여 이것이 무얼 뜻하는지 음미하는 정도가 바람직하다. 2010년 이후 경제성장률이 5년 단위로 1~2% 낮아지면서 마지막 단계인 2026~2030년에는 연평균 5% 정도를 기록할 것으로 전망하고 있다. 기존 궤적과 중국의 사회 및 경제발전단계, 글로벌 경제에서 중국 산업이 차지하는 역할들을 고려할 때 이는 지나친 추정이 아니다. 고용증가율과 노동생산성 증가율은 단계별로 계속 하락하고 있으며 더구나 고용증가율은 2016~2020년부터 마이너스(-)로 돌아설 전망이다. 이는 산업이 기계화와 정보화로 전이되는 과정에서 나타나는 필연적 결과이며 이에 더해 인구구조 충격도 가해질 듯하다. 당장 중국 인구구조로 봐도 노령화와 저출산으로 고용인구는 계속 줄어들게 된다. 노동생산성 증가율이 떨어진다는 말은 산업 경쟁력이 약화된다는 의미로 이는 중국 경제성장률 하락의 한 원인으로 작용한다. 앞으로 성장한계에 직면할 것이라는 점을 중국 스스로도 인정하는 셈이다.

경제구조로 넘어가 우리는 투자/GDP와 소비/GDP 지표가 상반된 흐름을 보이는 것을 살펴볼 수 있다. 투자비중을 낮추고 소비비중을 높인다는 중국의 경제정책이 그대로 드러난 결과로 1995~2010년 투자가 소비보다 약간 우위에 있는 상황이 2011~2015년 역전된 후 계속 고착화될 것으로 전망하고 있다. 2016~2020년 4 대 6 정도에서 2026~2030년에는 3 대 7 정도로 벌어져 선진국과 비슷한 패턴을 나타낼 것으로 예상한다. 이렇게 만들겠다는 의지의 표상일 수도 있다. 공업부가가치/GDP와 서비스업부가가치/GDP 지수는 투자와 소비의 연장선에서 이해하면 된다. 중국은 이제 소비 주도의 경제를 지향하고 있으며 그 열쇠로 내수확대를 제시한다. 그리고 내수확대의 선봉장으로 서비스업이 거론된다. 즉, 소비, 내수, 서비스업이 연계되면서 돌아간다. 그리고 이런 방향성에 따라 농업 고용비중은 하락하고 서비스업 고용비중은 상승한다. 도시화와 맞물려 중국은 농업인구를 대거 서비스업으로 이직하려고 한다. 혹시 「2030년의 중국: 현대, 조화 및 창조력을 가진 사회 건설」 자료를 살펴보길 원한다면 국무원발전연구센터 홈페이지를 방문해 직접 다운받으면 된다. 470페이지 정도의 부담스러운 양이나 보기 드물게 영문판도 함께 등록해 언어장벽을 약간 비켜갈 수 있다. 다만 팀별로 각각의 주제를 들고 연구한 자료를 합친 것이라 통일된 논리와 사고로 주제를 관통하는 측면은 약하다. 어쨌든 앞으로 20년간 중국의 GDP 증가분만 해도 현 한국 GDP의 15배에 달하지만 설혹 그렇더라도 1인당 국민소득은 1.6만 달러로 현재 미국의 1/3 수준에 불과하다.

20년 장기흐름에 관해 감을 잡았다면 이제는 21세기 100년을 두고 중국 경제를 조망해보자. 관련된 전체 내용은 『차이나 이펙트: "21세기 100년의 로드맵"』을 참조하길 바라며 본 단락에서는 몇 문단을 발췌하여 앞서의 글과 연결해 논의를 진행한다. 『차이나 이펙트』에서는 "내부적 분석결과를 따르면 고정환율로는 2020년경 1만 달러, 2035년 2만 달러를 돌파하는 것으로 나타났다. 이를 변동환율로 재산출할 경우 앞서 고정환율 값보다 1~2년 빨리 1만 달러를 넘어섰으며 2027년경 2만 달러 그리고 2033년경 3만 달러를 넘어서는 것으로 전망되었다"고 밝혔다. 국무원발전연구센터는 「2030년

의 중국: 현대, 조화 및 창조력을 가진 사회 건설」에서 2030년 1인당 국민소득을 1.6만 달러 정도로 전망했는데 이는 고정환율로 추산한 2020년 1만 달러와 2035년 2만 달러 사이에 있다. 즉, 위안화 환율인상 요인을 감안하지 않은 보수적 전망치로 볼 수 있다. 그리고 「2010년 중국 현대화 보고서」에 따르면 중국은 2030년 초등 발전단계, 2060년경 중등 발전단계, 2080년 전후로 선진국 대열에 진입하는 것으로 나타났는데 자체 분석결과에 따르면 2050년경 선진국 진입도 가능할 것으로 예상한다. 2050년경 중국의 1인당 GDP는 최소 36,000달러에서 최대 63,000달러까지 전망된다. 참고로 국제 경험치를 대입할 경우 중국이 2100년 선진국이 될 확률은 4% 정도에 불과하지만 중국이 2050년 선진국 단계에 일단 발을 걸친다면 2100년 완전한 선진국이 될 확률은 22∼28% 정도로 5배 정도 상승한다.

이쯤에서 우리는 경제규모와 인구를 통해 근 천 년에 이르는 대륙 간 패러다임 변화를 살펴보고 역사적 줄기를 더듬어본다. 그리고 최근 몇십 년 사이 변화된 대륙 간 경제규모를 분석하여 역사적 흐름과 비교해보고 앞으로 전개될 방향을 점검해보자. 전자의 내용 일부는 이전 저서인 『차이나 이펙트』 내용을 발췌한 것이고 후자는 세계은행 통계자료를 바탕으로 새롭게 구성했다. 참고로 매디슨의 연구결과는 구매력 평가를 기반으로 한 것이고 자체 분석결과는 실질 GDP를 바탕으로 추산했다. 그래서 이 둘을 비교하면서 세계 경제구도 지각변화를 더듬어보는 것도 나름 의미가 있을 것 같다. 매디슨(Angus Maddison)은 대륙 간 패러다임 변화를 경제를 통해 관찰했는데 근대 이전 일본을 확대평가하고 서구로 편입시킨 오류는 있지만 그럼에도 그의 연구성과는 더할 나위 없이 빛난다. 이후 언급될 내용은 그의 보고서(「세계경제 그 성장과 상호작용 Growth and Interaction in the World Economy」)에 기입된 데이터를 참고했으며 일본 데이터는 필자가 따로 분리해 아시아로 편입했다.

매디슨의 연구 결과에 따르면, 11세기 세계 GDP 생산량에서 서구가 차지하는 비율은 9.4% 정도로 당시 아프리카(11.7%)보다도 낮은 수준이었다. 반면에 아시아는 72%로 세계경제 주도권을 확실히 쥐었다. 이는 인구가 곧 경제인 농업중심 사회였기에 가능한 것으로 짐작된다. 당시 세계인구 68% 이상을 아시아 지역이 점했으며 서구는 10% 수준에 그쳤다. 중세시대(1500년대)로 진입해도 서구의 열등적 위치는 변함이 없었으며 GDP와 인구비중은 18.2%와 13.7%에 불과했다. 아시아는 여전히 세계 GDP의 65%를 점하면서 경제 헤게모니를 독점했다. 페르낭 브로델이 『물질문명과 자본주의』에 기입한 세계인구 표를 검토해보아도 1650년 당시, 즉 17세기 중엽 아시아는 세계인구의 54~61% 정도를 점한 것으로 나타났다.

르네상스를 지나 산업혁명 초기로 넘어왔지만 구조적 변화는 뚜렷하지 않았다. 19세기 하반기 산업혁명이 꽃을 피웠으며 서구 경제력은 빠르게 팽창했다. 1820년대 30% 미만이던 점유율은 1870년대 43.1%로 훌쩍 뛰었다. 아시아 GDP 비중은 38.4%로 대폭 축소됐다. 인류역사상 처음으로 글로벌 경제 주도권이 서구로 이동했고 삶의 질에서 뚜렷한 격차를 나타냈다. 1870년대 서유럽 1인당 GDP는 1,960달러를 기록하였지만 일본을 제외한 여타 아시아 국가는 550달러 수준에 머물렀다. 근대화 속도가 빨랐던 일본도 737달러에 불과했다. 북미권(미국, 호주, 캐나다, 뉴질랜드)은 2,419달러로 서유럽을 제치고 1인당 GDP가 가장 높은 지역으로 탈바꿈했다. 이미 유럽 퇴조와 북미 부상이라는 틀이 갖추어지기 시작했다.

20세기로 들어서면서 격차는 한층 확대됐다. 1913년 서구의 세계 GDP 점유율은 54.4%로 과반수였고 아시아는 1/4 수준으로 떨어졌다. 아프리카와 라틴아메리카는 각각 3%와 4%대 전후로 빈곤의 늪 속으로 추락했다. 1/5 수준에 불과한 인구로 서구는 전 세계 부(富)의 과반을 거머쥐며, 그 외를 미개의 원시림으로 만들었다. 제1차, 2차 세계대전으로 문명은 파괴되고 인류는 고통을 받았지만 기계화를 기반으로 한 서구의 경제팽창은 한층 가속도가 붙었다. 서구의 점유율은 57%까지 상승했으며 아시아는 20% 이하로 떨어졌다. 식민지 독립과 더불어 라틴아메리카는 4%대에서 8% 수준으로 뛰어올랐다. 아시아의 추락은 19세기 후기까지도 일정한 지분을 행사한 중국이 급속히 붕괴되었기 때문이다. 1950년 당시 세계 GDP 대비 일본 비중은 3% 정도인 것으로 알려진다.

서구도 70년대 들어서면서 차츰 기세가 꺾였다. 57%를 정점으로 미끄러지기 시작해 1973년에는 과반에 간신히 턱걸이했다. 아시아는 비록 20%대를 재탈환하였지만 일본을 제외한다면 여전히 16% 수준에 불과했다. 아시아가 아닌 일본의 도약이었다. 한편 동유럽과 구소련 연방은 19세기 후반 이후 13%대를 지속했다. 표상은 서구 경제력 후퇴로 나타났지만 그 본질은 약간 다르다. 서구의 퇴조는 1950년 19.1%를 점하던 서구의 세계 인구비율이 1973년 15.6%로 뚝 떨어졌기 때문이다. 실질 경제규모의 축소가 아닌 인구감소에 따른 상대적 위축인 셈이다. 1973년 당시 서유럽과 북미의 경제규모는 거의 비슷한 수준으로 오히려 1950년대 북미에 일시 역전된 것을 1970년

대 재탈환했다.

21세기로 넘어서면서 아시아는 과거의 위용을 되찾고 있다. 2001년 기준 세계 GDP 점유율을 38% 수준까지 끌어올렸다. 일본(7% 정도)을 제외하더라도 30%대를 유지하고 있다. 이는 1970년대와 달리 아시아 전체가 활기를 띠고 있다는 점을 대변한다. 중국과 인도가 기지개를 켜고 있으며 아시아 네 마리 용(한국, 대만, 홍콩, 싱가포르)에 이어 동남아 신흥공업국 역시 부상했다. 아시아가 부상하는 가운데 동유럽과 구소련연방은 5.6%에 머물면서 주류 경제권에서 밀려났다. 서구의 쇠퇴도 한층 두드러졌다. GDP 비중은 45%로 하락했으며 인구비중은 15.6%에서 11.9%로 떨어졌다. 중국과 인도를 품안에 둔 아시아의 인구비중은 57.4%에서 59.4%로 2% 상승했다. 라틴아메리카는 7.9%에서 8.6%로 인구비중을 늘렸지만 경제규모는 반대로 8.7%에서 8.3%로 소폭 축소됐다.

위 글을 통해 우리는 아시아가 긴 시간 글로벌 경제의 절대적 지배자로 존재했으며 19세기 후반에 들어 인류역사상 처음으로 글로벌 경제주도권을 서구에 넘긴 사실을 알 수 있다. 아시아는 시대정신을 놓친 채 산업혁명에서 소외되었고 글로벌 아웃사이더로 빠르게 퇴락했다. 경제력 상실이 반드시 군사력 상실로 연결되지는 않지만 이 시기는 기계혁명에 의한 경제 패러다임 전환이었기에 경제 지배력 상실이 곧 글로벌 헤게모니 전환으로 이어졌다. 경제원천이 노동과 토지인 시대에서 기계와 자본인 세상으로 접어들었다. 1913년 서구의 세계 GDP 점유율이 54.4%를 넘어선 이후 20세기 전 기간에 걸쳐 서구는 세계경제의 절반을 움켜쥐었다. 서구가 양차 세계대전을 거치며 글로벌 경제의 57%를 차지할 때 아시아는 20% 이하로 추락했고 1970년대에 겨우 20%대를 회복했다. 21세기로 넘어온 첫해 아시아와 서구의 세계 GDP 점유율은 각각 38%와 45%를 나타냈다. 공교롭게도 이는 1870년 당시 수치와 비슷하다. 대륙 간 경제패러다임이 과거로 회귀하고 있다.

    <그림 1>은 세계은행 자료를 이용하여 1970~2030년까지 대륙별 경제비중을 살펴본 자료다. 참고로 2030년 자료는 본서에서 따로 추정한 것으로 이에 관해서는 나중에 다루기로 하며 우선은

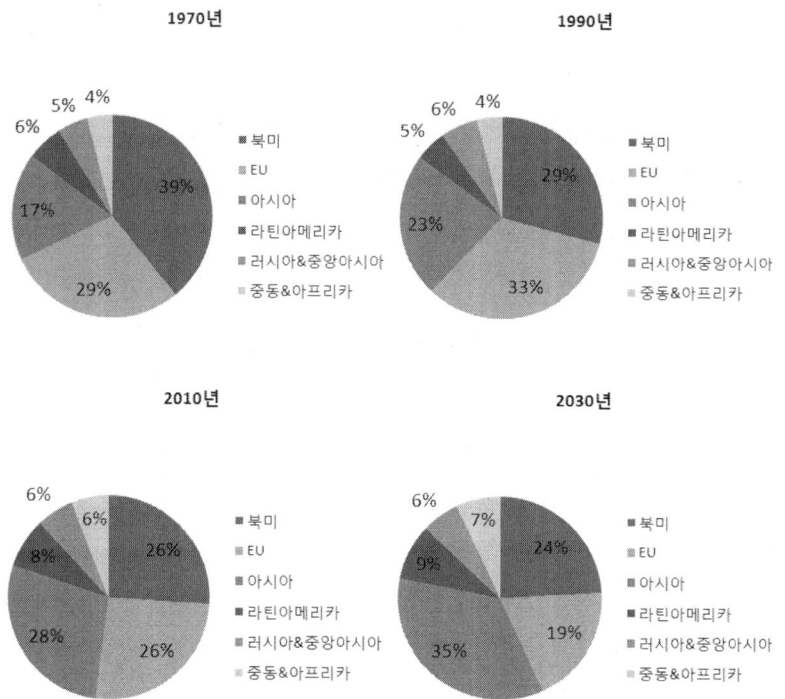

자료원천: 세계은행(Worldbank), 2030년 자료는 중국경제정보분석(CEIA)의 추정 수치임

<그림 1> 1970~2030년 대륙별 경제비중

1970～2010년까지 결과를 설명하기로 한다. <그림 1>은 앞서 매디슨 연구결과와 약간 다른데 이는 아마 대륙을 구별할 때 서구와 공산진영이라는 관념을 적용했기 때문으로 여겨진다. 본서는 동유럽과 구소련연방 대신에 러시아와 중앙아시아로 구분하고, 체코·폴란드·헝가리 등 동유럽 국가를 EU로 편입했으며 중동을 아프리카와 함께 묶었다. 그러므로 아시아 비중은 축소되고 유럽 비중은 상대적으로 높게 그려졌다. 그럼에도 아시아 부상이라는 근본적 결론을 뒤집지는 못했다. 이 두 결과에서 관찰된 공통점은 아시아 경제력 상승과 서구 경제력 약화다. EU와 북미로 대변되는 서구의 경제지배력은 1970년 67.6%에서 1990년 62.2%로 떨어진 이후 2010년에는 51.3%까지 밀렸다. 대륙별 경제성장 추이를 감안할 때 늦어도 2015년쯤이면 서구점유율이 절반 이하로 떨어지며 서구독점 시대가 종말을 맞이할 것이다.

같은 시기에 아시아는 16.8%에서 23.0%를 거쳐 29.0%까지 상승했다. 중국이 아시아 부상의 중심임은 두말할 필요도 없다. 1970년 중국의 세계경제 비중은 3.16%였지만 1990년에는 1.6%까지 추락했다. 중국 경제에 70년대는 잃어버린 세월과도 같았지만 1990년대 개혁개방 정책이 탄력을 받고 2000년대 세계공장으로 거듭남에 따라 2010년 중국의 경제지형은 9.4%까지 넓어졌다. 중국이 이끌고 일본이 떠받치며 인도가 기지개를 켜고 있다. 또한 아시아 네 마리 용(한국, 대만, 홍콩, 싱가포르)에 이어 동남아 신흥공업국이 지역경제에 활기를 불어넣고 있다. 참고로 세계경제에서 차지하는 비중을 1990년 대비 1%포인트 이상 높인 국가는 중국·인도·브라질이 유일하며, 전통적 선진국인 미국·일본·독일·영국·프랑스·

이탈리아·호주는 1% 이상 떨어졌다. 2030년에도 대륙 간 경제지형 변화는 이어질 것이다. 아시아는 35% 정도로 상승할 것이고 서구는 43%로 좀 더 주저앉을 것 같다.

혹자는 인도 부상을 근거로 가까운 장래에 아시아가 서구를 앞설 것이라고 주장한다. 그러나 인도와 중국은 경제 인프라와 산업구조에서 확연히 차이가 나는데 이는 단기에 극복될 성질의 것이 아니다. 물론 중국과 인도의 격차가 계속 지속되기는 어렵다. 더구나 중국이 정쟁, 사회불안, 고물가 등으로 주춤거린다면 인도가 분명 반사이익을 누릴 것이다. 지금도 일부 기업은 중국 노동비 상승으로 베트남, 인도 등지로 공장을 이전하고 있다. 그럼에도 중국과 인도의 격차는 금세기에 극복되기 힘들다. 미국은 인도능력을 과대평가하는 경향이 있는데 이는 냉철한 분석보다 전략적 판단(혹은 소망)에 따른 일이다. 그래서 그런 전망들은 자기 충족적 예언으로 그칠 가능성이 높다. 대다수 보고서가 중국쇠퇴와 인도부상의 핵심요인으로 두 나라의 노동인력 구조를 들고 있다. 이들은 중국의 노동인구는 2016년을 정점으로 떨어지지만 인도는 2050년까지 계속 확대되어 결국 인도가 중국을 초월할 것으로 본다. 그러나 이는 중국 노동시장 특징을 고려하지 않은 결과다. 중국 정부가 노동연령 제한 정책만 완화해도 당장 1억 명 이상의 노동력이 풀릴 수 있고 방만한 인력관리를 효율적으로 전환하면 지금보다 2배 정도의 노동력이 추가로 발생할 수 있다. 이를테면 중국에서는 테이블 몇 개뿐인 조그만 식당에 놓고 서빙 인원만 3~4명에 계산을 전담하는 인원도 따로 있으며 주방에는 도대체 몇 명의 요리사가 있는지 알 길이 없다. 한국에서 2~3명이 너끈히 할 일을 중국은 5~6명도 부족하다고 한다. 중국은 노동인구 결핍이 아니라 방만한 인력관리가 문제다. 그런데도 서구는 중국이 노동력 부족국가라고 주장하며 중국에 산하제한 정책 포기할 것을 권유하는 보고서를 자꾸 만들어내고 있다. 부동산 버블이 10~20년 중국 경제를 뒤흔들 폭탄이라면 인구과잉 문제는 21세기 내내 중국의 발목을 잡을 짐이다. 중국과학원은 중국이 감당할 수 있는 최대치를 16억 명으로 보고 이상적 수치로 7억~10억 명을 제시했다. 자원별로는 토지수용 최대치는 10억 명이고 식량산출량과 에너지 부하 기준으로는 각각 12.6억 명과 11.5억 명을 한계로 설정했다. 더구나 담수공급량, 즉 식수기준으로는 그 절반에도 못 미치는 4.5억 명이 이상적 수치로 조사됐다.

인구가 성장동력인 시대는 점점 지나가고 있다. 중국에 거대한 인구는 어느 순간 문득 감당키 힘든 짐으로 변할 것이다. 인건비 상승과 인력난 등을 이유로 중국에 진출한 노동집약산업들이 한국으로 유턴을 고민하고 있으며 이미 신발공장들이 속속 중국을 떠나 복귀하고 있다. 중국의 인건비 상승과 노동생산성 둔화는 구조적 문제로 갈수록 심화될 것이라는 전망된다. 여러 통로를 통해 밝혔듯이 자본집약적 산업을 제외하고는 진출보다는 철수를 고민할 때이며 남겨진 시간은 그리 길지 않다. 전 세계적으로 노동력이 더 필요한 사회가 아닌 덜 필요한 사회로 전환되고 있으며 중국도 예외는 아니다. 이는 물론 향후 1~2년이 아닌 20~30년 이후 세계를 두고 한 말이다. 결론적으로 인도의 놀랄 만한 부상을 기대하느니 아시아 각국의 환율, 특히 위안화 절상에 따른 기술적 도약을 말하는 편이 훨씬 현실적이다. 그 외 대륙은 현상유지에 머물든지 소폭 비중이 상승할 것으로 예상된다.

관건은 아시아의 부상과 서구의 쇠퇴라는 추세가 아니다. 이는 대세로 면면히 흐르고 있으며 세계대전과 같은 지각변동을 일으킬 큰 사건이 아니면 물줄기를 돌리기 힘들 것이다. 아시아 부상 유무는 이제 논의의 주제도 못 되며 어떤 형태로 부상할지, 그 과정에서 심각한 파열이나 없을지 정도가 관심을 끌고 있다. 핵심은 쇠퇴하는 서구의 구도에 있다. 가령 <그림 1>에서는 북미와 EU를 각각 24.5%와 18.8% 정도로 두었는데 또 다른 시나리오로는 북미가 19.3%, EU가 24.0% 정도를 기록했다. 이때쯤이면 동유럽이 기틀을 마련해 EU에 새로운 활력을 불어넣을 수도 있기 때문이다. 따라서 유럽과 북미는 시소게임으로 흐를 가능성이 높다. 예컨대 유럽이 급속히 몰락하면 미국은 천천히 쇠퇴하고 미국이 급속히 몰락하면 유럽이 천천히 쇠퇴하게 된다. 이 둘은 다른 대륙과 비교해 산업구조가 서로 겹치는 부문이 많기 때문이다.

사실 중국은 미국과 EU의 협력업체이지 경쟁업체는 아니다. 미국과 유럽 사이의 이런 움직임은 지금도 미묘하게 관찰되고 있는데 그 대표적인 경우가 PIGS 국가(포르투갈, 아일랜드, 그리스, 스페인)를 제물로 삼아 가해지는 미국의 압박이다. 미국은 국제신용평가기관을 사냥개로 부리며 유럽을 물어뜯고 있다. 일단 채무위기가 진정기미를 보이면 마치 아궁이에 불을 지피듯이 무더기 신용등급 강등카드를 내던진다. 온갖 미디어를 통해 유로존 해체 나팔을 울리고 인플레이션을 부추기며 증세와 재정지출 감소, 국유자산 매각이 유일한 대안이라고 떠든다. 그 예로 타임지는 유로존 부채위기 해결방법으로 독일의 유로존 탈퇴라는 발칙한 주장조차 제기했다. 주 논지는 독일이 유로존에서 탈피하면 유로가치가 떨어질 것이고 이는 독일을 제외한 국가들의 수출경쟁력을 높인다는 의미다. 이에 대한 반작용으로 독일은 유로존을 방패로 지속된 호황을 상실할 것이라고 진단한다. 마르크화 가치가 빠르게 상승하여 수출경쟁력이 하락할 것이기 때문이다. 이는 오히려 유럽을 급속히 쇠퇴하게 만드는 길이며 그 반사이익은 온전히 미국의 몫이 된다. 유럽이 갈팡질팡 헤매는 사이 미국은 경제회복 신호탄을 슬며시 쏘아 올렸다.

현재 글로벌 경제는 불안정한 흐름을 보이고 있다. 유럽은 뒤통수를 때리고 미국은 실망을 안기며 중국은 반전을 주지 못한다. 세계경제가 회복하려면 유럽이 제자리를 찾고 미국이 희망을 노래하고 중국이 실질적 전환을 이끌어야 한다. 왕치산 당시 부총리는 "글로벌 경제가 여전히 심각한 상태에 놓여 있으며, 경제회복 확보가 모든 것에 우선한다. 불균형한 회복이 균형된 쇠퇴보다 좋다"고 말했다. 여기서 그의 이름을 블라인드 처리한다면 미국 재무장관의 발언이라고 해도 믿을 만하다. 왜냐하면 이 말이 자본주의의 양대 궤변 가운데 하나이기 때문이다. 다른 하나는 '일단 파이를 키운 후 나눈다'는 것이다.

2장
중국이 예를 논하기 시작하다

입구는 좁히고 출구는 넓히는 방향으로 개혁개방 정책 성격이 변하고 있다. 외국인을 위한 개방이 아니라 내국인을 위한 개방으로 바뀌고 있고 세계를 향해 중국의 문을 여는 것이 아니라 중국을 향해 세계가 문을 열고 있다.

관중은 "창고가 가득 차야 예절을 알고 의식이 풍족해야 영욕을 안다"고 말했다. 중국이 예를 논하는 것은 빈곤단계를 지나 주위를 둘러볼 여유를 가졌다는 뜻이다. 그리고 타국에 예를 요구하는 것은 잃어버린 중화 질서를 되찾겠다는 의미다. 따라서 예의를 말하는 중국에 세계는 긴장해야 한다. 이런 주장의 함의는 예에 얽힌 관념들을 살펴보는 것으로 대신하려 한다. 유가는 예라는 규범 속에서 말의 의미가 실현된다고 보았다. 그러므로 예의 세계에서는 만물이 그에 걸맞은 장소로 구분되며 정해진 고유한 의미를 가진다. 이것이 바로 분(分)이며 분을 아는 것이 곧 예였다. 따라서 우리는 분수를 알라는 말을 예의를 지키라는 말과 동일시한다. 그리고 예의가 없는 이를 상놈이라 부르며 천민의 표본으로 삼았다. 예의 세계에서 천민은 고유한 존재가 아니며 스스로 의미를 가지지 못한다. 위 글을 재해석하면 예는 만물을 둘러싼 프레임이며 모든 존재는 프레임 안에서 특정화되고 본연의 의미를 가진다. 그러므로 예가 없으면 존재와 의미도 사라진다. 이런 관념 속에서 중화는 다른 민족을 이(夷)로 부르고 대등한 존재로 인정하지 않았고 사회는 인간을 양반과 상놈으로 구분하였다.

한편 유교는 소인이 예의 실현을 가로막는 존재라고 여겼다. 소인은 군주의 덕보다 법이라는 언어적 명령으로 통치되는 존재다. 여기서 명을 바로잡는다는 정명(正名)이 나온다. 정명의 본질은 "군은 군다워야 하고 신은 신다워야 하며 부는 부다워야 하고 자는 자다워야 한다"는 말로 집약된다. 풀이하자면 예가 살아 있는 이상적 사회는 자신의 위치에 맞게 본분을 다하는 세상이라는 의미다. 믿든 안 믿든 세상을 움직이는 대다수 원리는 이런 결정론적이고 폐쇄된 법칙에 토대를 둔다. 예컨대 회귀, 균형, 평균 이런 말을 빼놓고 현 경제학을 논할 수 없고 우리에게 친숙한 투자모형들도 모두 폐쇄적 모형(Closed model)이다. 폐쇄적 모형의 핵심논리는 시간이 지나면 균형에 도달한다는 것이다. 정해진 모형, 즉 틀은 변화하지 않고 외부충격에 대한 반응만 바뀔 뿐이다. 틀 자체에 근본적 변화가 없으므로 균형상태도 부서지지는 않고 충격에 따라 균형점만 이동된다. 극단적으로 말하면 개미투자자는 이 틀에서 늘 돈을 잃도록 정해진 것이고 그것이 바로 정명이다. 그리고 약자가 강자에 복속하는 것 역시 정명이 된다.

이에 대해 노자는 "도를 도라고 할 때 그것은 영원한 도가 아니고, 명을 명이라고 할 때 그것은 영원한 명이 아니다"고 반박하며 세상에는 정해진 프레임은 없고 의미도 영원하지 않다고 주장한다. 유가는 부자관계를 통해 권력체계를 도모했다면 도가는 무위를 통해 권력해체를 추구했다. 정명을 국내가 아닌 천하로 넓히면, "중국은 중국다워야 하고 한국은 한국다워야 하며, 중화는 중화다워야 하고 동이는 동이다워야 한다"고 비약할 수도 있다. 마치 멜로스인의 대화에서 "정의는 오직 힘이 대등한 관계 사이의 문제로 강자는 그들이 할 수 있는 것을 하고 약자는 그들이 받아야 할 것을 받는 것이다"는 문구를 떠오르게 한다.

현실세계에서도 비슷한 사례를 발견할 수 있다. 중국과 필리핀이 황옌다오 해역에서 대치할 때 다이빙궈 국무위원은 "중국이 외교적으로 겸손하고 신중하다는 것이 필리핀의 업신여김을 용인한다는 의미는 아니다"고 말하며 "중국은 체격이 크고 현재 빠른 발전 과정에 있는데 이런 중국을 다른 나라가 두려워하는 것을 피하려면 겸손과 신중이 특히 중요하다"고 말했다. 그리고 덧붙이길 "겸손과 신중하다는 것이 다른 나라가 (중국을) 괴롭혀도 된다는 말은 절대 아니다"라고 밝히며 "필리핀과 같은 소국 역시 대국을 업신여겨서는 안 된다"고 강조했다. 우회적으로 대국의 예와 소국의 도리를 설파한 것으로 이로써 중국은 군자가 되고 필리핀은 소인으로 전락한다. 그리고 경제재제를 통하여 입에 거미줄을 치겠다고 엄포를 놓는다. 군자는 예를 말하고 소인은 이를 말하므로 경제보복이 외교협상보다 더 현실적이라는 의미다. 지금은 그 대상이 필리핀이지만 차후는 한국이 될 수도 있다. 그렇다고 중국만 유독 약소국을 무시하는 것은 아니다. 중국은 예를 말하지만 미국은 예란 무엇인가를 몸소 보여준다.

중국은 점점 중화와 외곽으로 세상을 구분하고 있다. 소소한 사례에 불과하지만 2012년 5월부터 비자발급을 까다롭게 하며 문을 걸어 잠그고 있다. 개방을 지고한 위치에 둔 과거와 달리 초청장 첨부를 요구하며 들어오는 이를 성가시게 만든다. 내부적으로는 행정 간소화를 강조하지만 외부적으로는 복잡화를 추구한다. 어떤 이는 한중의 경제관계를 고려하면 무비자로 나가도 시원찮은 판국에 오히려 빗장을 걸어 잠근다고 격앙된 반응을 보인다. 관점에 따라서는 시대 흐름을 역행하는 처리인 것이 사실이다. 그러나 이는 한국의 관점이지 중국의 관점은 아니다. 우리에게 역행으로 보이는 것이 중국인에게는 순행으로, 즉 중국다움으로 되돌아가는 것일 수 있다. 물론 이런 움직임의 밑바탕에는 신장된 경제력과 풍부한 달러가 존재한다. 안 그래도 달러가 넘쳐나는 상황에서 더 이상 맹목적인 달러는 필요 없다는 선언과도 같다. 예전에는 1달러는 그 자체로 1달러의 선(善)이었다. 그러나 지금은 달러의 효익을 판단하고 있다. 외국인을 점점 기생자·이용자·소비자로 구분하고 저마다의 위치에 따라 대우한다. 소상공인은 기생자로 보고 축출하고 배낭 여행자는 중국의 자원을 이용하는 존재로 인식하여 차단한다. 골프채를 들고 달러를 펑펑 사용하는 이들만 여전히 유용하다고 본다. 이런 밑그림에서 중국은 외국인 불법체류 단속과 혐오행위를 과장보도하며 비자발급 제한 명분을 쌓는다. 예전에는 눈 감았던 일들이 지금은 엄중한 범죄행위가 된다. 기생자와 이용자에 대한 단속은 들어간 듯하다. 회색지대에 둔 보따리상을 이제는 불법이라는 틀로 압박하고 있으며 노동권 보장, 과세문제, 환경보호 등의 조건을 붙여 개인사업자·중소기업·대기업 순으로 걸러

내는 작업을 벌인다.

중국은 한결같이 자신의 빈곤탈출이 세계에 공헌하는 증거라고 말한다. 13억 명의 빈곤탈출이 세계를 평균적으로 덜 빈곤한 상태로 만든 것은 사실이다. 그러나 이것을 세계에 대한 공헌이라고 말하기는 힘들며 민폐를 끼치지 않았다는 편이 옳다. 2011년 중국의 1인당 국민소득은 5,449달러를 기록했는데 이는 2000년 당시보다 6배로 확대된 수치다. 상해와 베이징은 각각 1만 2,784달러와 1만 2,447달러를 넘었고 천진은 이보다 한 단계 높은 1만 3,392달러를 기록했다. 31개 지역 가운데 안휘, 운남, 티베트 등 6개 지역을 제외하고 모두 4,000달러를 넘어선 것으로 나타났다. 세계은행은 2010년에 1인당 국민소득이 1,005달러 이하이면 저소득국가, 1,006~3,975달러면 중하 소득국가, 3,976~1만 2,275달러는 중상 소득국가, 1만 2,276달러 이상은 고소득국가로 분류했다. 이 기준에 따르면 중국 주요 도시는 선진국 문턱에 있고 대다수는 중등국가 단계다. 그래서인지 "중진국 함정(middle-income trap)"이라는 말이 부쩍 타임라인을 장식하고 있으며 중국이 루이스 전환점(Lewisian turning point)에 곧 진입할 것이라는 경고도 나온다. 미국 정보기관들은 15,000달러(구매력평가 PPP)를 기준으로 중국에서 민주주의 요구가 분출될 것으로 전망하며 그때까지는 앞으로 5년 정도 남았다고 판단한다. 게다가 민주적인 중국이 지금의 중국보다 한층 민족주의적일 것으로 예상하며 중국의 경제침체는 정치적 불안정을 일으키고 글로벌 경제에 충격을 줄 것으로 본다. 참고로 루이스전환점이란 산업 초기 단계에서는 농촌의 값싼 잉여인력이 도시로 유입되어 경제발전을 지원하지만 일정시점에 이르면 값싼 인력의 공급감소로 임금이 급등하고 경제성장이 둔화한다는 이론이다.

중국은 지금 빈곤국을 벗어나 중진국으로 들어섰다. 유가에서 말하는 소위 소강사회로 진입했다. 유가에서는 하나라 건국 이전을 '대동시대'로 부르고 그 이후를 '소강시대'라 부른다. 전자는 천하를 만인의 것으로 여기는 사회이고 후자는 천하를 혈족의 것으로 여기는 사회다. 이는 오늘날의 "대동(大同) 및 소강(小康)" 개념과는 약간 다른데 그 까닭은 고대가 아닌 현대, 정치가 아닌 경제의 관점에서 해석하고 있기 때문이다. 그래서 중국은 예전과 달리 소강을 먹고살 만한 단계로 대동을 이상적 복지사회로 이해하고 있으며 산부조우(三步走) 발전 전략과 현대화 이론을 통해 이를 구현하려 한다.

그렇다면 중국은 왜 "소강과 대동"이 함유한 정치의식을 배제했을까? 그 이유는 대동은 공유를 주장하고 소강은 역성혁명을 정당화하기 때문이다. 이 둘은 모두 현 중국으로 보면 불온한 개념이다. 중국의 눈길은 사유(私有)에 있지 공유(公有)에 있지 않으며 중국 지배층은 공유가 중국의 근간을 흔든다고 생각한다. 역설적이게도 중국에서 공유를 내세우면 좌파를 규정하고 관리할 대상이라고 판단한다. 대동과 달리 소강은 인을 법으로 하고 겸양의 도를 역설하여 백성들에게 떳떳한 법이 있음을 알리고 권력자라도 이 법을 따르지 않으면 내쫓는 시대를 말한다. 법 앞에는 만인이 평등하다지만 중국은 공산당이 법 위에 군림하는 존재다. 조조의 저 유명한 문구처럼 "내가 중국을 버려도 중국은 나를 버릴 수 없다"고 믿는다. 혹자는 후진타오 모토를 과학발전관과 조화사회로 기억하는데 이보다 앞서 그는 법치주의를 내세웠다. 시진핑 역시 법치를 앞세우며 부패척결을 주장한다. 권력투쟁이라는 거대한 소용돌이 속에서

'헌법몽(憲法夢)'은 일단 대중의 시야에서 일시적으로 사라졌지만 그는 애초에 '중국몽(中國夢)'과 '헌법몽(憲法夢)'이라는 두 가지 꿈 실현을 내세웠다. 이제는 권력논리, 이념, 관습 등이 아니라 헌법에 따라 중국을 운영해야 한다고 주장한 것이다. 고대 철학자인 한비자는 "유학자는 문으로 법을 어지럽히고 협객은 무로 금한 것을 범한다"고 말하며 이 둘은 법가적 질서에 위협이 되는 존재라고 지적했다. 한비자가 이 시대에 살아 있다면 "상인은 돈으로 법을 희롱한다"는 문구를 첨가하며 이 셋이 법치주의 근간을 뒤흔든다고 한탄했을 듯하다.

이쯤에서 중국 정부가 판단하는 샤오캉 수준을 점검해보자. 2011년 12월 중국 국가통계국이 발표한 샤오캉 진척보고서(원제목: 중국 전면적 샤오캉사회 건설 진척통계감측보고서)에 따르면 중국의 샤오캉 진척도는 2000년 59.6%에서 2010년 80.1%로 훌쩍 뛴 것으로 나타났다. 역설적이게도 6대 지표 가운데 민주법치 항목이 가장 높은 93.6%를 얻었고 문화교육 항목은 68%로 가장 낮았다. 후자는 몰라도 전자는 분석결과가 아닌 주장에 가까운 것 같다. 앞서 살펴본 지표 이외에 사회조화는 82.5%, 경제발전은 76.1%, 생활의 질은 86.4%, 자원환경은 78.2%로 평가됐다. 문화교육은 2000년 58.3%에서 2010년 현재 68%로 상대적으로 더딘 진척을 보였다. 지역별로는 동부지역이 88%로 가장 높고 그다음은 동북(82.3%), 중부(77.7%), 서부(71.4%) 순으로 나타났다. 그렇다면 중국 사회는 정말 샤오캉 수준에 바짝 다가서고 있을까? 평균적 샤오캉에는 한 발 다가섰지만 공정한 샤오캉과는 반대로 두 발 더 멀어진 상태다.

예컨대 중국은 2000년 0.412로 기니계수를 발표한 이후 10년 동안 이를 공포하지 않고 있다. 위 보고서에도 모호하게 2000년 당시보다 기니계수가 약간 상승했다고 얼버무렸다. 그러나 민간 부문 자료는 이와 다른 소리를 낸다. 일례로 북경사범대학 산하 소득분배 및 빈곤연구센터 주임인 리스(李实)는 2007년 중국의 기니계수가 0.48에 도달했다고 추산했는데 상당수 중국 학자들은 음성소득을 포함하면 이 수치도 저평가된 것이라고 지적한다. 기니계수 미발표 문제가 불거지자 어쩔 수 없이 마지엔탕 통계국장은 2011년 경제수치 발표 기자간담회에서 도시의 기니계수 미발표 이유를 밝혔는데 그는 "고소득 계층의 실소득 정보를 얻을 수 없어 수치가 너무 낮게 조사돼 발표하지 못했다"고 주장했다. 이어서 2000년부터 농촌지역 기니계수는 해마다 발표했으며 2011년은 0.3897을 기록했다고 말했다. 당시 마지엔탕 통계국장의 고백은 저자에게 신선한 충격으로 다가왔다. 이제껏 기니계수가 너무 높아서 이를 발표하지 않은 것으로 생각했는데 그는 우리 판단이 틀렸다고 말한다. "기니계수가 너무 낮기 때문이다"고 주장한다. 이로 보건대 우리 생각보다 중국의 소득불균형은 훨씬 심각한 것 같다. 통계결과에 대한 조작은 둘째 치더라도 통계가치 자체가 없다고 인정한 꼴이다. 평균은 늘 현실을 왜곡하는 도구로 이용됨을 명심하길 바란다. 핵심은 평균이 아니라 차이다.

중국은 14년 만에 자본수지 적자를 기록하며 쌍둥이 흑자시대에 종말을 고했다. 2012년 한 해만 1,173억 달러 자본수지 적자를 기록하며 지난해 1,861억 달러 흑자를 무색하게 만드는 결과를 내놓았다. 예년에 비해 3,000억 달러가량 공백이 발생한 셈으로 이런 자본수지 적자는 단발성 현상으로 그치지는 않을 것 같다. 2013년 1월까지 대중 FDI 유입세는 8개월 연속 감소세를 기록하다 2월에야 증가세로 바뀌었다. 예전의 증가 일변도에서 이제는 등락을 반복하며 플러스(+)와 마이너스(-)를 넘나들고 있다. 중국은 더 이상 저가노동력 시장이라는 타이틀이 적합하지 않다. 엄밀히 말해 일본과 한국 등을 제하고는 경영비용이 높은 편에 속하며 노동강도 등을 감안할 때 10년 안에 한국을 따라잡을 것으로 전망한다. 다만 아직은 인도, 베트남 등 다른 동남아 국가들보다 인프라 및 산업 클러스터 완결성에서 우위에 있는 것이 사실이다. 따라서 중국 국내외시장을 모두 목표로 둔 다국적기업을 중심으로 추가투자가 이루어질 듯하며 중소기업 단위의 신규투자는 앞으로 사라질 것으로 예상된다.

중국 현지기업의 입장은 이들과 정반대다. 안팎으로 각종 문제에 부딪힐 것이며 경영환경은 나날이 나빠질 것이다. 노동비는 계속 상승하고 인력수급 문제가 갈수록 부각되며 예전에 관행적으로 넘어간 납기지연 등 문제가 이제는 클레임으로 번질 것이며 이 밖에 전기, 수도 등 유틸리티 비용과 환경비용도 상승곡선을 그릴 것이다. 천성적으로 주어진 저가품이라는 면죄부가 사라진 후 중국기업은 생애 최초로 적자생존의 정글을 경험할 것이며 본토에서 경쟁력을 상실한 기업들이 점점 해외로 빠져나갈 것이다. 아직은 홍콩에서의 자본놀이가 주를 이루고 이에 더해 아프리카, 호주, 북미 등에서의 에너지, 원자재 확보가 중점 영역이지만 10년 이내에 순수한 노동비 요인으로 중국 기업이 공장을 이전하는 사례들이 빈번해질 것이다. 요컨대 중국의 자본유출 물결은 제대로 시작조차 하지 않았다. 중국 국가통계국은 2012년 자본수지 적자 이유로 외환시장 개입감소와 해외투자 등에 따른 자본유출 확대를 명시했다. 중국으로 들어오는 FDI는 축소 지향적이고 나가는 FDI는 확대 지향적이다. 자본수입국에서 자본수출국으로 변모하고 있으며 지폐를 한 묶음 움켜쥐고 차이나머니의 위력을 과시하려 한다. 다가올 중국풍은 거대할 것이며 중국은 기꺼이 이 바람에 몸을 실으려고 한다.

3장
21세기 조공무역의 시대를 열며

중국은 지대물박으로 상징되는 강력한 경제력을 회복함과 동시에 국제질서 재편을 시도하며 신흥 대국관계를 수립할 것을 요청한다. 즉, 미국을 로마제국 계승자로 대접할 테니 자신을 천자의 나라로 인정해줄 것을 요구하는 셈이다. 서쪽 하늘은 로마제국이 관리하고 동쪽 하늘은 중화제국이 다스린다는 옛 권력구도로의 복귀를 꾀한다. 그 연장선에서 중국은 21세기 신조공무역을 통해 옛 영향력을 빠르게 회복하고 있다.

중국은 천하에서 황제만 유일하게 지고한 존재이며 그 외는 신하라고 보았다. 따라서 주변국은 황제에게 조공을 바치고 황제는 책봉을 통해 이들의 정통성을 인정하는 것이 천하의 순리라고 생각했다. 이런 측면에서 중국이 편안하면 사이가 절로 복속하고 사이가 복속하면 중국이 편안해진다는 관념이 뿌리내렸고 이는 예부터 중국 외교정책 지침이 됐다. 그래서 황제는 무력보다는 덕으로 주변국을 어루만져야 했으며 조공무역이 주요 수단으로 활용됐다. 말하자면 조공무역은 황제의 덕치라는 개념을 매개로 했고 주변국이 황제의 권위를 부정하면 은총이 철회됐다. 이리하여 조공무역은 주로 후왕박래(厚往薄來, 많이 보내고 적게 받는다) 원칙에 따라 이루어졌다. 이런 외교정책은 때론 천하공주(天下共主, 천하의 공통된 주인)의 허명을 좇고 무채침이(貿采琛異, 진귀한 물건을 구매한다)를 내세워 국고만 낭비하여 적을 살찌웠다는 비난도 받았다. 그러나 이는 중국의 자기 정당화에 불과하며 모든 나라가 동의한 것은 아니다. 현실적으로 중화주의는 문화와 정통성보다는 '지대물박(地大物博, 땅이 넓고 물산이 풍부하다)'으로 상징되는 강력한 경제력에 기대어 유지됐다.

고대 중국은 책봉과 조공관계에 있던 번속국을 세 등급으로 나누어 외교 전략 우선순위를 정했는데 가축 등급을 나누듯이 한 나라의 가치를 평가했다고 불쾌해할 필요는 없다. 지금도 각 나라는 자신의 이해관계에 따라 상대국에 가치를 매기고 있다. 그 당시 1급 지역은 조선과 베트남이고 2급은 유구(오키나와의 옛 왕국)와 섬라(태국)이며 3급은 미얀마와 네팔이었다. 조선은 중국의 북방을 방비하는 번속국이었고 베트남은 남방을 관리하는 번속국이었다. 중국은 이들 6개 번속국에 한하여 군사적 보호막을 제공했으며 그 외는 단순한 조공국으로 다루었기 때문이다. 오늘날로 말하면 전자는 산하 우방국이고 후자는 단순한 무역파트너였던 셈이다. 이때 중국은 종주국 지위에서 공물의 몇 배에 달하는 답례품을 사절단에 보냈고 역대로 황실재정은 이에 상당한 압박을 받았다. 당나라 때는 사절단 수천 명이 무위도식하며 국고를 소진해 이들에 대한 강제추방령을 내리기도 했다. 전쟁방지라는 명분과 종주국이라는 체면을 얻는 대가로 중국은 막대한 경제손실을 감수했는데 일부 조공국은 조공 횟수 확대를 놓고 국경을 넘어서며 무력시위를 했다. 오늘날의 말로 통상전쟁이 일어난 셈이다.

참고로 유구는 1879년 강제편입 전까지 중국 황제의 책봉을 받던 독립국가였다. 즉, 그냥 섬나라가 아니라 중국이 정식으로 인정한 번속국이었다. 중국 학계는 여태껏 이 점을 조심스럽게 지적했는데 최근 들어 그 기류가 변화될 조짐을 보인다. 조어도 문제로 중·일관계가 마찰음을 내자 인민일보는 2013년 5월 사설을 통해 이례적으로 유구문제를 꺼내며 이는 미해결 현안이라고 주장했다. 중국이 언젠가는 이 문제를 표면화하며 적절한 카드로 사용할 것이라 판단했지만 예상보다 그 시기가 앞당겨질 듯하다. 중국은 앞으로도 틈틈이 이 문제를 꺼내며 일본을 긴장시킬 것이며 일본은 역으로 피동적 입장에 처하게 된다. 더구나 오키나와 주민이 대규모 독립운동에 나설 경우 중국의 발언권은 한층 높아지게 된다. 아직은 미미하지만 현지에서도 유구 독립을 요구하는 단체가 만들어지고 있으며 이 문제를 체계적으로 접근하려는 움직임도 관측된다. 만약 이들이 주민투표를 통해 일본 지배를 공식적으로 거부하며 중국을 후견인으로 끌어들일 경우 폭발력 강한 화약고가 될 수도 있다. 중국 측도 먼저 유구독립 운동을 지지할 수 있다는 제스처를 보낼 수도 있다. 특히 오키나와 주민들은 본토로부터 차별과 멸시를 받고 있다는 생각이 강하며 "집단자결"이라는 역사적 아픔도 공유한다. 빈번한 미군범죄 문제는 이를 한층 부채질하고 있다. 그래서 갈수록 일본인이라는 소속감이 약해지고 있는 상태다. 결국 유구문제는 중국 부상과 미국 쇠락 속도에 따라 해결 시점이 판가름 날 것이다.

본론으로 돌아와 중국도 지금은 과거와 달리 퍼주기식 조공외교를 펼치지 않는다. 대다수가 중국이 우방이라는 족쇄에 발목이 잡혀 북한에 대규모 무상지원을 하며 경제적 손실을 감내한다고 믿고 있는데 이는 순전히 잘못된 억측이다. 사실은 2009년만 해도 약 11억 달러의 대북 무역흑자를 기록했으며 지금도 독점적 지위를 내세워 저가에 각종 자원을 싹쓸이하고 있다. 중국은 자원, 소비, 외교라는 전략적 시각으로 접근하며 지역에 따라 방점이 놓이는 순서도 다르다. 현 중국의 대외원조 역사는 1950년 북한과 베트남에 대한 물자원조가 출발점인데 당시 중국은 1955년 아시아─아프리카(Asian- African) 회의 이후 개발도상국에 대한 원조범위를 확대했고 이때부터 아프리카 외교가 강화됐다. 이런 중국의 대 아프리카 외교는 1971년에 마침내 결실을 맺었다. 중국이 1971년 10월 UN 상임이사국 지위를 얻을 당시 아프리카를 필두로 한 개발도상국의 적극적 지지가 있었음은 두말할 필요도 없다. 중국과 아프리카의 끈끈한 협력관계는 이렇듯 긴 역사적 배경을 밑바탕에 두고 있다. 중국 해외진출 및 대외원조의 양대 자금통로는 중국개발은행(China-Development Bank)과 중국수출입은행(The Export-Import Bank of China)이다. 중국개발은행은 1994년 설립됐고 2011년 말 현재 자산과 부채총액은 6조 2523억 위안과 5조 8,070억 위안이며 전체 대출의 15% 정도가 해외부분에서 일어났다. 중국수출입은행은 1994년 설립되었으며 2011년 말 현재 자산과 부채총액은 1조 1,991억 위안과 1조 1,829억 위안이며 남아프리카, 프랑스, 러시아에 대표처를 두고 있다. 이들은 국무원 산하 정책성 은행으로 민간영역에서 중국정부의 국내외 전략을 실행하는 첨병 역할을 담당한다.

한편 2011년 4월 국무원은 처음으로 대외원조 백서를 발표했다. 이 백서에 따르면 2009년 말 현재 중국의 대외원조 금액은 약 2,563억 위안으로 집계됐다. 무상원조가 1,062억 위안으로 40%를 약간 상회하고 그다음은 무이자차관(765억 위안)과 우대차관(736억 위안) 순이다. 50개국에 걸쳐 총 256억 위안의 차관면제 협정을 체결했고 연 ODA 규모는 15억~20억 달러 정도다. 다각도로 중국의 대외원조 상황을 파악하기 위해 USCC 보고서를 잠깐 살펴보기로 하자. 이 보고서는 NYU Wagner School 발표 자료를 인용해 2002년 5,100만 달러에 불과하던 중국의 대외원조액이 2003년 15억 달러로 대폭 늘어났으며 2004년에는 이보다 10배 증가한 104억 달러로 팽창했다고 추산했다. 이어서 2005년에는 101억 달러, 2006년에는 275억 달러, 2007년에는 250억 달러를 기록했다고 본다.

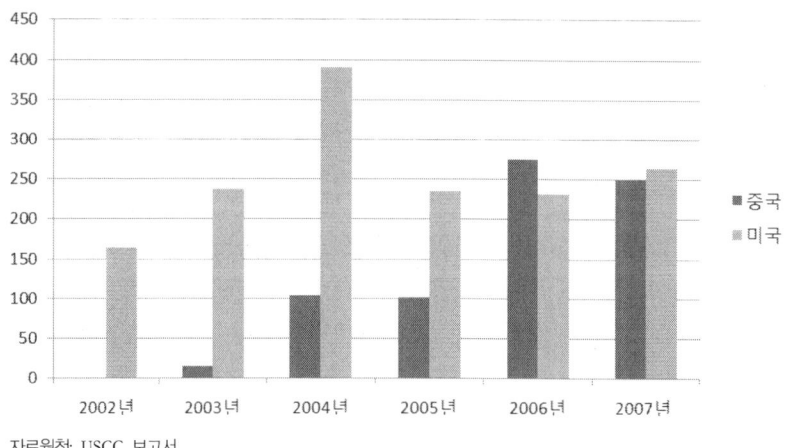

자료원천: USCC 보고서

<그림 2> 중국과 미국의 대외원조 규모 비교

같은 시기 미국 대외원조액은 2002년 165억 달러에서 2003년 237억 달러, 2004년 391억 달러로 증가한 이후 2005년 235억 달러, 2006년 231억 달러로 2년 연속 감소세를 기록했다. 비록 2007년 264억 달러로 약간 늘어났지만 중국과 비교해 별 차이가 없는 수준이다. 전반적으로 중국은 확대, 미국은 축소를 보였으며 2006년에는 심지어 중국이 미국보다 44억 달러를 더 많이 원조했다. 이렇게 뿌린 밑밥들이 시간을 두고 중국 굴기의 거름이 되고 있다. 그럼 지역별로 중국의 대외원조 분포를 살펴보자.

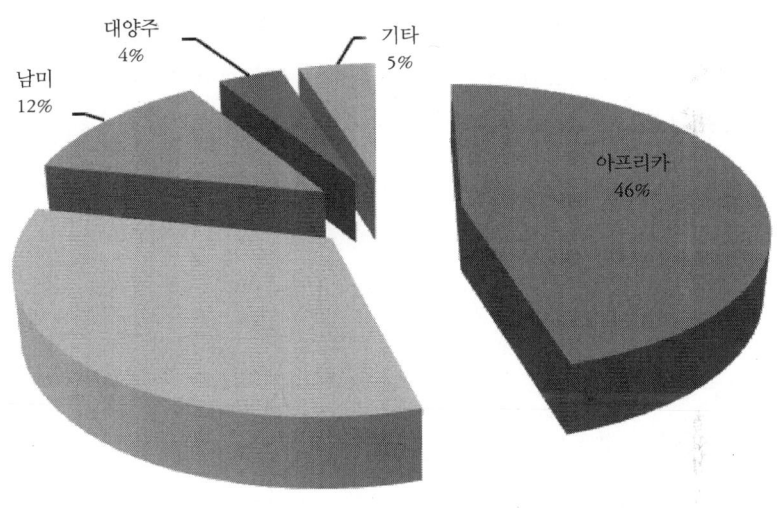

자료원천: 중국 국무원 대외원조 백서

<그림 3> 2009년 중국의 지역별 대외원조 비중

<그림 3>은 지역별 중국의 대외원조 비중을 나타낸 자료다. 전체 대외원조의 절반 정도가 아프리카로 유입되고 있다. 같은 대륙인 아시아는 33% 비중을 차지하고 남미는 13%로 아직은 두 대륙

보다는 지원규모가 작다. 한편 소득수준별로는 극빈국과 빈곤국에 60% 이상의 대외원조 금액이 몰려 있으며 중저소득국도 20% 정도를 차지한다. 지역배분과 소득수준으로 볼 때 대외원조의 기본취지와 부합한 결과다. 그럼 중국의 대외원조와 지정학 전략을 대입하여 중국의 움직임을 깊게 분석해보자.

▣ 아프리카

중국은 아프리카 최대 무역파트너이자 최대 원조국이다. <그림 4>에서 알 수 있듯이 중국과 아프리카의 무역규모는 2000년 100억 달러를 넘긴 이후 10년 만에 12배 이상 늘어났다. 2011년 양 지역 간 무역규모는 1,668억 달러를 기록하며 지난해 대비 약 400억 달러 증가했다. 이는 2005년 중국과 아프리카 전체 무역액보다 더 큰 수치로 이전의 쌍방 무역액이 지금의 증가분보다 적은 것이 현실이다. 1995년 중국의 대 글로벌 무역규모가 13배 늘어날 때 중국의 대 아프리카 무역액은 42배 증가하며 전자보다 3배 정도 높게 기록됐다. 2012년에는 1,984억 달러를 기록했는데 기존 추세로 봐서 2015년에는 3,000억 달러를 돌파할 것으로 전망된다. 참고로 아프리카는 중국의 제2대 원유수입 지역이다.

무역 이외에 투자도 활발히 전개되고 있다. 중국은 2009년 통신산업 등에 100억 달러를 투자해 아프리카 최대투자국으로 올라섰다. 통신산업은 다른 산업에 비해 선점효과가 강해 후발주자가 뒤늦게 비집고 들어가기 힘든 특징이 있다. 중국은 이런 식으로 차곡차곡 미래를 위한 제 밥그릇을 챙기는 것이다. 예컨대 에티오피아 국가통신네트워크(Ethiopian National Telecoms Network) 프로젝트는 중국 하이테크 기업이 실시한 최대 해외 인프라 투자 프로젝트로 이미 3기 공정건설이 진행되고 있다. 이 프로젝트의 총 투자금액은 20.96억 달러이고 중흥통신이 설비공급과 네트워크 건설을 담당하는 것으로 알려지며 국가개발은행이 여기에 11억 달러 대출을 약속했으며 이미 9.47억 달러 대출이 집행된 상태다.

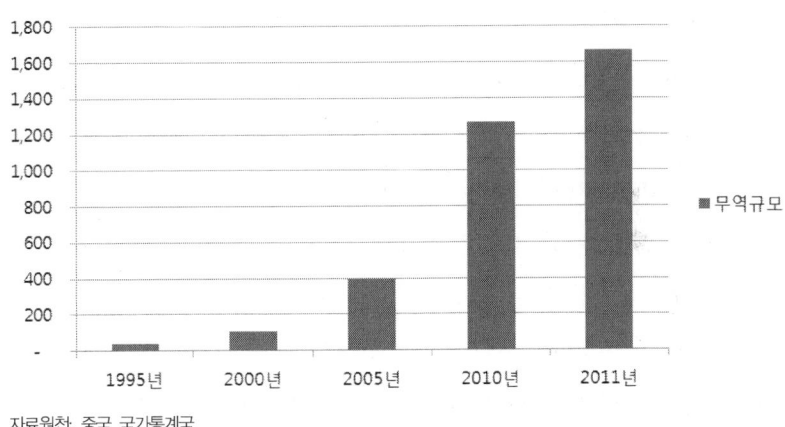

자료원천: 중국 국가통계국

<그림 4> 중국과 아프리카 무역규모 변천

중국은 2010년 말 현재까지 아프리카에 총 130억 달러를 투자했다. 2011년 3분기 투자액은 10.8억 달러로 이전 대비 87% 증가한 것으로 조사됐다. 무엇보다도 아프리카 건설시장에 큰 관심을 보이고 있는데 2010년 말 현재 공사수주 완료액은 1,325억 달러이고 2011년 1~3분기 계약물량만 250억 달러를 넘어섰다. 아울러 아프리카 경제협력단지 6개를 조성했으며 중소기업의 아프리카 진출도 장려하고 있다. 2012년 말 누적 투자금액은 400억 달러로 껑충 뛰

었고 그 가운데 직접투자가 약 150억 달러를 차지했다. 한마디로 말해 중국과 아프리카는 전방위로 서로 협력하며 대륙 간 밀월을 최대한 즐기고 있다. 지리적 거리는 유럽이 중국보다 아프리카에 더 가깝지만 심리적 거리는 중국이 훨씬 더 바짝 다가서고 있다. 경제지원 문제를 떠나 문화와 생활 수준에 있어 서구보다는 중국이 아프리카에 더 친근하며 중국 일부지역은 사실 아프리카와 그 환경이 별반 다르지 않아 경험에서 우러나오는 이해의 깊이가 다르다. 인간관계에서도 그렇듯이 동정보다는 동질감이 더 강한 힘을 발휘하는 법이다.

그렇다고 갈등이 아주 없다는 뜻은 아니다. 자원과 상품을 맞바꾸는 형태로 경제협력이 진행되어 아프리카의 산업자생력이 약화되고 국내시장도 황폐화되어 간다. 그럼에도 서구가 주장하는 '중국이 아프리카를 착취한다'는 말은 섣부른 단정 같다. 중국은 적어도 '지폐'가 아닌 '실물'로 아프리카와 교류한다. 일례로 중국수출입은행은 르완다 Kigali 시의 36km 도로수리 차관을 제공하며 시 정부와 관계도 돈독히 하고 있다. 절망의 땅인 아프리카에서 희망이라는 말이 나오고 있다. 지금처럼 아프리카가 독립된 개체로 인정된 적은 드물다. 비록 중국이 변화의 진원지는 아니더라도 변화의 추진체임은 분명하다. 서구에게 아프리카는 자원의 땅이고 계몽해야될 대상이며 원죄의 상징이지만 중국에게 아프리카는 자원의 땅이고 고객이며 외교적 동지이다. 그러므로 아프리카는 중국의 시대를 반갑게 맞이한다.

▣ 남미

미국은 2002년부터 2007년까지 공적개발원조(ODA) 114억 달러를 남미에 제공했다. 일본은 54억 달러를 지원하면서 경제대국임을 각인했고 스페인도 41억 달러를 제공하며 옛 무적함대 향수를 달랬다. 미국은 2009년 한 해도 22억 달러를 제공하며 남미 최대 원조국이라는 명함을 유지했다. 중국은 공적개발원조가 아닌 부문도 포함하여 이들과의 상대비교가 힘들다. 그래서 대외원조 범위를 넓게 확장해서 집계해보면 대충 중국의 투자 원조규모는 미국의 2배에 이르는 272억 달러로 추산된다. 중국은 2007년 이후 남미에 대한 투자를 확대하고 있는데 Deloitte & Touche는 2009년 4월부터 2011년 6월까지 약 200억 달러를 투자한 것으로 추정하고 있으며 이 금액의 3/4 정도가 에너지 섹터와 연결된 것으로 본다.

중국과 남미 관계는 갈수록 단단해진다. 2012년 6월 원자바오는 라틴아메리카-카브리 경제위원회(ECLAC, Economic Commission for Latin America and Caribbean)에서 '상호 신뢰를 가진 영원한 친구가 되자'라는 타이틀로 연설하며 네 가지 제안을 했다. 여기에 중국의 남미 전략 골자가 담겨 있으며 다가오는 리커창 시대에도 큰 변화는 없을 것이다. 이를 살펴보면 첫째로 정치적 신뢰를 바탕으로 중국과 남미의 전략적 협력관계를 심화하는 것이다. 정기적으로 외무부장관 회담을 열고 정상회담도 개최하길 바란다. 둘째로 경제협력을 중심으로 공동이익을 확대하길 원한다. 균형발전과 지속적인 무역관계를 통해 5년 내에 쌍방 무역규모가 4,000억 달러를 돌파하길 바란다. 이어서 중국 측 금융기관이 초기 출자금으로

50억 달러를 내놓아 중국-남미 협력기금을 설립해 제조업, 하이테크, 지속발전 등에서 합작 프로젝트를 진행하고 특별차관 100억 달러를 제공해 인프라 건설 협력을 추진한다. 또한 더 많은 남미 국가들과 산업협력 메커니즘을 수립하고 두 지역 본원화폐 간 스왑협정을 체결하여 무역결제를 각국의 본원통화로 하길 바라며 은행지점을 상호 확대 설립하길 원한다. 셋째로 농업협력을 확대하여 중국과 남미의 식량안전을 유지한다. 중국과 남미 농업장관 포럼을 제창하고 50만 톤 규모의 중국 남미 곡물긴급비축 메커니즘을 만든다. 아울러 중남미 농업협력발전 특별자금을 마련하고 R&D센터 및 각종 농업투자단지를 설립할 생각이다. 이런 광범위한 협력을 통해 중국과 남미 농업무역 규모가 400억 달러를 돌파하도록 노력한다. 넷째로 문화 및 인적교류를 통해 두 지역 간 우의를 증진한다. 남미에 중국문화센터를 설립하고 앞으로 5년 안에 5,000명의 장학생 쿼터를 부여해 이들을 중국으로 불러들인다. 아울러 중국과 남미 간 과학기술 혁신포럼을 설립하여 우주, 항공, 신에너지, 자원, 해양, 극지연구 등 영역에서 협력을 강화하길 희망한다. 거의 전방위에 걸쳐 중국은 라틴아메리카와 전략적 협력관계를 수립하길 원하며 남미가 중국의 든든한 우호세력이 되길 바란다.

그 외에 중국개발은행은 2010년 세계 최대 철광석 개발 프로젝트를 위해 볼리비아와 150억 달러 대출계약을 맺었고 중국수출입은행과 Inter-American Development bank는 2011년 10억 달러 규모 남미 인프라건설 프로젝트 대출계약을 체결했다. 중국과 콜롬비아는 2011년 2월에 'Dry CANEL' 프로젝트를 선보였다. 소위 'Dry CANEL' 프로젝트는 220km에 달하는 철도부설 계획으로 파마나운하를 대체하려는 의도로 양국 간 협상이 진행되고 있다. 이 철도는 카리브 해 근처에 있는 콜롬비아의 탄광과 중국의 수요를 연결시켜 주는 다리가 될 것이며 중국은 76억 달러를 준비할 계획이다. 중국은 또한 카리브 해 국가에 대한 지원을 강화하며 미국의 턱밑에 바짝 다가선다. 2011년에는 총 63억 달러 규모 지원패키지를 내놓았는데 일례로 바하마에는 3,500만 달러짜리 대형경기장을 선물했고 항만과 다리 건설에 4,100만 달러를 지원하겠다고 확언했다. 또한 중국수출입은행은 바하마 리조트 개발 프로젝트에 적극 나섰다. 이 프로젝트는 일자리 8,500개 창출효과가 있는 것으로 알려지는데 바하마 전체 인구가 30만 명 정도인 것을 감안하면 이는 상당한 고용유발 효과를 발휘한 셈이다.

한편 시진핑은 2013년 6월 첫 방미 일정에 앞서 카리브 해 지역 에너지 부국인 트리니다드토바고를 필두로 코스타리카, 멕시코를 순차적으로 방문하며 남미를 거쳐 북미로 진입했다. 참고로 2006년 이래 중국의 대 코스타리카 원조액은 1억 6,000만 달러 규모로 미국의 2배에 달한다. 시진핑은 트리니다드토바고 수도인 포트오브스페인에서 가이아나, 앤티가바부다, 도미니카공화국 등 카리브 해 지역 주요 정상들을 각각 접견하고 제3차 중국-캐리비안 경제무역협력포럼(China-Caribbean Economic and Trade Cooperation Forum) 기초를 바탕으로 다양한 지원강화를 약속했다. 구체적으로는 앞으로 3년간 1~2개의 농업기술 센터를 건설하고 100여 명의 의료인력을 파견하며 1,000개의 정부장학금 쿼터를 배정하기로 했다.

이어진 멕시코 방문길에서는 이례적으로 수많은 비유와 고사성어를 인용하며 멕시코에 뜨거운 구애를 펼쳤다. 시진핑은 멕시코 국회의사당에서 중국과 멕시코 관계를 진척시키기 위해서는 반드시 쇠를 단김에 두들겨야 한다는 고사성어를 인용하며 양국 간의 신속한 관계강화를 주문했다. 이에 더해 멕시코에 도착하니 마치 집처럼 편안한 느낌을 받는다고 친밀한 감정을 표하며, 멕시코로 향하는 비행기에서 태평양을 내려다보니 마치 비단과 자기를 가득 실은 "중국 선박"이 파도를 헤치며 나아가는 것을 본 듯한 느낌마저 든다고 소회를 밝혔다. 그리고 "친구는 오래된 친구가 좋고 좋은 술은 오래 묵혀야 한다"는 남미 속담을 언급하며 "중국과 멕시코 양국의 두터운 우정은 마치 여러 해 묵은 데킬라처럼 긴 세월 향기가 퍼질 것이다"고 말하며 멕시코에 대한 중국의 깊은 관심을 드러냈다.

그는 중국과 멕시코 관계에 관한 네 가지 기본원칙을 제시했는데 첫째는 서로 평등하게 대하고 전략적 협력을 강화한다는 것으로 특별히 공자의 기소불욕물시어인(己所不欲勿施於人, 자기가 하길 원하지 않는 일을 남에게 베풀지 않는다)이라는 문구를 덧붙였다. 둘째는 윈-윈 전략을 추구하고 공동발전을 촉진하며 이에 따른 발전기회를 함께 공유한다. 셋째는 소통과 조화를 이루고 공동이익을 수호하며 함께 손잡고 글로벌 도전에 대응한다. 넷째는 교류를 통해 서로 귀감이 되고 중국과 멕시코의 우호를 전승한다는 것이다. 이에 더해 정치적으로는 중국과 남미는 서로 간의 핵심이익과 중대한 관심문제에 있어 상호이해와 지지를 지속하고 경제적으로 협력 잠재력을 심층적으로 발굴하고 협력모델을 혁신하고 이익융합을 심화하며 인문적으로는 문화대화와 교류를 강화해야 한다고 말했다. 여기서 그는 "각미기미(各美其美)"뿐만 아니라 "미인

지미(美人之美) 미미여공(美美與共)" 해야 한다고 밝혔는데, 이는 중국의 저명한 사회학자인 페이샤오통(費孝通)의 "각미기미 미인지미 미미여공 천하대동(各美其美 美人之美 美美與共 天下大同)" 개념을 차용한 것이다. 이 뜻은 사람은 자신이 창조한 미를 감상할 줄 알아야 할 뿐만 아니라 타인이 창조한 미도 포용적으로 감상할 수 있어야 하며 이럴 때만 자신의 미와 타인의 미가 결합하여 이상적인 대동의 미가 이루어진다는 의미다. 즉, 앞서의 기소불욕물시어인(己所不欲勿施於人)과 함께 세트를 이루며 각국 및 세계를 대하는 중국의 자세를 드러낸 말이다. 이렇듯 중국은 남미에 대한 접근을 강화하며 북미를 압박하고 있다.

▣ 남부아시아

중국은 남부아시아에 대해 세 가지 전략적 목표를 가지고 있다. 첫째는 더 넓은 정치, 경제, 안보를 위해 지역 영향력을 확대하는 것이고, 둘째는 믿을 만한 이웃 이미지를 만들며, 셋째는 중국의 잠재적 적들과 남부아시아의 연계를 막는 데 있다. 그래서 중국은 미얀마, 캄보디아, 라오스에 대한 암묵적인 안전보장을 제공하면서 이들의 지지를 이끌어냈다. 후진타오는 2003년에 "말라카딜레마"라는 개념을 제시했다. 소위 말라카딜레마란 어떤 강력한 세력이 말라카해협을 통제하면 중국은 육로를 제하고 석유 및 가스를 확보할 수 없다는 말이다. 일례로 2012년 중국의 석유소비량은 4조 7,613만 톤으로 지난해 대비 4.9% 증가한 것으로 나타났다. 이 가운데 생산량은 2조 748만 톤으로 지난해 대비 1.9% 늘어난 반면,

수입량은 2조 7,109만 톤을 찍으며 7.3% 증가한 것으로 조사됐다. 그 결과 2012년 현재 중국의 석유 대외의존도는 56.4%로 과반을 넘어섰고 획기적으로 이 비중이 떨어질 가능성은 아직 전무하다. 중국은 말라카딜레마 타파를 위해 남부아시아에 대한 원조를 지속할 수밖에 없는 상황이다. 2007년의 경우 중국은 이 지역에 67억 달러를 원조했지만 미국은 4.5억 달러에 불과했다. 2009년에는 캄보디아에 12억 달러를 제공하며 일본을 제치고 최대 원조국으로 부상했다.

게다가 중국은 현재 중국과 남부아시아를 연결하는 교통망을 촘촘히 구축하고 있다. 중국개발은행(China Development Bank)은 아세안-중국 투자협정에 따라 2009년 남부아시아 인프라건설 자금으로 사모펀드 100억 달러를 모집했다. 이 자금은 메콩 강 개발, 베트남과 남서부 중국을 연결하는 교통망 건설에 사용될 예정이다. 후발주자인 중국의 거센 발걸음에 놀란 나머지 일본은 2012년 4월 일본-메콩 정상회담을 열고 메콩 강 유역개발에 74억 달러를 지원하겠다고 밝혔다. 중국은 남부아시아를 자신의 뒷마당으로 가꾸려고 하고 일본은 중국과 인도를 향한 전진기지로 삼고자 하여 주요 길목 선점에 사활을 걸고 있다. 중국은 Nanning-Singapore Economic Corridor를 내놓았는데, 이는 중국과 베트남, 라오스, 캄보디아, 태국, 말레이시아, 싱가포르를 연결하는 통합 교통망 프로젝트로 고대 실크로드가 중앙아시아를 관통했다면 현대 실크로드는 남부아시아로 뻗어나간다. 덧붙여 2010년 12월에는 라오스 연결 고속철도 건설을 위해 70억 달러를 투자한다고 말했는데 이 프로젝트는 2015년 완공될 예정이고 이어서 2011년 1월에는 베트남을 가로지르는 싱가포르-중국 철도라인에 30억 달러를 투자한다고 밝혔다.

여기에 더해 리커창 총리는 2013년 5월 인도 방문 길에서 방글라데시·중국·인도·미얀마를 연결하는 경제회랑 건설을 제창했다.

지금까지 우리는 대외원조 영역에서 중국 부상을 관찰했다. 2009년과 2010년 개발도상국에 대한 중국 대출규모는 이미 세계은행을 넘어섰다. 2008년 중반부터 2010년 중반까지 세계은행의 대출약정 규모는 1,000억 달러 정도지만 같은 시기 중국개발은행과 중국수출입은행이 체결한 대출규모는 최소 1,100억 달러다. 물론 이 금액에는 인프라 건설 이외에 러시아, 베네수엘라, 브라질 등과의 대출－석유연계 프로그램도 포함한다. 그렇다면 왜 세계 각국은 다른 어느 나라보다도 중국의 돈에 더 열광할까? 그 이유는 간단하다. 중국의 돈에는 인권, 민주주의, 글로벌 스탠더드라는 마크가 찍혀 있지 않기 때문이다. 유일한 전제는 하나의 중국을 인정하고 대만, 티베트, 신장 문제에서 중국을 지지하는 것이며 이는 차관국 내정과 무관한 조건이다. 중국은 2010년 캄보디아 정부가 위구르족 난민 20명을 중국에 송환한 그다음 날 캄보디아에 대한 12억 달러 규모의 원조와 차관 패키지를 발표했다.

그럼에도 중국의 한계는 분명 존재한다. 세계은행, IMF 등 국제기구에 대한 발언권이 상승하고 있지만 여전히 미국에는 미치지 못한다. 미국은 IBRD 지분권은 16.3%에 달하나 중국은 4.6%에 불과하고 ADR 지분도 미국은 15.6%, 중국은 6.1%를 보유하고 있다. Inter-American Development bank의 경우 상황은 더욱 비참한데 미국이 30% 지분을 보유한 데 반하여 중국은 채 1%에도 못 미친다. 따라서 중국은 기존 메커니즘에서 영향력을 확대하는 한편 그들이 주도할 새로운 메커니즘을 만들려고 한다.

4장
중국에 은총을 구걸하는 유럽

전통적으로 중국과 프랑스의 관계는 긴밀한 편인데 이는 프랑스가 중국의 유럽창구이기 때문이다. 독일도 이에 뒤질세라 부쩍 중국과의 관계 격상에 공을 들이고 있고 다른 유럽 국가들도 앞다퉈 중국에 러브콜을 보낸다. 미국의 메신저인 영국은 쭈뼛거리며 뒷걸음질치고, 중국은 차이나머니를 흔들며 '너는 어떻게 할래?'라고 묻는다. 19세기 중국은 덩치만 큰 덜떨어진 나라로 변해 유럽열강의 계몽대상이였지만 21세기 들어 이들의 관계는 어느덧 역전되었고 중국은 유럽 보고 똑바로 살라고 일성을 내뱉는다.

중국과 유럽의 전략적 관계를 고려한다면 결국 중국이 구원투수로 나설 수밖에 없다. 문제는 타이밍이다. 중국은 최소한의 도움으로 최대 효과를 얻어낼 시기를 조율하고 있다. 불행히도 시간은 유럽이 아닌 중국의 편에 서 있다. 유럽을 파탄으로 몰고 갈 불길이 그리스를 넘어 이탈리아를 잿더미로 만들 때 중국의 대규모 개입이 이루어질 듯하다. 이탈리아 몰락은 다시 한번 로마 해체를 재현할 것이다. 그렇다면 유로(EURO)는 해체되고 유럽은 짙은 패배감에 빠지게 되며 통일유럽이라는 1,500여 년간의 노력이 물거품으로 변하고 유럽은 이후 긴 시간 대륙이 아닌 개별 국가로 존재하게 된다. 유럽이 이런 불길한 미래를 헛된 망상으로 돌리고 현 위기를 빠르게 벗어나려면 중국과 전략적 동맹관계를 맺어야 한다.

우선 3대 신용평가기관의 시장지배력을 축소하고 중국과 유럽에 바탕을 둔 독자적 신용평가기관을 만들어야 한다. 미국에서 발사된 대륙 간 신용미사일을 방어하지 않고는 결코 경제전쟁에서 유리한 고지를 차지할 수 없다. 이어서 중국과 대규모 본원 통화스왑을 체결하여 위안화와 유로라는 성곽을 튼튼히 쌓아야 한다. 이와 더불어 두 지역 간 무역거래에서 유로와 위안화를 결제통화로 삼아 달러, 유로, 위안화가 삼각편대를 이루는 글로벌 통화체계를 구축해야 한다. 이러한 우리의 주장과 관련해 최근 흥미로운 움직임이 관찰되었다. 프랑수아 올랑드 프랑스 대통령은 2013년 4월 1박 2일 일정으로 중국을 방문해 시진핑 국가주석과 리커창 총리 등을 만나 경제, 금융협력 방안을 중점으로 논의했는데 여기서 가장 인상적인 대목은 중국과 프랑스가 100억 위안 규모의 통화스왑 협정을 타진하고 있다는 점이다. 양국의 경제 및 무역규모와 그 배후에 자리 잡은 유로(Euro)를 고려할 때 이는 터무니없이 적은 규모로 일단 미국의 반응을 슬쩍 떠보는 베팅 칩인 것 같다.

이런 움직임은 단지 중국과 프랑스의 통화스왑 협정으로 한정할 문제는 아니다. 위안화와 유로화의 본격적 교류로 해석하는 편이 타당하며 그 총대를 프랑스가 짊어졌다고 보는 편이 올바르다. 프랑스는 유럽 국가들 가운데 미국에 대해 상대적으로 자유롭고 유럽 대륙의 종주라는 자부심도 강하다. 마냥 미국의 뒤꽁무니를 좇는 영국과 달리 가끔 제 목소리를 내며 근대 이후 무너진 유럽대륙의 르네상스를 꿈꾸고 있다. 그래서 유럽 측면에서는 채무위기로 위상이 떨어진 유로화 지위를 다시 한번 강화하는 면과 함께 차이나머니를 본격적으로 대거 끌어들이기 위한 발걸음으로 볼 수 있다. 중국 측면에서는 양 대륙 간 실물무역에서 위안화 결제를 확대하여 환율변동 리스크를 피함과 동시에 위안화 국제화를 위한 포석을 놓는 의미가 있고 전략적으로는 북미를 최종 타깃으로 보고 우선 아시아와 유럽을 양 날개로 삼아 글로벌 금융시장에서 위안화의 입지를 굳히려는 노림수가 존재한다.

유럽문제 끝에는 경제가 아닌 정치, 시장이 아닌 정부가 존재한다. 만약 중국과의 연합이 실현되지 못하면 유럽은 다시 미국에 고개를 숙인 채 미국의 하위 파트너로 만족해야 한다. 이는 유럽이 특히 프랑스와 독일이 바라보기 싫은 그림이다. 유럽 각국이 다급히 SOS를 날렸지만 중국은 미지근한 반응을 보였다. 이는 중국이 지원에 나서길 거부한다기보다 유럽이 제시한 카드가 매력적이지 않다는 의미다. 중국은 아마 비공식적으로라도 유럽이 미국의 동맹이 아닌 중립지대로 돌아서길 바란다. 적의 동맹국에 전쟁물자를 대량으로 지원할 나라는 없다. 중국은 유럽이 중국을 적대시하지 않는다는 점을 믿게 할 무언가를 원한다. 이에 더하여 티베트 독립과 거리를 두고 중국 인권문제를 포함한 내정에 입을 다무는 것도 중국에 보내는 좋은 제스처일 것이다. 이런 점에서 영국은 좀 둔한 측면을 노출하며 중국에게 F 학점을 받았다. 외교적 통로로 충분한 양해를 구하지 않고 2012년 덜컥 캐머런 총리가 달라이라마를 접견하고 이에 대해 우회적 사과표명을 하지 않자 중국이 단단히 삐쳤으며 두 나라 사이 외교관계가 냉랭해졌다. 그해 가을 캐서린 총리의 중국 방문이 취소되고 영국 무역 대표단은 발길을 돌려야 했으며 2013년 리커창 총리의 영국 방문 계획도 보류됐다. 중국에서 시진핑 체제가 들어섰지만 아직 양국은 정상회담 스케줄조차 잡지 못하고 있다. 당장 80억 파운드(약 13.5조 원)로 추산되는 대영 투자도 철회될 기미를 드러내고 있다. 이는 맛보기에 불과하며 만약 런던을 중국의 대외 금융 루트에서 배제할 경우 영국은 단단히 타격을 받을 것이다.

대다수가 립서비스에 불과했지만 이쯤에서 유럽에 대한 중국의 지원사격 내역을 살펴보자. 2011년 7월 저우샤오촨 인민은행장은 유로존 경제에 대한 특별담화문을 발표했다. 그는 "과거, 현재 그리고 미래에도 유럽금융시장은 중국의 주요 투자시장 가운데 하나다"고 밝히며 EU에 대한 지지를 표명했다. 그다음 달 후진타오 주석은 대 유럽투자에 대한 안전확인 조치를 희망한다고 말하며 유럽은 여전히 중국의 주요 투자시장이라고 밝혔다. 2011년 9월에도 리커창 부총리가 제1회 중국−유럽 민간우의협력대화(China-Europe People to people Dialogue on Friendship and Cooperation)에 참석하여 중국은 유럽경제와 유로를 신뢰하고 있다고 덧붙였다. 그럼에도 얼마 후 중국 은행이 소시에테제네랄(Societe Generale), 그레디트 아그리꼴(Crédit Agricole), BNP파리바 등이 포함된 다수 유럽은행과 외환거래를 잠정 중단한다는 말이 퍼졌다. 이는 무디스의 신용등급 강등에 따른 결과로 여겨진다.

한편 2011년 10월 유럽 정상은 그리스 지원을 놓고 10시간에 걸친 마라톤협상을 벌였고 협상이 끝나자마자 사르코지는 후진타오에게 전화를 걸어 협상결과를 상세히 설명하며 중국의 자금지원을 요청했다. 이때 후진타오는 "세계경제가 강한 성장세를 확보하는 일이 중요하다"고 밝히며 "유럽재정안정기금(EFSF) 등과 같은 EU의 구제 패키지로 글로벌시장이 탄력을 받을 것이다"고 답했다. 양국 정상의 전화통화 다음 날 유럽금융안정화기구(EFSF) 총재는 바삐 중국행 비행기에 몸을 실으며 지원사격을 요청했다. 뒤이어 원자바오는 2011년 11월 대련에서 열린 하계 다보스포럼 개막식 자리에서 유럽투자 확대를 언급하며 재정위기에 빠진 유럽의 구원투수가 될 뜻을 비쳤다. 그는 다음 해 2월 인민대회당에서 메르켈 독일 총리를 만나 중국은 유럽재정안정기금(EFSF)과 유럽안정메커니즘(ESM)이라는 양대 축을 통해 유럽 채무 위기 해결에 더 많이 참여할 것을 고려한다고 밝혔다. 이 석상에서 원자바오는 "중국은 유럽 채무 문제를 전략과 전체 국면 관점에서 고도로 중시하고 있다"고 말하며 유럽 경제와 유로에 대한 신뢰를 재천명했다. 그러면서 유럽의 자구노력이 위기해결의 바탕이고 열쇠라는 점 또한 지적했다. 시진핑도 2012년 2월 아일랜드를 방문한 자리에서 "중국은 자기 방식대로 유럽 채무 문제해결을 위한 유럽연합(EU), 유럽중앙은행(ECB), 국제통화기금(IMF)의 노력을 지원할 것이다"라고 말했다. 이어서 마치 미국을 겨냥한 듯 유럽 악화를 부채질하거나 또는 베팅하는 행위에 동의하지 않는다고 밝혔다. 2012년 3월에는 스페인 기자가 당시 중국 외교부장에게 "유로에 아직 미래가 있는가?"라는 질문을 던졌을 때 그는 "중국은 시종일관 유로에 대한 신뢰를 견지한다"고 말하며 "중국은 자신의 방식으로 유로와 유럽금융 안정을 지지하고 유로에 대한 투자를 지속할 것이다"라고 말했다.

이처럼 중국의 최고 지도자들이 유럽 지원을 약속했지만 눈에 들어오는 큰 움직임은 없었다. 왜 그럴까? 답은 간단하다. 중국이 보기에 아직 지원에 필요한 국내외 환경이 성숙하지 않았기 때문이다. 내부적으로는 개발도상국인 처지에 선진국 클럽인 유럽을 지원하는 것에 강한 반발이 존재하고 외부적으로는 유럽의 블랙홀이 얼마나 큰지 모르기 때문이다. 2012년 2월 아일랜드 방문 시 시진핑은 "중국에는 하루에 1달러 이하로 생활하는 인민이 1.5억 명 있다"고 주장했는데 이는 유럽 지원 명분이 부족하다는 뜻을 에둘러 밝힌 말이다. 예컨대 감숙에서는 2011년 11월 9인승 승합차에 64명을 태운 스쿨버스가 트럭과 충돌하는 사고가 발생했다. 이 사고로 19명의 어린이가 숨졌음에도 중국 정부는 스쿨버스 23대를 마케도니아에 지원한다고 선전했고 이에 분노한 주민들이 정부에 빗발치는 비난을 쏟아냈다. 지금도 닭장버스는 중국 곳곳을 배회하고 있다. 혹자는 중국인이 인색하다고 비난할지도 모른다. 하지만 이는 선악의 관점에서 볼 문제가 아니다. 중국은 부유할지 몰라도 중국인은 여전히 가난하다. 2012년 말 현재 중국 외환보유고는 3.3조 달러에 달하는데 이는 중국인의 피와 땀이며 또한 중국 굴기의 종자돈이다. 개미가 베짱이를 도울 때는 그에 합당한 이유가 필요하며 중국은 지금 그것을 유럽에 묻고 있다.

그리스는 유럽 카드를 엿보는 미끼에 불과하다. 실질적 블랙홀은 독일을 제외한 유럽 4대 강국이다. 영국에 대한 논의는 일단 뒤로 미루고 우선 이탈리아를 살펴보자. 이탈리아는 유럽 4대 경제대국으로 2010년 기준 세계 GDP 대비 3.2%를 차지했다. 베를루스코니(Silvio Berlusconic)라는 불세출(?)의 인물로 인해 한물간 2류 국가 대접을 받고 있지만 GDP 규모는 여전히 한국의 2배고 12억 인구의 인도보다도 약 20% 정도 크다. 경제 면에서는 영국에 버금가는 국가가 바로 이탈리아다. 게다가 유럽 5대 경제대국인 스페인 역시 휘청거리고 있다. 유럽의 양대 축인 프랑스(2010년 현재 세계 GDP의 4.1% 차지)는 제 코가 석 자이고 유럽의 기관차인 독일도 쌓아둔 땔감이 점점 소진되고 있다.

한때 스페인 총리가 EU와 구제금융 협상을 진행하는 재무장관에게 분발을 촉구하며 "우리는 유럽 4대 강대국으로 스페인은 우간다가 아니다"라는 문자메시지를 보낸 사실이 들통 나 우간다와 불편한 사이가 된 적이 있다. 그러나 역설적이게도 스페인이 우간다를 비교대상으로 삼은 자체가 그들의 비참한 상황을 명확히 드러낸다. BBC는 스페인과 우간다의 실업률이 6배 가까이 차이가 난다는 점을 지적하며 전 세계에 돈을 구걸하는 스페인이 안정적 성장을 보이는 우간다를 폄하하고 있다고 풍자했다. 2012년 말 스페인 실업률은 26%에 달하고 2013년 2월 실업자 수가 500만 명을 돌파하며 1975년 독재자인 프랑코 사망 후 최대를 기록했다. 덧붙이자면 2011년 스페인의 GDP 규모는 1조 4,908억 달러이고 전 세계 수출입의 2% 내외를 차지했다. 이에 견주어 우간다의 GDP는 168억 달러로 스페인의 1% 정도이고 전 세계 수출입 비중도 0.05% 미만에 불과해 적어도 우간다는 글로벌 경제의 짐은 아니다. 우간다는 내전 참상을 딛고 2005~2011년 사이 연평균 8% 경제성장률을 실현했으며 무역 증가율이 두 자리 수를 기록했다. 반면에 스페인은 1% 성장에 그쳤고 그나마 수출은 소폭 늘어났지만 수입은 거의 제로성장에 가깝다. 단적으로 말해 우간다 경제위기로 글로벌 증시가 폭락할 일은 없지만 스페인은 충분히 여러분의 돈을 강탈할 수 있다는 점이다.

EC(European Commission)는 민간부채와 정부부채 경계선을 GDP 대비 160%와 60%로 각각 제시하고 있다. EC가 2012년 2월 발표한 자료에 따르면 27개 회원국 가운데 15개국이 벌써 민간부채 경계선을 넘었으며 정부부채도 14개 국가가 경계선을 초과했다. 전체 27개 회원국 가운데 민간부채와 정부부채가 경계선을 모두 넘어선 국가는 영국, 스페인, 포르투갈, 아일랜드, 네덜란드, 벨기에, 오스트리아, 키프로스, 말타가 있다. 경계선에 간신히 걸쳐 이 명단에는 빠졌지만 프랑스도 엄밀히 말해 민간부채와 정부부채가 경계선을 이탈한 국가다. 우리는 남부유럽을 폄하해 돼지라고 부르지만 사실상 유럽 전체가 돼지우리에 빠진 상태다. 설상가상으로 키프로스는 트로이카(EU, ECB, IMF)로부터 100억 유로 구제금융을 지원받기로 하고 금융구조 조정과 10만 유로 이상 예금에 대한 40% 헤어컷을 부담하는 데 동의했다. 그리고 뱅크런 사태 방지를 위해 하루 인출금액을 300유로로 제한하고 해외송금을 금지했다. 사실이는 키프로스 의회가 전 은행계좌에 대해 10만 유로 이상은 9.9%, 10만 유로 미만은 6.75% 손실분담금을 부과하는 원안을 부결함에 따른 플랜B로 EU와 키프로스가 한발씩 물러선 결과다.

여기서 한 가지 짚고 넘어갈 점이 있는데 앞서의 100억 달러 구제금융은 트로이카의 명의를 빌렸지만 실질적으로는 러시아 돈이라는 사실이다. 각 기관은 대체로 키프로스 은행권 내 러시아 예금규모를 300억 유로 전후로 추정하고 있으며 이 자금 대부분이 10억 달러 이상 계좌들에 분산되어 있을 것으로 판단한다. 즉, 120억 유로 정도가 손실분담금 형태로 각출되어 빚을 메우는 데 사용되는 셈이다. 디폴트로 모든 것을 잃는 것보다는 나은 편이나 결론적으로 러시아 자금을 집중 타격하는 결과를 가져왔다. 키프로스 사태는 이득을 본 사람이 비용을 분담한다는 원칙이 아니라 전체를 위해 일부는 희생될 수 있다는 사고를 유럽에 던져준 듯하다. 유럽연합의 근본가치인 "All for one, one for All"에서 전자는 사라지고 후자만 남게 된다. 그래서 키프로스식 해법은 임시방편은 될지 몰라도 장기적으로는 유럽연합(EU)에 깊은 생채기를 남길 것이고 그런 징조가 이미 드러나고 있다. 적반하장식으로 키프로스는 그리스에 불만을 터트리며 그리스가 자신을 배신할지 몰랐다고 볼멘소리를 늘어놓는다. 더구나 이를 강력히 밀어붙인 나라가 독일이라는 점은 우리에게도 시사하는 바가 크다. 이제 유럽 국가들은 오늘의 키프로스가 내일의 자신이 될 수 있다는 점을 우려할 것이고 각각의 유럽인은 국가가 개인의 재산을 강제로 강탈할 수 있다는 옛 기억을 떠올리게 된다. 독일이 다급히 일회성 조치라고 부인했지만 일상화의 문은 언제나 열려 있음을 그 자신도 알고 있을 것이다.

한편 국제금융협회(IIF)는 2012년 5월 스페인 은행권 대출손실이 최대 2,600억 유로에 달한다고 밝혔다. 이는 전체 민간대출의 10% 정도에 달하는 규모다. 국제금융협회는 스페인 은행권이 곤경에서 벗어나기 위해서는 600억 유로 정도 자금을 외부에서 수혈할 필요가 있다고 진단했지만 이는 정치적 수사에 가깝다. 적게 잡아도 그 두 배는 필요할 것으로 판단된다. 국제금융협회의 대출손실 추계가 정확하다면 스페인 은행권은 거의 자본잠식상태다. 이 글을 적고 있는 현재 스페인은 EU에 금융지원을 요청했고 EU는 최대 1,000억 유로를 지원할 의사를 비쳤다. 스페인 정부는 '구제'가 아닌 '지원'을 요청한다는 점을 강조했지만 그렇다고 구제되는 현실이 바뀌는 것은 아니다. 덧붙이자면 '최대'라는 말보다 '최소'라는 말이 더 적당할 것 같다. 시장은 다음 타깃으로 이탈리아를 벌써 지목하고 있으며 이웃 동네인 포르투갈도 비슷한 처지다. 영국도 마냥 편안한 상태만은 아니다.

<표 6> PIIGS와 유럽 양대 축의 부채규모

단위: 억 달러, %

국가		민간부채		정부부채		총계	
		금액	GDP대비	금액	GDP대비	금액	GDP대비
PIIGS	이탈리아	25,848	126%	24,207	120%	50,054	244%
	스페인	31,948	227%	8,585	61%	40,533	288%
	아일랜드	7,230	342%	1,966	93%	9,195	435%
	그리스	3,733	124%	4,366	145%	8,099	269%
	포르투갈	5,699	249%	2,129	93%	7,827	342%
유럽3대 경제대국	독일	41,991	128%	27,228	83%	69,219	211%
	프랑스	40,960	160%	20,992	82%	61,952	242%
	영국	47,675	212%	17,991	80%	65,666	292%

자료원천: European Commission, 부채금액과 GDP 비중은 World Bank 2010년 각국 GDP 자료를 기준으로 추산

유럽은 PIIGS 5개국 부채총액을 경계선(220%) 밑으로 낮추려면 2.3조 달러가 필요하고 프랑스와 영국 역시 2.2조 달러 정도가 요구된다. 유럽은 이들 7개국만 해도 4.5조 달러를 확보해야 되는 셈인데 문제는 유럽에 이들만 존재하는 것이 아니라는 점이다. 동유럽은 아직 포장조차 풀지 않았다. 1조 유로의 유럽재정안정기금(EFSF)에 관한 각국의 분담규모와 재원확보 방안을 두고 서로 의견이 나뉜다. 솔직히 대책은 생각이고 부채는 현실이다. 한때 최대 2조 유로까지 증액하는 방안이 언급됐지만 그리스에 대한 1,000억 유로 탕감 문제를 놓고도 심각한 파열음을 내는 것이 지금의 유럽 현실이다. 독

일은 민간투자자의 책임확대를 강조하고 프랑스는 공적자금 투입을 선호한다. 이는 각국이 놓인 상황이 다르기 때문이다. 독일은 민간부채 부문에서 프랑스는 정부부채 부문에서 상대적으로 추가여력이 더 많다. 그런 까닭에 독일은 헤어컷 인상을 프랑스는 유로본드 발행을 주장하고 있다.

영국은 독일과 프랑스와는 또 다른 처지다. 영국은 전통적으로 유럽의 X맨 역할을 자임하면서 미국의 이해를 유럽에 전달하고 있다. 영국 하원 외교위원회는 "세계안보: 영국－미국 관계"라는 보고서를 내놓으며 '특별한 관계'라는 표현을 더 이상 쓰지 말도록 권고했지만 영국은 여전히 "특별한 관계"라는 틀 속에서 미국의 메신저 역할을 담당한다. 그 좋은 사례로 2011년 10월 유럽 각국이 위기극복을 위해 분주할 때 영국은 조용히 유럽연합(EU) 탈퇴에 관한 국민투표 실시방안을 상정했다. 그해 12월에는 EU조약 개정안에 유일하게 반대표를 던지며 재정통제 노력에 찬물을 퍼부었다. EU는 어쩔 수 없이 영국을 제외한 26개국 정부합의로 방향을 선회했다. 유럽 문제는 사공이 많으면 배가 산으로 가고 소리만 요란한 속 빈 깡통의 전형적 케이스로 언제쯤 해결될 수 있을지 아무도 모른다. 이를테면 2012년 2월 멕시코에서 G20 재무장관 회의가 열렸는데 여기서 유럽연합(EU)과 국제통화기금(IMF)이 보유하고 있는 7,000억 달러 정도의 방어벽(EFSF 잔액 2500억 유로와 IMF 가용자금 3,580억 유로)에 1조 3,000억 달러를 더 쌓아두는 "2조 달러 슈퍼펀드" 방안이 논의됐다. 그러나 이는 이제껏 논의된 수많은 생각 가운데 하나일 따름이다. 설혹 슈퍼펀드가 현실화되더라도 진정제이지 치료제는 못 된다. 오히려 연쇄반응을 일으키며 프랑스·영국·독일로 불길이 번질 수도 있다. 그렇다면 유럽 전체가 폭삭 주저앉을 것이다. 그 이유는 앞글에서 설명하였기에 생략하기로 한다. 아이러니하게도 유럽에서 폴란드, 체첸, 리투아니아, 루마니아, 슬로바키아 등 동유럽 국가를 제외하고 부채에서 안전한 곳이 없다. 다만 이들 안전지대가 정말 안전한가는 별도의 문제다.

그래서 유럽은 중국의 도움이 더욱 절실하다. G20에서 논의된 2조 달러 이외에 1조 달러 단위의 외부수혈 없이는 근본적 해결이 힘들다. 이를 관철할 수 있는 유일한 국가가 바로 중국이다. 5,000억 달러 규모의 양국 간 통화스왑을 체결해 유로(Euro)에 대한 신뢰를 회복하고 5,000억 달러는 유럽에 직간접 투하돼야 한다. 그러나 이는 가까운 장래에 실현되기는 힘들다. 중국이 단기간에 유럽 문제에 신속히 개입할 것 같지는 않기 때문이다. 지금 유럽을 구제하면 이후에는 보따리마저 내놓으라고 할 가능성이 높다. 그만큼 상황이 녹록지 않다. 심지어 포르투갈 총리는 옛 식민지였던 앙골라에 자금지원을 요청했다. 그리스 채무를 일부 탕감하고 유럽재정안정기금(EFSF)에 수천 유로를 투입한다고 해결될 국면이 아니다. 중국은 모든 문제가 백일하에 드러나고 유럽이 부실채권 대다수를 떨어낸 다음에야 들어올 듯하다. 중국은 유럽위기 해결자 지위보다는 회복 촉진자 역할에 더 관심을 가지고 있다. 그리하여 원자바오는 유럽의 자구노력이 위기해결 바탕이자 열쇠라고 지적한 것이다.

중국이 지속성장하고 글로벌 경제가 긴 공황 속으로 떨어지지 않기 위해서 중국이 결국 유럽에 손을 내밀 것이지만 그 대가로 유럽은 상당히 긴 공물목록을 준비해야 한다. 경제적으로는 시장지위인정, 환율정책 지지, 첨단기술 이전과 덤핑제소 자제, 중국 기업의 시장 접근성 보장, 공공 분야 진출 완화들이 있고, 정치적으로는 내정개입 금지, 즉 대만, 티베트, 인권문제에서 유럽의 불간섭 약속, 미·중 간 중립적 자세 견지, 아시아 문제에서 중국 지지, 중국 굴기에 대한 호혜적 자세들을 떠올릴 수 있다. 중국은 1997년 외환위기를 거치며 아시아 맹주지위를 회복했으며 이제 유럽 재정위기를 통해 "중화"라는 두 글자를 세계에 새기고자 한다. 앞으로 유럽은 중국이라는 용이 헤엄치는 바다가 될 것이다.

IV
금융굴기

崛起

예나 지금이나 금융은 글로벌 역학관계에 지대한 영향을 미쳤으며 그 전쟁에서 화폐는 핵심 역할을 담당했다. 이를테면 18세기 네덜란드는 금융에 몰입하면서 산업기반이 빠르게 붕괴되었고 산업혁명의 총아인 런던에 유럽 금융 중심지 자리를 넘겼다. 산업과 금융이 함께 발달하면서 영국은 독보적 위치를 구가했으며 자본주의도 본격적으로 경제 전반에 펴졌다. 하지만 태양이 지지 않는 나라 대영제국도 식민지 비용 확대, 잦은 전쟁, 산업우위 상실들을 겪으며 하위 강대국으로 떨어졌고 뉴욕으로 중심이 이동하였다. 이제는 미국 차례가 된 듯하다. 초강대국이라는 수식어마저 어쩐지 부족해 보이던 미국도 역사의 수레바퀴를 비켜갈 수 없었다. 산업과 금융 사이의 균형이 무너지며 경제가 밑바닥부터 침식되고 있으며 제국의 권위, 즉 달러는 거대한 군사력에 기대어 근근이 유지된다. 달러의 시대가 언제 종결될지는 장담하지 못하지만 계속 지속되지는 않을 것이라는 점에는 공감하고 위안화 시대가 언제 올지는 단정하지 못하지만 반드시 올 것이라는 점에는 동의한다.

1장
다궁, 글로벌 증시를 주저앉히다

　　토머스 프리드먼은 "오늘날 세계에는 두 개의 슈퍼파워가 있다. 미국과 무디스의 채권 신용평가다. 미국이 폭탄으로 당신을 파괴한다면 무디스는 채권등급을 강등하여 당신을 파괴할 수 있다. 근데 어느 쪽이 더 센지는 종종 헷갈린다"고 말했다. 독점된 권력은 부패한다는 말도 이들을 위해 준비한 것 같다. 신용평가기관의 권력화로 기업신용평가는 작전재료, 국가신용평가는 정치적 행위로 변질됐다. 그러나 여기에도 사전 전제조건이 붙는다. 그것은 바로 이들의 권력이 채무자에게만 유효하다는 점이다. 그런 점에서 중국은 세계증시에서 아주 새로운 변수이다. 세계는 미국 증시를 표상으로 삼고 중국 증시는 실체로 여긴다. 왜냐하면 중국 증시는 언어의 향연으로 움직이지는 않기 때문이다.

　　2011년 8월 5일(미 현지시각) 글로벌 금융시장은 메가톤급 충격에 휩싸였다. 그 이전부터 우회적인 강등 가능성이 흘러나왔지만 이때까지 실제로 닥칠지는 아무도 장담할 수 없었다. 스탠더드앤드푸어스(S&P)가 미국 신용등급을 한 단계 강등했을 때 미국은 70년 만에 찾아온 낯선 경험에 당혹감을 표했으며 각국은 불안한 눈초리로 파장을 분석하기에 여념이 없었다. 그 틈에 중국만은 느긋하게 미국의 추락을 반겼다. 중국에 미국 신용등급 강등은 우발적 재앙이 아닌 필연적 결과로 세상이 제대로 돌아간다는 반증이었다. 중국은 이전부터 미국이 국가채무 문제를 은폐하고 있다고 불편한 감정을 드러냈으며 채무감소를 위한 실질적 조치를 독촉했다. 미국이 달러가치 절하를 통해 채권자에게 빚을 떠넘긴다고 늘 비난했다. 입버릇처럼 말하는 "투자자산 가치를 보장하라"는 요구도 이런 배경에서다. 중국은 여기에 그치지 않고 부채증액과 양적 완화로 초래된 인플레이션이 세계경제 안정을 위협한다고 꼬집으며 이제 분수에 맞는 생활을 하라고 미국에 점잖게 충고한다. 지금은 미국에 이어 유럽도 분수론의 대상이 되고 있다.

당시 대다수가 스탠더드앤드푸어스의 움직임만 주목했지 그 이전에 어떤 사건들이 진행됐는지에 관해서는 무관심했다. 이는 사건의 맥락을 두루 살피지 않고 단절된 형태로 정보를 읽었기 때문이다. 그럼 따로따로 흩어둔 퍼즐조각을 맞춰보자. 다궁(DAGONG)은 스탠더드앤드푸어스가 미국 신용등급을 낮추기 이틀 전, 즉 2011년 8월 3일 부채상환 능력 약화를 들어 미국의 신용등급을 A+에서 A로 강등했다. 이는 2010년 11월 Fed의 양적 완화를 이유로 AA에서 A+로 낮춘 이후 근 9개월 만의 일이다. 참고로 다궁은 1994년 설립된 중국계 신용평가기관으로 국가신용등급을 전 세계에 제공하는 유일한 비서구권 국제신용평가기관이다. 현재 직원 수는 400여 명이며 중국 각지에 지점 30여 개를 보유하고 있다. 3대 국제신용평가기관에 견주어 지명도는 떨어지지만 'Dagong Globlal Credit Rating'이라는 이름에서 보듯이 중국 국내가 아닌 세계를 시야에 둔 기업이다.

변방의 한 신용평가기관이 미국 신용등급을 강등한 다음 날, 즉 2011년 8월 4일 뉴욕증시는 놀랍게도 검은 목요일을 경험했다. 다우존스와 나스닥은 각각 4.31%와 5.08% 폭락했고 S&P 500지수도 4.78% 떨어졌다. 시장은 늘 그렇듯이 유럽 재정위기와 미국의 더블딥 우려에서 폭락원인을 찾았으며 다궁의 견해는 철저히 무시됐다. 그런데 그다음 날 스탠더드앤드푸어스가 미국 신용등급을 강등하자 우리는 이제야 전날 증시가 왜 그랬는지 알았다는 표정을 지었다. 결국 다궁은 사라지고 스탠더드앤드푸어스만 뇌리에 남게 된다. 페이스오프가 일어나며 진실은 사라지고 기억만 남게 된 것이다. 우리는 두 기관이 가진 영향력 차이로 이를 해석할 수 있다. 솔직히 말해 다궁은 2002년 얼떨결에 월드컵 진출권을 확보한 중국 국가대표팀과 전혀 다를 것이 없다. 신용평가 경험도 일천하고 평가모델도 아직 검증되지 않았다. 그럼에도 다궁과 글로벌 증시폭락 간에 인과관계가 없다고 장담하기는 힘들다. 사람들은 다궁의 움직임 속에서 중국의 판단과 의도를 엿보고 있기 때문이다. 위 내용을 소로스의 재귀성이론(the theory of reflexivity) 관점에서 한번 해석해봐도 될 것 같다.

주지하듯이 중국은 세계 최대 미 국채 보유국으로 2013년 3월 현재 1.2조 이상을 보유하고 있다. 중국이 일단 미국 국채 매입을 주저하면 채권가격은 떨어지고 발행금리는 올라간다. 채권금리가 상승하면 요구수익률이 높아지고 이는 주가를 떨어뜨리는 기제로 작동한다. 주식가치 평가모델이 바로 이런 경로를 밟으며 적정주가를 책정하고 있는데 온갖 모형을 수시로 돌리며 투자타이밍을 포착하는 기관투자자들이 이런 기초적 투자원리를 모를 까닭이 없다. 다궁의 움직임이 2011년 8월 4일 미 증시 폭락을 이끈 전부는 아닐지라도 일부 요인은 된다. 여기에 나비효과와 카오스 이론을 덧붙이면 좀 더 그럴듯한 그림이 그려진다.

중국이 가진 의도 유무와는 별개로 달러 독점체제의 장벽이 약화되고 있다. 글로벌 3대 신용평가기관의 영향력이 예전만 못하며 세계 각국도 신뢰성에 의문을 제기한다. 예컨대 중국, 미국, 러시아 3개국은 2012년 10월 국제신용평가 기관인 "세계신용등급그룹"을 설립하기로 하고 북경에서 기자 발표회를 가졌다. 3개국이 발기인은 각각 중국의 Dagong, 러시아의 RusRatingJSC, 미국의 Egan-Jones Ratings 인데 이 3개 신용평가기관은 새로운 국제평가시스템을 공동 수립하여 기존 체계의 부족한 점을 보완할 생각이라고 밝혔다. 3대 신용평가기관의 독점적 지위를 깨뜨려 재균형화 작업을 벌인다는 의미로 비록 1~2년 안에는 못 되더라도 10~20년 이내에는 그렇게 될 가능성이 높다. 이들은 또한 "과도히 낙관적인 신용등급이 금번 금융위기를 발생했으며 중앙은행이 사상 유례없는 개입을 통해 위기가 대형 재난으로 비화되는 것을 막았다. 현 국제신용체계는 글로벌 금융위기를 거치며 문제점이 드러났다. 신용 글로벌화에 적응하지 못했으며 세계의 신용평가 수요를 만족하지 못한다. 반드시 개혁을 해야한다. 세계신용등급그룹은 기업형태로 운영되고 독립적인 신용평가 서비스를 제공할 것이며 어떤 국가 혹은 단체의 이익을 대표하지 않는다"고 주장하며 세계신용평가그룹 본부는 홍콩에 설립될 것이고 5년 안에 다음과 같은 4대 발전목표를 실현할 것이라고 밝힌다. 첫째로 통일된 국제신용평가 표준을 수립하고, 둘째로 국제신용평가 감독체계를 구성한다. 셋째로 글로벌시장 서비스 체계를 건립하며, 넷째로 글로벌 신용평가에 참여능력을 갖춘다. 유럽이 3대 신용평가 기관에 가진 불만과 날카로운 반응으로 보아 유럽 역시 그들만의 신용평가 기관을 만들든지 또는 여기에 참여할 것 같다.

이쯤에서 중국의 금융영향력을 점검해보자. 2011년 말 현재 중국 인민은행(PBOC)의 총 자산규모는 4.5조 달러로 FRB(3조 달러)와 유럽중앙은행(3.5조 달러)을 제치고 세계 1위로 도약했다. 또한 2011년 글로벌 M2 증가량의 절반을 차지하며 중국의 중앙은행에서 세계의 중앙은행으로 도약하고 있다. 여기서 한 가지 짚고 넘어갈 점은 밖에서 펌프질을 하면 안에서도 열심히 펌프질을 해야 한다는 사실이다. 미국이 윤전기를 열심히 돌리며 달러를 공중에서 뿌릴 때 중국 역시 이에 발맞춰 윤전기를 가열하게 돌려 위안화를 옥상에서 막 뿌려댔다. 이렇게 해야지만 자국의 부를 온전히 지킬 수 있다. 왜냐하면 국가 간 무역이란 지폐를 주고 상품을 교환하는 작업으로 되도록이면 자국의 화폐와 상품을 높은 값에 넘기는 것이 유리하기 때문이다. 물론 이에는 전제조건이 따른다. 이렇게 하고도 내부가 버틸 수 있어야 되고, 특히 통화가치가 떨어지지 않아야 한다. 혹자는 감지했겠지만 이 두 나라는 지폐를 엄청 찍어댔음에도 통화가치는 오히려 이전보다 더 절상되었다. 결국 그 부작용은 허리띠를 졸라맨 나라와 이들을 따라 지폐를 찍어댔음에도 통화가치가 절하된 나라들이 골고루 부담한다. 중국처럼 못 했기 때문에 소련은 붕괴됐고 중국은 이를 버텨 계속 나아가는 것이다.

미 재정부 발표자료에 따르면 2011년 6월 말 현재 전 세계 해외

투자자가 보유한 미국 국채와 주식은 12.52조 달러로 이 가운데 중국이 1.72조 달러를 차지하며 일본을 제치고 최대보유국이 됐다. 중국은 2011년 말 기준으로는 1.15조 달러어치 미국 국채와 18조 엔(2,300억 달러) 정도의 일본 국채를 가지고 있는데 특히 일본 국채의 경우 2010년 대비 71% 정도 보유액이 늘어난 것으로 알려졌다. 이에 대해 시장은 중국이 달러표시 외환 일부를 엔화로 전환한 것으로 추측했다. 중국은 2009년부터 일본 국채 보유를 빠르게 확대하며 2010년에는 미국과 영국을 넘어선 최대 일본 국채보유국으로 발돋움했다. 이런 속도라면 미국에 이어 일본도 차이나발 금융폭탄 사정권에 놓일 것이다. 참고로 2013년 6월 현재 상해 외환시장에서 위안화와 엔화 일 거래량은 1천억 엔 내외고 도쿄 외환시장은 상해의 1/10가량인 것으로 알려지는데 이는 작년 이맘때 위안화와 엔화의 직접 거래가 실시된 후 두 배로 늘어난 수치다. 그럼에도 두 나라의 경제 및 무역규모를 감안할 때 이는 턱없이 낮은 수치다. 정치적으로 중·일 간의 냉각기가 해소되고 금융적으로 자본항목 태환이 이루어지면서 위안화 국제화가 좀 더 진척된다면 단기간에 10배로 급증한다고 해도 전혀 이상할 것이 없다.

비록 미국의 양적 완화와 아울러 달러자산 가치 하락에 대한 중국의 불만이 없지는 않지만 그럼에도 미 국채 사랑은 식을 줄을 모른다. 일례로 2012년 한 해 중국의 미 국채 보유액은 685억 달러를 순 증가했으며 2013년 3월 말 1조 2,505억 달러로 보유규모가 늘어나며 여전히 선두를 유지하고 있다. 중국에 이어 일본이 1조 1,050억 달러로 바짝 다가서며 이들과 상당한 격차를 두고 조세 회피지역인 카리브 해 연안국들(2,913억 달러)과 OPEC(2,615억 달러) 등이 뒤따른다. 한편 2013년 4월 피치는 10여 년 만에 중국 신용등급을 하향 조정하며 은행 여신규모가 GDP 대비 약 140%에 근접하고 섀도뱅킹(그림자은행, Shadow banking) 부분에서 빨간불이 깜박이고 있다. 피치는 섀도뱅킹을 포함한 전체 은행여신이 2008년 125%에서 2012년 198%로 훌쩍 뛰었다고 분석했다. 그해 5월에는 무디스가 2012년 말 현재 중국 그림자은행 규모가 29조 위안에 달한다고 경고했으며 이는 2010년 말 대비 67%가량 급증한 수치라고 밝혔다. 비슷한 시기 CLSA 증권은 『중국 채무위기』라는 보고서를 내며 중국 전체 부채, 즉 정부, 기업, 가계 부채를 합한 총 부채 수준이 2008년 GDP 대비 148% 수준에서 2012년 200%를 넘어섰다고 분석했다. 그러면서 섀도뱅킹 규모를 17조 위안 정도로 추정했는데 이는 앞서 무디스 수치보다 10조 위안 이상 적은 규모다. 중국 자체의 정확한 섀도뱅킹 규모가 베일에 싸여 있을 뿐만 아니라 접근방식에 따라 그 규모도 제각각인 상태다. 그래서 각 기관은 자신의 의도에 따라 이를 과장하기도 절하하기도 하다.

그럼에도 국내외적으로 조기경보가 울리는 것은 사실이며 이는 위기 바이러스 확산을 막는 순작용을 한다. 위기를 먹고사는 조지 소로스 역시 보아오포럼 연설에서 섀도뱅킹 문제를 언급하며 미국 서브프라임 모기지 사태를 거울로 삼을 것을 주문했다. 솔직히 말해 이들이 요란을 떠는 것과 달리 중국의 섀도뱅킹은 통제 불가능한 수준은 아니다. 오히려 다른 나라보다 아직은 낮은 편으로 당장 한국만 해도 2011년 이미 섀도뱅킹 규모가 GDP 대비 100%를 넘어섰고 미국과 유럽은 모두 150% 이상이다. 즉, 후자가 악성종양이라면 전자는 고름 정도다. 문제는 크기가 아니라 팽창속도로 중

국은 조속히 섀도뱅킹 정리에 나서 위기가 금융전반으로 확산되지
않도록 관리해야 한다.

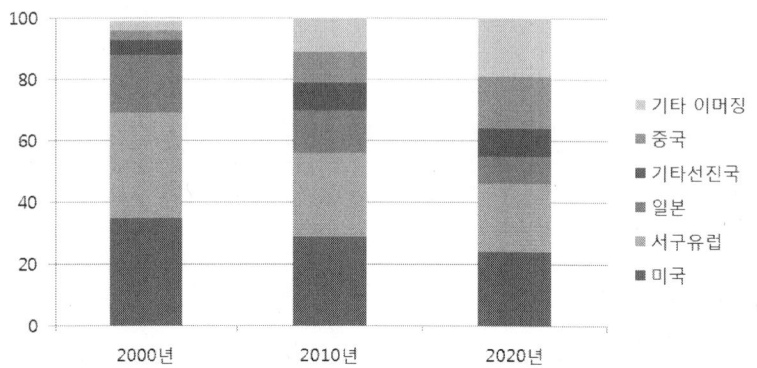

자료원천: McKinsey Global Institute, The Emerging Equity Gap: Growth And Stability In The New
        Investor Landscape(2011)

<그림 1> 지역별 글로벌 금융자산 점유율

    <그림 1>은 지역별 글로벌 금융자산 점유율을 살펴본 자료다.
2000년만 해도 미국과 유럽이 글로벌 금융자산의 70% 정도를 차
지했지만 2010년에는 과반을 약간 넘긴 수준에 그쳤고 2020년에
는 절반 이하로 떨어질 것으로 예측된다. 반면에 중국과 이머징
국가는 2010년 6% 수준에 간신히 머문 상태에서 10년 사이에 20%
정도로 훌쩍 뛰었고 2030년에는 40%를 향해 달려갈 것으로 전망
된다. 중국의 경우 2000년 3%에서 2020년 17%로 5배 이상 껑충 뛰
면서 미국에 이어 세계 2위의 금융자산 보유국이 되고 다시 10년
이 흐른다면 아마 미국도 넘어설 것이다. 지금은 미국으로 방향을
잡고 중국으로 조정하는 시대지만 2030년 이후에는 전자와 후자의
역할이 바뀌게 된다. 그러므로 우리는 이 둘을 통합 분석하여 치

우침 없이 올바른 판단을 내려야 한다. 시대가 바뀌고 있음을 어렴풋이 짐작하는 단계는 지나갔다. 지금은 이를 받아들이고 깊이 체득하여 현실에 적용할 때이다.

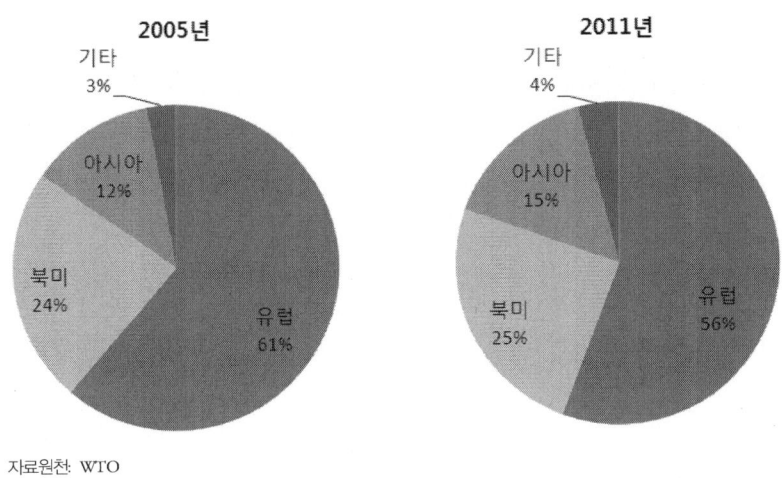

자료원천: WTO

<그림 2> 대륙별 금융서비스 점유율

2011년 전 세계 금융서비스 수출시장은 3,100억 달러로 개중에 유럽이 절반(49.5%)을 차지하고 있다. 이어서 미국은 23.5%로 2위를 점하고 있으며 스위스, 홍콩, 싱가포르가 각각 5.5%, 4.9%, 4.5%를 차지하며 지역 금융센터 역할을 담당한다. 반면에 인도와 일본은 2.1%와 1.3%에 그쳤고 한국은 1.2%로 간신히 상위 10대 수출지역에 턱걸이했다. 다만 중국의 그림자는 그 어디에도 보이지 않았다.

한편, 2012년 말 중국의 M2 잔액은 97.42조 위안으로 100조 위안 관문을 눈앞에 두고 있다. 별다른 일이 없다면 2013년 100조 위안을 가뿐히 넘길 것이다. 이는 미국의 1.5배, 영국의 4.9배, 일본의 1.7배에 달하는 규모이며 유로존 전체 통화공급량보다도 더 많다. 중국은 이미 글로벌 최대 통화보유국으로 전 세계 통화공급량의 1/4을 찍어내고 있다. 예전부터 중국이 이랬던 것은 아니다. 2000년 당시 중국의 M2 잔액은 13조 위안에 불과했으며 2008년까지도 50조 위안 이하였다. 그런데 국제금융위기를 겪으면서 중국은 대규모 통화발행을 통해 경제를 떠받쳤고 중국 경제는 고성장세를 유지할 수 있게 됐다. 연 10조 위안은 이제 특별한 조치가 아니라 일상화된 수준이 되었고 오히려 그 밑으로 떨어지면 긴축통화정책이라고 호들갑을 떤다. 이렇듯 중국은 통화발행의 늪에 빠져 높은 인플레이션과 과잉투자 시대로 나아가고 있다. 1971년 닉슨 시대 미 재무장관을 역임한 존 코널리는 달러 약세에 불만을 나타내는 유럽 정상들에게 "달러는 우리의 통화이지만 당신들의 문제다"라는 명언을 남겼다. 그로부터 40여 년이 흘러 달러는 이제 유럽만이 아닌 세계의 골칫덩이가 됐다. 여기에 위안화가 덧붙여질 듯하다. 중국은 10년 안에 위안화를 세계로 풀어 희석시켜야 한다. 자본도피를 걱정해 머뭇거릴 시기는 지났다. 중국 사정기관이 총 동원돼 다급히 금융을 손보는 것도 이런 배경에서인 것 같다.

이제 자본주의로 변한 중국에서 경쟁은 사회의 윤활유이고 효율은 판단의 지표다. 개인, 기업, 정부가 경쟁적으로 돈을 향해 달려간다. 따라서 '중국 경제가 자본주의적인지'를 놓고 논쟁을 벌이는 일은 실로 무의미하다. 관념이 아닌 경제의 작동방식을 보고 판단하면 될 일이다. 달리 말해서 이는 논쟁의 주제는 되더라도 이해(利害)의 지표는 아니라는 의미다. 정작 중요한 점은 중국이 냉혹한 육식동물로 변한다는 사실이다. 전방위적인 경쟁 속에서 중국의 이빨은 날카로워지고 13억 명의 양떼는 점점 늑대로 변해 글로벌 생태계를 교란한다. 늑대 13만 마리가 세계를 휘젓는 광경을 떠올려보길 바란다. 세계는 이를 위해 얼마만큼의 초식동물을 준비해야 될까? 중국이 자본주의라는 말을 서구의 승리로 곡해하면 안 된다. 민주주의 중국이 더 민족주의적일 것이라는 우려도 심심찮게 나오고 있다. 중국이 우리와 같다는 말은 우리가 그들의 먹이로 전락한다는 뜻이다. 자본주의적이고도 민주주의적인 중국이 세계에 얼마나 위협이 될지를 천천히 음미하길 바란다.

2장
중국 국부펀드 세계를 누비다

⭐

차이나머니 파워를 앞세워 중국 국부펀드들이 세계의 주요 자산을 사들이고 있다. 오늘날 중국은 그들의 사상이 아닌 머니(Money)로 말하며 사서오경을 버리고 국부론을 탐독한다.

본 단락에서는 중국의 국부펀드를 통해 대외 투자상황을 점검하고 세계에 어떤 의미를 가지는지 알아보자. 그러기에 앞서 2011년 현재 중국이라는 나라의 대차대조표를 우선 살펴본다. 2011년 말 현재 중국의 대외금융자산과 대외금융부채는 각각 4조 7,182억 달러와 2조 9,434억 달러이며 순자산 규모는 1조 7,747억 달러로 집계됐다. 대외금융자산에서 외환보유고가 차지하는 비중은 69%이며 금액으로는 3조2,558억 달러에 달한다. 대외직접투자와 증권투자는 3,642억 달러와 2,600억 달러로 각각 7.7%와 5.5% 비중을 보이며 그 외 기타투자가 8,382억 달러로 17.8%를 차지한다. 이에 반하여 대외금융부채는 대중직접투자가 1조 8,042억 달러로 61.3%를 차지하고 증권투자는 2,485억 달러로 10%에도 못 미친다. 이는 중국에서 보따리를 싸고 금방 철수하기가 쉽지 않다는 점을 반영한다. 그리고 2012년 외환보유고는 지난해 대비 74% 감소한 987억 달러 증가에 그쳤으며 2012년 9월 말 현재 중국의 대외자산 가운데 약 67%가 준비자산으로 주로 채권투자 형태로 운용되고 있다. 2011년 중국의 대외자산 수익률은 약 3% 정도로 미국, 독일, 일본과 비슷한 수준이다. 참고로 영국의 경우 2% 수준으로 이들보다 약간 낮다. 중국의 대외채무 가운데 약 61%는 FDI로 주로 지분투자 형태를 띠고 있으며 외국인의 대중(對中) 투자수익률은 약 6%로 2% 수준인 선진국보다 현저히 높다.

그럼 본격적으로 국부펀드를 해부해보자. 중국의 대표적 국부펀드로 중국투자유한책임회사(China Investment Corporation, 이하 CIC)가 있다. CIC는 2007년 9월 중화인민공화국 공사법에 따라 설립된 회사로 외환자금 투자관리업무에 종사하는 국유 독자기업으로 등록자본금은 2,000억 달러이다. 중국 재정부는 위 자본금 마련을 위해 특별국채 1조 5,500억 위안을 발행했고 이를 외환보유고 매입에 사용했다. 중국투자유한책임회사는 현재 전 세계에 걸쳐 주식, 고정수익증권과 기타자산에 투자하고 있는데 최종라인은 국무원인 것으로 알려진다. 여기서 기타자산이란 헤지펀드, 사모시장, 상품(Commodity), 부동산 투자들을 말한다. 한편 2012년 6월 말 현재 직원 수는 405명으로 절반 정도가 해외근무와 해외교육 배경을 갖추고 있으며 해외 시민권자도 10% 수준인 44명에 이른다. 아울러 직원 가운데 80% 이상이 석사 이상 학력을 보유하고 있다. CIC는 중앙회금투자유한공사(Central Huijin Investment Ltd, 이하 Huijin)를 자회사로 두고 있는데 Huijin는 4대 국유상업은행과 국가개발은행 등 중점 금융회사의 주권을 투자보유하고 국무원을 대신해 주주 권리를 행사하고 있다.

2011년 말 현재 Huijin는 국가개발은행 지분 47.6%를 보유하고 있으며 그 외 중국 4대 상업은행인 공상은행, 농업은행, 중국은행, 건설은행 지분을 각각 35.4%, 40.1%, 67.6%, 57.1% 보유하고 있다. 그리고 국무원은 이들에게 플랫폼 경제와 금융 등 전 분야에 걸쳐 광범위한 영향력을 행사하고 있다. 참고로 Huijin은 2010년도에 1,090억 위안(166억 달러 정도) 규모 채권을 발행해 일부 금융기관에 출자하기도 했다.

CIC의 2011년 말 자산규모는 4,822억 달러 정도로 2010년 대비 17.7% 늘었으며 자본금은 2,000억 달러로 절반가량이 해외 부문에 투자됐다. 그 외는 Huijin을 거쳐 국내 금융기관에 투입됐다. 2011년 자본총계는 지난해 대비 13.6% 증가한 4,251억 달러로 집계된다. 그리고 2010년 글로벌 포트폴리오 자산규모는 1,351억 달러에 달하며 2011년 수치는 사업보고서에 기재하지 않았지만 자산증가율과 자본총계 증가율을 감안해보면 1,530억~1,590억 달러 정도로 추산된다. 이는 2010년보다 최대 240억 달러 많지만 2010년 357억 달러보다는 100억 달러 이상 축소된 수치다. 2010년 글로벌 포트폴리오 투자수익률은 11.7%이며 포트폴리오 설립 이후 연 환산수익률은 6.4%로 조사됐다. 다만 2011년에는 세계경제 침체와 유럽 재정문제 등에 따른 글로벌 시장약세로 수익률이 −4.3%로 떨어졌다. 그럼에도 누적 연 환산 수익률은 3.8%로 여전히 플러스(+)상태를 유지하고 있다. 전(前) CIC 회장이 2013년 3월 재정부장으로 자리를 옮긴 후 후임물색에 상당한 곤란을 겪었는데 이는 이전 투자실패에 대한 책임을 지기 꺼리기 때문이라는 설이 파다했다. 실제로 CIC는 2013년 5월 감사책임자를 직위 해제했다.

한편 2011년 말 현재 CIC의 글로벌 포트폴리오 투자 가운데 직접 투자운영이 43%, 위탁투자가 57%이다. CIC는 2010년 11월에는 중투국제(홍콩) 유한공사를 설립하여 해외업무를 확대했으며 2011년 1월에는 캐나다 토론토에 해외 대표처를 설립했고 2011년 9월에는 해외투자와 운용업무를 전문적으로 하는 중투국제(China Investment International)를 만들어 CIC의 해외업무를 이 회사에 넘겼다. 그리고 국가외환관리국(SAFE)은 2011년 12월 중투국제에 자본 300억 달러를 출자하며 지원사격에 나섰다. 중국 국부펀드가 부쩍 두각을 나타내고 있지만 아직 국부펀드들 사이의 교통정리가 확실히 된 상태는 아니며 각종 병폐도 존재한다. 시진핑-리커창 체제로 접어들면서 중국은 현재 리모델링 작업이 한창이며 정부와 지방 간, 정부와 시장 간, 상위기구와 하위기구 간 권한조정 및 이양작업이 진행되고 있다. 그래서 좀 더 시간이 흐른다면 보다 체계적으로 글로벌 자산 사냥에 나설 것으로 판단한다.

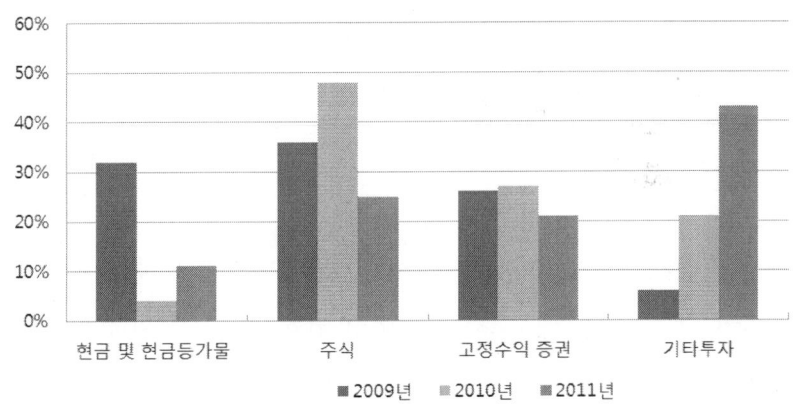

자료원천: CIC 사업보고서

<그림 3> 글로벌 투자 포트폴리오

<그림 3>은 CIC의 글로벌 투자 포트폴리오를 살펴본 자료다. 고정수익 증권을 제외하고 연도별로 포트폴리오 변화가 심하다. 이는 최근 글로벌 투자환경이 불안정하게 변하고 있다는 점을 반영한다. 한편 <그림 4>는 주식 분야만 따로 떼어내어 대륙별 비중을 살펴본 자료다. 앞서 투자상품과 달리 대륙별 안배는 거의 변화가 없는 것으로 관찰됐다. 북미가 40%를 약간 웃도는 가운데 아태지역과 유럽이 각각 30%와 20% 정도를 차지한다. 남미는 5% 내외에 불과하며 아프리카는 1% 수준에 그친다. CIC 사례만 볼 때 차이나머니가 남미와 아프리카를 삼키고 있다는 표현은 과장된 말이다.

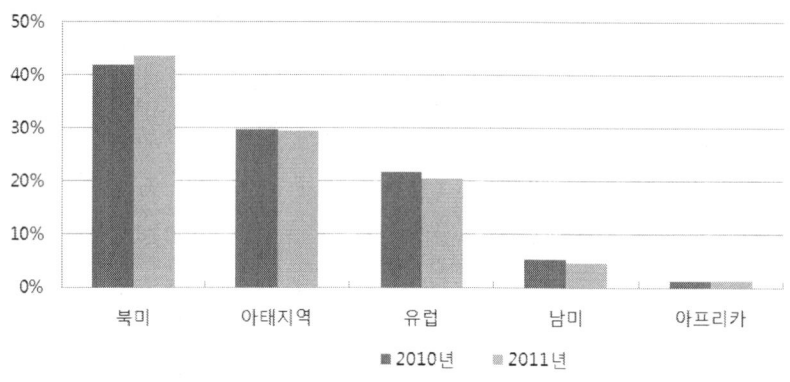

자료원천: CIC 사업보고서

<그림 4> 대륙별 주식투자 비중

그럼 글로벌 지도를 펼쳐놓고 CIC의 최근 움직임을 간략히 설명해보자. 2011년 7월 CIC는 해운업체인 Diamond S Shipping의 지분 10.5%를 1억 달러에 사들였으며 그해 9월에는 베트남 전력회사인 ASE-VCM Mong Duong Power 지분 19%를 9,300만 달러에 인수했

다. 2011년 11월에는 호주 고속도로 회사인 Horizon Roads 지분 13.8%를 3억 호주 달러에 매입했고 12월에는 남아프리카 광산회사인 Shanduka Group 지분 25.8%를 20억 자르(ZAR)에 인수했으며 같은 달 프랑스로 넘어가 오일가스 업체인 GDF Suez EPI SA 지분 30%를 31.5억 달러에 매입했다. 여기서 그치지 않고 그다음 달인 2012년 1월에는 영국 상수도 관리업체인 Thames Water Utilities 지분 약 8.7%를 약 2.8억 파운드에 인수했으며 2012년 2월에는 캐나다 오일가스 분야 업스트림(up-stream) 기업인 Sunshine Oilsands 지분 7,43%를 1.5억 캐나다 달러에 사들였다. 그해 5월에는 러시아 금광업체인 Polyus Gold 지분 약 5%를 4.3억 달러에 매입했고 11월에는 스페인 페로비알로부터 영국 히드로 공항지분 5.7%를 4.1억 달러에 인수하고 추가로 3.1억 달러를 더 투입해 다른 주주들의 지분 4% 이상을 매입한다고 밝혔다. 이것으로 CIC는 영국 히드로 공항지분 약 10%를 확보하여 주요 주주로 올라섰으며 이 며칠 후 CIC는 세계 유수의 칼륨비료 생산업체인 OJSC Uralkali 보통주 12.5% 전환할 수 있는 전환사채를 Wadge Holdings Ltd로부터 매입했다. 덧붙이자면 중국은 세계 최대 칼륨비료 소비국이지만 자원매장량이 적어 수입에 상당 부분을 의존하고 있는 실정이다. 나라별로는 캐나다와 러시아가 칼륨비료 매장량 80%와 생산량 70%를 차지하고 있다. 아울러 2013년 3월에는 러시아 원동지역 프로젝트 개발과 관련해 Vnesheconombank(State Corporation Bank for Foreign Economic Affairs), RDIF(The Russian Direct Investment Fund) 및 RCIF(The Russia-China Investment Fund) 들과 양해각서를 체결했다. 위 프로젝트는 주로 인프라, 물류, 자원개발과 가공 분야에 집중되어 있으며 양국의 장기 경제발전에 일정한 가교 역할을 할 것 같다. 이렇듯 다양한 업종과 다양한 국가에 걸쳐 중국투자유한책임회사(CIC)는 전 세계의 지분을 사들이고 있다.

<표 1> 2010년 직접투자 프로젝트 일부

단위: 백만 달러

회사명	계약일	투자액	투자유형	업종	지분율
AES	3월	1,581	보통주	전력과 유틸리티	15%
Penn west	6월	416	주권투자	석유 가스	5%
Peace River Oil	6월	329	합자회사	석유 가스	45%
Chesapeake Energy	6월	200	전환우선주	석유 가스	N/A
BTG Pactual	12월	300	컨소시엄계약	금융	3%
BUMA	12월	73	주권투자	광업	8%

자료원천: 중국투자유한책임회사(CIC) 사업보고서 정리

이런 CIC의 적극적 행보 뒤에는 막대한 외환보유고가 존재한다. 2012년 말 현재 중국의 외환보유고는 3.3조 달러로 글로벌 최대다. 통화별 구성비는 비공개로 두어 정확한 수치를 알 길은 없지만 달러 비중이 높다는 점은 여러 경로를 통해 확인되고 있다. 시장에서는 달러화가 70% 내외를 차지하고 유로화와 기타 통화가 각각 20%와 10% 정도 차지할 것으로 추측한다. 2012년에도 CIC는 총알을 늘렸는데 2012년 1월에는 중국인민은행이 500억 달러를 투입했고 3월에는 유럽 투자 촉진을 위해 국가외환관리국이 300억 달러를 추가로 내놓아 2012년 3월 현재 총 4,900억 달러를 운용하고 있다. 여기에 만족하지 않고 정부에 1,000~2,000억 달러의 추가출자를 요청했지만 2012년 4월 500억 달러 증액 선에서 마무리됐다.

중국은 CIC에 집중된 해외투자 플랫폼의 다양화도 추진하고 있다.

CIC와는 별도로 3,000억 달러 규모의 국부펀드를 설립할 계획인데 그 목적은 크게 세 가지로 나뉜다. 첫째는 중국 국부펀드들 사이에 경쟁체제를 도입해 투자효율을 높이는 것이고, 둘째는 다양한 외환보유고 운용을 통해 투자수익률을 높이는 것이며, 셋째는 다각도로 해외자원과 지분을 확보해 각국의 불필요한 견제를 회피함과 동시에 지속성장에 필요한 혈액을 계속 공급받는 것이다. 이런 맥락에서 2011년 12월 중국인민은행이 3,000억 달러 규모의 '화메이(華美) 펀드'와 '화오우(華歐) 펀드'를 조성할 계획이라는 소문이 돌았다. 이들 펀드는 중국화안(華安)투자유한회사(Safe Investment Company Limit)와 비슷한 형태를 띠며 주 투자대상 지역은 구미시장인 것으로 알려졌다. 참고로 중국화안(華安)투자유한회사(Safe Investment Company Limit)는 홍콩에서 설립된 기업으로 등록 자본은 1억 홍콩달러다. 1주를 제외한 모든 주식을 국가외환관리국(SAFE)이 보유하고 있으며 나머지 1주는 외환관리국장 명의로 되어 있다. 전 세계에 걸쳐 증권, 외환, 상품 등에 투자하고 있으며 이미 수십 개의 해외상장기업 지분을 가지고 있다.

<표 2> 세계 20대 국부펀드(Sovereign Wealth Fund, 2013년 2월 기준)

단위: 억 달러(USD)

순위	국가	국부펀드	규모	설립일
1	노르웨이	Government Pension Fund - Global	7,159	1990
2	UAE(Abu Dhabi)	Abu Dhabi Investment Authority	6,270	1976
3	중국	SAFE Investment Company	5,679	1997
4	사우디아라비아	SAMA Foreign Holdings	5,328	n/a
5	중국	China Investment Corporation	4,820	2007
6	중국(홍콩)	Hong Kong Monetary Authority Investment	2,987	1993
7	쿠웨이트	Kuwait Investment Authority	2,960	1953
8	싱가포르	Government of Singapore Investment Corporation	2,475	1981

9	러시아	National Welfare Fund	1,755	2008
10	중국	National Social Security Fund	1,606	2000
11	싱가포르	Temasek Holdings	1,575	1974
12	카타르	Qatar Investment Authority	1,150	2005
13	호주	Australian Future Fund	830	2004
14	UAE(두바이)	Investment Corporation of Dubai	700	2006
15	UAE(Abu Dhabi)	International Petroleum Investment Company	653	1984
15	리비아	Libyan Investment Authority	650	2006
16	카자흐스탄	Kazakhstan National Fund	618	2000
17	알제리	Revenue Regulation Fund	567	2000
18	한국	Korea Investment Corporation	566	2005
19	UAE(Abu Dhabi)	Mubadala Development Company	531	1984
19	미국	Alaska Permanent Fund	450	1976

자료원천: SWF Institute, 중국 SAFE Investment Company는 최선의 추정치이고 러시아 National Welfare Fund에는 석유안정기금도 포함됨

<표 2>는 2013년 2월 현재 세계 20대 국부펀드 순위를 나열한 자료다. 전 세계 국부펀드에서 상위 20개 펀드가 차지하는 비중은 93% 정도이고 상위 10대 국부펀드로 좁힐 경우에는 67% 정도를 차지한다. 지역별로는 상위 10개 국부펀드 가운데 노르웨이와 러시아를 제외한 8곳이 아시아권이고 20위로 범위를 확대해도 그 가운데 15개 국부펀드가 아시아권이다. 전통적 유럽 국가는 노르웨이를 제외하고는 없다. 국가별로는 UAE와 중국이 상위 20대 국부펀드에 4개와 3개를 올리고 있으며 그 규모는 각각 8,154억 달러와 1조 2,105억 달러로 조사됐다. 중국의 경우 상위 10위에 3개 국부펀드가 모두 포진된 반면, UAE는 Abu Dhabi Investment Authority 한 개만 랭크되어 있다. 더불어 홍콩 계열(Hong Kong Monetary Authority Investment)을 중국에 포함하면 중국도 상위 10위에 4개의 국부펀드가 포진하게 되고 그 규모는 1조 5,092억 달러로 늘어난다. 추가로 50억 달러 규

모인 중국-아프리카 개발펀드(China-Africa Development Fund)를 더하면 전 세계 국부펀드의 28% 이상을 중국이 차지한다. 이에 비하여 두바이는 7,833억 달러로 중국의 절반 정도에 불과하다.

끝으로 국부펀드라는 좁은 주제만으로도 우리는 개인보다는 국가, 현재보다는 미래, 소비보다는 저축과 투자를 더 중시하는 아시아적 가치를 확인했으며 아시아의 길과 서구의 길이 다르다는 점을 인식하게 됐다. 무엇보다도 신이 선물한 오일보다 인간이 흘린 땀이 더 크다는 사실에서 우공이산(愚公移山)의 평범한 진리를 발견했으며 국부론을 열심히 탐독하는 중국의 일면을 지켜볼 수 있었다.

3장
강한 위안화보다 넓은 위안화를

일본과 한국의 1인당 국민소득 격차는 2배를 조금 넘지만 본원통화 가치 차이는 10배에 달한다. 그 속에 숨은 5배가 바로 두 나라 사이에 존재하는 힘의 프리미엄이다. 가까운 장래에 달러화 패권이 붕괴될 가능성은 없다. 제국은 스스로 붕괴되지 타의로 무너지지는 않는다. 외부요인은 이를 촉진할 따름이다. 과거 영국과 달리 미국은 여전히 이 문제에 도전적이다. 달러에 대한 경제적 신뢰는 무너졌지만 공포는 아직 미국의 것이다. 빈번한 도전에 직면하겠지만 강력한 무력이 뒷받침하는 한 달러의 기축통화 지위는 유지될 것이다. 신뢰는 사라져도 공포의 기억이 이를 붙잡고 있기 때문이다. 현재 일본은 스태그플레이션을 판돈으로 삼아 장기불황 탈출을 시도하고 있으며 중국은 인플레이션을 향해 내달리고 한국은 스태그플레이션에 이미 들어섰다. 이 현상의 중심에 바로 환율이 자리 잡고 있다.

제2차 세계대전을 계기로 글로벌 지배력은 유럽에서 북미로 이동했으며 이때 화폐지배력도 함께 넘어갔다. 미국은 유독 영국에 가혹

했는데 이는 추락한 제국이 부활하는 것을 꺼려했기 때문으로 판단한다. 설혹 그들이 자신의 뿌리일지라도……. 미국은 우선 '무기대여법'을 통해 영국의 공업기반을 무너뜨리며 영국을 산업혁명 이전으로 되돌렸고 영국은 피시앤드칩스(fish&chips) 나라로 남게 됐다. 다음으로 1945년 영미차관협정을 내세워 '스털링지역(Stering Area, 영국통화권)' 포기를 강요하며 대영제국이 그토록 원했던 우아한 퇴진의 길을 막았다. 영국은 연이어 각지의 식민지를 상실했으며 수에즈운하 국유화 선언과 이에 대한 탈환노력 실패로 대영제국이 이미역사 속으로 사라졌다는 점을 깊게 깨달았다. 당시 미국은 역성혁명에 성공한 이처럼 대영제국의 잔재를 지우기에 여념이 없었다. 고향에서 쫓겨난 탕아라는 콤플렉스가 밑바닥 언저리에 작동했는지도모른다. 그래서인지 영국에 각박하게만 대했던 것과 달리 프랑스에게 관대한 면모를 보였다. 18세기 독립운동 당시 앙금이 남았기 때문일까! 이어서 자신에게 큰 치욕을 안겨준 일본은 산업혁명 이전이아니라 아예 구석기시대로 되돌리려고 했다. 국공내전에서 국민당이승리했든지 혹은 6·25전쟁이 일어나지 않았다면 아마 일본은 필리핀 정도의 농경국가가 되었을 것이다. 명석한 전략의 결과이든 아니면 그네들 말처럼 신풍(神風)이 일본을 지켜주었든지 역사의 바람은두 번씩이나 일본에 유리하게 돌아갔다.

브레턴우즈 체제의 붕괴로 금은 세계 화폐로서의 지위를 상실했고달러가 그 자리를 대체했다. 플라자 합의로 엔화는 경쟁구도에서 떨어져 나갔고 달러 영향력은 점점 강화됐다. 이어서 진행된 세계화와 신자유주의로 온전한 판이 마련되었고 세계는 달러패권이라는 그물망에깊숙이 갇혔다. 이를 전후로 미국은 대개 '강한 달러가 국익에 도움이 된다'는 원칙을 고수했다. 미국의 강력한 적이었던 소련의 유산을 이어받은 푸틴은 달러패권의 실체를 솔직 담백하게 적시하고 있다. 그는 2011년 8월 미국의 국가채무 한도증액을 강한 어조로 비난하며 "미국은 세계경제에서 기생충과 같은 존재다" 하고 독설을 퍼부었다. 이어서 중·러 우호조약 10주년 기념석상에서는 톤을 약간 낮추어 "미국은 기생충이 아니지만 달러 독점체제는 기생충이다"고 이전의 직설적 어조를 이어갔다. 약간 겸연쩍었든지 이는 자신만의 생각이 아니며 유럽 정치인과 전문가들도 공감하는 애기라고 힘주어 말했다.

여하튼 과거 클린턴 정부는 강한 달러(Strong Dollar)를 신봉했고 정책방향도 이와 동조를 이루었다. 하지만 테러와의 전쟁비용이 급격히 늘어나자 부시 정부는 강한 달러에서 '약한 달러(Weak Dollar)' 시대로 전환을 모색하면서 지폐를 찍어내기 시작했다. 아마 후자로 인해 전자가 발생했다는 편이 더 올바르다. 당시 미 재무장관이던 존 스노는 2003년 G8 재무장관 회담을 마친 후 "시장에서 형성된 달러가치로 더 이상 달러강세 유무를 판단하지 않겠다"고 노골적으로 말했으며 그린스펀 전 FRB의장은 2004년 11월 독일 재무장관이 달러급락에 따른 각국의 공동대처를 주문했을 때 "주요 중앙은행 간 환율공조는 현 수준으로 충분하다"고 주장하며 국제환율공조 제안을 거부한 채 '약(弱) 달러 정책'을 공공연하게 옹호했다. 즉, 환율이 시장재가 아닌 정책재라는 뜻을 피력한 말이다.

이에 로버트 루빈은 강한 달러 정책을 수정하면 인플레이션이 유발될 것이라고 경고를 날렸는데 몇 년 뒤 그의 경고는 현실화됐고 세계 곳곳에서 버블이 발생했다. 급격한 버블붕괴로 글로벌 경제위기가 엄습했으며 그 여파는 아직 진행형이다. 비록 달러패권과 환율의 역학관계가 글로벌 경제위기의 유일한 원인은 아닐지라도 주요 역할을 담당한 것은 사실이다. 제1기 오바마 정부의 경제와 금융을 조율한 이들도 루빈사단인 것으로 알려진다. 루빈사단은 클린턴 시대의 골디락(Goldilocks)을 재현하려 하며 그 핵심 고리로 강한 달러를 내세운다. 부시 행정부와 오바마 행정부의 가장 두드러진 차이는 바로 달러가치다. 달러인덱스는 2005년 90 수준에서 계속 미끄러져 2007년에는 거의 70 수준까지 떨어졌다가 오바마 행정부 이후 대체로 80~90 사이를 오락가락한다. 양적 완화로 경기부양을 하면서 강한 달러도 유지하려면 필연적으로 유럽이 혼란에 빠져야 한다. 왜냐하면 현재 달러를 제외한 유일한 경화(Hard Currency)가 바로 유로화로 달러에 대한 대체재 역할을 수행하기 때문이다. 2000년 세계 외환보유고의 18% 정도에 불과했던 유로화는 2009년에는 28% 가까이 비중을 넓혔고 그 반대급부로 달러 점유율은 72%에서 63%로 뚝 떨어졌다. 달러가 축소한 만큼 유로화가 확대됐다. 또한 2009년 상반기 기준 국제채권 발행 잔액에서 유로화가 차지하는 비중은 47.4%로 36.1%를 기록한 달러를 뚜렷이 앞섰다. 다시 말해서 달러와 유로화는 물고 물리는 관계에 있는 셈이다.

그럼 아시아의 뜨거운 감자인 엔화로 넘어가 보자. 저변의 인식과 달리 지금은 엔저가 아니라 심각한 엔고상태다. 이는 미국의 압박과 일본의 자발적 선택이 맞아떨어진 결과로 일본이 장기불황을 탈출하는 유일한 방법은 플라자합의 이전으로 환율시계를 되돌리는 방법뿐이다. 여기서 우리가 잘못 알고 있는 상식 한 가지를 짚고 넘어가 보자. 우리는 흔히 일본 경제가 수출주도형 구조를 가지고 있다 착각하는데 사실은 거대한 내수를 바탕으로 작동하고 있으며 GDP 대비 수출비중은 10% 전후에 불과하다. 즉, 일본은 물가안정을 위해 인위적으로 엔고를 유지했다는 말이다. 1980년대 말 거품붕괴로 헤이세이 불황이라는 장기침체에 빠진 상태에서 엔저로 물가마저 들썩인다면 이는 경제학의 666과 같은 스태그플레이션이 발생한다는 의미다. 연이은 정부의 경기부양책이 모두 실패로 돌아갔으며 기업은 혁신의지를 잃은 채 현금을 쌓아두기에 바빴다. 이런 상태에서 엔저는 일본 경제를 넘어 일본 사회 자체를 뒤흔들 폭탄이었다. 그래서 일본 정부는 엔고를 통해 수입성 인플레이션을 방지하며 물가상승률을 1% 이하로 유지해 장기침체 속에서도 사회동요를 차단했던 것이다. 그 결과 일본인은 국내에서는 소박했지만 해외에서는 사치를 즐겼다. 만약 일본인에게서 해외관광과 쇼핑의 즐거움마저 빼앗았다면 일본의 지배층은 60~70년대의 질풍노도기를 다시 겪었을 것이다. 일본인에게 해외쇼핑은 억눌린 욕망을 배설하는 행위로 타민족에 대한 우월감의 표현이었다. 이도 서서히 약발이 떨어지며 이제는 자신을 전체로 넘어선 중국과 부분으로 넘어선 한국에 대한 분노로 전환하고 있다.

　이런 배경하에서 2013년 현재 아베노믹스로 부르는 양적 완화와 저강도 인플레이션 정책이 등장했다. 20년 이상이나 지속된 긴 디플레이션에 지친 나머지 아베는 스태그플레이션을 판돈으로 내걸며 도박을 하고 있다. 일본은 천천히 죽는 것이 두려워 빨리 죽는 길을 택한 1941년 12월의 도박을 2012년 12월 현재 다시 재현하고 있다. 그런데 한국과 중국은 일본과 반대 상황이다. 평가절하보다는 오히려 통화가치를 절상하여 수입단가를 낮추고 내수를 확대해야 한다. 시계열 자료로 분석하면 한국은 환율 1,150원 전후에서 안정적인 무역수지 흑자를 실현할 수 있지만 이는 과거가 그랬다는 말일 따름이다. 소위 재벌이 언제까지 국민을 등쳐먹고 살 수는 없다. 이제는 스스로 생존능력을 키울 때가 되었다. 재벌의 부는 국가의 부도, 국민의 부도 아니다. 국가와 국민을 희생하며 얻은 극소수의 부일 따름이다. 이쯤에서 우리는 국가는 개인의 것도, 기업의 것도 아니라는 대영제국 몰락 교훈을 되새겨봐야 한다. 이 점을 망각할 때 제국은 한결같이 몰락했다. 그러므로 중국과 한국 모두 시중 유동성을 줄이면서 점진적으로 경제 거품을 빼야 한다. 무엇보다도 부동산을 주식과 동일하게 보는 시각부터 바로잡아야 한다. 그렇지 않다면 경제지표는 현실을 커다랗게 왜곡하게 되고 정책은 늘 헛소리로 귀결된다. 주택과 곡물은 투자재가 아니라 삶의 필수요소다. 이 정도에서 글을 추스르자면 일본은 현재 스태그플레이션을 판돈으로 놓고 장기불황 탈출을 모색하고 있으며 중국은 여전히 인플레이션을 향해 맹렬히 내달리고 한국은 이미 스태그플레이션으로 진입했다.

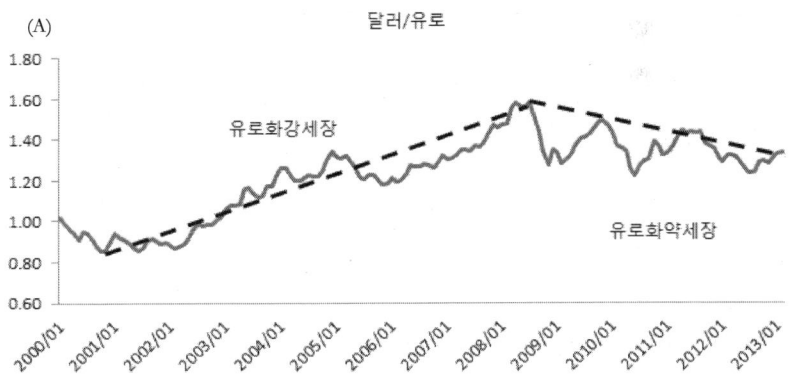

(B) 일본엔/달러

엔화강세장

자료원천: 한국은행

<그림 5> 달러, 유로화, 엔화 환율추이

　<그림 5 (A)>는 2000년부터 2013년 2월까지 월평균 유로 대비 달러 환율을 나타낸 것이다. 2008년 상반기까지 유로는 전형적인 강세장을 기록하였는데 이는 미국의 약 달러 정책과도 부합하는 결과다. 그러나 2008년 하반기를 기점으로 유로화는 등락을 보이며 약세장으로 넘어가고 있다. 이는 오바마 행정부 등장과 거의 궤를 같이하는 결과다. 그럼 엔화는 어떤 흐름을 보일까? 만약 엔화가 달러 대체재라면 유로와 비슷한 궤적을 보일 것이다. <그림 5 (B)>는 같은 기간 달러 대비 엔화 환율을 나타낸 자료다. 마치 플라자 합의를 연상시키듯 엔화는 뚜렷한 강세를 기록했다. 예컨대 엔화가치는 2002년 고점인 133.54엔에서 2011년 10월 76.61엔으로 40% 이상 절상됐고 2013년 2월 현재 93.17엔이지만 전체 평균인 105.00엔에 대면 여전히 절상된 상태다. 이런 상태에서 2013년 아베 신조 정권이 들어서며 엔저정책으로 명확히 돌아서고 있다. 일본은 아베노믹스를 내걸고 2012년 11월 80.93엔에서 3개월 만에 93.17엔으

로 15% 정도 절하했다. 한때 독일과 영국 등은 일본이 환율전쟁에 불을 지핀다고 경고멘트를 날리고 미 재무부는 2013년 4월 12일 환율보고서를 발표하며 환율조작국 명단에서 중국을 빼는 대신에 일본의 경쟁적 엔화절하를 언급하며 경고성 멘트를 날렸지만 전반적 분위기는 일본 경기부양책이 불가피한 면이 강하다는 점을 인정하는 쪽으로 모아지고 있다. 장기 경기침체, 방사능 누출, 엔고, 기업 경쟁력 하락이라는 다중 악재에 놓인 일본을 더 몰아봐야 세계에 도움이 되지 않는다고 암묵적으로 동의한 셈이다. 이런 기류는 2013년 4월 19일 폐막한 G20 재무장관 및 중앙은행 총재 회의도 나타났는데 일반적 예상과 달리 공격적인 일본 통화정책에 대해 비난의 목소리를 자제하고 일단 엔화약세에 파란불을 켜주었다.

사실 환율전쟁의 총성은 미국이 울리고 유럽은 방관했다. 2008년 전후로 유로화는 대체로 약세를 보인 반면, 엔화와 위안화는 강세를 나타냈다. 솔직히 말해 일본은 더 이상 활기찬 경제대국이 아니다. 여전히 무시하지 못할 강대국이고 장기간 그 지위를 누리겠지만 영향력의 중심에서 차츰 밀려나고 있다. 지금의 일본은 옛 영광을 더듬으며 추락하는 강대국일 따름이며 그 위상은 갈수록 떨어진다. 무엇보다도 일본이라는 나라의 가치가 더 이상 엔고에 맞지 않으며 감당할 여력도 없다. 엔화는 상당히 저평가된 것이 아니라 심각히 고평가된 상태다. 그러므로 엔화의 가치는 플라자 합의 이전으로 되돌아가야 하고 또한 그것이 순리며 일본 경제가 장기불황에서 탈출하는 길이다. 일본을 진정 황폐화시킨 것은 히로시마 원자폭탄이 아니라 플라자 합의였고 그 폭탄은 아직도 진행형이다. 다만 위안화 국제화를 계기로 타깃이 엔화에서 위안화로 전환되어 일본은 긴 망령에서 벗어날 수 있었다. 역설적이게도 이는 미국이 일본에 내리는 사망선고로 일본이 더 이상 미국에 위협이 되지 않는다는 판결과 같다. 미국은 단지 늙은 사무라이에게 마지막 불꽃을 피우길 바랄 뿐이다. 그렇다면 일본은 이에 감사하고 하위 강대국 위치나마 보존해야 할까? 그들의 최종 전쟁 시나리오는 포기된 것일까?

<표 3> 통화별 글로벌 외환시장 점유율

통화명	1998	2001	2004	2007	2010
US dollar	86.8	89.9	88.0	85.6	84.9
Euro	...	37.9	37.4	37.0	39.1
Japanese yen	21.7	23.5	20.8	17.2	19.0
Pound sterling	11.0	13.0	16.5	14.9	12.9
Australian dollar	3.0	4.3	6.0	6.6	7.6
Swiss franc	7.1	6.0	6.0	6.8	6.4
Canadian dollar	3.5	4.5	4.2	4.3	5.3
Hong Kong dollar	1.0	2.2	1.8	2.7	2.4
Swedish krona	0.3	2.5	2.2	2.7	2.2
New Zealand dollar,	0.2	0.6	1.1	1.9	1.6
Korean won	0.2	0.8	1.1	1.2	1.5
Indian rupee	0.1	0.2	0.3	0.7	0.9
Russian Rouble	0.3	0.3	0.6	0.7	0.9
South African rand	0.4	0.9	0.7	0.9	0.7
Brazilian real	0.2	0.5	0.3	0.4	0.7
Chinese renminbi	0.0	0.0	0.1	0.5	0.3
기타 통화들	64.2	12.8	12.8	15.8	13.8
합계	200.0	200.0	200.0	200.0	200.0

자료원천: BIS, 두 개의 통화 사이에 거래가 이루어지므로 합계는 100% 대신 200%로 두며 1998년 기타 통화 비중의 경우 Euro 가입 이전의 개별 유럽국가 통화수치가 포함된 것임

<표 3>은 통화별 글로벌 외환시장 점유율을 나타낸 자료다. 달러의 압도적 우위 속에서 유로와 엔화가 양 날개로 뒤를 받치며 파운드, 호주 달러, 스위스 프랑, 캐나다 달러 정도가 글로벌 외환시장에 약간이나마 다양성을 불어넣는 구도다. 10년 전이나 지금이나 달러의 글로벌 지배력은 비슷하며 상황에 따라 무의미한 등락을 되풀이한다. 그럼 위 자료를 100%로 바꾸어 좀 더 직관적으로 의미를 되짚어보자. 그러면 미 달러 비중은 40%를 약간 상회하고 유로화는 20%에 약간 못 미치는 수준이 되며 엔화와 파운드는 각각 10%와 6% 정도로 환산된다. 이때 브릭스 5개국 통화는 모두 합해도 2% 미만으로 파운드의 1/3에도 못 미치는 미약한 존재감을 발휘할 뿐이다. 비록 국제사회에서 브릭스 위상이 현저히 상승하고 있지만 국제 외환시장에서는 아직 캐나다보다 못한 영향력을 보인다. 개중에서도 위안화는 더욱 초라해 보이며 한국 역시 경제규모보다 못 미치는 대접을 받고 있다. 양국이 모두 수출경쟁력과 환율을 연계하고 본원통화의 국제화에 무관심했기 때문으로 생각된다. 위안화가 글로벌 3대 통화로 되기 위해서는 점진적 확대보다는 획기적 변혁이 필요한 상태며 중국 정부도 지금까지의 신중함을 버리고 이 방향으로 조금씩 전략을 조정하고 있다. 장기적으로 국제 외환시장은 달러, 유로, 위안화로 대변되는 3강과 엔화, 파운드, 인도 루피, 브라질 헤알로 말해지는 4중 그리고 스위스 프랑, 호주 달러, 캐나다 달러, 러시아 루블, 멕시코 페소로 표현되는 5약의 시대로 재편될 것이다. 한국 원화도 평화통일을 이룬다면 4중은 몰라도 5약의 한자리는 충분히 차지할 자격이 있다.

이쯤에서 위안화 문제에 초점을 맞추어 논의를 진척해보자. 국내

외적으로 위안화 문제는 국제화와 절상이라는 큰 틀에서 다루어진다. 본 글에서는 후자부터 살펴보면서 국제화로 논의를 확대하기로 한다. 먼저 미국은 강한 위안화를 원할까라는 근본적 질문을 던지고자 한다. 독자 여러분은 미국이 정말 강한 위안을 원한다고 생각하는가? 답은 한마디로 노(No)이다. 미국은 달러를 제외한 그 어떤 화폐도 강한 통화가 되길 원하지 않는다. 글로벌 지배자는 단 한 명으로 족하기 때문이다. 세상에 싸고 좋은 물건은 있더라도 싸고 좋은 통화는 없다. 글로벌 기축통화란 달러의 몫으로 유로, 엔화, 위안화의 자리는 없다고 생각한다. 미국이 21세기에도 거대한 존재로 남으려면 오른손에 군사력이라는 검을 쥐고 왼손에는 자본이라는 달러를 붙잡고 머리에는 자유와 민주주의라는 왕관을 써야만 한다. 그래야만 미국은 미국으로써 존재할 수 있다. 그럼에도 미국은 왼손에 움켜진 영광을 중국과 나누려고 한다. 너무 큰 여의주를 문 중국이라는 용이 추락하길 바라는 것일까?

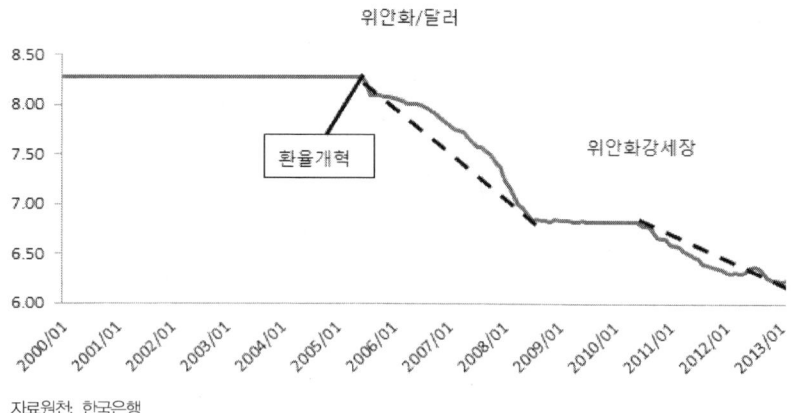

<그림 6>달러 대비 위안화 환율추이

<그림 6>은 2000년부터 2013년 2월 월평균 달러 대비 위안화 환율을 나타낸 자료다. 위안화 환율은 2005년 환율개혁 이전까지 달러에 고정된 채 거의 변화가 없었지만 그 이후로는 단계적 절상 흐름을 기록했다. 우선 첫 번째 단계는 2005년 8월부터 2008년 7월까지로 설정할 수 있는데 이때 위안화 환율이 8위안대에서 6위안대로 넘어왔다. 뒤이어 2년 동안 숨 고르기에 들어가며 제2차 절상 사이클을 준비했다. 첫 번째 단계보다 하락 기울기는 완만하지만 2010년 7월부터 현재까지 위안화 환율은 5위안대를 향해 계속 미끄러지고 있다. 이 단계는 아마 6위안대에서 5위안대로 막 진입하는 단계에서 마무리될 것 같다. 첫 번째 구간이 3년 정도를 두고 완료된 점을 감안할 때 2014년 전후로 두 번째 단계가 끝날 것으로 예상한다. 이어서 몇 년간은 잔잔한 조정기를 가질 듯하다. 개인적으로는 5위안대 극복 결과에 따라 중국판 헤이세이 불황 유무가 판가름 날 것 같다. 즉, 2015~2018년 사이 찾아올 것으로 전망되는 경제위기를 중국이 적당한 생채기만 입고 빠져 나온다면 중국 경제는 장기간 순항하고 그렇지 못하면 중진국 함정에 빠져 허우적거리게 된다. 그럼 21세기는 여전히 중국의 것이 아니다.

　일단 위안화 절상은 미국과의 적절한 조율을 통해 진행되고 있으며 환율개혁 이후 어느덧 23% 정도 절상됐다. 하지만 이를 두고 미국의 승리, 중국의 굴복이라고 섣불리 단정해서는 안 된다. 이전에도 언급했듯이 현 국제정세에서 미국이 독하게 마음먹으면 못할 일은 없지만 중국이 끝까지 반대하면 되는 일도 없다. 위안화 절상은 최소한 중국이 명시적으로 동의했기 때문에 가능한 일이며 일본에 그러했듯이 중국을 테이블로 불러내 윽박지른다고 될 일은 아니

다. 중국은 일본과 분명 다르다. 그럼 중국은 왜 위안화 절상으로 방향을 선회한 것일까? 중국이 위안화 절상으로 돌아선 이유는 크게 네 가지이다.

첫째로 무역불균형 해소로 내정개입과 통상마찰을 피하려는 의도다. 중국은 2011년 대외무역 정책의 기본 기조를 수입확대와 수출안정으로 잡았는데 그 밑바탕에는 글로벌 경제가 장기침체 국면으로 빠져들고 있다는 판단이 존재한다. 수출 지향적 성장구조는 대외적으로 글로벌 무역불균형을 낳아 경제 이외의 영역에서도 중국의 대외 발언권을 제약하는 기제로 작용했다. 아울러 내부적으로는 소비와 내수확대를 통해 경제 불확실성을 제어하고 지속성장 발판을 마련하려고 하기 때문이다. 중국과 같은 경제규모를 가진 국가가 수출을 통한 지속성장을 계속 유지하기는 힘들다. 이는 자연히 무역 분쟁과 무력충돌을 일으킨다.

둘째로 인플레이션을 억제하려는 의도다. 위안화 절상은 수출경쟁력을 떨어뜨리지만 수입단가를 낮추는 역할도 한다. 가공무역이 절반 정도를 차지한다는 점 역시 고려할 때 위안화 절상에 따른 충격은 온전히 중국 기업만의 몫은 아니다. 게다가 위안화 절상에 따른 수입단가 하락은 물가상승 압력을 약화시킨다. 즉, 수출과 수입 사이 장단점이 상쇄되는 효과가 발생한다. 앞서 논의한 첫 번째 이유가 없었더라면 좀 더 인플레이션 국면을 인내했을 수도 있다. 그러나 기존 대외경제 기조를 전환한 상황에서, 즉 수입확대와 수출안정으로 변경한 상태에서 굳이 수출촉진을 위해 물가를 포기할 필요가 없는 셈이다.

셋째로 달러에 대한 출구 전략 추구다. 달러가치는 "미국"의 전체 가치로 지탱되는데 2008년 이후 미국의 진실한 가치는 나날이 추락하고 있다. 중국이 달러자산을 매입하는 목적은 미 경제에 대한 지배력 확보에 있지 않다. 이보다는 밀려드는 외화, 그것이 무역흑자에 따른 결과든 핫머니 유입에 따른 현상이든, 이를 퍼내려는 의도가 강하다. 외화유입은 위안화 발행을 유발하고 이는 유동성 확대로 이어져 최종적으로 물가와 자산가치를 상승시킨다. 중국을 위협하는 최대 적이 미국이라면 공산당을 위협하는 최대 적은 물가다. 그 결과 부동산 분야에서 투기자본에 더해 투자자본도 통제한다는 강수를 두었다. 악의 사슬과 같은 이 연결고리를 끊기 위해서 중국 정부는 달러 대 달러 헤지가 아닌 위안화 대 위안화 헤지를 추구하고 있으며 그 구체적 모습은 네 번째 이유에서 드러난다.

넷째로 적극적 행보를 보이고 있는 위안화 국제화 발걸음이다. 중국 정부는 점진적이고 안정적으로 위안화 국제화를 추진하겠다고 밝혔다. 당장은 달러패권에 대항하지 않으면서 중화권을 우선 대상으로 한다는 뜻으로 달러의 글로벌 기축통화 지위를 존중하며 위안화는 지역통화로 만들겠다는 복안이다. 예컨대 중국은행(BOK)의 경우 2013년 2월 대만에서 위안화 업무를 한 지 딱 한 달 만에 위안화 결제금액이 200억 위안을 돌파했다. 이렇듯 1차적으로 홍콩, 마카오, 대만을 상대로 위안화 역할을 확대한다. 또한 틈새시장인 무역 결제통화로 위안화 역할을 한정한다는 시그널을 계속 발산한다. 즉, 달러지배 시장인 금융과 원자재 시장에 대한 공격적 진출은 자제하겠다는 유화 제스처를 던지는 셈이다. 그러면서도 위안화 제국의 꿈은 버리지 않는다. 중국은 5년 안에 완전한 위안화 자유태환을 실현하고 2025년 전후로 위안화를 달러와 유로에 이어 글로벌

3대 통화로 만들겠다는 야심을 내비친다. 이는 달리 말해서 군사, 경제, 금융, 문화에 걸쳐 강대국에 필요한 모든 조건을 구비하겠다는 뜻이다.

<표 4> 국가별 글로벌 외환시장 비중

일평균 기준
단위: %

국가	1995년	1998년	2001년	2004년	2007년	2010년
United Kingdom	29.3	32.6	32.0	32.0	34.6	36.7
United States	16.3	18.3	16.1	19.1	17.4	17.9
Japan	10.3	7.0	9.0	8.0	5.8	6.2
Singapore	6.6	6.9	6.1	5.1	5.6	5.3
Switzerland	5.4	4.4	4.5	3.3	5.9	5.2
Hong Kong SAR	5.6	3.8	4.0	4.1	4.2	4.7
Australia	2.5	2.3	3.2	4.1	4.1	3.8
France	3.8	3.7	2.9	2.6	3.0	3.0
Denmark	1.9	1.3	1.4	1.6	2.1	2.4
Germany	4.8	4.7	5.4	4.6	2.4	2.1

자료원천: BIS. 참고로 2010년 기준 한국은 0.9%, 러시아는 0.8%, 인도는 0.5%, 중국은 0.4%, 브라질은 0.3%의 비중을 차지하고 있음

이어서 위안화 국제화 필요성을 살펴보자. 첫째로 중국은 세계 2위의 무역대국임에도 대부분의 결제가 달러로 이루어진다. 이는 경제주권과 연결된 민감한 문제로 역사적으로 중국과 같은 대국경제가 자국통화를 해외무역에서 배제한 사례는 극히 드물다. 일례로 2009년만 해도 중국의 국제무역에서 위안화 무역결제가 차지하는 비중은 거의 제로에 가까웠다. 2010년 2%로 상승하고 2011년에 10%까지 껑충 뛰었지만 중국이 가진 경제역량에 비추어 여전히 불만족스러운 수준이다. 중국이 금세기에 '차이나 드림'을 실현하려면 세계에 벤저민

프랭클린뿐만 아니라 마오쩌둥도 있음을 상기시켜야 한다.

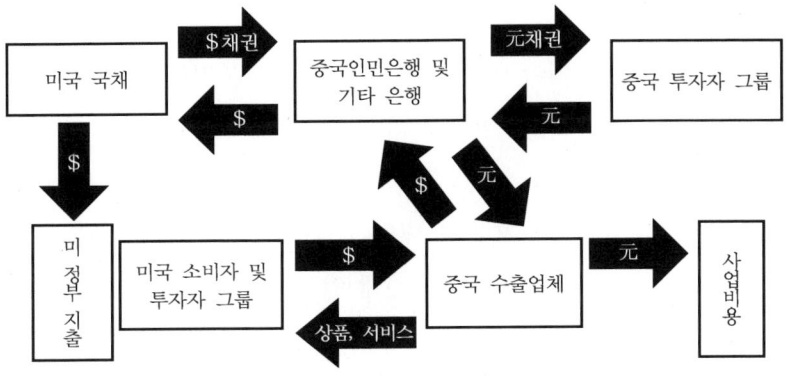

출처: USCC, 『주식투자의 길1: 철학과 전략』 209페이지 재인용.

<그림 7> 중국인민은행 통화 프로세스

　둘째로 물가관리 어려움과 부의 대외유출 문제를 들 수 있다. <그림 7>은 중국 인민은행의 통화 흐름도로 이를 통해 중국과 미국이라는 지역을 놓고 달러와 위안화가 어떻게 이동하는지를 손쉽게 파악할 수 있다. 물론 위 흐름의 대상을 유로와 위안화, 엔화와 위안화 등으로도 확대할 수도 있다. 흐름도에서 보듯이 미국으로 유입되는 것은 상품, 서비스, 달러이고 중국으로 유입되는 것은 미 채권, 달러, 위안화다. 즉, 중국의 경우 종잇조각만 들어오면서 자원은 낭비되고 물가는 상승하지만 미국은 달러가 또다시 들어오면서 통화유발 효과를 떨어뜨리고 실물과 서비스가 모두 증가하면서 사회를 풍족하게 만들고 물가를 안정시킨다는 이점이 있다.

　셋째로 대외자산이 이중으로 환율변동에 노출되어 있다. 앞 장에서 밝혔듯이 2011년 말 현재 중국 대외금융자산은 4조 7,182억 달러에 달하며 부채를 제외한 순 자산규모도 1조 7,747억 달러에 이른다. 10%만 환율이 변동해도 1,700억 달러 이상이 공중에서 분산될 수 있다. 2012년 한 해 무역흑자 규모가 2,311억 달러인 것을 감안하면 이는 결코 적은 금액이 아니다. 따라서 중국은 위안화와 달러, 달러와 투자대상국 통화라는 이중 고리를 끊고 위안화와 투자대상국 통화로 일원화하려 한다. 그 외 환율조작국이라는 오명에서 한층 자유로울 수 있고 위안화를 매개로 대외 영향력을 확대할 수 있다.

　중국 정부도 이런 필요성들을 깊게 인식하고 있지만 아직 여건이 충분히 갖추어지지 않았다. 무엇보다도 부패와 연결된 불법 자금유출 문제가 발목을 잡고 있다. 2013년 1월 중국 미디어는 불법 자금유출 문제를 잇달아 보도하기 시작했다. 이들은 중앙기율검사위원회 내부정보를 토대로 2010년에는 4,120억 달러, 2011년에는 6,000억 달러, 2012년에는 1조 달러 이상의 불법 자금유출이 있었던 것으로 보도했다. 여기에 더해 2013년에는 1.5조 달러에 이를 것으로 추정하고 있다. 이에 앞서 GFI(Global Financial Integrity)는 2012년 10월 『Illicit Financial Flows from China And the Role of Trade Misinvoicing』이라는 보고서를 내고 2000년부터 2011년 사이 3.79조 달러가 불법 유출됐다고 주장하며 2000년 1,726억 달러에서 2011년 6,029억 달러로 그 규모가 급속히 상승하고 있다고 밝혔다. 이 두 자료는 모두 비공식 자료로 그 시기도 논란의 여지가 있다. 따라서 이를 공식자료와 비교하면서 해당 규모를 추론할 수밖에 없다. 이 같은 논란을 의식해서인지 국가외환관리국은 2013년 2월 「2012년 중국 해외자금 유동 모니터링 보고」를 발표하면서 특별히 해외유출 자금에 대한 논평을 내놓았는데, 2012년 한 해 해외유출 자금규모는 3,200억 달러로 이

자금이 반드시 불법자금 혹은 설명이 불가능한 자금만은 아니며 또한 핫머니와 등가도 아니라고 밝혔다.

우리는 일단 이를 큰 의미의 불법자금으로 보고 논의를 진행해 보자. 수학문제의 해를 도출하는 것이 아니라면 누가 옳고 그른지를 굳이 밝힐 필요가 없다. 이런 문제는 정확한 수치보다 현상의 무게를 가늠해 신속하고 적절한 대책을 마련하는 게 더 중요하다. 직관적인 방식으로 1조 달러와 3,000억 달러의 평균인 6,500억 달러 전후로 가정하고 이 값이 의미하는 현상을 해석하면 된다. 요컨대 2012년 한 해 중국의 불법유출 자금은 6,500억 달러로 이는 당해 연도 무역흑자의 3배에 달하며 한국의 외환보유고 2배에 상당하는 규모다. 어떻게 이런 막대한 금액이 정부 감시망을 벗어날 수 있는지 물음표를 던질 이도 분명 존재할 것이다. 그러나 우리는 홍콩이라는 자금허브를 잊지 말아야 한다. 무역대금 결제, FDI, 금융거래, 인편 등 통로는 다양하다. 이는 또한 후진타오-원자바오의 부패척결에 더해 시진핑-리커창이 부패와의 전쟁을 선언한 주요 이유며 금융 분야를 담당했던 왕치산이 중앙기율검사위 서기가 되어 부패와의 전쟁을 진두지휘하는 원인이다. 5년 동안 시간을 두고 금융 분야를 우선 정리할 것으로 전망되며 국내외 금융시장 개방 발판을 마련할 것으로 판단된다.

이렇듯 더디게 굴러가지만 위안화 국제화는 대세이고 지역통화는 다가올 현실이다. 중국 정부가 딤섬본드와 판다본드 발행에 녹색등을 켜는 것도 사전에 위안화 저변을 확장할 의도에서다. 리커창 총리와 호주 줄리아 길러드 총리는 2013년 4월 9일 정상회담을 개최하며 양국 관계를 전략적 동반자 관계로 격상했다. 그리고 그 시점에서 중국은 위안화와 호주 달러의 직접거래를 허가했다. 호주 수출의 1/3 정도, 수입의 1/5 정도가 중국과 이루어진다. 또한 호주는 중국의 직접투자 주요 대상국이다. 두 통화 사이의 관계가 더욱 긴밀해질 요소는 곳곳에 널려 있다. 여담이지만 러시아 또한 자국의 원유, 가스 수출대금을 루블화로 결제한다고 발표하며 자원을 무기로 '황금루블' 시대와 주도국 부상을 꿈꾸는 러시아의 원대한 소망을 대외에 밝힌 적이 있다. 걱정스러운 일은 경제를 넘어 정치영역으로 위안화 외연이 넓혀질 수 있다는 점이다. 다시 말해서 아시아 지역에서 위에니제이션(yuanization) 현상이 넓게 퍼질 수 있다는 말이다. 예컨대 북한이 자체 통화를 버리고 위안화를 본원통화로 삼을 수도 있다. 이는 결코 허황한 소설이 아니다. 북한의 공식환율은 1달러에서 북한 돈 130원이지만 암시장에서는 50배 이상인 7,300원 정도에 거래되고 있으며 일반 북한주민들은 위안화를 더 선호하는 것으로 알려진다. 달리 말해서 달러는 외환개념으로 접근하지만 위안화는 상품결제 수단으로 이용된다는 의미다. 실제로 파나마·에콰도르·엘살바도르 등에서 달러레이제이션(dollarization) 현상이 발생해 달러를 자국통화로 삼은 사례도 있다. 북한도 현 상태에서 이미 세미위에니제이션(semi- yuanization) 현상이 벌어지고 있고 위안화 국제화는 중국 의도와 관계없이 이를 공식화하는 기제로 작동할 수 있다.

중국은 지루한 논의만 있는 아시아 단일통화 구상보다는 상하이협력기구(SCO)와 옵서버국가들을 묶은 블록통화에 더 큰 관심을 보인다. 이런 맥락에서 브릭스의 움직임도 주목할 필요가 있다. 브릭스는 전 세계 토지의 30%, 인구의 40% 이상을 차지하는 거대 블록으로 세계 GDP 비중은 1/4이고 세계 경제성장률 공헌도는 절반에 달한다. 또한 전 세계 무역 1/5 정도가 차지하고 글로벌 FDI 10%가 브릭스로 유입되고 있으며 이들의 외환보유고 총액은 4.5조 달러 정도로 추산되고 있다. 남아프리카공화국 재무장관은 이를 바탕으로 공동 외환풀을 구성해 금융위기 대응능력을 높일 필요가 있다고 주장하며 공동 보험풀 협의도 거론하고 있는 실정이다. 현재 그의 주장은 개인적 의견을 넘어서 구체화 단계로 나아가고 있다. 이를테면 브릭스 재무장관은 2013년 3월 27일 더반에서 열린 제5차 브릭스 정상회의에서 외환, 금융 분야에서 긴급상황이 발생할 경우 국제통화기금(IMF)을 대신할 비상협정기금(Contingency Agreement Fund) 설립을 논의했다. 이 기금설립을 위해 중국이 410억 달러, 인도·브라질·러시아가 각 180억 달러, 남아프리카공화국이 50억 달러를 출자할 예정이며 다음 해 회의에서 이를 확정할 것으로 알려진다.

나아가 정식으로 <더반선언>을 발표하며 브릭스 개발은행 설립을 언급했는데 이들은 기존 세계은행, 국제통화기금 등과 같은 기구가 존재하지만 이 기구들은 서구 선진국 입김에서 자유로울 수 없어 개발도상국의 이익을 충분히 반영하지 못한다고 말하며 브릭스개발은행 설립 필요성을 제기했다. 각종 이견이 존재하지만 중국이 더 큰 부담을 지고 한 발짝 양보한다면 현실성은 높은 편이다. 중국 역시 이를 통해 얻을 유무형의 이익도 적지 않고 위안화 국제화의 한 갈래가 될 수도 있다. 단적으로 브릭스 회원국 간 무역상황만 놓고 보아도 이것이 상당히 매력적인 카드임을 금방 알 수 있다. 2012년 중국과 다른 브릭스 국가 사이의 무역규모는 3,000억 달러 정도로 중국은 브라질·러시아·남아프리카공화국의 최대 무역파트너고, 인도의 제2대 무역파트너다. 또한 2012년 현재 중국의 대(對) 브릭스 누적투자액은 235억 달러에 달한다. 무엇보다도 브릭스 국가들 간에는 큰 무역마찰이 없다. 예컨대 중국은 완제품을 팔고 원자재를 수입하는, 즉 서로 지폐를 교환하는 구조가 아닌 상품을 교환하는 구조를 가지고 있다. 실물상품을 매개로 무역이 일어나는 형태로 저마다 필요한 수준에서 상대국 통화를 보유하고 있으면 된다. 즉, 돈이 종잇조각으로 변할 가능성은 비교적 낮다. 그러므로 교환비용을 지불하면서까지 달러를 결제통화로 이용할 필요는 없는 셈이다. 오히려 달러를 매개로 할 경우 제3자인 미국의 통화정책에 따라 손익이 결정되는 불확실성에 직면할 수 있다.

한편 남미에서도 사전단계의 블록통화 움직임이 포착된다. 2008년 10월 남미공동시장 긴급확대회의에서 회원국 간 거래에서 달러사용을 축소하고 자국통화를 확대하는 방안이 논의됐고 세계은행, 국제통화기금, 미주개발은행을 대신할 남미은행의 운영시기를 앞당길 것을 결의했다. 이어서 남미의 두 경제대국인 브라질과 아르헨티나는 쌍방무역에서 미 달러 대신 브라질 헤알(Real)과 아르헨티나 페소(Peso)를 사용하기로 합의했다. 걸프협력협의회 역시 2008년 통화동맹 협정초안을 마련하여 단일통화 논의를 시작하고 있다. 또한 2009년 10월에는 인디펜던트지가 걸프 국가들이 중국, 러시아, 일본, 프랑스 등과 함께 석유거래에서 달러 대신 사용할 '통화 바스켓'을 구성하는 방안을 비밀리에 협의했다는 보도로 금시장이 요동친 적이 있다. 사우디아라비아와 쿠웨이트 등 중동 산유국의 부인으로 한갓 해프닝으로 다루어졌지만 진실은 모르는 법이다. 그 이전에 아시아에서는 구체적 결과물을 내놓기도 했다. 한·중·일과 동남아국가연합(ASEAN) 10개국 등 13개국 화폐가치를 반영하는 아시아 단일통화인 '아쿠

(Asian Currency Unit, ACU)'라는 개념을 2006년 1월 선보였고 그해 5월에는 아시아판 IMF라는 치앙마이이니셔티브(CMI)를 출범했다. 그럼에도 아시아의 복잡 미묘한 외교정세를 감안할 때 아시아보다는 남미와 중동의 블록통화 실현 가능성이 훨씬 높다.

그래서 블록 또는 양자 통화협력을 통해 위안화 지위를 공고히 하려고 한다. 중국 정부는 2009년 위안화 국제화를 공식화했으며 그 과정을 세 단계로 구분했다. 첫 번째 단계로 주변지역으로 위안화 유통을 넓히며, 두 번째 단계로 아시아 지역 무역결제 통화로 위안화 지위를 확보해 역내 태환가능 통화로서 달러를 일부 대체하고 마지막으로 완전한 위안화 자유태환을 실현해 달러, 유로화, 위안화라는 트로이카 체제를 구축하는 단계다. 지금도 꾸준히 이에 대한 밑 작업이 진행되고 있다. 홍콩, 마카오와 광동성 사이의 무역결제 통화로 위안화 사용을 장려하고 아세안 국가들을 대상으로 광서, 운남성에 한하여 무역결제 때 위안화 사용을 허가했다. 아울러 세계 각국과 양자 간 무역 시 달러를 배제하고 본국 통화를 이용하는 방안을 협의하고 있다. 또한 통화스왑을 통해 위안화 영향력을 확대하고 있는데, 중국은 한국·말레이시아·아르헨티나·뉴질랜드·터키 등 20개 국가와 1.5조 위안에 이르는 통화스왑 협정을 체결했다. 중국은 2011년 10월 한국과 1,800억 위안 규모의 통화스왑 계약을 3,600억 위안(원화 64조 원)으로 확대했고, 2012년 3월에는 호주와 2,000억 위안(300억 호주 달러)을 그 이듬해인 2013년 3월 브라질과 1900억 위안(600억 헤알) 규모의 통화스왑 계약을 체결했다.

이런 중국의 행보에 각국 금융센터는 부산히 사전정지 작업을 벌인다. 좀 과장해서 말하면 전 세계 글로벌 금융센터들이 모두 "위안화 허브" 경쟁에 뛰어들고 있다고 해도 과언이 아니다. 국제은행 간 자금결제통신망(SWIFT) 통계에 따르면 세계 결제통화 내 위안화 비중은 2012년 2월 기준으로 세계 17위 수준으로 나타났다. 한편 2011년 말 현재 중국 대외무역의 9% 정도가 위안화 결제로 이뤄졌는데 이는 1%에도 채 못 미친 2010년 초 비교해 실로 괄목상대할 성과다. 바야흐로 각국 금융센터가 위안화 역외센터로 부상하기 위해 적극적으로 뛰어들며 위안화 시대를 맞이할 준비를 하고 있다. 아시아에서는 홍콩이 위안화 허브로서 지위를 굳힌 가운데 일본·싱가포르·대만이 제2의 위안화 허브 자리를 두고 3파전을 벌인다. 서구에서는 런던이 가장 열정적이며 뉴욕은 약간 주저하고 있다. 런던은 홍콩에 이어 글로벌 2대 위안화 역외시장으로 부상하길 원하는데 실제로 영국 금융권은 중국인민은행과 통화스왑을 맺도록 영란은행(BOE)을 압박하고 있다. HSBC는 1997년 회장 사무실을 런던으로 옮긴 후 2012년 다시 홍콩으로 귀환했다. 중국은 노골적으로 홍콩을 역외 위안화 금융센터로 만들고 있고 HSBC는 여기서 성장동력을 찾으려고 한다. 미국의 경우 시카고상업거래소(CME)가 deliverable CNH futures를 준비하고 있다. 시카고상업거래소는 10만 달러 표준계약 이외에 1만 달러 E-Mini Contracts 출시도 준비하고 있으며 실물인도는 홍콩에서 이루어질 계획이다.

그럼 아시아 지역의 움직임을 좀 더 자세히 살펴보기로 하자. 홍콩은 실질적으로 역외 위안화 센터 역할을 수행하고 있다. 2011년 한 해 1,000억 위안 이상의 딤섬본드(위안화 채권)를 발행했고 그다음 해에는 국가발전개혁위원회(NDRC)가 4개의 중앙기업에 185억 위안 규모 딤섬본드 발행을 허가했다. 2012년 4월에는 첫 위안화 표기종목인 회현부동산신탁펀드(이하 회현, 87001.HK)가 홍콩증권거래소에 정식 상장됐는데 회현은 본토 이외 지역에서 최초로 위안화로 진행된 IPO 종목이었다. 또한 홍콩증권거래소(HKEx)는 2012년 9월 글로벌 첫 거래소 매매 deliverable CNH futures 상품을 선보이며 역외 위안화 가격결정 지배권을 확보하는 데 중요한 발판을 마련했다. 참고로 2013년 1월 현재 홍콩이 보유한 위안화 캐시풀링(Cash Pooling) 규모는 7,000억 위안 이상으로 알려진다.

싱가포르의 경우 발달된 금융인프라와 함께 아시아와 유럽을 연결하는 시간대라는 장점이 있다. 동남아시아로 위안화 외연을 확장할 수 있고 홍콩에 집중된 리스크를 분산한다는 이점도 존재한다. 다만 싱가포르는 옛날부터 홍콩과 경쟁관계로 정부에서 노골적으로 밀어주기에는 부담이 있다. 그럼에도 공상은행은 이미 싱가포르에서 역외 위안화 센터를 가동하고 있다. 일본의 경우 아시아 최대 외환시장으로 2011년 일본 3대 은행의 위안화 거래규모는 1,500억 엔으로 2010년 대비 5배 급증했다. 일본은 현재 도쿄 외환시장에 역외 위안화 거래센터 설립을 중국과 논의하고 있고 650억 위안 규모의 중국 국채매입 계획도 발표했다. 다만 중국을 적대적 경쟁자로 인식하고 있고 역사적 문제, 영토분쟁 등 풀어야 할 숙제들이 많아 싱가포르보다는 훨씬 비관적이다. 그리고 대만은 홍콩, 싱가포르, 일본에 견주어 열세에 놓여 있지만 정치적 배려를 통해 중소규모의 역외 위안화 센터는 가능하다. 솔직히 말해 지원강도가 문제이지 중국이 대만을 완전히 배제하기는 무척 힘들다. 한국도 뒤늦게 위안화 허브 경쟁에 나서고 있지만 전망은 극히 불투명하다. 통화스왑 규모를 이전 1,800억 위안에서 3,600억 위안으로 늘리며 단일 국가로는 최대 스왑 규모(참고로 홍콩과는 4,000억 위안 규모 통화스왑을 체결했음)를 자랑하지만 이건 지정학적 판단의 부산물이다. 즉, 종속의 표시지 경제타산의 증거는 아니다. 한국은 홍콩처럼 본토의 관문도 아니고 대만과 같은 정치 배려를 기대할 수 없다. 경제와 금융 규모는 일본에 뒤지고 시간대는 싱가포르보다 덜 매력적이다. 남북통일이 되어 한반도, 동북 3성, 러시아 원동을 아우르는 북방경제권이 가동된다면 몰라도 잘해 봐야 역외 위안화금융센터의 하부조직에 머물 가능성이 높다.

끝으로 중국은 거대한 경제적이고도 전략적 동기에 따라 위안화 국제화를 추진하고 있지만 해결할 과제도 적지 않다. 금리 및 환율 시장화는 갈 길이 멀고 대규모 자본도피를 막을 실질적 안전판도 아직 취약하다. 시진핑이 부패와의 전쟁을 선포하고 개혁을 강하게 밀어붙이고 있지만 그것이 가시적 성과를 얻기는 상당한 시간이 소요된다. 그의 임기 내에 현실화될지도 사실 불투명하다. 더구나 미국이 위안화 국제화에 꼭 호의를 보인다고 장담하기도 힘들며 역내 주변 국가들의 적극적 참여도 필요하다. 중국은 위안화의 독주체제보다는 달러, 유로화, 위안화로 구성된 다자적 국제통화 질서를 원하며 금융보다는 무역 분야에서 주요 결제통화로 자리 잡기를 바란다. 한마디로 말해 공격적 위안화보다는 방어적 위안화를 추구하고 강한 위안화보다는 넓게 퍼지는 위안화를 바란다.

V
소비굴기

이번 장은 중국 소비굴기 원인과 현상을 짚어보고 이것이 우리에게 미치는 영향을 분석한다. 지금껏 중국은 경제성장으로 각종 사회문제를 덮으며 나아갔는데 그 만병통치약인 경제에서 서서히 불길한 시그널이 울려 퍼지고 있다. 그래서 이번에는 소비를 통해 각종 경제문제를 해결하려고 한다. 이런 배경을 두고 우리는 중국 소비시장의 몇 가지 특징을 살펴보며 이것이 어떻게 중국 소비구조를 변경하고 경제를 끌어올리는지 분석한다. 그리고 거대한 중산층에서 중국 경제의 밝은 장래를 그려본다. 이어서 소비루트가 오프라인 시장에서 온라인 시장으로 옮겨가면서 소비회전율이 빨라지는 일면을 살펴보고 중국인이 소비의 매혹에 도취되어 저축의 미덕보다 소비의 쾌락에 깊게 빠져드는 세태를 드러내고 소비하는 중국이 글로벌 소비 패러다임을 어떤 형태로 바꿀 수 있는지 그 앞날을 예견한다.

1장
왜 중국은 소비굴기를 내세우는가?

과거 중국이 경제성장으로 모든 문제를 덮으려고 했다면 미래 중국은 소비로 각종 경제성장 문제를 해결하려고 한다.

중국 사회에서는 소비를 소모와 동일시하는 경향이 강했으며 생산을 위한 소비만이 진정한 가치가 있다고 여겼다. 그래서 생존과 연관이 없는 소비, 즐기기 위한 소비는 낭비로 매도되었고 비경제적 활동이라는 낙인을 찍었다. 20세기 중반에는 삼반(三反)운동을 통해 독직, 낭비, 관료주의에 반대하며 낭비가 절대 악이라는 인식을 대중에게 깊게 심었다. 지금까지도 사치는 용인되지만 낭비는 경멸하는 기류가 존재한다. 이런 중국이 소비의 위치를 재평가하고 소비가 곧 경제활동임을 받아들인다. 이제는 시장이라는 도화지에 생산이라는 물감을 뿌리고 반으로 접으면 소비가 나타난다는 주장에 동의한다.

이를테면 중국 국무원은 「국민관광레저강요(2013~2020)」를 발표하며 해마다 황금휴일 하나만 더 늘려도 여행객 1억 명이 추가 발생해 연 500억 위안의 관광수입이 증가할 것이라고 주장하고 노동시간과 휴식시간 조합을 어떻게 구성하는 것이 국민경제에 더 유리한지를 깊게 고민한다. 이제는 먹고, 마시고, 노는 것도 생산의 일부분이라고 말하며 정책적으로 이를 장려하기도 한다. 게으른 부르주아의 전유물로 여겨졌던 관광이 지금은 근면한 프롤레타리아의 권리로 바뀌고 있다. "생산의 아버지가 토지, 자본, 노동이라면 생산의 어머니는 소비다"라는 점을 이해하기 시작했다. 따라서 "열심히 일한 동지여 이제는 즐겨라!"로 정책이 바뀌고 있다. 이는 중국 사회가 조금씩 변혁되고 있다는 증거다.

이어서 우리는 소비굴기의 관점에서 몇 가지 변혁요인을 살펴보기로 한다. 첫 번째로 지속성장 가능성에 대한 고민이다. 중국 경제가 조금 주춤하는 모습을 띠면서 국내외적으로 단기로는 경착륙(hard-landing), 중장기로는 중진국함정(middle-income trap)에 빠질지 모른다는 우려가 제기되고 있다. 원자바오 총리가 2012년 경제성장률 목표를 7.5%로 낮추자 글로벌 경제는 마치 양대 엔진 가운데 하나가 꺼진 듯이 호들갑을 떨었다. 글로벌 자원섹터는 비틀거렸고 세계 증시는 갈피를 못 잡았다. 이런 상황에서 중국은 2013년에도 또다시 7.5%를 제시했다. 혹자는 중국이 이제 일상적인 저성장 시대로 접어드는 것이 아닌지 걱정스러운 눈초리를 보내고 있다. 여기서 경착륙이란 빠르거나 급격한 하강을 의미하는 항공용어로 경제 분야에서는 침체국면으로 넘어갈 때 종종 이를 인용한다. 그리고 중진국 함정은 개발도상국이 경제발전 초기에는 고도성장을 이루지만 중진국 단계에 도달해서는 장기침체에 빠진다는 개념이다. 한 나라가 중진국 함정에 빠지면 각종 내부문제가 분출되면서 경제는 정체하고 사회불안은 심화되는 악순환이 되풀이된다. 전형적인 사례로는 1970년대 브라질·아르헨티나 등 중남미 국가를 들 수 있고, 1997년 외환위기 이후로 말레이시아·태국·인도네시아 등도 중진국 함정을 겪고 있다. 아시아 네 마리 용은 대체로 중진국 함정을 벗어난 것으로 여겨진다.

현 단계에서 중국이 중진국 함정에 빠졌다고 단정하기는 이르다. 중국은 이제 막 중진국 문턱을 밟은 상태로 분출하고 있는 문제들이 서로 탄탄히 연계되어 있지 않다. 그러므로 이들이 중국 굴기라는 추세를 구조적으로 단절하지는 못한다. 게다가 경제성장률 목표치를 8%에서 7.5%로 낮췄다는 점이 경착륙의 증거는 아니다. 원자바오가 자인했듯이 중국과 같은 대국경제가 7.5% 경제성장률을 실현하는 것은 만만치 않으며 이는 여전히 높은 수준이다. 내실을 다지기 위해서는 5~6%대로 속도를 조절하고 성장구조 전환에 더 집중하는 편이 어떤 면에서는 더 올바르다. 고성장에서 정상궤도로 진입하고 있으며 외부에서 호들갑을 떠는 것과 달리 내부는 담담하다. 오히려 중국의 정상궤도 진입 여파로 한국 경제가 정상궤도에서 이탈해 침체로 들어서고 있다. 중국의 정상이 한국의 침체로 이어지고 있는 셈이다. 비록 만족할 정도는 아니지만 중국의 정책초점이 성장수치에서 성장구조로 바뀌고 성장의 폭보다는 지속성에 더 관심을 가지는 것은 그나마 불행 중 다행이다. 말하자면 성장의 높이와 속도보다 어떻게 도달하고 얼마나 지속될지를 더 고민하는 셈이다. 이런 맥락에서 두 번째 분야가 논쟁의 중심으로 떠오른다.

두 번째는 중국 경제의 안정을 어떻게 담보할지에 관한 물음이다. 중국은 현재 경기부양책의 대가로 생산과잉이라는 부작용을 겪고 있다. 단기에 이를 해소하기는 힘들다고 보며 장기에 걸쳐 조금씩 소화해야 한다. 그래서 유럽이 휘청거리고 글로벌 금융이 출렁거려도 예전과 같은 경기부양책을 내놓지 않는다. 반대로 투자속도 조절에 나서고 있다. 불필요한 인프라 건설은 자제하고 과잉생산 능력을 퇴출하며 부동산 조절 고삐를 한층 다잡는다. 유럽문제에 대한 소극적 대처도 이 연장선에서 생각해볼 수도 있다. 누군가 2007년 국제금융위기로 중국이 깨달은 교훈이 무엇인가 하고 묻는다면 나는 두말할 필요도 없이 '중국이 더는 수출주도형 경제를 지속할 수 없다'는 사실을 터득했다는 점이라고 답할 것이다. 중국은 싱가포르와 같은 도시국가도 한국과 같은 중견국도 아니다. 한국식 모델은 더 이상 중국에 적합하지 않다. 모름지기 다 자란 용이 언제까지 연못에서 놀 수는 없지 않는가! 세계의 동적 성장 절반을 중국이 견인하는 현실에서 중국이 연못에 안주할수록 중국은 점점 초라해지고 세계는 활력을 잃게 된다. 풍선효과처럼 중국의 위축이 다른 나라의 팽창으로 이어지지는 않으며 이는 공생보다는 공멸을 가져올 뿐이다. 중국은 건실한 대국경제로 계속 나아가야 하고 내수가 이를 실현하는 열쇠다. 다만 미국과 달리 중국은 열쇠재료로 소득구조보다 산업구조 전환을 택했다.

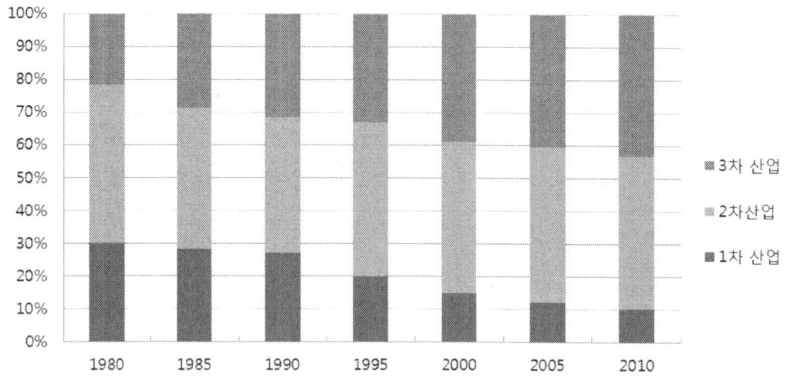

자료원천: 중국 국가통계국

<그림 1> 5년 단위 중국 산업구조 변천

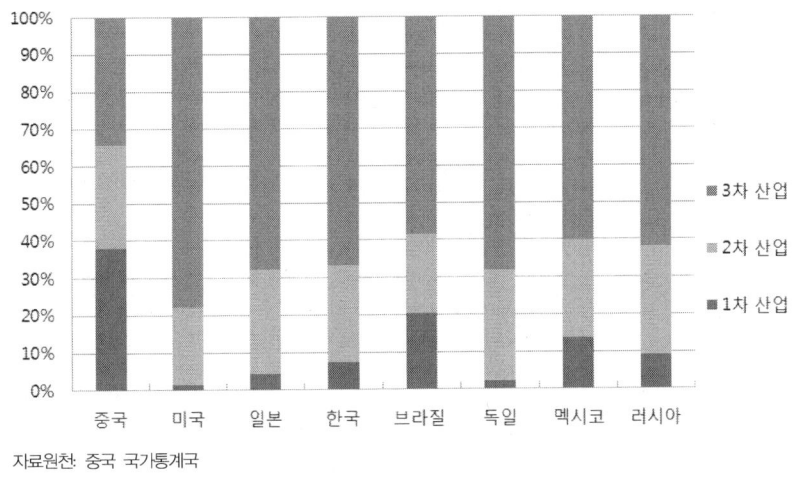

자료원천: 중국 국가통계국

<그림 2> 각국의 산업별 종사인구 비중(2008년 기준)

이쯤에서 중국의 산업구조를 살펴보자. <그림 1>은 5년 단위로 중국의 산업구조 변천을 그려본 것이다. 이차산업은 46% 전후에서 등락하는 가운데 일차산업 쇠퇴와 삼차산업 부상이라는 결과가 관찰된다. 1995~2000년 한차례 도약한 이후 삼차산업은 10년 동안 4%포인트 상승하는 데 그쳤다. 대체로 삼차산업 확장은 일차산업 위축으로 귀결됐다. 그렇지만 1980년 GDP 대비 30%에서 2010년 10%로 일차산업이 1/3 토막이 났지만 농촌인구는 80%에서 50%로 절반 감소하는 데 머물렀다. 2억 명 이상인 농민공을 감안해도 여전히 그 비율에는 차이가 있다. 참고로 중국 국가통계국은 2012년 현재 중국이 농민공 수는 2.6억 명 정도로 이들의 제조업 종사비중이 하락추세라고 밝혔다. 달리 말해서 농민공이 건설업과 서비스업 등으로 빠져나가고 있다는 의미로 그만큼 이들의 소득원천이 불안정해진다는 뜻도 된다. 정책적으로 일차산업을 줄이고 축소분을 삼차

산업으로 이전할 수도 있다. 그러나 식량안보를 판돈으로 삼아 불확실한 소비확대에 베팅할 수는 없는 법이다. 왜냐하면 산업구조 전환은 결과이지 원인이 아니기 때문이다. 이어서 각국의 산업별 종사인구를 살펴보자(<그림 2> 참조). 중국은 산업별로 삼등분한 구조(일차산업 38.1%, 이차산업 27.8%, 삼차산업 34.1%)지만 다른 나라는 삼차산업 비중이 월등히 높으며 미국은 이들보다 더욱 극단적인 구조다. 예컨대 일차산업에 종사하는 인구비율이 고작 1.4%에 불과하다. 그래서 산업구조 전환의 결과로 소득구조가 바뀌고 이것이 소비굴기를 이끌 것이라는 논리가 성립되려면 노동력이 일차산업에서 삼차산업으로 이전되는 통로를 마련해야 한다. 그렇다고 농업을 그만두고 공업화를 늦추라는 의미는 아니다.

셋째로 통상마찰 회피를 들 수 있다. 중국은 통상문제에서 적자교역국과 흑자교역국이 선명하게 나뉜다는 단점이 있다. 중국은 한결같이 국제수지 균형과 무역불균형 해소를 강조하지만 그럼에도 2011년 1,500억 달러 이상 무역흑자를 실현했으며 2012년에는 대외무역 정책을 수입촉진과 수출안정으로 전환하고 의도적인 무역흑자를 추구하지 않는다고 주장했지만 결국 현실적 결과는 이전보다 더 많은 2,300억 달러 무역흑자로 나타났다. 그들의 주장에 따르면 중국은 비의도적으로 해마다 1,500억 달러 전후 이익을 실현한 셈이다. 그것도 유럽과 미국에서 집중적으로……. 일례로 미국의 경우 상품무역적자에서 중국이 차지하는 비율이 2005년 26%에서 2009년 45%로 훌쩍 뛰었다. 여기서 석유항목을 제한다면 이 비율은 80%까지 치솟는다. 중국이 미국, 유럽과의 통상마찰을 회피하려면 이삭줍기를 하듯이 전 세계에 걸쳐 평평하게 수익을 실현할 토대를 마련해야 한다.

마지막으로 고용확대와 양극화 해소를 통한 국가안정 유지다. 중국은 국가안정의 전제가 정권안정이라고 생각한다. 정권안정의 필요조건은 사회 안정이고 사회 안정의 충분조건은 고용보장과 물가통제라고 믿는다. 그런 점에서 후진타오는 고용보장을 원자바오는 물가통제를 더 강조했다. 이는 양자의 의견대립보다는 정치와 경제로 나뉜 역할분담 차원일 수 있다. 한편 내수확대는 일자리 창출을 의미하며 내수확대로 최상위층과 최하위층의 격차는 좁히지 못하더라도 저소득층과 중산층의 간격은 일부 좁힐 수 있다. 고용확대는 최고의 양극화 대책은 아닐지라도 가장 광범위한 양극화 대책임에는 분명하다. 아울러 앞서 언급한 수입촉진은 물가통제라는 측면도 있다. 물가통제는 소비지출에 영향을 미쳐 간접적으로 양극화를 둔화시킨다. 중국은 2011년 당시 인플레이션을 수입성 인플레이션으로 정의하고 있다. 이는 일국의 통제범위 밖에 있는 외부변수에 따라 인플레이션이 유발됐다는 의미인데 그 밑바탕에는 물가상승 책임을 정부에 묻지 말라는 의도 역시 내포됐다.

이제까지 살펴본 내용들을 한 문장으로 결론지으면 중국이 내포한 문제들이 성장통으로 끝날지 아니면 추락 신호탄이 될지를 판가름하는 핵심 고리가 바로 소비라는 말이다. 우리는 지금껏 소비라는 주제를 통해 중국 사회 변혁의 일면을 들여다보고 중국의 성장, 안정, 마찰, 고용, 삶의 문제를 살펴봤다. 그럼 다음 단락에서는 소비에 관한 몇 가지 화두를 붙잡고 이 문제를 심층적으로 탐색해보자.

2장
차이나 소비시장의 몇 가지 화두들

돈의 형태가 바뀌면 소비패턴도 변한다. 직접구매에서 온라인 구매로 소비루트가 바뀌고 있다. 도시화가 진척되면서 중국인은 모던한 삶을 꿈꾸고 생활환경이 개선되며 노령화가 빠르게 진행되고 있다. 소득수준이 올라가며 소비구조가 변경되고 있다. 이 모든 것이 새로운 소비를 창출하며 경제에 활력을 불어넣고 있다.

<표 1> 소득과 소비지출 추이

구 분	도시주민			농촌주민		
	지불가능소득	소비지출	비율	순수입	소비지출	비율
2002년	7,703	6,030	78.3%	2,476	1,834	74.1%
2003년	8,472	6,511	76.9%	2,622	1,943	74.1%
2004년	9,422	7,182	76.2%	2,936	2,185	74.4%
2005년	10,493	7,943	75.7%	3,255	2,555	78.5%
2006년	11,759	8,697	74.0%	3,587	2,829	78.9%
2007년	13,786	9,997	72.5%	4,140	3,224	77.9%
2008년	15,781	11,243	71.2%	4,761	3,661	76.9%
2009년	17,175	12,265	71.4%	5,153	3,993	77.5%
2010년	19,109	13,471	70.5%	5,919	4,382	74.0%
2011년	21,810	15,161	69.5%	6,977	5,221	74.8%

자료원천: 중국 국가통계국

중국도 점점 카드시대로 다가서고 있으며 신용카드가 생활필수품으로 변하고 있다. 2010년 상업은행의 신용카드 발행량이 2억 장을 돌파하며 인구 6명당 1명이 신용카드를 보유한 시대로 들어섰다. 2010년 카드지출액은 지난해 대비 약 40% 급등하며 지폐에서 플라스틱 시대로 빠르게 전환하고 있다. <2011년 중국신용카드산업발전 블루백서>에 따르면 2011년 말 현재 중국의 신용카드 누적 발행량은 2.85억 장으로 조사됐다. 이는 2010년 대비 24.3% 늘어난 것으로 수치로는 5,500만 장이 증가했다. 즉, 2011년 한 해 한국 인구보다 많은 신용카드가 새로 발급됐다. 이와 더불어 신용카드 지출액도 7.75조 위안을 기록하며 2010년보다 약 48% 늘어났다. 증가속도가 한층 탄력을 받고 있는 형국이다. 그러한데도 신용카드 불량대출률은 0.47%로 오히려 2010년 대비 38.16% 감소했다.

이쯤에서 왜 중국의 신용카드가 급성장을 기록했는지를 고민해볼 필요가 있다. 우리는 지금 소비라는 주제를 향해 질주하고 있다. 주민 소비욕구 분출이 신용카드 산업의 쾌속질주를 이끈 것은 두말할 필요도 없다. 그러나 이는 무형적 욕망이지 욕망의 발현은 아니다. 욕망은 플라스틱 카드가 아닌 소비 플랫폼을 통해 이루어지며 중국의 소비 플랫폼은 현재 초고속으로 팽창하고 있다. 단적인 예로 2011년 현재 신용카드 가맹점은 318만 개로 2010년 대비 45.68% 확대되었는데 이는 신용카드 증가율보다 2배 높은 수치다. 만약 앞으로 5년간 연평균 30% 성장한다면 2016년쯤에는 1,000만 개를 돌파할 것으로 예측된다. 또한 2011년 현재 중국 소비품 소매매출에서 신용카드 거래가 차지하는 비중은 41.7%로 2010년보다 9%포인트 이상 상승했다. 이런 추세라면 2020년경이면 보편화를 넘어 신용카드가 일상화될 것으로 판단된다. 무엇보다도 정책적으로 신용카드 산업을 육성할 수밖에 없는데 조세 투명성은 논외에 두더라도 신용카드 사용이 소비를 촉진하고 사회 부담을 낮추기 때문이다. 이는 또한 내수시장 확대라는 큰 밑그림과도 일맥상통한다. 중국은 2011년 신용카드 거래로 소비성장률을 0.46% 높였고 사회적 비용을 1,021억 위안 절약했다.

한국 사례에서도 관찰되듯이 신용카드 소비가 긍정적 측면만 존재하는 것은 아니다. 분별없는 소비를 조장해 사회・경제적 문제를 야기한다. 벌써부터 카누(卡奴・카드의 노예)라는 사회현상이 만연하고 신용카드 불량대출 문제도 점점 논의되고 있다. 월광족(月光族), 카폭족(卡爆族), 카누(卡奴)라는 말은 중국 소비세태의 맨 얼굴을 직설적으로 드러내준다. 예컨대 2011년 중국의 총 신용카드 한도액은 2.6조 위안으로 카드 한 장당 9,123위안의 신용한도가 부과되었는데 이는 중국인의 연평균 지불가능 소득 절반에 달하는 금액이다. 고객유치에 급급한 나머지 월 소득의 20배에 달하는 신용한도를 부여한 은행도 더러 있다. 2003년도 한국 카드사태 당시보다는 아직 미약하지만 중국에서도 경고성이 조금씩 울려 퍼지고 있다. 역으로 이런 점에서 우리는 중국 소비시장 성숙도가 한국보다 적어도 10년 이상 뒤처져 있으며 여전히 거대한 잠재력을 품고 있다고 말할 수 있다.

중국은 현재 겁 없이 소비하는 시대로 접어들고 있다. 그럼에도 가까운 장래에 2003년 한국 카드대란과 같은 상황이 중국을 덮칠 것으로 보지는 않는다. 아직 보편적인 신용카드 시대로 접어들지 않았고 과잉이라는 말은 그 이후 논해야 될 현상이다. 1990년대 초반만 해도 신용카드는 한국에서 신분의 상징처럼 여겨졌는데 최근 몇 년 사이 중국에서도 이런 풍조가 일어났다. 한국의 경우 1990년대 기준 경제활동 인구 1인당 신용카드 보유량은 0.6장이었다. 그러나 중국은 2010년 현재 0.3장에 불과하다. 한국과 20년이라는 격차를 두고서도 그 수준은 절반에 불과하다. 참고로 2003년 카드대란이 발생 전 한국은 1인당 신용카드 보유량이 4장을 넘어섰다. 중국에 비슷한 잣대를 둔다면 중국의 카드대란 도화선은 50억 장 정도다. 앞서 밝혔듯이 2011년 말 현재 중국의 신용카드 발행규모는 3억 장에 약간 못 미친다. 즉, 중국의 신용카드 유동성 위기는 10년 이후에나 다루어 볼 주제이다.

지금껏 신용카드와 소비욕망을 연계하며 미시적 관점에서 소비동력을 살펴봤다면 이제는 도시화, 노령화, 소득수준으로 나누어 중국의 소비 잠재력을 고찰해보자. 솔직히 도시화 지표는 참신한 맛은 떨어지지만 오랜 세월을 두고 소비와 인과관계가 검증된 도구다. 그래서 현상을 설명하고 다가올 물결을 예측하는 데 여전히 유효하다. 중국은 늘 그렇듯이 자신의 언어로 도시화 성격을 규정하고 있다. 자신들이 추구할 도시화는 서구적 도시화가 아닌 인적인 도시화, 스마트한 도시화, 도시와 농촌이 연계된 도시화라고 주장한다. 이미 154개 중국 도시가 스마트 도시 건설을 표방하고 있는데 여기에 소요될 투자자금은 1.1조 위안으로 추측된다. 세계은행은 인구 100만 이상 도시가 스마트 관리체제로 전환하면 발전성과가 2.5~3배 정도 증가할 것으로 추정한다. 2012년 스마트도시발전보고서에 따르면 22개 중대형 도시가 스마트 도시 건설을 명확히 제기했으며 그 가운데 북경, 상해, 광주, 심천, 항주, 녕파 등 중국 선도 도시는 이미 스마트도시 발전특별 규획을 제정했다. 특히 브로드밴드 차이나는 스마트 도시 건설의 가장 기본적인 구성요소로 중국이 가장 강력히 밀고 있는 부문이기도 하다.

리커창 총리는 2013년 3월 전인대 기자간담회에서 중국이 강조하는 신형 도시화를 다음과 같이 표현했다. 그는 "신형 도시화는 사람이 중심인 도시화로 (중국은) 2.6억 명의 농민공이 있으며 그들은 점점 도시로 스며들길 희망한다. 이는 장기적이고 복잡한 과정으로 취업이 이를 지탱하고 서비스가 이를 보장해야 한다. 도시화는 대·중·소 도시가 조화롭게 발전하고 동부, 중부, 서부 지역이 저마다 상황에 맞게 추진해야 한다. 도시병도 방지해야 하는데 한쪽은 마천루가 빼곡하고 한쪽은 판자촌 일색이어서는 안 된다. 따라서 각종 판자촌 1,000만 가계에 대한 재개발 작업을 벌여 도시 이원화 구조를 깨뜨리고 도시화 문턱을 낮춘다. 그리고 신형 도시화는 농업 현대화와 서로 보완된 형태로 발전하며 경지경계선을 엄수하고 식량안전을 보장하며 농민 이익을 보호하는 방식이다"라고 다짐했다. 이어서 "중국 도시화는 인류 역사상 전례가 없는 대규모로 중국발전에 중요할 뿐만 아니라 세계에도 영향을 미친다"고 예단했다.

예컨대 국가발전개혁위원회가 편제한 <전국 도시화 건강발전촉진 규획(2011~2020)>에 따르면 앞으로 10년간 도시화로 40조 위안의 투자가 견인될 것으로 전망하고 있다. 이는 2012년 중국 GDP의 78% 정도에 달하는 금액이다. 50% 수준에 머물고 있는 현 도시화 수준을 70% 이상으로 끌어올리기 위해서는 각 부문에 걸쳐 막대한 수요가 필요하며 이는 중국 내부자원만으로는 결코 불가능하다. 세계적으로 대규모 수요를 촉발하게 되며 이런 선순환 구조를 통해 중국은 지속성장·균형발전·고용창출이라는 세 마리 토끼를 잡게 되고 세계는 장기 성장 동력을 얻게 된다. 참고로 2011년 현재 중국 도시화율은 51.3% 정도로 이제 막 절반의 문턱을 넘어섰다. 그러나 호적을 기준으로 산출하면 여전히 40% 미만으로 이는 농민공들을 포함한 2억 명이 넘는 유동인구가 작동된 결과다. 뜻밖에도 도시화 진행속도는 대체로 보합세에 가깝다. 1996~2000년 사이 연평균 1.44% 성장을 보이다가 2001~2005년에는 1.35%로 소폭 떨어졌으며 2006~2010년 사이에는 1.39%로 상승했다. 이런 추세가 유지된다면 2020년경 중국 인구는 14.5억 명에 이르고 그 가운데 도시인구는 8.7억 명에 달할 것으로 전망된다. 그 결과 2020년 중국 도시화율은 60%에 이르고 2040년에는 70% 이상을 찍으며 최종적으로는 선진국 수준으로 도약할 것으로 전망한다.

정부 부문과 달리 민간 부문은 더욱 낙관적 수치를 내놓고 있다. 중국건투투자연구원(中國建投投資硏究院)은 2013년 투자블루백서를 발표하며 2030년 중국 도시화율이 70%에 달할 것이며 총인구는 15억 명을 넘어서고 도시인구는 10억 명 이상일 것으로 전망했다. 앞서 국가발전개혁위원회보다 10년가량 앞서 도시화율 70%에 도달할 것으로 추산한 셈이다. 즉, 농촌인구가 1/3 이상 감소하고 3억 명 정도가 도시로 유입된다고 전망하며 또한 도시화가 매년 1% 진척될수록 국내총생산이 1~2% 증가할 것으로 예상한다. 부동산과 건설업계 이익을 대변하는 기관 특성상 희망 섞인 바람이 강하지만 도시화율과 GDP 성장률이 정(+)의 상관관계가 있음은 어느 정도 사실이며 이는 정부와 민간 부문 연구소 모두 동의한다. 즉, 중국은 매년 1% 정도의 GDP 성장잠재력을 손안에 들고 경제를 운영하고 있는 것이다.

이는 빠르다면 빠르고 느리다면 느린 속도지만 중국 경제는 적어도 앞으로 30년간은 계속 발전할 먹을거리를 비축하고 있다는 말이며 소비시장 역시 덩달아 팽창한다는 뜻이다. 1선에서 2, 3선 도시로 발전 동력이 전이되고 새로운 수요가 창출되면서 소비시장 파이가 커지게 된다. 무엇보다도 점(點)에서 선(線)으로 선(線)에서 면(面)으로 경제발전 동력이 입체적으로 확대되고 이 루트를 따라 도시화가 진척돼야 중국의 소비와 성장 문제가 풀린다. 당장 앞으로 10년간 도시화로 40조 위안 투자가 일어나리라 추정되는데 이는 대외변수 등락에도 중국이 5% 이상 경제성장을 유지하는 안전핀 구실을 한다. 요컨대 국제적으로 도시화율과 공업화율 간의 적정비율은 대개 1.4~2.5배 사이로 보고 있다. 비록 중국이 1978년 0.41에서 2011년 1.28로 올라섰지만 적정구간에는 아직 미치지 못하는 실정으로 도시화 진행공간이 여전하다. 일례로 상해, 북경과 같은 1선 도시는 이미 도시화율이 80%를 넘어서 넓이보다는 깊이를 따지겠지만 50% 미만인 중서부 지역 2, 3선 도시는 도시화율 자체를 높이는 방향으로 정책이 집행될 것이다. 동부 연안도 아직 충분한 성장공간이 있고 상해 역시 인구밀도는 동경의 1/2, 서울의 1/6 수준에 불과하다. 물론 유동인구를 계산에 포함한다면 이보다는 좀 더 올라갈 것이다.

이제는 노령화로 옮겨가 보자. 앞서 도시화와 달리 노령화는 파급력이 제한적이다. 먼저 중국의 도시주민을 청년, 중년, 노령으로 구분해 지불가능소득 대비 소비지출 비중을 살펴보면 청년층이 72.8%로 가장 높고 중년층은 69.5%, 노령층은 63.9%로 조사됐다. 그렇다고 노령층의 소득이 가장 높은 것도 아니다. 오히려 청년층이 2만 2,156위안으로 가장 높고 노령층은 2만 1,529위안으로 가장 낮았다.

한편 인구구조를 살펴보면 2003년까지 수직 하향하던 출생률이 횡보를 보이며 자연성장률은 하락세를 유지하고 있다. 사망률의 경우 오랜 횡보세 속에서 최근 몇 년 새 상승세를 보인다. 위 결과는 중국 사회가 갈수록 늙어지고 있음을 대변하며 이 추론은 <그림 3>을 통해 다시 검증된다. 인구비중을 0∼14세와 65세 이상으로 대비해보면 새싹은 메마르고 고목만 풍성해진 중국의 모습이 한층 실감 있게 다가온다. 노령화는 국가 전체로는 심각한 문제이나 일부 산업에는 기회로도 작용한다. 더욱이 사회 안정망 부문 수요가 늘어나면서 일차산업에서 삼차산업으로 노동력 이동도 기대된다.

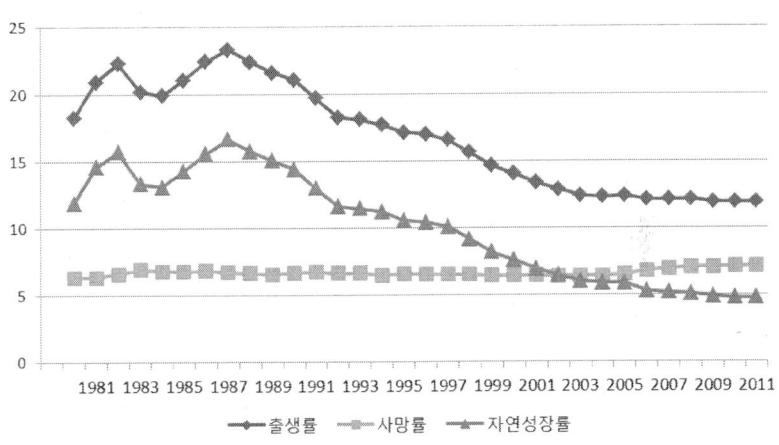

<그림 3> 중국 출생률, 사망률과 자연성장률 추이

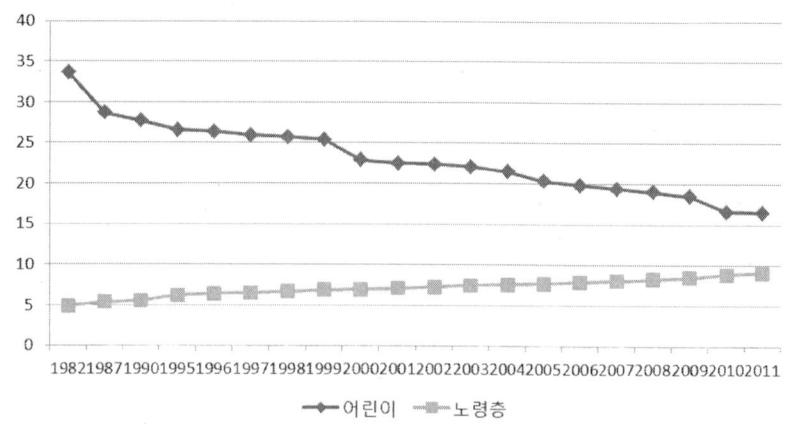

자료원찬: 중국 국가통계국, 어린이는 0~14세 이하, 노령층은 65세 이상 기준

<그림 4> 어린이와 노령층 점유율 추이

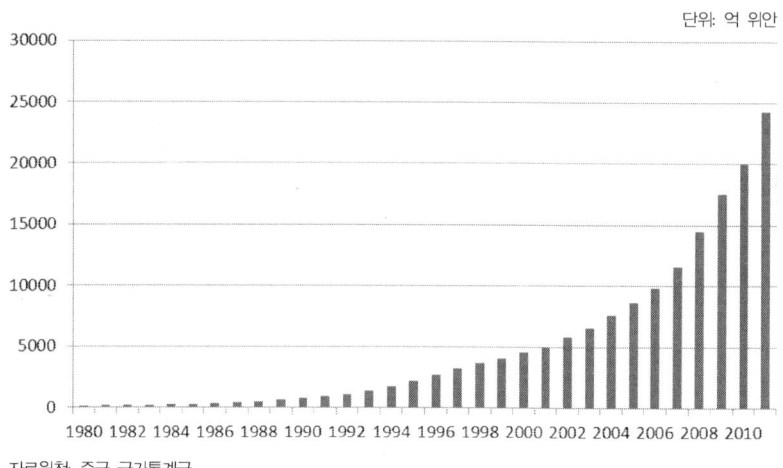

단위: 억 위안

자료원찬: 중국 국가통계국

<그림 5> 연도별 위생 분야 지출추이

여기서 잠시 도시화와 노령화와 연계되고 떠오르는 분야를 살펴
보자. 각종 연구소가 중국의 문화, 오락, 보건위생 등이 폭발적 성

262 굴기의 시대

장을 기록할 것으로 전망하지만 현실은 예상보다 느리게 진행되고 있다. 시장규모는 계속 확대되고 있지만 팽창속도는 갈수록 완만해지며 달콤한 과일이 열리고 있지만 모두가 이를 맛보지는 못한다. 일례로 문화오락 부문 지출비중은 1990년 11.1%에서 2000년 13.4%로 상승한 이후 2010년에는 오히려 12.1%로 하락했다. 의료보건도 1990년 2%에서 2000년 6.4%로 껑충 뛰었지만 이후는 횡보를 보이며 2010년 현재 6.5%에서 제자리걸음을 한다. 절대적 크기가 변하고 있을 따름이다. 참고로 2011년 현재 중국 전체 위생비용은 2.4조 위안으로 당해 연도 GDP 대비 5.15% 수준인 것으로 집계됐다. 1997년 처음으로 4%대를 돌파한 이후 근 10여 년 만에 5%대로 안착했다(<그림 5> 참조 바람).

그럼 소득구조를 통해 위 문제들이 가진 일면을 통찰해보자. 맥킨지는 중국 가계를 네 분류로 나누어 국가별로 계층비교를 한 적이 있다. 먼저 소득계층을 6,000달러 이하는 빈곤층, 6,000~16,000달러는 서민층, 1,600~34,000달러는 중산층, 34,000달러 이상은 부유층으로 정의했으며 시점은 2010년 현재와 2020년 미래로 구분했다. 맥킨지 전망에 따르면 중국의 경우 2010년 현재 82% 수준인 서민층이 2020년에는 35%로 축소되고 6% 수준인 중산층이 51%까지 늘어나면서 중산층이 중국 가계의 주류로 부상하게 된다. 맥킨지의 전망이 옳다면 중국은 전 영역에 걸쳐 양극화가 다극화로 전환되고 다양한 시장이 태동하여 1995~2000년에 관찰된 삼차산업 점프 재현이 예상된다.

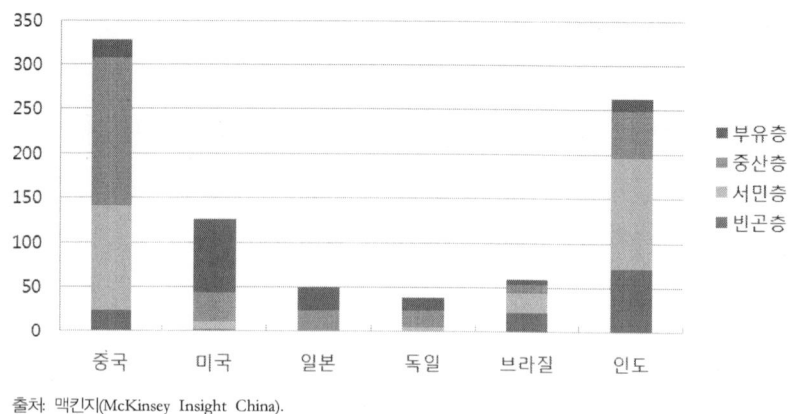

출처: 맥킨지(McKinsey Insight China).

<그림 6> 2020년 중국과 기타 국가의 가계소득 계층비교

    <그림 6>은 세계가 왜 중국 소비시장을 주목하는지 알려준다. 2020년에도 중국의 부유층 수는 미국과 월등한 차이를 보이고 일본보다 적겠지만, 중산층 크기는 중국이 미국을 포함한 다른 국가를 훨씬 압도하고 있다. 중산층이 경제의 중심이라는 측면에서 중국 경제의 미래는 밝은 편이다. 또한 이런 자료는 절대적 비교와 함께 상대적 비교도 진행해야 한다. 그렇지 않다면 우리는 부지불식간에 숫자의 함정, 즉 숫자가 말하는 것만 바라볼 우려가 있다. 예컨대 맥킨지는 34,000달러 이상을 부유층으로 제시했는데 이 수치는 세계 평균이라는 관점에서는 옳지만 미국 평균에 대입하면 전혀 틀린 소리가 된다. 미국에서는 연 20만 달러 이상은 되어야 그나마 고소득층이라는 소리를 듣는다. 즉, 맥킨지 자료는 각 나라의 사정을 고려한 상대비교가 아닌 절대비교를 택해 일괄적으로 적용한 단점이 있는데 이는 기업 관점에서 소득계층을 구분했기 때문으로 판단한다. 그들의 주요 고객이 글로벌 기업이라는 점을 생각

하면 이해되는 부문이기도 하다. 글로벌화로 나이키, 피자, 맥도날드와 같은 브랜드 가격이 서로 수렴하고 있어 대개 컨설팅회사는 실질구매 능력이 아닌 단일 브랜드 소비능력에 포커스를 두고 분석을 진행하는 경향이 있다. 당장 초코파이와 신라면 가격만 해도 한국이나 중국이나 별 차이가 없다.

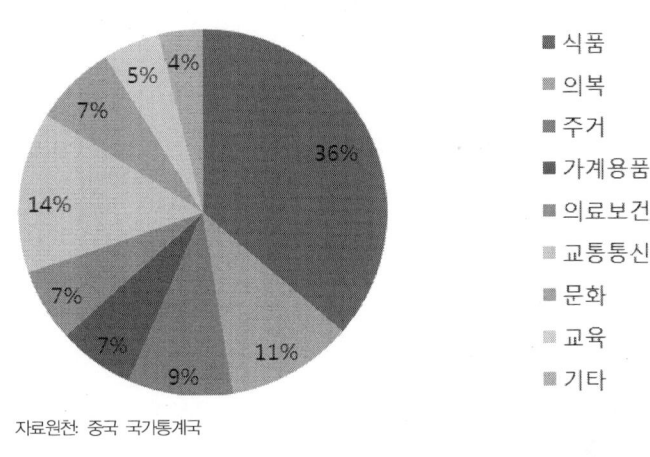

자료원천: 중국 국가통계국

<그림 7> 2011년 중국 도시주민 소비구조

우선 <그림 7>을 통해 2011년 중국 도시주민 소비구조를 알아보자. 식품과 교통통신이 각각 36%와 14% 비중을 보였다. 먹고 움직이고 연락하는 데 돈의 절반을 사용한 셈이다. 의복과 주거는 각각 11%와 9%이고 가계용품, 의료보건, 문화는 나란히 7%를 차지했다. 한국과 달리 공교육 개념이 강하고 대학과 같은 고등교육도 정부가 상당히 부담해 교육비는 5% 수준에 불과했다. 바꾸어 말하면 시간이 흐를수록 현재 비중이 낮은 부문이 좀 더 상승할 가능성이 높다는 의미로 그 가운데 정부재정 지원이 집중되는 의료보

건과 교육비가 앞으로 뚜렷한 상승을 보이고 소득향상과 함께 문화비중도 일정 부분 높아진다.

끝으로 자동차 분야를 통해 중국 소비시장의 확장성을 가늠해본다. 중국의 가구당 자동차 보유 대수는 2000년 0.05대에서 2010년 0.13대로 26배 늘어나면서 새로운 소비아이콘으로 떠오르고 있지만 그럼에도 자동차는 여전히 일부 계층의 전유물로 받아들여진다. 2020년쯤 6% 수준인 중산층이 51%까지 확대되며 자동차 소비는 지금보다 훨씬 넓게 퍼지겠지만 막연히 기대하는 폭발적 성장은 없을 듯하다. 우리는 가계소득과 자동차 보유 대수를 변수로 두고 2020년 자동차 보유 대수를 시뮬레이션 해보았으며 그 결과는 아래와 같다. 2020년경 1인당 국민소득을 1만 달러로 두고 2020년 100가구당 자동차 보유량을 계산한 결과 가구당 자동차 보유 대수는 0.3대로 추산됐다. 이는 2010년 대비 2.3배 확대된 수치로 90년대 초 한국과 비슷한 수준이다. 한국은 1992년 0.3대를 찍었는데 당시 1인당 국민소득은 7,714달러였다. 역으로 말하면 당시 한국은 중국보다 소득수준이 낮은 단계에서 현 중국과 비슷한 자동차 보급률을 기록한 셈이다. 한국은 1996년 0.6대를 기록한 후 2000년에 0.8대를 찍었다. 이때 당시만 해도 한국은 1만 달러 시대에 굳건히 안착한 단계는 아니었다. 한국은 허영과 과시욕에 물들어 IMF라는 로고가 찍힌 자동차를 몰고 다녔을 따름이다. 게다가 위 사실은 한 가지 가정을 세울 수 있도록 만든다. 다름 아닌 2020년 중국의 가구당 자동차 보급률이 60% 수준에 근접한다면 이는 중국 사회에 거품이 잔뜩 낀 상태로 곧 경제위기가 중국을 강타할 것이라는 점이다.

3장
온라인으로 통하는 세상

오프라인 시장보다 온라인 시장의 소비회전율이 더 높고 소비 성장률이 소득증가율을 상회하도록 만든다. 중국의 소비시장은 현실세계에서 가상세계로 신속히 도하하며 소비의 매혹에 흠뻑 젖어들고 있다.

중국은 세계 최대 온라인 시장으로 부상했고 글로벌시장 영향력도 계속 상승하고 있다. 중국의 온라인 구매자 수는 미국을 포함한 그 밖의 글로벌 시장을 넘어섰고 오프라인 시장에 이어 온라인 시장도 중국이 재편하고 있다. 2011년 현재 소매판매액 대비 전자상거래 비중은 8%이고 중국의 온라인 쇼핑객 수는 1.93억 명으로 1.7억 명인 미국을 제쳤으며 2012년에는 2.42억 명으로 불어났다. 그리고 2012년 현재 중국 네티즌 가운데 43% 정도가 온라인 쇼핑을 했는데 이는 3년 전보다 15%포인트 상승한 수치다. 기존 추이가 유지될 경우 2015년에는 네티즌 60% 정도가 온라인 쇼핑을 이용하게 돼 시장은 본격적으로 폭발하게 된다.

보스턴컨설팅그룹(Boston Consulting Group)은 2015년 중국 온라인

소매시장 규모를 3,600억 달러 이상으로 전망했다. 중국 온라인시장 성장세로 볼 때 이는 결코 과장된 수치는 아니다. 알리바바(alibaba) 그룹 한 군데만 살펴봐도 즉시 그 이유를 알 수 있다. 알리바바 그룹은 중국·미국·인도·일본 등에서 직원 2만 4,000명을 고용하고 있는 중국 대표 전자상거래 업체로 산하에 알리바바(alibaba), 타오바오(Taobao), 티엔마오(TMALL), 중국야후, 지불보(Alipay) 등 7개 주요 사업체를 거느리고 있다. 이들 가운데 2012년 말 현재 타오바오(Taobao)와 티엔마오(TMALL) 두 곳 매출합계만 해도 1,700억 달러에 이른다. 앞서 2015년 전망치 절반가량을 2012년 현재 한 그룹이 홀로 실현하고 있다. 지금은 오프라인 유통업체들 역시 이런 소비패턴 변화에 내몰려 쫓기듯 온라인 시장에 뛰어들고 있다. 이를테면 대표적 전자제품 유통업체인 쑤닝(Sunning)은 포브스 선정 중국 소매업 1위 기업으로 직원 수만 18만 명에 전국에 걸쳐 1,700개 매장을 보유하고 있는 절대적 강자다. 그러나 오프라인 공룡인 쑤닝도 온라인 시장에서는 별다를 것 없는 초식동물에 불과하다. 쑤닝이고우(suning.com)라는 온라인 쇼핑몰을 만들고 유아와 아동용품 분야에 강점을 가진 Redbaby를 인수하며 온라인시장을 개척하고 있지만 여전히 선발주자와는 뚜렷한 격차를 보이고 있다.

이에 더해 중국 유통시장도 빠르게 지각변동하며 시류를 읽지 못한 공룡들은 앞으로 급속히 도태될 것이다. 중국 소비시장 역시 과거와 달리 공급자가 아닌 소비자 시장으로 눈에 띄게 재편되고 있고 온라인 쇼핑 고객 수는 폭발적으로 상승하고 있다. 2012년 단체구매 고객 수는 8,327만 명으로 지난해보다 28.8% 늘었다. 무엇보다도 온라인 구매와 온라인 지불이 동반 상승하며 관련 시장의 파이를 키우고 있다. 2011년 온라인 지불고객은 1.67억 명으로 전체 네티즌의 33%가 온라인 지불서비스를 이용했고 2012년에는 2억 2065억 명으로 지난해 대비 32.3% 늘어났다. 이는 대부분의 온라인 구매자가 온라인 지불서비스를 이용하고 있다는 점을 반영한다. 또한 온라인뱅킹 업무를 이용하는 고객 수도 2억 2148억 명으로 2011년 대비 33.2% 증가했다. 비록 온라인 주식매매자는 2012년 증시불황으로 14.5% 축소된 3,423만 명을 기록했지만 증시상황 여하에 따라 또다시 폭발할 수 있다.

보스턴컨설팅은 2015년경에는 중국이 세계 최대 온라인 소매시장이 되고 소매판매액 약 10%가 사이버상에서 실현될 것으로 전망한다. 이 전망이 옳다면 단지 4년 만에 온라인 구매자 수에 이어 온라인 소매시장 규모에서도 미국을 넘어서게 된다. 무엇보다도 51세 이상의 중장년층 이용률이 연 22% 성장하고 있다는 사실이 고무적이다. 특정 연령층에서 전 연령층이 이용하는 시장으로 현재 거듭나고 있다. 온라인 시장 발달은 택배를 필두로 한 물류시장 확대 역시 촉발하고 있다. 전국단위 택배서비스 업체들의 2010년 매출액은 574.6억 위안으로 매출의 절반가량이 온라인 소매 부문에서 발생했다.

사회구조와 소비관념 변화가 전자상거래에 새로운 발전공간을 제공하고 인터넷 발달은 이를 빠르게 성장하도록 만든다. 중국 공업정보화부가 발표한 「전자상거래 12차 5개년 규획」에 따르면 11차 5개년 기간, 즉 2005~2010년 사이 중국 전자상거래 규모는 2.5배 확대되었으며 2010년 말 현재 4.5조 위안에 이른 것으로 조사됐다. 아울러 2010년 중소기업 온라인 거래 및 판매 이용률은 42.1%로 나타났다. 온라인 소매거래가 신속히 확대되고 있는데 11차 5개년 기간 연평균 성장률이 100.8%에 이른다. 2010년 중국 온라인 소매고객은 1.61억 명이며 거래금액은 5,131억 위안으로 전체 소비품 소매액의 3.3%를 차지했다. 전자상거래, 신용서비스, 전자지불, 현대물류, 전자인증 등 소비 플랫폼이 모양새를 갖추어가고 있다. 2010년 기준 전자상거래 서비스 분야 기업은 2.5만 개로 탐색기를 지나 이제는 전문화·집적화 방향으로 나아가고 있다. 온라인 지불, 모바일 지불 등 새로운 지불서비스도 급속히 발전하고 있고 제3자 전자지불 시장규모는 약 60배 성장해 2010년 현재 1조 위안을 돌파했다.

한편 동 보고서는 2015년 중국 전자상거래 규모가 18조 위안을 돌파할 것으로 전망했으며 이 가운데 기업 간 전자상거래가 15조 위안 이상을 차지할 것으로 추정했다. 또한 기업의 온라인 구매와 판매 비중은 각각 50%와 20%에 이를 것으로 예상되고 중소기업 60%가 전자상거래에 참가하여 생태적 환경이 한층 두터워질 것으로 판단된다. 그렇다면 온라인 소매거래액은 3조 위안으로 훌쩍 증가하고 소비품 소매액의 9% 이상이 전자상거래로 채워질 것이다. 이 같은 온라인 소비시장 확대로 타오바오(Taobao)와 징동(360buy) 같은 온라인 쇼핑사이트가 빠르게 성장하고 있다. 타오바오(Taobao)는 약 5억 명의 등록고객을 보유한 글로벌 최대 온라인 쇼핑사이트로 일 방문고객 수는 6,000만 명에 달한다. 2011년 말 현재 일 거래규모는 43.8억 위안으로 270만 개 정도의 고용창출 효과를 발휘하고 있다. 징동(360buy)은 2,500만 명의 등록고객을 보유하고 있고 일평균 페이지뷰는 5,000만 번 정도다. 징동은 2010년 중국 온라인 소매판매액의 32.5%를 차지했으며 2011년에는 중국 온라인시장 역사상 단일 융자로는 최대 규모인 15억 달러를 모집하며 이 분야 시장전망이 밝음을 대외에 과시했다.

그리고 온라인 쇼핑시장 확장은 지불보, 차이푸퉁(tenpay), Union Pay, 콰이치엔(99bill), 모바일지불, ChinaPnR과 같은 제3자 지불수단 플랫폼 발달로 연결되고 있다. 업계조사기관인 EnfoDesk 보고서에 따르면 2012년 2분기 중국 제3자 지불시장 규모는 9,456억 위안으로 지난해 대비 105% 이상 팽창한 것으로 조사됐다. 업체별 시장점유율은 지불보가 47% 이상으로 시장을 선도하고 있고 차이푸퉁(tenpay)과 Union Pay도 각각 20%와 11% 정도를 기록하며 그 뒤를 좇는다. 중국인민은행은 약 200개의 제3자 지불업체가 존재함에도 영업허가증을 자꾸 발급하며 시장육성에 나서고 있다. 앞서의 대형업체들이 다양한 고객을 대상으로 한다면 그 외 업체들은 기업고객을 염두에 둔 조치인 것 같다. 즉, 대기업을 대상으로 전자상거래+물류와 금융+제3자 지불을 한데 묶어서 관련업체 간 산업 클러스터를 형성하려 한다. 중국의 소비시장은 지금 온라인이라는 블랙홀로 급속히 빨려 들어가고 있다.

4장
중국인이 커피를 마시기 시작하면

중국이 소비하면 모든 것이 부족해지고 비싸진다. 중국 소비는 세계 경기의 풍향계 역할을 하며 그 속에서 투기는 기승을 부린다. 중국은 지금 글로벌 소비 패러다임을 전환하고 있는 것이다.

지금까지 중국은 소비문제를 선부론의 연장선에서 접근하는 실수를 범했다. 그래서 문제를 한층 더 크고 복잡하게 만들었다. 중국 정부는 상류층이 소비를 선도하고 중산층이 뒤따르며 서민층이 뒤를 받치면 소비굴기가 이루어질 것으로 본다. 따라서 균형적 소비가 아닌 절대적 소비로 정책방향을 정했고 이는 기형적 소비문화를 잉태했다. 그 결과 중국은 사치품 천국이 되었는데 맥킨지는 2009년 중국 사치품 소비규모를 640억 위안(약 100억 달러)으로 추산하고 2015년에는 1,800억 위안(270억 달러)으로 늘어나 세계 사치품 시장의 20%를 차지할 것으로 예측했다. 실제로 2012년 런던올림픽 동안 중국인은 런던쇼핑가를 휩쓸면서 차이나머니 위력을 과시했다. 영국 정부는 중국 관광객이 쇼핑 건당 203파운드를 소비하며 두 번째로 큰 손인 아랍에미리트(UAE) 관광객을 10% 격차로 따돌리고 가장 후한 관광객이 됐다고 밝혔다. 그리고 영국 미디어들은 오일머니를 대신할 '베이징 파운드'라는 신조어를 양산했다. 참고로 베이징 파운드는 중국인이 영국 현지에서 지출한 파운드를 말한다. 이어서 영국은 2013년 5월 중국인의 비자발급을 간소화하며 더 많은 중국 관광객을 끌어들일 욕심을 숨기지 않았다.

이렇듯 중국인이 명품으로 온몸을 도배한다고 해서 우리 일상생활이 타격을 받는 것은 아니다. 오히려 글로벌 사치품 산업이 활기를 띠면서 전 세계적으로 돈이 회전하는 긍정적 효과도 존재한다. 중국 부유층의 과소비는 중국 내부문제로 중국 사회가 해결할 과제다. 그러나 샤넬과 구찌에 탐미되는 것이 아닌 커피를 즐기기 시작하면 우리의 생활방식은 급격히 달라진다. 13억 명이 커피를 차 마시듯이 하는 광경을 상상하는 것만으로도 커피 애호가들은 공포에 휩싸이게 된다. 다행스럽게도 당장은 그런 일이 벌어지지는 않을 것 같다. 스타벅스는 1999년 1월 베이징에 첫 매장을 연 때부터 현재까지 중국 본토에 매장 600개를 열었고 2013년 목표로 미국과 중국 양대 시장의 영업망 확대 가속화를 제시했다. 초기 단계에는 스타벅스가 상징하는 문화를 마시겠지만 중국인이 점점 커피 그 자체를 좋아할 수도 있다. 그렇다면 우리가 누려왔던 커피 한 잔의 여유는 사라지고 특별한 기호로 바뀔 것이다. 참고로 맥심, 맥스웰 등 인스턴트 커피가격은 중국이 한국보다 더 비싸다.

<그림 8>에서 보듯이 2011년 현재 우리는 2000년 당시 가격보다 3배 이상 더 주고 커피를 마시고 있다. 중국인의 기호와는 별도로 국제 커피가격은 우상향 그래프를 그리고 있다. 여기에 잠재적 소비자 13억 명이 추가된다면 커피가격은 눈 깜짝할 사이에 500달

러 이상으로 뛸 것이고 그 13억 명이 차를 마시듯 커피를 마시면 1,000달러 돌파도 과장된 수치는 아니다. 소위 커피 한 잔이 만 원인 시대로 접어드는 셈이다. 그렇다면 과거처럼 차 문화가 귀족들의 전유물로 바뀌고 커피가 사치품 목록에 다시 포함될지도 모른다. 황당무계한 소리로 들리겠지만 이는 역사적 사실이었으며 현실이 될지도 모르는 우리 미래다. 지금은 사라졌지만 한국도 2000년 이전까지 커피에 특별소비세를 부과했다. 지금 당장 현실화되고 그 충격이 한꺼번에 밀려오지 않는다고 시대적 흐름이 바뀌는 것은 아니다. 그러므로 중국인이 커피를 애용하지 않는 지금 이 순간을 우리는 진심으로 감사해야 한다.

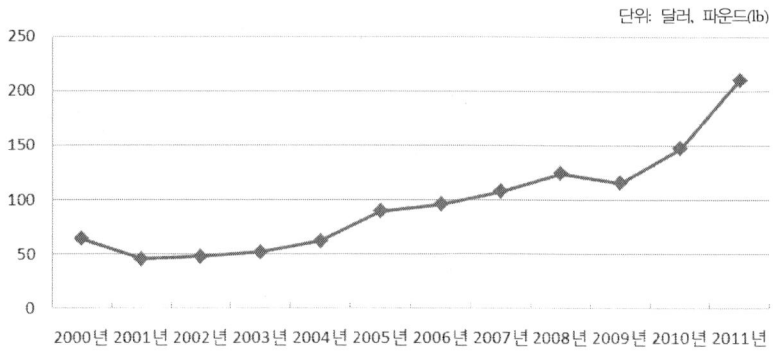

자료원천: International coffee Organization

<그림 8> 국제 커피가격 추이

커피는 기호품이라는 한계가 있지만 원자재, 곡물 등은 일상생활에 직접 타격을 미치고 있다. 일반적으로 국제 원자재 가격은 두 가지 요인에 따라 좌우되는데 하나는 시장수급이고 다른 하나

는 투기 수요다. 국제원유 가격이 고공행진을 펼치던 2008년 당시 골드만삭스는 뒤늦게 상품시장 분석보고서를 제출했다. 이 보고서는 뉴욕상업거래소(NYMEX) 원유 선물·옵션시장 투자자별 포지션을 분석했다. 그 결과에 따르면 엄밀한 의미의 실제수요는 절반에 조금 못 미치는 47.1%에 불과했으며 가격 헤지를 위한 방어적 수요도 11.4%에 그쳤다. 나머지 41.5%는 시세차익을 목적으로 한 투기적 수요로 밝혀졌다. 즉, 기름값의 40%가량은 투기환경이 좌우한다. 정도 문제지 곡물, 금속, 식품 등의 가격도 비슷한 원리로 돌아간다.

그런데 중국은 이 둘 모두에 깊은 영향을 미칠 수 있다. 중국은 세계 경기의 풍향계이면서 또한 주요 동력이다. 원자재 시장의 큰손으로 충분한 투자자금도 보유하고 있다. 4조 위안 경기부양책 덕택에 옆 동네인 증권시장이 죽을 쑤는 상황에서도 세계 원자재 시장은 활황을 구가했다. 그런데 중국이 이 카드를 접어버리고 긴축으로 돌아서자 글로벌 원자재 시장은 바로 추락했다. 이에 더해 중국은 투기적 수요의 좋은 핑곗거리다. 13억 인구와 10%를 넘나들던 경제성장률은 투기수요를 마치 시장수급 결과인 양 바꾸어버렸다. 투기는 넓은 중국의 그림자에 숨었고 원자재 시장에는 수급 원리만 메아리쳤다.

자료원천: IMF Primary Commodity Prices

<그림 9> 전체 상품지수 추이

<그림 9>는 2005년 수치를 100으로 두고 1992년부터 2012년 6월까지 농업, 식품, 금속, 에너지 등 전체 원자재를 포함한 지수 추이를 나타낸 그래프다. 20년 넘게 횡보세를 보이던 상품가격이 2004년부터 시동이 걸리기 시작했다. 2008년 상반기까지 상품가격은 무겁게 상승했으며 그 뒤 반년 정도는 오히려 급속히 떨어져 최고점인 219.65포인트 대비 반 토막이 났다. 글로벌 공조로 각국이 연달아 경기부양책을 내놓았고 상품가격은 신속히 재반등했다. 그 결과 2011년 4월에는 209.87포인트를 찍으며 직전 최고점에 빠르게 다가섰다. 그럼에도 글로벌 경기는 유럽 재무위기로 다시 위축되었고 상품가격은 하락세로 돌아섰으며 2012년 6월 169.7포인트까지 떨어졌다. 이 같은 상품가격 움직임에 지폐남발에 따른 신용팽창과 이로 인한 자산버블, 투기 등이 어우러진 측면이 강하다. 2009년 이후 현재까지가 에코버블 구간임은 두말할 필요도 없다.

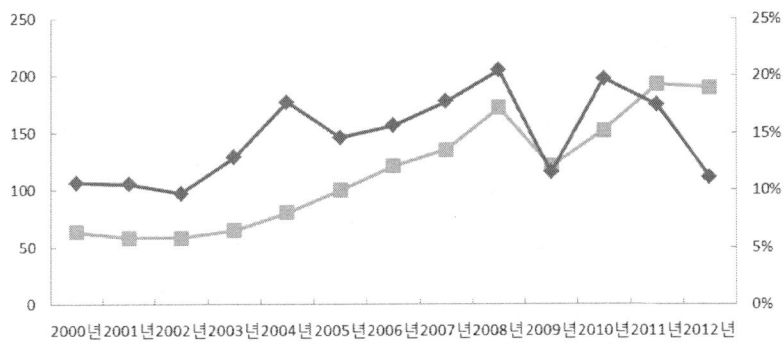

자료원천: IMF와 중국 국가통계국 자료를 바탕으로 수치를 정리함. 전체 상품지수는 IMF Primary Commodity Prices 내 월간 상품자료를 연평균으로 환산했으며 중국의 명목 경제성장률은 국내총생산을 통해 직접 산출함. (좌): 전체상품 지수, (우): 중국의 명목 경제성장률

<그림 10> 전체상품 지수와 중국의 명목 경제성장률 추이

더블딥이라는 용어로 버블이 마치 성장인 것처럼 포장하지만 우리가 또다시 버블을 불러들였다는 점은 변함이 없다.

그럼 이 모든 과정에서 중국은 주변인에 불과했던 것일까? 그렇지만은 않다. 대세를 주도한 것은 아닐지라도 적극적으로 이에 가담했고 물가안정보다는 성장 과실을 더 즐겼다. 중국은 도시화에 대한 조급함으로 부동산 버블을 불러일으켰고 공업대국에 대한 강박으로 과잉생산을 유발했다. 도시화와 공업대국화는 거대한 자원소모를 통해 실현되었고 이는 글로벌 단위의 자원유입으로 지탱됐다. 중국의 명목 경제성장률과 전체상품 지수를 서로 비교한다면 위 글의 의미를 한층 직관적으로 파악할 수 있다.

중국 경제는 2001년 WTO 가입 후 그 즉시 폭발한 것이 아니다. 몇 년 동안 관망기를 거치며 탄력을 받았고 2003년 예열과정을 지나 2004년 마침내 분출했다. 2004년 중국은 직전보다 4.8%포인트 높은 17.7%라는 명목성장률을 기록했다. 이와 때를 같이하여 국제 전체상품 지수도 2003년 65.0에서 2004년 80.4로 크게 도약했다. 중국은 2004년 이전에도 세계 공장으로 불렸지만 당시는 완성형보다는 진행형에 더 가까웠다. 중국이 세계 공장 지위를 굳건히 하고 세계의 깊은 관심을 받은 것은 2005년 전후이며 이때부터 우리는 중국 굴기가 현실화되고 있음을 감지했다. 앞서의 명목성장률과 전체 상품지수는 동조화를 보이며 2008년까지 대세상승을 보였지만 2009년부터 실물경제가 가라앉으며 명목성장률은 직전 20.5%에서 11.5%로 반 토막이 났고 상품지수 역시 172.3에서 120.7로 폭락했다. 이어서 대규모 경기부양책이 잇달아 나오며 2010년 명목성장률은 19.7%로 드라마틱한 반전을 이루었고 상품지수도 덩달아 152.2로 반등했다. 중국 경제와 글로벌 상품가격은 이렇듯 밀접한 관계가 있다.

앞서 우리는 국제원자재 가격이 시장수급과 투기적 수요에 따라 움직인다고 밝혔다. 2011년 중국의 명목성장률이 17.4%로 직전 대비 2.5%포인트 하락했음에도 상품지수는 152.2에서 192.2로 훌쩍 뛰었는데 지연 효과를 감안해도 이는 경제적으로는 설명될 수 없는 성질이다. 또한 글로벌 경기침체를 실감하고 있는 2012년에도 상품지수는 2.6%포인트라는 미미한 하락을 보였을 따름이다. 이에 반하여 중국의 명목성장률은 2009년 글로벌 경제공황을 언급하던 당시보다 더 떨어지고 있다. 2012년 7월 한때 중국의 수출성장률은 1%라는 저조한 수치를 나타냈다. 실물경제가 침체된 상황에서 경제요소인 상품지수는 오히려 2008년 당시보다 더 높은 수준을 유지했다. 경기침체와 금융위기로 급락한 금리가 유동성 증가를 만나 '에코버

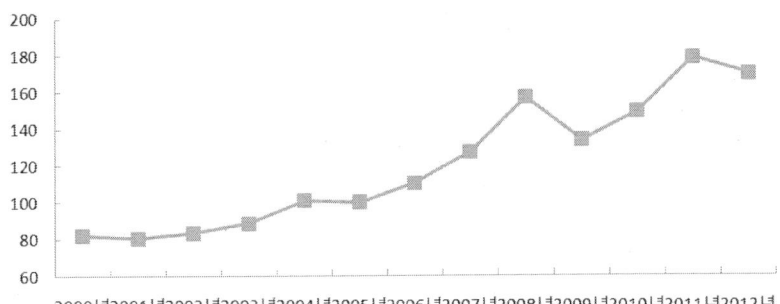

자료원천: IMF Primary Commodity Prices

<그림 11> 식품지수 추이

블(echo-bubble)'을 유발하며 전 세계를 상시적인 인플레이션의 시대로 몰아가고 있다.

　<그림 11>은 전체 상품지수에서 식품지수를 따로 분류한 그래프로 2008년 당시 고점보다 2011년과 2012년이 더 높게 나타나고 있다. 특히 2000년 82 수준에서 2011년 현재 178로 두 배 이상 상승했다. 만약 전 세계인의 부가 이처럼 두 배 이상 상승했다면 그 충격을 어느 정도 흡수했을 것이다. 그러나 현실은 그렇지 못하다. 부의 증가속도가 먹고 마시는 비용보다 더 빠른 이들도 있고 이보다는 더딘 이들도 있으며 오히려 축소된 이들도 존재한다. 한국의 경우 1인당 국민소득이 2000년 1,277만 원에서 2011년 2,492만 원으로 1.95배 증가하며 식품가격 상승률보다 약간 낮지만 같은 시기 중국의 도시주민 소득은 3.5배, 농촌주민 소득은 3.1배 확대되며 식품가격 상승률을 뚜렷이 상회하고 있다. 그래서 한국인은 갈수록 삶이 힘들다고 여기고 중국인은 그나마 개선되고 있다고 생각하며 아직 "꿈"을 노래한다.

VI
산업굴기

崛起

우리는 미래를 먹고살지만 현실은 후생적이다. 첨단과 차세대라는 수식어가 붙은 많은 산업 분야가 일상생활에 직접 영향을 주는 경우는 드물다. 21세기만 도래하면 SF영화에서나 보던 획기적인 미래가 파노라마처럼 눈앞에 쭉 펼쳐질 것으로 생각했다. 그러나 막상 21세기에 들어섰지만 세상이 특별히 바뀐 것 같지는 않다. 지금도 어디선가는 인류 미래를 바꿀 발명품이 연구되고 있겠지만 다양한 원인으로 그 가운데 1%도 채 제대로 보급되지 못하며 나머지 99%는 첨단과 차세대라는 태그를 붙인 채 과거의 잔재로 묻힌다. 1960년대를 주름잡았던 아톰은 지천명이 지났음에도 하늘의 뜻을 깨닫지 못한 채 빗자루 신세를 벗어나지 못한다. 기술 혁신과 대량생산 메커니즘이 첨단과 차세대를 선도하지 않는 한 이는 찻잔 속 태풍에 불과하다. 불행하게도 인류는 고작 스마트폰 속 미래에 머물러 있다. 이것도 분명 인류의 진보이며 먼 훗날 역사의 한 페이지를 장식할 사건임에는 틀림이 없지만 그럼에도 스마트폰은 수천만 가지의 미래상 가운데 일상에 구현된 사소한 하나일 따름이다. 그것이 미래의 전체적 모습으로 각인되고 그 프레임에서만 계속 움직이면 안 된다. 오늘날 학문이 시시콜콜한 문제에 매몰되며 근대와 같은 역사적 진전을 이루지 못하듯이 산업 역시 손안의 장난감에 집착한다면 21세기는 이전 세기의 연장선에 불과할 것이다. 그래서 역사는 신의 손에서 자유롭고 윤리에 관대하며 물질을 숭상하는 중국에 미래를 걸어보는 것인지도 모른다.

1장
중국, 전환과 혁신의 시대로

영국은 기계로 산업혁명의 문을 열었고 미국은 정보를 더해 이를 완숙된 경지로 끌어올렸다. 중국은 여기에 융합과 보편을 덧칠하며 제2차 산업혁명의 문을 노크하려 하고 7가지 속에 중국의 미래를 담는다.

중국은 새로운 자본주의의 모습을 보이며 정보화와 기계화를 융합하는 형태로 제2차 산업혁명을 꿈꾸고 있다. 그러나 이런 움직임이 2차 산업혁명의 단초가 될지는 중국 자신도 모르고 있는 듯하다. 우발적 혁명이며 의지의 결과보다는 과정의 결과인 셈이다. 제2차 산업혁명은 중국이 글로벌 산업구조를 전환하는 것이 아니라 자신의 산업구조를 전환하며 글로벌 산업구조가 바뀌는 형태로 전개될 것 같다. 중국이 고비용사회로 전환할수록 중국의 가격경쟁력은 떨어지고 다른 나라로의 공장이전 압력은 상승한다. 이런 움직임은 지금도 곳곳에서 일어난다. 한국의 중소기업이 중국에서 동남아로 점점 내몰리고 있다. 중국은 산업구조 재편을 앞당겨 생존을 모색할 것이고 막대한 돈을 기술개발에 투입할 계획이다. 이를테면 12차 5개년 기간 일반기업은 매출액 대비 R&D 비중을 1%, 중점기업(주로 대기업)은 3% 이상을 제시했다. 이는 한국의 대기업보다 결코 낮은 수준이 아니다. 무엇보다도 경제규모 차이와 저 인건비를 고려한다면 투입자금의 실질적 규모와 질은 한국보다 훨씬 높다.

여기서 잠시 한국에 불길한 시나리오를 떠올려보자. 2012년 2월 세계 3위 D램 제조사인 일본 엘피다가 파산을 신청했다. 한국은 치킨게임 승리를 자축하며 이를 국가적 자부심으로 격상하고 심지어 개인의 자부심과 동일시했다. 그러나 현실은 생각만큼 낙관적이지 않다. 반도체 시장은 D램에서 플래시메모리로 점점 옮겨가고 있다. 예전과 달리 D램 시장은 더 이상 먹음직한 먹이가 아니다. 이런 상황에서 일본 기술과 중국 자본이 만나는 일이 벌어지면 어떻게 될까? D램을 포함한 반도체 클러스터가 중국으로 이전하면 어떻게 될까? 뒤이어 가격경쟁력을 무기로 치킨게임을 걸어온다면 삼성과 하이닉스가 버텨낼 수 있을까? 어찌어찌 이겨내더라도 반도체시장은 제2의 가전시장으로 변하고 새로운 무언가를 발명해야 할 것이다. 만약 산업전반에 걸쳐 이런 움직임이 발생하면 중국과 한국의 산업 격차는 빠르게 좁혀지고 경쟁품목은 확대된다. 실제로 중국은 독일을 더블 스코어로 제치며 세계에서 가장 많은 수출 1위 품목을 보유하고 있다. 2011년에는 결국 한국을 밀어내고 액정장치 분야에서도 1위를 차지했다. 중국이 한국을 거칠게 몰아붙임에 따라 한국은 일본을 추월해야 한다는 부담감을 느끼게 되고 일본은 한국과의 격차를 더 벌려야 한다는 강박에 시달린다. 이런 형태로 아시아 생산라인은 연쇄적으로 한 단계 나아가면서 서구의 지배영역을 잠식하게 된다. 그 결과 글로벌산업 라인 전반에 걸쳐 도태와 최적화가 발생하고 다양한 산업이 성장한다.

그리고 정보화와 기계화는 곳곳에 퍼진 현실로 낯선 개념이 아니다. 지금 이 순간에도 각 분야에서 정보화가 진행되고 있으며 기계화는 좀 더 완숙된 단계로 넘어서고 있다. 현 세대에게 제2차 산업혁명은 미지의 영역이 아니며 신인류의 몫은 더더욱 아니다. 제2차 산업혁명은 창조 속에서 태어나는 것이 아니라 융합과 보편 속에서 발아되는 것이라고 생각한다. 스티브 잡스는 "창조는 무에서 유를 만드는 것이 아니라 찾고 발견해서 조합하는 것"이라고 주장했다. 그의 주장은 현시대의 중국인에게 딱 들어맞는 말 같다. 괴이함이 빛을 발하면 진기함이 되고 산자이도 단계를 넘어서면 작품이 된다. 우리는 왜 수많은 선진국들을 놔두고 중국이 제2차 산업혁명의 문을 열 것으로 생각할까? 답은 의외로 간단하다. 중국은 아직 미완성된 체제이고 종교와 윤리적 제약이 다른 나라보다 덜하기 때문이다. 서구는 인간복제에 대한 종교적 제약으로 시장형성이 더디고 한국만 해도 배아줄기세포에 관한 윤리적 논란으로 무언의 장벽이 세워졌다. 그러나 중국은 이에 더할 나위 없이 자유롭다. 트로츠키는 『러시아 혁명사』에서 "후진국이 선진국을 뒤쫓겠지만 선진국과 똑같은 순서로 가지는 않는다. 역사적 후진성의 특전은 일련의 중간단계를 건너뛰어 예정된 날짜보다 앞서 이루거나 더 정확히 말하면 억지로라도 그렇게 된다"고 말했다. 선진국이 경험한 실패 역사는 후발국가에게 최고의 교과서다. 일본이 걸었고 한국이 걷고 있으며 중국이 그 발자취를 따라가고 있다.

중국은 산업구조 도약의 키워드로 "전환과 업그레이드"를 내세운다. 여기서 전환이란 전통적 공업에서 신흥공업으로 넘어간다는 뜻이고 업그레이드는 산업구조 전반에 걸쳐 최적화를 하겠다는 의미다. 즉, 이념·모델·과정의 혁신을 동반하여 전략적이고 통합적이며 시스템적인 변혁을 이루려 한다. 게다가 이런 키워드야말로 경제성장 방식 전환의 핵심이라고 믿으며 공업대국에서 공업강국으로 탈바꿈하는 필수경로라고 여긴다. 공업강국은 자주혁신과 기술진보라는 바탕에서 실현하고 자원절약형·환경 친화적 모습을 그린다. 여기서 양화(兩化, 정보화와 공업화)의 심층융합이 중요 역할을 담당하게 되며 개방확대와 개혁심화는 강한 동력으로 작용한다.

한편 「10대 산업 조정 및 진흥정책」을 통해 중국 경제 골간을 튼튼히 하고 7대 신흥 전략 산업을 육성해 날개를 달고 있다. 「12차 5개년 국가 신흥 전략 발전규획」에 따르면 2015년에는 GDP 대비 신흥 전략산업 비중을 8% 전후로 만들고 2020년에는 15%까지 높일 계획이다. 예컨대 2010년 말 현재 중국 신재료 산업규모는 6,500억 위안으로 2005년 대비 연평균 20% 성장을 기록했다. 이어서 '12차 5개년' 기간에는 연평균 25% 이상 성장을 보이며 신재료 산업규모가 2조 위안을 찍을 것으로 전망하며 2020년경에는 명실상부한 중국 선도 산업으로 부상할 것으로 기대한다. 참고로 21세기 초 중국의 세계 부품소재 점유율은 4% 내외로 미국의 1/4, 일본의 1/2 정도였지만 2010년 일본을 확실히 제치고 미국보다도 약간 앞서는 것으로 알려진다. 가까운 장래에 한국과는 3배 정도 격차를 벌릴 것으로 판단한다.

그럼에도 "두 번째 4조 위안 프로그램"이라는 타이틀이 무색하게 신흥 전략산업은 아직 정돈되지 않은 모습을 보이고 있다. 태양광과 풍력 등 신에너지 분야는 워밍업상태에서 벌써 과로 진단을 받았다. 또한 바이오메스 시장은 원재료 중개상의 매점매석으로 내부부터 휘청거린다. 신에너지 자동차도 전망보다 진전이 더디고 재생에너지와 절전, 환경보호 분야도 정부보조에 기대는 측면이 강하다. 단적으로 말해 시장이 아닌 정부가 산업을 이끌고 있다. 이런 단면이 증시에도 영향을 미친다. 중국 증시 상장기업 가운데 약 1/3 정도가 직간접적으로 신흥 전략산업과 연계되어 있다. 그러나 약속된 미래는 없고 고단한 현실만 가득하다. 대다수가 신흥 전략산업이라는 카테고리에 포함된 채 산업 클러스터의 하부조직에 놓여 있으며 제품은 과잉생산에 허덕인다. 엎친 데 덮친 격으로 신흥 전략산업은 전통산업보다 경영환경 변화에 더 취약한 특징이 있어 내구성이 떨어지고 생존력이 약하다. 그 대표적 영역이 바로 태양광산업이다. 중국의 태양광산업은 민영을 중심으로 해 수십 개 관련 기업들이 국내외 증시에 상장되어 있는데 이런 기업들이 현재 정부의 입만 바라보는 실정이다.

미래는 생각보다 더 천천히 다가오고 현실은 기대한 것보다 느리게 변한다. 그렇다고 미리 낙담하고 포기할 필요는 없다. 우리 주위에는 열심히 씨앗을 뿌려도 제대로 수확할지조차 장담하기 힘든 영역도 적지 않다. 인류가 달에 첫발을 내디딘 지 반세기가 지났지만 우리는 아직도 달에서 쓸 만한 물건 하나 건지지 못하고 있으며 앞으로 반세기가 더 지난다고 해도 그럴 가능성은 썩 높아 보이지 않는다. 그런 점에서 신흥 전략산업은 그나마 가시권에 있는 영역인 셈이다. 21세기 중엽까지는 상업화의 꽃이 만개할 것이고 그 장소는 중국이 될 확률이 높다. 중국은 미국에 견주어 창조력과 독창력이 약하고 러시아에 대면 실용성이 떨어지지만 미국보다 추진력이 강하고 러시아보다 지속성이 길다. 지도자에 따라 강약의 차이는 있겠지만 전략순위와 전략 그 자체가 변하는 일은 극히 드물며 새로운 산업을 선도하지는 못할지라도 넓게 퍼뜨리는 능력은 미국과 러시아보다 훨씬 뛰어나다. 무엇보다도 창조력, 독창력, 실용성 등은 차용할 수 있더라도 추진력과 지속성은 빌리기 힘들다.

<표 1> 7대 신흥 전략산업과 23개 세부항목

신흥 전략산업	세부항목
절전 및 환경보호	고효율 에너지절전, 선진 환경보호, 순환이용(재활용 분야)
신세대 정보기술	차세대 통신네트워크, Internet of Things, 3망(통신, 방송, 인터넷) 융합, 차세대 디스플레이, 고성능집적회로, 첨단 소프트웨어
바이오	바이오 의약, 바이오 농업, 바이오 제조
첨단장비제조	항공우주, 해양공정 장비, 첨단 지능화 장비
신에너지	핵 발전, 태양광, 풍력, 바이오메스
신재료	특수 기능성 소재, 고성능 복합소재
신에너지 자동차	하이브리드 자동차(HEV), 순 전기자동차(니켈수소전지)

중국은 지금도 7대 전략산업과 산업별 12차 5개년 규획을 연달아 제정하고 있다. 12차 5개년 기간 절반이 벌써 지나갔음에도. 이는 4세대에서 정책방향과 세부내용을 확정하고 5세대에서 본격적으로 시동을 건다는 점을 말해준다. 그래서 우선 12차 5개년에 공업생산액 평균증가율을 11차 5개년 말보다 2%포인트 높이고 평균 노동생산율은 10% 개선하려고 한다. 아울러 주요 공업제품 질을 국제선진 수준에 근접하게 만들고 정보화 수준도 현저히 높일 생각이다. 공정 흐름의 디지털 비율을 70%로 하고 중대형 기업 ERP 보급률을 80% 이상으로 만들 계획이다. 게다가 자원절약, 환경보호, 안전생산 수준을 뚜렷이 높이고 11차 5개년 말 대비 단위 공

업생산액당 에너지 소모량과 용수사용량을 각각 21% 전후와 30% 정도 낮출 생각이다. 다가올 13차 5개년은 이보다 한층 도전적인 목표를 세우며 7대 전략산업을 안착시킬 것으로 판단한다. 이렇듯 중국은 적어도 10년간은 산업체질 개선에 모든 역량을 쏟아붓고 그 결과를 지켜보며 2020년 이후 산업 밑그림을 재조정할 것이다. 여전히 싸구려 물건을 찍어대고 부패와 엽기적인 행각이 다반사로 벌어지지만 중국은 적어도 자신의 문제를 부정하지는 않는다. 우리는 너무 크게 움직이기 때문에 오히려 중국의 변화를 더 실감하지 못하는 것이 아닌지 그래서 개혁과 변혁의 내면을 놓치고 있는 것은 아닌지 곰곰이 생각해볼 필요가 있다. 부상은 결과이지 과정이 아니며 로마는 하루아침에 이루어지지 않았다.

2장
글로벌 자동차 시장, Made in China 시대로

중국은 2012년 「절전 및 신에너지 자동차산업발전규획」을 제정하며 기존 전기자동차 중심의 발전 전략을 포기했다. 전기자동차 대신에 하이브리드 자동차로 초점이 옮아가고 있으며 2015년 이전 상업화를 목표로 두고 있다.

자동차산업은 여전히 세계경제의 중요한 버팀목이다. 2011년 세계 자동차 판매량은 7,000여만 대로 차량보유 대수는 10억 대를 넘어섰다. 개중에 중국의 자동차 판매량은 2009년 1,300만 대에서 2010년 1,800만 대로 훌쩍 뛴 이후 2011년에는 1,842만 대에 이어 2012년 1,900만 대를 넘어섰다. 중국은 현재 4년 연속 글로벌 최대 자동차 판매시장 지위를 유지하고 있으며 1~2년 안에 2,000만 대 돌파도 문제없을 듯하다. 민간 자동차 보유량도 1억 대를 초과하며 전 세계 자동차 보유량의 10% 정도를 차지했다. 급격히 추세가 꺾이지 않는다면 2020년경 2억 대 초과도 무난할 것으로 전망된다. 또한 2012년 생산액은 5.29조 위안으로 GDP 대비 10.2%를 기록하면서 중국 경제의 주 버팀목임을 다시 한번 각인했다. 한편 2011

년 중국의 자동차 부문 무역규모는 1,430억 달러로 수출과 수입이 각각 741억 달러와 689억 달러를 차지한다. 수입 가운데 70% 정도가 완성차이고 부속품은 30% 정도를 점하고 있다. 완성차 수입 대수는 100만 대 이상으로 2010년 대비 28% 늘어났다. 수출의 경우 부속품이 전체 수출의 75%를 차지하는데 금액으로는 522억 달러에 달한다. 2011년 한 해 약 85만 대의 완성차를 수출하며 지난해 대비 50%가량 성장세를 보였다. 여기서 승용차 수출 대수는 37.21만 대로 1.1배 늘어났다. 이어서 2012년에는 자동차 무역규모가 1,527억 달러를 찍었으며 완성차 수출 대수도 100만 대를 첫 돌파했다.

중국 자동차산업은 앞으로도 안정 성장세를 지속하겠지만 그와 더불어 부작용도 차츰 현실화되고 있다. 교통적체는 갈수록 심각해지고 기름 소모는 점점 팽창하고 매연은 한층 짙어지고 있다. 산아제한과 같은 강제적이고 전면적 제약 단계로 접어들지는 않았지만 도시별로 자동차 구매제한조치가 이루어지고 있다. 2012년 7월 광주지역은 자동차 등록제한 세칙을 발표하며 일정한 쿼터량을 설정하고 추첨과 경매방식을 통해 등록쿼터를 배분했고 여기서 신에너지 자동차는 예외조항이 적용되며 상대적으로 수혜효과를 누렸다. 이보다 앞서 북경에서도 번호판 경매를 통해 자동차 소비에 제약을 가했다. 내부에서 넘치는 것은 밖으로 퍼내야 한다. 2011년 자동차 수출이 50% 급증한 것은 결코 우연이 아니다. 비록 2012년에는 20%로 주저앉았지만 이도 적은 수치는 아니다. 늦어도 10년 안에 우리는 세계 곳곳에서 Made in China라는 마크가 찍힌 차들을 보게 될 것이다.

중국 국무원은 2009년에 「자동차산업 조정 및 진흥규획」을 발표하며 3년 이내에 전기자동차를 필두로 한 신에너지 자동차 판매비중을 5% 전후로 만든다는 장밋빛 청사진을 제시했다. 50만 대로 책정된 판매목표는 2011년 현재 8,000여 대 달성에 그쳤고 2012년에는 1.2만 대를 판매하며 가까스로 1만 대 고지를 넘어섰다. 이처럼 목표치의 2% 수준이라는 초라한 성적표를 내밀며 아직도 시작단계임을 여실히 드러냈다. 기름자동차는 선진국을 빠르게 추적하고 전기자동차로 도약식 발전을 이룬다는 투 트랙 전략은 일단 물거품이 됐다. 근래 Pike Research가 2020년경 전 세계 전기자동차 판매량이 380만 대에 달할 것으로 전망했지만 2013년 현재 눈앞의 현실은 썩 만족스럽지 못하다.

　　중국 역시 전기자동차 시장 형성이 더디자 하이브리드(HEV)로 방향을 급선회하고 있다. 주지의 사실이지만 하이브리드 시장은 도요타가 뚜렷이 앞서가고 있어 중국 자동차 메이커는 열심히 뒤꽁무니만 쳐다볼 가능성이 높다. 중국 자동차 업체는 지금 막 출발선에 들어섰지만 도요타는 이미 400만 대 판매고를 기록하며 기술과 안전성에서 시장검증을 받았다. 최근 도요타는 중국에서 하이브리드 핵심부품을 생산한다는 목표를 두고 6억 달러를 투자해 도요타자동차연구센터(중국) 유한공사를 설립했다. 사전에 중국 하이브리드 시장에 대한 준비 작업에 들어간 셈이다. 중국도 도요타의 기술적 우위와 선도적 위치를 내심 인정하고 있다. 그런데도 선뜻 도요타에 손을 내밀지 못하는 이유는 자신이 힘들게 시장만 형성한 채 정작 과실은 도요타가 챙길 것을 걱정하기 때문이다. 그래서 기술이전 없는 제휴는 불필요하다는 관점을 유지하고 있다. 도요타도 이런 사정을 감안해 중국 기업이 원한다면 기꺼이 협력관계를 수립할 뜻이 있음을 비치고 핵심기술 이전과 공유를 제시하고 있다. 중국에 대한 기술이전에 보수적이던 도요타가 하이브리드 분야는 적극적 자세를 보인다. 이는 포드 "TSI+DSG" 기술의 중국 진입을 눈앞에 두고 중국 시장을 선점하려는 전략으로 해석된다.

중국은 일본의 구애를 지켜보며 정작 협력관계는 독일과 강화하고 있다. 2011년 독일계 3개 자동차 업체의 중국 판매량은 약 300만 대로 중국 연간 판매량의 15% 정도를 차지한다. 자동차 부속품 영역에서도 독일계 약진이 두드러진다. 비아디와 벤츠는 공동으로 기술연구회사를 설립하여 2013년 전기자동차 모델을 출시할 전망이다. 비아디는 2012년 버스를 포함해 총 2,400대의 전기자동차를 판매했다. 그러나 여기에 만족하지 않고 2013년에는 그 목표치를 8,000대로 대폭 높게 잡고 유럽과 남미시장을 공략할 계획이다. 이런 분위기 속에서 중국과 독일 양국은 2011년 6월 「중국-독일 전기자동차 전략적 파트너 관계 공동성명」에 따라 2012년 4월 24일 독일 하노버(Hannover)에서 중국-독일 전기자동차 전략적 협력관계 제1차 연석회의를 개최했다. 중국 측에서는 공업정보화부 장비과, 과학기술부 첨단과학과, 국가발전개혁위원회 산업과, 재정부 경제건설과, 질량검사총국 국제표준위 5개 정부 부문이 자리했고 독일에서는 경제기술부, 교통부, 환경보호부, 교육연구부 4개 정부 부문이 참석했다. 여기서 양국은 전기자동차 안전, 동력전지 안전, 동력전지 성능과 신뢰성, 전지회수 이용, 전기자동차 에너지 측량 및 평가, 스마트그리드 등 분야에 대한 넓은 공감대를 형성했다.

<**표 2**> 신에너지 자동차산업목표

2015년	2020년
신에너지 자동차 엔진배터리, 전기 및 전기제어 기술에서 중대한 진척을 이룬다. 엔진배터리 패널의 경우 150Wh/kg 이상, 전기구동 계통 출력 밀도의 경우 2.5kW/kg 이상으로 만들고 순 전기자동차와 하이브리드자동차 누적 판매량 50만 대 도달을 위해 노력한다. 시장규모에 발맞추어 충전시설 체계와 신에너지 자동차 상업운영 모델을 형성한다.	신에너지 자동차 엔진배터리, 전기 및 전기제어 기술 혁신발전 능력을 갖춘다. 엔진배터리 패널은 300Wh/kg 이상에 도달한다. 순 전기자동차와 하이브리드자동차 누적 판매량이 500만 대를 초과하도록 한다. 충전시설 네트워크는 순 전기자동차 운행수요를 만족하고 규모화 상업운영을 실현한다. 국제 선진 수준으로 전체 수준을 끌어올린다.

자료원천: 국무원의 12차 5개년 신흥 전략산업 발전규획 통지

중국이 전기차를 개발하는 목적에는 석탄을 중심으로 전기를 생산하는 구조도 일부 작용한다. 에너지 효율에서 전기차가 꼭 경제적인 것만은 아니다. 더 많은 전기를 생산하기 위해 오염물 배출은 한층 극심해질 수도 있어 정밀한 비교가 요구된다. 다만 체증할 석유의존도에 단비가 될 것임은 분명하다. 전력원천의 70~80%가 석탄으로 전기차가 광범위하게 도입되면 자동차에 소모되는 휘발유와 경유를 일부 억제할 수 있다. 그렇다면 수입재인 석유에 대한 압박은 일부 경감하게 된다. 그러므로 중국은 신에너지 자동차와 에너지 절약을 한 묶음으로 두고 발전 전략을 짜며 관련 정책을 통해 기술 로드맵과 발전목표, 주요 업무 및 정책조치를 명확히 밝히고 있다. 중국은 앞으로 10년간 절전 자동차와 신에너지 자동차 병행발전을 견지하고 한편으론 순 전동구동(BEV) 방식 신에너지 자동차 발전 전략을 추진할 생각이다. 그리고 순 전기자동차, 하이브리드 자동차 산업화를 중점적으로 실현하고 연료소모량 급감을 목표로 하이브리드 자동차, 절전 자동차를 크게 보급할 계획이다. 이런 관점에서 중국은 4가지 목표를 제시하고 있다.

첫째로 유의미한 시장을 형성한다. 2015년까지 순 전기자동차와 전기삽입식 하이브리드 자동차(PHEV)의 누적 생산량이 50만 대에 도달할 것으로 예상한다. 그해 생산된 승용차의 평균연비는 6.9L/100km, 절전형 승용차 연비는 5.9 이하(100km)로 만들고 2020년에는 순 전기 자동차와 하이브리드 생산능력을 200만 대로 높여 누적 판매 대수를 500만 대까지 높일 생각이다. 또한 승용차 평균 연비는 5.0L/100km, 절전형의 경우 4.5 이하를 목표로 삼는다.

둘째로 표준화를 선도한다. 중국은 전기자동차 안전, 동력전기, 연료소모량 시험방법, 충전, 통신협의 등 60개 항의 국가표준과 업종표준을 채택했고, 「신에너지 자동차 생산기업과 제품진입허가 관리규칙」을 제정해 신에너지 자동차 표준법규 시스템도 수립했다. 동시에 전기자동차 기술조건, 시험방법, 충전소 등 다수 관련 표준을 수정하여 신에너지 자동차 표준시스템을 한층 더 개선하고 있다.

셋째로 지원강화로 발전을 도모한다. 중국 정부는 대규모 시범실시를 적극 추진하여 신에너지 자동차 기술진보를 촉진하고 시장육성과 산업화 발전을 도모하고 있다. 현재까지 25개 도시에서 공공서비스 영역에서 신에너지 자동차 시범보급을 진행하고 있으며 시범적으로 6개 도시는 개인이 신에너지 자동차 구매 시 보조금을 지급하고 있다. 이제껏 보급한 절전 및 신에너지 자동차는 1.6만 대로 이 가운데 신에너지 자동차가 8천 대 이상이다. 참고로 전국에 산재한 충전소 수는 1만여 개다. 여기에 더해 중국 정부는 한층 획기적인 신에너지 자동차 시범실시 방안을 연구하고 있다.

넷째로 정책지원 확대로 발전을 촉진한다. 잦은 스모그로 인해 환경 분야와 맞물려 발전 속도가 한층 탄력을 받을 것으로 전망한다.

중국 정부는 절전 및 신에너지 자동차산업발전을 지원 장려하기 위해 여러 가지 정책지원과 관련 조치를 내놓고 있는데 일례로 절전 자동차 보급정책, 저연비 승용차에 대한 보조금 지급, 절전 자동차 소비 장려를 들 수 있다. 현재 제7차 절전 자동차 보급목록에 포함된 기업 수는 12개이며 자동차 모델 수는 49종이다. 이 가운데 독일계는 2개 기업에 13종 모델로 알려진다. 강회자동차의 경우 2012년 11월 신에너지 자동차 사업 명목으로 보조금 1억 위안을 따냈다. 이외에도 중국은 신에너지 자동차 연비절감률과 전지용량을 토대로 보조금을 지급하고 충전소 설립을 장려하고 있다. 세수우대 정책으로 「차선세법」과 「차선세법 실시조례」를 통해 신에너지 자동차에 대해 차선세(자동차 보유세에 해당)를 감면하고 있다. 이렇듯 중국은 정책을 세우고 시장을 탐색하며 기술을 점검하면서 점진적으로 차세대 자동차 시장으로 나아가고 있다.

이상의 내용을 간추리자면 중국은 2020년 전후로 기름자동차 글로벌 시장진출, 전기자동차 시장 주도라는 투 트랙 전략을 확립할 것으로 전망한다. 저가품에 국한된 Made in China 이미지를 탈피하며 중국은 점점 중고가품으로 나아갈 것이며 그 속에 자동차도 포함된다. 결국 글로벌자동차 시장 역시 Made in China 시대로 조금씩 넘어가면서 산업구조가 재편되고 기술진보도 이루어지게 된다. 중국은 한편으론 한국 자동차산업이 걸어온 길을 답습하고 다른 한편으론 한국 자동차산업이 나아갈 길을 먼저 밟으려고 한다. 시간의 문제이지 자동차산업 역시 중국에 유리하게 돌고 있으며 자동차 덤핑시대도 그려본다.

3장
첨단에서 중국 산업의 미래를 찾다

자유와 개성을 촉매제로 창조와 혁신을 이루고 이 속에서 첨단 산업은 본격적으로 꽃망울을 피울 것이다. 중국은 첨단의 보편화를 추구하고 있다.

첨단(尖端)은 뾰족할 첨(尖)에 끝 단(端)이 더해진 말로 흔히 시대를 앞서간다는 의미로 자주 쓰이며 우리는 현 세대를 넘어선 무언가에 첨단제품, 첨단기술 등의 수식어를 붙이고 이를 미래의 지표로 삼는다. 그런데 첨단과는 아직 거리가 먼 중국이 다른 나라보다 더 적극적이고 맹렬하게 첨단을 주장하고 있다. 농촌경제에서 공업경제로 성공적으로 탈바꿈한 중국은 이제 노동집약적 산업에서 기술집약적 산업으로 도약하려고 한다. 그리고 그 기술은 평범함을 넘은 비상한 것이어야 한다고 말한다. 왜 중국은 이 시점에서 첨단을 강조하는 것일까? 단순히 저부가가치 탈피를 위해서일까? 그렇지만은 않다. 한마디로 시기가 무르익었기 때문이다. 산업 분야를 떠나 전 사회적으로 시대를 앞서는 것을 선망하고 다름에 관용적 태도를 보인다. 과거 패션과 디자인은 낭비와 허영의 표상이었지만 지금은 경쟁력으로 인식한다.

이런 사고전환 일면은 원자바오의 발언에도 잘 나타난다. 그는 2012년 6월 중국과학원과 중국공정원 원사보고에서 "과학기술 발전이 없었다면 오늘날의 중국이 없었고 내일의 중국도 없다"고 말했다. 여기서 원자바오는 1980년대 중관촌 전자거리가 형성된 이후 20여 년 사이에 2만 개의 하이테크 업체가 이미 중관촌에서 뿌리내리고 있다고 설명하며 「국가중장기 과학과 기술 발전규획강요」에서 확정된 "자주혁신, 중점초월, 발전지탱, 미래인도"라는 지도방침을 상기했다. 그리고 **"생동감 있고 제약이 없으며 발명과 창조에 매진할 수 있는 학술자유를 제창할 필요가 있다.** 학술연구는 쟁론을 장려할 필요가 있는데 그래야만 비로소 비판적 사고가 촉발된다. 비판적 사고는 현대사회에서 필수불가결한 정신상태며 이제는 개성을 존중해야 한다. **개성이 없는 사회는 생명력과 창조력도 없다.** 한 나라, 한 민족의 번영 유무는 인민의 거대한 창조 잠재력과 독립적 사고정신이 발휘될 수 있는지에 달려 있다"고 말했다. 여담이지만 과학기술에 대한 중국 지도층의 열정은 세계 최고다. 좀 과장해서 말하면 탐욕이라는 말을 붙여도 지나치지 않다.

첨단산업 발전의 전제조건은 넓고 탄탄한 기초산업이다. 꼭대기에 놓인 첨단산업은 층계별로 튼튼한 하부산업이 필요하다. 게다가 밑으로 갈수록 더 넓은 버팀목이 받쳐야 한다. 말하자면 첨단산업은 넓은 산업 클러스터를 바탕으로 탄생하는 것이다. 중국이 개혁개방 정책을 한 지 30년 정도가 지났고 세계화의 물결에 몸을 맡긴 지 10년이 흘렀다. 아편전쟁 이후 뒤바뀐 중국과 서구의 관계도 교정되고 있다. 낡은 경제발전 모델을 폐기하고 시장주의 발전모델을 받아들였고 때 지난 이념논쟁을 무덤에 묻고 창조, 혁신, 개성을 강조한다. 첨단은 더 이상 모난 돌이 아니다. 중국의 앞날을 책임질 동력이다.

<표 3> 신흥 장비 산업목표

	2015년	2020년
항공장비산업	대형여객기의 첫 비행과 ARJ21 소형여객기 대량생산과 인도를 실현한다. 신형 일반항공기, 민용 헬리콥터 발전 및 응용에서 전면적 돌파구를 마련한다. 초기단계로 국제 수준의 항공 R&D와 생산체계를 형성하고 국산 비행기, 핵심부품 연구제조 및 생산능력을 이루고 중국 항공산업이 세계 항공산업 클러스터에 융합되도록 한다.	대형여객기 연구개발 제조에 성공하고 대량으로 시장에 진입한다. 신형 소형여객기 연구 제조를 완료하고 소형여객기의 계열화 발전과 일반항공기의 산업화 발전을 실현한다. 대형 상용비행기 엔진의 연구제조를 실현한다. 항공제품과 항공서비스 영역에서 경쟁우위를 확보하고 항공산업의 국제화 발전 수준을 뚜렷이 높인다.
위성 및 관련 응용산업	지구관측, 통신방송, 항법위치측정 등 위성시스템과 지면시스템으로 구성된 공간 인프라를 기본적으로 수립한다. 완전한 응용서비스 체계를 수립하고 위성제조, 발사서비스, 지면설비제조, 위성운용서비스 등 완벽한 산업 클러스터를 갖춘다.	전천후 글로벌 지리관측, 글로벌 항법위치측정, Multi-frequencies 통신방송 등의 위성시스템으로 구성된 국가 공간 인프라를 수립하고 완벽한 공간정보서비스 플랫폼과 응용서비스 네트워크를 수립한다. 우주산업 발전 수준을 국제선진 수준으로 만든다.
궤도교통장비	선진 궤도교통 핵심기술을 확보하고 전면적인 궤도교통장비산업 자체 설계제도를 실현한다. 중국 궤도교통 발전수요를 만족하고 주요 제품의 경우 국제적 경쟁력을 구비한다.	표준체계와 인증체계의 국제화를 실현하고 궤도교통장비기술을 국제선도 수준으로 만들어 국제화 발전 종합능력을 형성한다. 턴키방식이 가능하며 글로벌적으로 자원배치 능력을 가진 대형기업을 구비한다.
해양공정장비	심해해양공정장비 자체 설계건조 및 핵심설비 조립능력을 실현한다. 자체 심수자원개발 장비 체계를 기본적으로 형성하고 국내시장 점유율을 높이며 국제경쟁력을 구비한다.	심해해양공정장비 자체 설계건조와 핵심설비 조립능력을 전면 구비하고 해양공정 장비산업에서 R&D, 제조, 설비공급, 기술서비스산업 체계를 형성한다. 아울러 국내시장 점유율을 한층 높이고 국제경쟁력을 향상한다.

지능화 제조장비	감응신호장치, 자동제어시스템, 공업로봇, 서보(Servo) 실행들을 대표로 한 지능화 장비 분야에서 돌파구를 마련함과 동시에 국제선진 수준에 도달하도록 한다. 주요 설비와 대형 생산라인의 집적 수준을 대폭 향상한다. 국내시장 점유율을 높이고 중점영역 제조과정에서 지능화 수준을 뚜렷이 향상한다.	완전한 지능화 제조장비산업시스템을 구축하고 국내시장 점유율이 50%에 도달하도록 한다. 국제경쟁력을 갖춘 산업단지와 기업을 육성하고 국제선진 대열에 진입하도록 만든다.

자료원천: 국무원의 12차 5개년 신흥 전략산업 발전규획 통지

그럼 중국의 첨단산업 분야를 간략히 살펴보자. 중국 첨단산업의 뼈대를 이루는 것은 장비제조업이다. 중국 장비제조업은 2009년과 2010년 2년 연속 세계 최대 규모를 자랑했다. 2010년 첨단 장비제조업은 1.6조 위안 매출을 기록하며 전체 장비제조업의 8% 전후를 차지했다. 다만 핵심기술과 관련 부속품 개발능력이 떨어져 기술 수준은 선진국과 일정한 격차를 보인다. 또한 제품의 신뢰도 역시 떨어지며 산업 클러스터도 아직 통합된 단계는 아니다. 중국은 이런 취약점에도 중국 제조에서 중국 창조로 빠르게 전환하고 있다. 재공업화, 저탄소경제, 차세대 신에너지, 스마트화 등의 발전노선에 맞추어 첨단산업을 가꾸고 있으며 2015년까지 새로운 단계로 산업규모를 도약하려 노력한다. 첨단장비 제조업의 매출목표를 6조 위안 이상으로 설정하고 2010년 8%인 비중을 15%까지 높이고자 한다. 이를 통해 공업부가가치 내 첨단장비 제조업 점유율을 28%까지 끌어올리려고 한다. 동시에 국제시장 점유율도 대폭 높이고 혁신능력도 크게 업그레이드하려고 노력한다. 주도기업의 경우 매출액 대비 R&D 비중을 5% 이상으로 만들고 글로벌 브랜드를 육성할 계획이다. 아울러 스마트 기술과 핵심장비의 보편화를 추구하고 중점

산업의 스마트화 비율이 30%가 넘도록 할 계획이다. 특색에 맞게 여러 가지 첨단장비 제조단지를 세우고 산업집중도를 한층 더 높이려고 한다. 그래서 2020년까지 첨단장비 분야가 전체 장비제조업 매출에서 차지하는 비중을 25%까지 높일 예정이다. 덧붙여 주요 핵심기술을 확보하여 세계 일류 수준으로 산업경쟁력을 끌어올릴 계획이다.

뼈대에 이어 이제는 혈관을 들여다보자. 중국은 2010년 말 현재 13개 도시에 걸쳐 49개 라인의 궤도교통을 운행하고 있으며 총 운영구간은 1,425.5km이다. 현재 16개 도시에서 총 2,200km의 96개 라인을 추가 건설하고 있다. 이어서 2015년까지 30개 도시에서 85개 궤도교통 라인을 더 건설할 예정이다. 중국의 궤도교통설비 산업규모는 확장일로에 있는데 2010년 기준으로 매출액은 2,477억 위안이고 수출액은 84억 위안에 달한다. 중국은 현재 러시아·호주·브라질·인도 등에 차량을 수출하고 있다. 11차 5개년, 즉 2006~2011년 사이 연평균 성장률은 31.9%로 같은 시기 GDP 성장률보다 3배 정도 높다. 2013년 이 분야 투자규모는 2,800억 위안을 초과할 것으로 전망되며 24개 도시에 걸쳐 관련 프로젝트를 착공할 계획이다. 이 분야에서 중국은 이미 국제적인 제조기지도 갖추었고 생산능력도 글로벌 선두다. 국가단위 연구기관이 10군데고 국가인증 기업기술센터도 13개나 된다. 또한 2010년 현재 매출액 대비 R&D 비중이 4%에 육박하며 10%를 초과한 기업도 있다. 다만 연구개발 능력, 표준시스템, 부속산업, 국제화 능력 등에서 선진국과 견주어 떨어지는 편이다.

유럽철도차량연맹(UNIFE)은 2015년까지 글로벌 궤도교통 장비시장이 연 3% 성장률을 유지하고 연 수요는 1,000억 유로 이상으로 전망하고 있다. 중국 역시 다국적기업 진출과 국내시장 포화로 치열한 경쟁이 펼쳐지고 있다. 그래서 해외시장으로 눈을 돌리고 있으며 정부 차원에서 여러 경로로 해외진출을 지원하고 있다. 중국은 2015년경 이 분야 매출을 4,000억 이상으로 만들며 R&D 비중도 5% 이상으로 높일 계획이고 주요 제품을 국제 선진 수준으로 업그레이드함과 동시에 국제시장에 대거 뛰어들 생각이다. 여기서 멈추지 않고 2020년경에는 매출을 6,500억 위안 이상에 R&D 비중은 6% 이상으로 끌어올릴 계획이다. 아울러 국제경쟁력을 갖춘 다국적 기업을 육성하여 국내를 넘어 글로벌 발전 단계로 뛰어오를 생각이다.

이어서 뇌에 해당하는 지능화 분야를 살펴보자. 지능화 장비산업에는 자동화 제어시스템, 수치제어 공작기계, 공업로봇 등이 있으며 2010년 매출은 3,000억 위안 정도로 조사됐다. 그러나 중국은 이에 만족하지 않고 연평균 25% 이상 고성장을 실현하여 2015년에는 매출액 1조 위안을 돌파하려 한다. 이렇게 산업기틀을 다진 후 다시 5년이 지난 2020년에는 3조 위안 매출을 목표로 두고 있다. 폭발적인 성장과 함께 중국 산업계의 지능화 비율을 획기적으로 높이고 산업효율도 뚜렷이 향상할 생각이다. 이렇듯 중국은 다각도로 장비산업 발전 프로그램을 마련한 채 묵묵히 실천하고 있다.

한편 <표 4>는 정보통신산업을 분야별로 요약한 자료다. 크게 차세대 정보통신, 전자 분야 핵심기초산업, 첨단 소프트웨어와 정보서비스산업으로 구분된다. 차세대 정보통신산업의 세 축은 '브로드밴드 차이나', '융합' 그리고 '모바일'로 정의된다. 3망 융합(통신, 방송, 인터넷 간 융합)이라는 큰 그림에서 3병 융합(三屏融合, 휴대폰·TV·PC 스크린 간 융합)이 가속화되며 이제는 TV를 보는 시대에서 사용하는 시대로 넘어가고 있다.

전자 분야 핵심기초산업 가운데 12차 5개년 집적회로 분야 매출이 3,300억 위안에 달할 것으로 전망한다. 중국은 집적회로 분야 업체 사이에 우승열패(優勝劣敗)가 빠르게 일어나 산업이 한번 정리되길 희망한다. 그런 연휴에 살아남은 기업들을 대상으로 대대적인 지원정책을 부여할 생각이며 특히 칩(Chip) 설계 부문에 역량을 집중할 생각이다. 집적회로 기업에 대한 소득세 면세정책도 이런 일환에서 이루어지고 있다. 디스플레이 부문 역시 물갈이가 한창이며 앞으로 몇 년간 LED 업종은 파산물결 속에서 적자생존의 냉엄한 현실을 배울 것이다. 2013년에는 공장폐쇄로 20% 이상이 도산할 것으로 예상되며 외연(Extension) 칩 업체는 30개 이하만 생존할 것으로 추측된다. 정부가 나서서 평면 디스플레이산업 발전을 적극 지지한다고 의사표시를 하고 있으며 2013년 성장률은 10% 이상일 것으로 전망한다. 소프트웨어 분야는 글로벌 시장을 선도하는 자체 기술이 없는 상태로 커스터마이징(Customizing) 모델로는 생존하기 힘든 상태다. 중국 소프트웨어 업계도 단순한 아웃소싱으로는 규모효과를 형성하기 어렵다고 평가하고 있으며 실제 단체로 실적이 추락하고 있다. 그래서 시스템, 툴, 보안 소프트웨어 등 영역에서 핵심기술을 확보하고 정보서비스 체계를 탄탄히 구축해 폭발적으로 성장하는 전자상거래 시장수요를 만족시킴으로써 지속성장을 도모하려 한다. 이들 모두 정보화라는 큰 틀에서 움직여 성장전망은 밝은 편이나 그 과실을 반드시 중국 국내기업이 챙긴다는 보장

은 없다. 따라서 중국 정부는 시장전반에 걸쳐 우승열패와 도태를
통해 계속 선별작업이 일어나도록 방조하면서 때론 기업 간 M&A
를 지원하고 필요한 정책을 제정해 업계 집중도를 높일 것으로 판단
한다.

여담이지만 2012년 6월 삼성그룹 최고경영층이 리커창 현 총리를
예방했는데 여기서 그는 반도체와 LCD 등 첨단 분야의 대중 투자
를 확대할 것이라는 삼성의 계획을 듣고 중국의 산업정책에 부합하
는 조치라고 환영의 뜻을 밝혔다고 한다. 늦어도 10년 안에 다국적
기업일지라도 첨단기술 이전이 없는 단순조립 시설은 유무형의 철
수압박을 받을 것이다. 그러므로 자본과 노동력 교환이 아닌 기술과
시장 교환형태로 대중 진출 전략을 마련해야 한다. 그렇지 않다면 진
출보다는 철수 전략을 고민할 때다. 중국은 첨단의 보편화를 향해
계속 나아갈 것이며 그 속에 신흥 장비산업의 미래가 있다.

<표 4> 차세대 정보통신산업

구분	2015년	2020년
차세대 정보통신산업	도시와 농촌 가계에서 각각 20MB와 4MB 이상의 브로드밴드 접속능력을 실현한다. 일부 선진도시의 네트워크 접속능력은 100MB에 도달하도록 한다. IPv6을 토대로 한 차세대 인터넷의 규모화와 상용화를 실현한다. 3망 융합을 전면적으로 보급하고 디지털 TV 전환을 기본적으로 완료한다. 전체 네트워크 장비산업을 국제 선두대열에 진입시키고 핵심기술을 확보한다. 스마트단말기 혁신과 산업화에서 중대한 진척을 이룬다.	국제 선진 수준의 브로드밴드, 융합, 보안을 구비하고 정보인프라를 도시와 농촌지역으로 광범위하게 확대한다. 차세대 이동통신, 디지털 TV, 차세대 인터넷, 네트워크, 정보보안과 스마트 단말기 등 영역의 핵심기술을 확보한다. 위성이동통신 서비스시스템과 산업발전 능력을 국제 선두 수준으로 만든다.

전자 분야 핵심기초산업	고성능 집적회로 설계기술의 경우 22나노, 대량 생산기술은 12인치 28나노에 도달한다. 선진적인 Assembly Test 기술을 확보하고 초기단계로 집적회로 제조장비와 재료공급 능력을 마련한다. 신형 평면디스플레이의 경우 국내 컬러TV 수요량의 80% 이상을 만족시키고, 차세대 디스플레이 기술에서 돌파구를 마련한다. 핵심 전자부속품 자체 보장능력을 뚜렷이 높이고 핵심 전용설비, 계측기, 재료 R&D 등에서 돌파구를 마련한다.	국제선진 수준으로 차세대 반도체 재료, 부품 제조기술, 집적회로 설계, 제조, Assembly Test 기술을 도달시킨다. 아울러 국제선진 수준과 함께 차세대 디스플레이 부품산업이 발전하도록 하며 신형 핵심부품의 국내시장 수요를 만족하고 국제경쟁력을 구비한다. 전자 전용계측 설비와 재료에 대한 국내수요를 기본적으로 만족시킨다. 게다가 이 분야에서 핵심경쟁력을 갖춘다.
첨단소프트웨어, 신흥정보서비스 산업	시스템 소프트웨어 핵심기술을 확보하고 중요 응용소프트웨어의 기술 수준과 집적응용능력을 뚜렷이 높인다. 지적재산권을 보유한 시스템, 툴, 보안 소프트웨어의 산업견인 능력과 파급력을 확대한다. 네트워크 정보서비스 핵심응용과 기초 플랫폼 기술을 확보하고 기본적으로 첨단 소프트웨어와 정보기술 서비스 표준체계를 마련한다. 세계적으로 지명도 있는 소프트웨어 및 정보기술서비스 기업을 육성한다.	기본적으로 혁신능력을 구비한 소프트웨어 및 정보기술서비스산업체계를 마련한다. 자체 브랜드의 운영시스템과 툴 소프트웨어의 국제 영향력을 강화하고 핵심기업의 국제경쟁력을 높인다. 아울러 이 분야 기업들이 국제 선두대열에 진입하도록 만들고 세계 선진 수준의 전자상거래 정보서비스 체계와 네트워크 정보보안서비스 체계를 형성한다. 그리고 정보서비스가 지역과 사회 각 분야에 전면 보급되도록 만든다. 또한 정보화가 세계 선진 수준에 근접하도록 한다.

자료원천: 국무원의 12차 5개년 신흥 전략산업 발전규획 통지

4장
태양을 쏘아라

태양광산업은 가장 먼저 날개를 펼쳤고 가장 빨리 추락했다.

화석원료의 유한성과 환경오염 문제를 토대로 새로운 에너지 탐색이 글로벌 과제로 부상했다. 이를 바탕으로 세계 각국은 태양광을 주목했고 중국도 이 대열에 기꺼이 동참했다. 엄밀히 말하자면 글로벌 태양광산업을 선도하고 있다는 편이 옳다. 초기의 편승단계에서 벗어나 이제는 시장을 이끌고 있으며 그 결과 보기 드물게 중국 태양광산업은 세계와 동시성을 확보했고 글로벌 시장 지배력을 확대했다. 2012년 중국 공업정보화부가 발표한 「태양에너지·태양광산업 "12차 5개년" 발전규획」에 따르면 전 세계 태양전지 생산량은 20.5GW로 2009년 대비 2배 정도 확대된 것으로 나타났다. 태양전지 1차 소재인 폴리실리콘산업도 맹렬히 덩치를 키워 2010년 생산량은 16만 톤으로 2009년보다 5만 톤 늘어난 것으로 조사됐다. 11차 5개년 기간, 즉 2006~2010년 사이 중국의 태양전지 생산량은 연 100% 이상 성장했고 2007~2010년까지 4년 연속 세계 최대 생산량을 고수했다. 2010년에는 약 10GW를 생산하며 세계 생산량의 절반을 차지했고 폴리실리콘 생산량은 300만 톤에서 4.5만 톤으로 수백 배 늘어났다. 또한 중국의 태양광 설비 누계규모는 800MW으로 2010년 한 해만 500MW가 추가됐으며 국산화 비율이 절반을 넘어서면서 자주발전 기틀을 다졌다.

아울러 태양전지의 질과 기술 수준도 세계 선두권을 향해 나아간다. 전체 산업 클러스터가 체계화된 단계로 글로벌 태양광산업발전을 주도하고 있다. 글로벌 10대 태양전지 업체 가운데 4개가 중국계이다. 기술진보로 경제성이 확보된다면 응용범위가 한층 확장되어 선순환 구조를 형성하게 된다. 한편 중국 태양광산업의 원재료 자급률은 거의 제로 상태에서 50% 전후로 향상됐다. 생산규모도 100억 위안 단위로 늘어나면서 규모화 생산 기틀이 마련됐다. 또한 2010년 기준 태양전지의 95% 이상이 실리콘 전지로 전환효율 부문이 두드러진 발전을 이뤘다. 모노실리콘 태양전지의 전환효율은 17~19%에 이르고 폴리실리콘은 현재 15~17% 사이다. 박막 등 신형전지의 전환효율은 이보다 낮은 6~8% 수준으로 조사됐다.

특히 오염물 배출감소와 절전 부문에서 성과를 보이기 시작했다. 2006년에는 폴리실리콘 1kg 생산에 공업실리콘이 1.8~2.0kg 투입됐지만 2010년에는 1.3~1.4kg으로 감소했고 액화염소는 1.8kg에서 1.0kg으로 거의 절반 줄어들었다. 아울러 절전 분야에서도 큰 도약을 이뤘다. 예전에는 1kg 생산에 평균 300~350kWh 전기가 소비됐지만 2010년에는 160~180kWh로 대폭 축소됐다. 환경문제를 논외에 두더라도 이는 분명 중국 태양광산업 경쟁력을 높이는 요소로 작용하고 있다. 태양광산업이 커짐에 따라 관련 설비제조업도 덩달아 규모가 늘어났는데 2010년 현재 중국 태양광 제조설비 매출액과 수출액은 각각 40억 위안과 1억 위안으로 알려진다.

<**표 5**> 신에너지 산업목표

구분	2015년	2020년
풍력발전산업	풍력시설이 1억kW 초과하도록 하고 연 발전량이 1,900억kWh에 도달하도록 만든다. 기본적으로 풍력산업 클러스터를 완비하고 선진적인 풍력시설을 갖춘다. 그리고 전체 설계능력을 확보하고 해상풍력 설비 제조, 공정시공 능력을 마련한다.	풍력시설이 2억kW 이상이 되도록 하고 연 발전량이 3,800억kWh에 도달하도록 만든다. 해상풍력발전시설은 대규모 상업화 응용을 이룬다. 풍력시설의 국제경쟁력을 구비하고 기술혁신 능력이 국제선진 수준에 도달하도록 한다.
태양에너지산업	태양에너지 발전시설 용량이 2,100만kW 이상이 되도록 하고 태양에너지 열 이용설치면적이 4억m²에 도달하도록 만든다. 태양에너지 발전과 열 이용 핵심기술을 확보하고 태양에너지 이용설비 와 신재료 연구개발 제조능력을 대폭 향상한다.	태양에너지 발전 시설 용량이 5,000만kW 이상이 되도록 하고 태양에너지 열 이용설치 면적이 8억m²에 도달하도록 만든다. 태양에너지 태양광 시설 연구개발과 제조기술이 세계 선진 수준에 도달하도록 만들고 태양에너지 열 발전 산업화와 규모화 발전을 실현한다.
생물질에너지 (바이오메스)	바이오메스 발전시설 1,300만kW, 바이오연료 연 이용량 300억m³에 도달한다. 고체 바이오메스 연료의 연 이용량은 1,000만 톤, 바이오 액체연료의 연 이용량은 500만 톤에 이르며 차세대 바이오 액체연료 기술에서 돌파구를 마련한다. 리그노셀룰로직(lignocellulosic) 바이오메스로부터 에탄올 연료를 추출하는 기술에서 중요한 진척 이룬다.	바이오메스 발전시설 3,000만kW와 바이오연료 연 이용량 500억m³에 도달하도록 한다. 고체 바이오메스 연료 연 이용량이 2,000만 톤에 도달하도록 만든다. 바이오액체연료 연 이용량이 1,200만 톤에 달하도록 하고 차세대 바이오액체 연료의 상업화 보급을 실현한다.

자료원찬: 국무원의 12차 5개년 신흥 전략산업 발전규획 통지

　　그러나 태양광산업이 늘 장밋빛만은 아니다. 애써 무시했던 문제들이 여기저기서 불거지고 있다. 비록 2012년 태양광 분야 글로벌 수요가 지난해 대비 20% 정도 늘어났지만 중국의 생산능력을 소화하기에는 턱없이 부족하다. 그럼 태양광산업을 바라보는 시각 몇 가지를 살펴보면서 앞으로 전망을 가늠해본다.

첫째로 정부주도의 성장한계, 즉 과잉생산 문제가 불거지고 있다. 태양광산업은 자생적으로 태동한 분야가 아니다. 정부가 인위적으로 육성한 분야로 시장이 아닌 정부가 핵심 플레이어다. 자력으로 태양광 전기가 가격경쟁력을 확보하기는 여전히 멀고 태양전지 수요는 정부후광에 기인한 측면이 강하다. 게다가 유럽 채무위기로 다수 국가에서 태양광산업에 대한 보조금을 축소하고 있다. 공급은 시장단위로 성장했는데 수요는 정부단위에서 배회하고 있다. 그래서 태양광산업이 2011년을 분기점으로 추락했다. 태양광시설 확장이 수요증가를 훨씬 상회하며 과잉생산으로 넘어갔고 이는 치열한 시장경쟁을 유발했다. 제품가격이 급속히 추락하고 기업이익은 곤두박질쳤다. 이를테면 2011년 중국의 태양광산업 매출은 22.82% 확대됐지만 순이익은 오히려 23% 이상 감소했다. 이런 기조는 2012년에도 이어졌다. 2012년 3분기 말 현재 4대 태양광 업체인 상덕(尚德, Suntech), 영리(英利), 천합광능(天合光能), 아특스(阿特斯) 출하량은 각각 21%, 5%, 3%, 8% 감소했으며 영업수입은 절반가량 급감했다. 서부지역은 그런대로 버틸 만해도 일조량이 부족한 동부지역의 경우 현재 원가에도 못 미치는 상태에 놓여 있으며 정부보조금이 이윤의 대다수를 차지하는 실정이다. 그리고 2013년 3월 마침내 상덕(尚德, Suntech)이 더 이상 버티지 못한 채 파산절차에 들어가며 새판 짜기의 신호탄을 쏘아 올렸다. 관련 기업들은 수익악화 주원인으로 과잉생산을 꼽았다. 정책은 늘 공급 측면에 매몰되고 기업은 욕망을 자제하지 못한다.

둘째로 국내외 수요 포트폴리오 분산이 취약하다. 아직은 태양광 시장이 미성숙 단계인데 생산시설은 이미 대규모로 확장된 상태다. 따라서 생산능력과 국내수요 차이를 수출로 극복하려 한다. 그 결과 상당히 높은 대외의존도를 기록하고 있으며 종종 무역분쟁을 유발하기도 한다. 예컨대 중국은 태양광전지 제품의 90% 이상을 수출하고 있으며 2010년 기준 수출액이 202억 달러에 달한다. 이는 무역마찰을 심화하는 기제로 작용하고 있으며 유럽과 미국은 몇 차례에 걸쳐 중국 태양광산업에 대한 무역분쟁을 도발했다. 글로벌 공급부족 국면에서는 넘어갈 일들도 지금은 바로 제소로 이어진다. 이는 중국산 저가 태양전지가 시장에서 자국 제품을 몰아낸다고 판단하기 때문이다.

게다가 중국의 태양광전지 생산능력은 연 3,000만kW 정도로 글로벌 전체 수요에 근접하고 있다. 2012년 5월 미 상무부는 중국산 태양광 전지에 대해 예비 덤핑판정을 내리고 최고 250%의 반덤핑 관세를 적용했다. 중국 정부는 강하게 반발하며 기술개발로 인한 생산원가 하락이지 덤핑이 아니라는 견해를 제시했다. 이어서 유럽연합(EU)은 2013년 5월 중국산 태양광 패널에 40% 이상의 반덤핑 관세를 추진한다고 밝혔고 중국 상무부는 이에 발끈하며 이 같은 조치는 중국과 유럽연합의 경제무역 관계에 심각한 손상을 입힐 것이라고 경고했으며 리커창도 한몫 거들며 이를 예의주시하고 있다고 공개적으로 유럽연합을 압박했다. 그럼에도 그해 6월 4일 EU 집행위원회는 중국 태양광 패널에 11.8%의 일시적인 반덤핑세를 부과하고 2개월이 지난 후에도 해결방안에 합의하지 않을 경우 47.6%로 인상하기로 결정했다. 이와 연관된 금액은 200여 억 달러 정도로 추산되는데 이는 중국의 대 유럽 수출총액의 7% 전후에 달하는 규모다. 무엇보다도 중국 태양광 상품 수출의 약 80%가 반덤핑세에 노출됨에 따라 관련된 수천 개 기업이 타격을 받을 것으로 예상되며 중국은 이에 강력히 반발하며 유럽산 포도주에 대한 반덤핑조사에 착수한다고 밝혔고 상무부는 그날 세 차례에 걸쳐 반대의사를 피력했다.

그렇다고 중국이 늘 가련한 피제소자 위치에만 있는 것은 아니다. 한국산 폴리실리콘 수입액이 2010년 6억 달러에서 2011년 12억 달러로 2배가량 늘어나자 중국 폴리실리콘 업체들이 일제히 들고 일어났고 중국 상무부는 2012년 7월 한국산 폴리실리콘에 대한 반덤핑조사를 착수했다. 자국에서는 강도 높은 생산시설 퇴출정책이 진행되는 가운데 한국산 수입액이 2배가량 늘자 그동안 누적된 업계불만이 폭발한 것이다. 참고로 2012년 중국의 폴리실리콘 생산량은 6.5만 톤으로 지난해 대비 20% 정도 감소했다. 수입은 8.5만 톤으로 23% 늘어났으며 자급률은 현재 47% 이하다. 그해 폴리실리콘 가격은 18달러로 생산원가에 훨씬 못 미쳤으며 생산중단 업체가 약 90%에 달했다. 공장을 가동하는 기업 역시 생산가동률이 50% 정도다. 비록 태양에너지 전지 출고량은 소폭 증가했지만 출고액은 40% 이상 감소했고 업계의 절반 이상이 가동을 전면 중단했으며 30%는 대폭 감산, 10~20%는 부분 감산상태다. 지속된 구조조정과 생산능력 통제로 과잉생산 시설이 일부 정리되며 지독한 엄동설한은 어느 정도 물러났지만 회복과 도약을 말하기에 아직 한참 멀었다. 이제는 취사선택을 통해 본격적으로 가지치기를 할 때다.

셋째로 기술적 한계가 존재하고 산업표준이 불명확하다. 산업표준 시스템이 불완전하며 제품 질에서 오차가 제각각이다. 첨단설비, 특히 박막전지 분야의 수입 의존도가 심각하다. 오죽했으면 중국 태양광업체들이 들고 일어나 미국의 반덤핑 관세의 부당성을 호소하면서 자신들이 주요 설비를 미국에서 수입하므로 반덤핑 관세부과는 오히려 미국에 더 큰 독으로 작용할 수 있다고 지적했겠는가!

그렇다고 중국의 태양광산업에 너무 실망할 필요는 없다. 지그재그로 성장할지라도 그 방향만은 뚜렷하기 때문이다. 중국은 2015년까지 태양광산업 각 분야에 걸쳐 핵심기술을 확보하고 기술성과 전환율도 높일 계획이다. 2015년까지 5만 톤 규모 선도기업을 만들고 1만 톤 규모 중점기업도 육성할 생각이다. 태양광 전지 부문의 경우 선도기업은 5GW 규모로 중점기업은 1GW 규모를 유지할 계획이고 매출 1,000억 위안급 초대형 태양광업체 1곳과 500억 위안급 대형 태양광업체 3~4개를 조성할 생각이다. 이에 더해 매출액 10억 위안가량의 태양광 전용설비 회사도 적극 육성하려고 한다. 그리고 폴리실리콘 분야는 규모화 생산을 실현하고 제품의 질을 높이며 환경보호 수준을 향상할 계획이다. 모노실리콘 전지의 전환효율은 21%, 폴리실리콘 전지는 19%, 박막전지는 12% 도달을 위해 노력할 예정이며 신형 박막 태양광 전지 산업화를 실현하고 설비와 재료의 국산화를 80%까지 끌어올릴 생각이다. 이리하여 최종적으로 2015년까지 태양광 설비비용을 kW당 7,000위안, 태양광 시스템 비용을 kW당 1.3만 위안, 발전비용을 kWh당 0.8위안으로 떨어뜨려 일정한 경제성을 확보할 생각이다. 여기에 더해 2020년에는 이 수치를 각각 5,000억 위안, 1만 위안, 0.6위안으로 떨어뜨려 태양광 전기가 전력시장에서 경쟁력을 구비하도록 만들 계획이다.

중국은 국가전망공사(State Grid) 주도로 몇 년 새 분포식(Distributed Generation) 전원의 전력 네트워크 편입 작업을 가속화하고 있다. 이 공정의 주 타깃은 태양광, 풍력, 천연가스 등과 같은 청정에너지로 단위 발전량 방식으로 보조금 지원 정책이 거의 확정됨에 따라 분포식(Distributed Generation) 태양광 발전시장도 본격적으로 가동될 듯하며 그렇다면 현 태양광 과잉생산 국면도 일부 해소될 것으로 판단한다. 4세대가 태양광 화두를 던졌다면 5세대가 기틀을 마련할 것이고 6세대 지도자는 상업화를 꽃피울 것이다. 끝으로 21세기에 태양광이 지구를 환하게 비출 것이라고는 확신하지만 여러분 대다수가 그 광경을 볼지는 장담하기 힘들다. 보편화에는 그만큼 긴 시일이 소요된다.

5장
신재료·바이오·환경에 성장의 길을 묻다

신재료를 신흥 전략산업의 감초로 삼아 여기에 바이오와 환경을 더해 새로운 비방을 만들려고 한다. 녹색GDP 속에 중국 경제 업그레이드 비결이 담겨 있으며 환경이 경제가 되고 산업이 되는 시대로 중국은 넘어가고 있다.

신재료는 다른 신흥 전략산업과는 약간 다른 위치에 있다. 한편으론 7대 신흥 전략산업의 독립된 개체이면서 다른 한편으론 전체 신흥 전략산업의 밑바탕이기도 하다. 다시 말해서 신에너지, 신에너지 자동차, 첨단장비 제조, 차세대 정보기술, 절전과 환경보호, 생물산업과 그 성장이 긴밀히 연계되어 있다. 이런 맥락에서 신흥 전략산업이 제자리를 찾으면서 신재료 산업도 함께 덩치가 커질 것으로 판단한다. 여기에 더해 중국 정부는 신흥 전략산업의 버팀목임과 동시에 전통산업 업그레이드를 촉진하고 국가 중대공전 건설 보장이라는 막중한 임무까지 부여하고 있다. 한마디로 신재료는 팔방미인 역할을 요구받고 있는 셈이다.

그럼 팔방미인 신재료 산업 현황을 간략히 살펴보기로 하자. 2010년 말 현재 중국의 신재료 산업규모는 6,500억 위안으로 연평균 20% 성장세를 보인다. 그럼에도 선진국과 비교해 중국의 신재료 산업은 아직 초기 발전단계에 있으며 각종 문제도 산적해 있다. 대표적으로 신재료 개발능력이 취약하고 핵심 신재료의 공급능력이 부족하다. 산학 협동체제도 산만하고 확실한 산업발전 모델이 구축된 단계도 아니다. 더구나 R&D 자금이 적을뿐더러 자금집행도 여러 분야에 분산되어 있어 집중력이 떨어진다. 단적으로 말해 신재료 산업 전체를 아우르는 통합적인 전략모델이 부재한 상태다.

신재료 산업은 '12차 5개년', 즉 2011~2015년 연평균 25% 이상 성장하여 생산규모가 2조 위안에 달할 것으로 전망된다. 이어서 2020년경에는 선도 산업으로 부상할 것으로 예상되며 이를 위해 중국 정부는 신재료 산업 육성을 위한 재정지원책을 적극 마련하고 특별자금을 배정하고 있다. 특히 이 분야에 대한 민간자본 투자를 장려해 지속 가능한 발전토대를 만들려고 한다. 별다른 장애가 없다면 매출액 150억 위안급 종합 신재료 기업 10개와 50억 위안급 중점 기업 20개가 만들어질 것이고 생산액 300억 위안 규모의 신재료 산업 기지도 조성될 전망이다. 또한 중점기업의 경우 2015년까지 R&D 비중을 5%로 만들고 30개 중점 신재료 품목을 보급하려고 한다. 여기서 다시 5년이 흐른 2020년쯤에는 선도 산업으로 부상해 중국 경제와 국방건설 수요를 만족할 것으로 예상한다. 이 단계에 이르면 규모효과가 본격적으로 힘을 발휘해 가격경쟁력을 앞세워 해외시장도 적극 발굴할 생각이다. 그리고 차츰 싸구려라는 연상고리는 끊어지고 기술대국이라는 수식어가 남게 된다.

<표 6> 신재료 산업목표

2015년	2020년
중·고급 신형기능재료, 선진구조재료, 고성능 복합재료 영역에서 돌파구를 마련한다. 특허권을 보유한 핵심기술을 확보하고 지적재산권 보유 제품라인을 마련한다. 이 가운데 핵심기술과 선진 부속품 가공제조기술이 국제선진 수준에 도달하도록 만든다. 자체 브랜드와 시장영향력을 갖춘 대형기업 20개를 육성하고 중·고급 신재료와 제품을 제조하는 생산대국으로 발돋움한다. 그리고 국산고급 신재료의 자급률을 높인다.	응용부품의 규모화 생산기술을 확보한다. 핵심기술과 선진 부품가공제조기술의 경우 국제 선두 수준에 도달하도록 한다. 산업 클러스터를 조성하고 고급 기능재료와 제품의 시장경쟁력을 높인다. 그리고 해외독점상태를 타파하고 국산고급 신재료의 자급률 훨씬 높인다.

자료원찬 국무원의 12차 5개년 신흥 전략산업 발전규획 통지

생물 분야에서도 비슷한 현상이 발생할 것이다. 중국 정부는 2013년 첫 포문을 생물산업으로 시작하며 본격적인 바이오시대 서막을 열었다. 중국은 생물산업을 2020년까지 주요 산업으로 발전시킨다는 원대한 계획을 세우고 있다. 이에 따라 첫 단계로 앞으로 3년, 즉 2013~2015년 바이오산업의 연평균 생산액을 20% 이상으로 높이고 2015년에는 GDP 대비 바이오산업 비중을 2010년보다 2배 향상할 계획이다. 또한 생물의약에서 연매출 100억 위안 이상 기업을 육성해 이들을 시장 구심점으로 삼을 생각이다. 특히 생물제약, 생물백신, 폴리펩티드, 혈액제품 등 분야를 중점적으로 장려하고 생물제약 심사절차를 최적화하며 생물약품이 의료보험 대상목록에 포함되도록 정책을 개선할 생각이다. 또한 생물의료설비 혁신 분야도 중점 지원할 예정이며 2015년 생물의약 공정 산업규모를 4,000억 위안까지 끌어올리려고 한다. 덧붙여 생물농업, 생물제조, 생물질에너지와 생물 환경보호 산업도 지원할 계획이다.

한발 더 나아가 바이오 제조산업의 규모화 발전을 지지함과 더불

어 생물제품(biobased product) 소비시장 육성정책과 공업 분야에 대한 농업원료 배급제도를 확정하려 한다. 그래서 2015년까지 생물제조 산업규모를 7,500억 위안까지 끌어올리고 그 가운데 생물농업은 2015년 공업생산액이 3,000억 위안에 도달하도록 만들 생각이다. 아울러 장기적이고 안정적인 종업(種業)발전에 역량을 집중할 계획인데 중국 국무원은 이런 측면에서 2013년 1월 「전국현대농작물종업발전규획(2012~2020)」을 제정하고 15억 위안 발전기금을 조성해 종업기업 M&A 및 구조조정을 지원하고 있다. 한편 생물질에너지와 생물환경 분야의 경우 2015년 바이오메스 연 이용규모는 5,000만 TOE를 넘어서고 관련 산업규모는 1,500억 위안에 달할 것으로 예상하는데 특히 에탄올 휘발유와 바이오 경유 분야에서 긍정적인 시장 진입과 가격형성 메커니즘을 수립할 것으로 전망된다. 생물 환경보호 산업은 2013~2015년 사이에 연평균 15% 이상 성장할 것이며 2015년 산업규모는 1,500억 위안으로 추산된다. 개중에 수질과 토양 회복에 필요한 각종 효소제와 미생물균제가 중점 지원대상이다.

<표 7> 생물의약 산업목표

구분	2015년	2020년
생물의약산업	유전자약물, 신형백신, 항체약물, 화학신약, 현대중약(中藥) 들을 대표로 한 국제 수준의 신약개발 플랫폼을 형성하고 제약기술과 장비 연구제조 수준을 큰 폭으로 향상한다. 지적재산권 보유 신약 30개 이상을 시장에 출시하고 200개 이상 약품제제를 국제 주류시장에 진입시킨다. 그리고 산업집중도를 대폭 높인다.	현대과학기술을 버팀목 삼아 기업 주도로 신약혁신과 안전평가 시스템을 형성한다. 당대 신약개발 핵심 기술을 확보하고 유전자공정, 신형백신, 항체공정 등 신 의약제품 기술 수준을 세계 선도적 위치에 도달시킨다. 혁신약물 5개 이상을 국제등록하고 이를 판매 출시한다. 국제주류 시장에서 제제약품의 규모화 판매를 이룬다.

생물의약공정산업	고성능 영상진단설비 중심으로 국제 수준의 생물의약 공정 기술과 제품 R&D 플랫폼을 형성한다. 또한 핵심 기술과 핵심부품 발전에 돌파구를 마련하고 높은 가격대 성능비를 가진 의료설비 제품을 만들어 의료기관 수요를 만족한다. 그리고 산업 집중도를 대폭 높인다.	기업주도, 산학협력의 생물의약 공정제품 혁신 체계와 신제품 개발능력을 마련한다. 높은 가격대 성능비를 가진 진단치료 설비 핵심기술에 대한 자체 개발능력을 대폭 향상하고 제품의 질과 기술 수준을 국제선진 수준에 맞추며 규모화를 통해 국제시장에 진입한다.
생물농업산업	현대생물 육종과 농업용 생물제품 혁신 플랫폼을 형성한다. 동물 신품종 20개를 육성하고 우수하고 병충해에 강한 고효율 농작물 신품종 180개를 육성하여 5억 묘 범위로 보급한다. 신형 녹색 농업용 생물제품 산업화를 실현한다.	현대생물육종, 농업용 생물제품 혁신과 안전평가 및 모니터링 체계를 형성한다. 제품발전 능력을 국제선진 수준으로 도약시키고 종자기업 1~2개가 글로벌 종업 20대 기업에 들도록 만들고 농업용 생물제품 기업 10~15개가 국제경쟁력 우위를 확보하도록 한다.
생물제조산업	생물제조기술능력을 뚜렷이 높이고 공업화학품 내 생물 유전자 제품 비중을 대폭 높인다. PLA, PBS 등 유기 화공원료와 공업 생물재료 등 품목의 경우 10만 톤급 규모화 생산을 실현한다. 그리고 오염물 배출량과 에너지 소모량을 뚜렷이 감소시킨다.	생물화공 제품, 생물유전자 재료와 생물공예 등에서 규모화 발전능력을 갖춘다. 공업화학품 내 생물 유전자 제품 비중을 12%로 만든다. 생물발효 산업 생산액과 기술을 국제선진 수준에 도달하도록 한다. 화공, 염색, 제혁 등 업종 제품생산에 생물공예를 30% 채택한다. 그리고 오염물 배출량과 에너지 소모량을 큰 폭으로 감소시킨다.

자료원천: 국무원의 12차 5개년 신흥 전략산업 발전규획 통지

이전에는 성장이라는 말 앞에 빠른 또는 안정이라는 단어가 놓였다. 그러나 이제는 녹색 혹은 환경이라는 말도 함께 쓰인다. 이런 관점에서 GDP로 경제를 재단하는 문제를 짚어보자. 불확정성 원리는 위치와 운동량을 동시에 정확히 아는 것은 불가능하다고 한다. 이는 GDP라는 개념만으로 중국 경제 미래를 정확히 파악할 수 없다는 말과도 일맥상통한다. 즉, 중국 경제가 처할 미래 위치와 경제성장률을 동시에 정확히 아는 것은 불가능하다. 왜냐하면 중국이 경제대국에서 경제강국으로 넘어가는 과정 속에서 다양한

위기가 찾아올 수 있으며 그때마다 경제성장률은 추세를 이탈하고
극심한 변동을 보일 것이기 때문이다. 다른 맥락에서 설혹 중국이
경제강국이 될 것을 확신하더라도 그 시기가 얼마나 빨리 찾아올
지는 누구도 알 수 없다. 짧게는 20~30년 이내에 실현될 수 있고
이보다 좀 더 천천히 진행된다면 반세기 이후에나 도달할 수도 있
다. 롤러코스터를 타며 긴 굴곡을 그린다면 21세기 안에 실현될
것이라는 희망에 만족해야 한다. 따라서 경제강국이 된 다음에 환
경을 살핀다는 말은 어불성설의 말장난에 불과하다.

<**표 8**> 에너지 절약과 환경보호 산업

구분	2015년	2020년
에너지 절약산업	주요 에너지 절약 기술장비를 응용·보급하고 에너지 효율을 국제적 수준에 근접하도록 한다. 또한 고효율 에너지 절약제품 시장점유율을 큰 폭으로 높이고 에너지절약 서비스 업종 매출액을 연평균 30% 이상 성장시킨다.	중국 상황에 맞는 에너지 절약 기술 장비 와 제품체계를 마련한다. 주요 에너지 절약 장비와 주요 업종의 단위당 산출 에너지 소모지표를 국제 선진 수준에 도달하도록 한다.
환경보호산업	환경보호산업 병목현상을 타파하고 핵심기술을 보유한 기업을 육성하고 완전한 산업시설과 경쟁력을 갖춘 산업기지를 만든다. 도시오수, 쓰레기, 탈황, 탈질산 처리설비 운영에서 기본적으로 전문화와 시장화를 실현한다.	중점영역의 경우 환경보호 기술과 장비를 국제 선진 수준으로 도약시키고 환경장비 표준화·계열화·패키지화 수준을 뚜렷이 향상한다. 통일·개방적이며 경쟁력 있는 환경보호 산업과 환경보호 서비스 체계를 수립한다. 오염처리설비건설과 운영에서 기본적으로 전문화와 사회화를 실현한다.
자원순환 이용산업	감량화·재활용·자원화라는 선진 자원순환이용기술을 응용·보급한다. 공업 분야의 고체폐기물 종합이용률을 72% 이상으로 한다. 초기단계의 현대적 폐기상품 회수시스템을 만들어 폐기 상품회수율이 70%에 도달하도록 한다. 중요 자원 회수와 재활용 능력을 뚜렷이 높인다.	재활용·자원화 산업기술 혁신 체계를 마련하고 핵심경쟁력을 보유한 자원 순환이용 기술장비와 제품 제조업체를 만든다. 그리고 선진기술과 도시와 농촌을 모두 포함한 자원회수와 순환이용 산업체계를 수립한다.

자료원천: 국무원의 12차 5개년 신흥 전략산업 발전규획 통지

중국 역시 환경에 대한 관점이 기존 순수비용에서 경제와 산업이 된다는 사고로 전이되고 있다. 비록 정보화산업은 후발주자이나 녹색산업만은 중국이 주도하겠다는 의지도 강하게 드러낸다. 그래서 아직은 우리에게도 생소한 녹색GDP를 정책 참고자료로 삼는다. 여기서 녹색GDP란 GDP에서 천원자원 소모비용과 환경훼손 비용을 제한 GDP를 말하는데 중국환경보호총국과 국가통계국은 이미 2004년 3월에 녹색GDP 태스크포스팀을 조직해 녹색GDP 산출방법을 연구했으며 2006년 9월에 첫 「2004년 중국 녹색GDP 계산연구 보고서」를 발표했다. 이 보고서에 따르면 2004년 환경오염에 따른 중국의 경제손실은 5,118억 위안으로 이는 당시 GDP의 3.05%에 이르는 규모다. 이어서 2009년에는 1조 3,916억 위안으로 2배 이상 뛰었고 GDP 대비 비중도 3.8%로 상승했다. 한편 2013년 1월 아시아개발은행과 청화대가 공동 발표한 「중국국가환경분석」에 따르면 중국 500대 도시 가운데 세계보건기구(WHO)가 제시한 공기 질량 표준을 만족하는 도시는 전체의 1% 미만인 것으로 나타났고 공기오염에 따른 경제적 손실은 GDP 대비 1.2%로 조사됐다. 중국 정부는 다양한 이유로 녹색GDP를 공식적으로 내세우지는 않지만 중장기 전략을 짤 때는 분명 내부적으로 이용하고 있을 것이다. 아직도 한국에는 중국을 미개한 나라로 보는 시각이 넓게 퍼져 있지만 정작 한국에서는 정책 테이블에 올라오지도 않은 개념을 중국은 9년 전부터 논의하며 이를 준비해 벌써 가시적인 결과물을 만들어내고 있다. 이 역시 국가 전략이 있는 나라와 없는 나라의 좋은 본보기다.

<그림 1>은 중국 녹색GDP와 명목GDP를 비교한 자료로 2005

년 명목GDP 대비 26.9%이던 녹색GDP가 2009년에는 38.6%로 상
승했다. 이는 예전보다 GDP 단위 생산 투입자원의 양을 낮추고 환
경을 덜 파괴한 결과다. 이쯤에서 중국의 성장과 환경이 불가분의
관계에 있다는 증거를 소개하자.

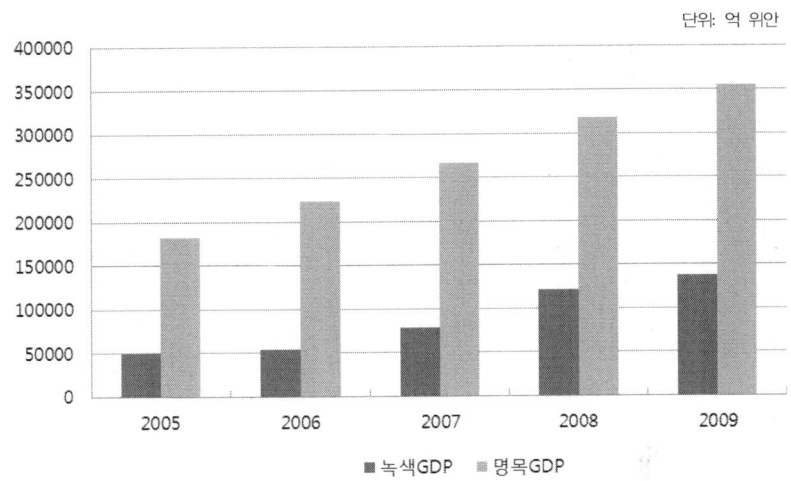

단위: 억 위안

자료원천: 중국 300개 도시 녹색경제지수 보고(CCGEI), 중국 국가통계국

<그림 1> 중국 녹색GDP와 명목GDP 비교

<그림 1>은 명목GDP와 고효율 녹색GDP를 그려본 자료다. 여
기서 고효율 녹색GDP란 중국 300개 도시의 자원과 환경 효율 수
준이 북경과 같다고 가정하고 산출한 GDP를 말한다. 2009년 기준
으로 고효율 녹색GDP는 344조 5,780억 위안으로 명목GDP의 9.7
배에 해당한다. 달러로 환산하면 50조 6,732억 달러로 미국의 3.6
배에 달하고 1인당 GDP는 37,816달러다. 쉽게 말해서 2009년 중
국 모든 도시가 북경만큼 자원효율과 환경효율을 가졌다면 중국

경제는 미국 경제보다 3.6배 컸으며 선진국 정도의 국민소득을 실현했다는 의미다. 이는 두 가지 측면에서 매우 함축적인 의미를 가진다. 첫째는 녹색경제 잠재력이 막대하다는 것이고 둘째는 중국 경제의 미래를 예시한다는 점이다. 우리는 2009년 북경을 선진국 수준에 이르렀다고 정의할 수는 없다. 좋게 보아도 중진국의 중간지대에 불과할 것이다. 이 말은 이제 막 중진국에 들어선 중국 경제가 해당 계층의 중간지대로만 올라서도 미국을 멀찍이 따돌릴 수 있다는 의미다. 이 점에 대해서는 앞서 경제파트에서 다룬 내용과 상호 연결해 음미해보길 바란다.

그럼 위 문제를 좀 더 파악하기 위해서 국가가 아닌 도시를 대상으로 명목GDP와 녹색GDP를 살펴보자. 심천을 제외한 다른 도시는 명목GDP가 녹색GDP를 상회했다. 참고로 북경의 경우 기준도시인 관계로 명목GDP와 녹색GDP가 동일하게 계산됐다. 우리는 두 그림에서 명목GDP와 녹색GDP 격차가 줄어들고 있음을 살펴볼 수 있다. 상해의 경우 2005년 명목GDP 대비 녹색GDP가 절반에 약간 못 미쳤지만 2008년에는 64%로 훌쩍 뛰었다. 온주도 상해와 비슷한 추세를 나타냈다. 광주는 상해와 온주만큼 명목GDP와 녹색GDP 격차가 크지 않고 심천은 녹색GDP가 명목GDP를 훨씬 상회한다. 이 말은 중국의 경제발전이 환경을 개선하고 자원을 절약하는 방향으로 흐른다는 말이다.

이렇듯 환경이 경제가 되고 산업이 된다. 그럼 대표적 영역인 환경보호 장비 분야를 통해 그 의미를 탐색해보자. 2010년 현재 중국에는 5,000개 전후의 환경보호 장비제조 업체가 존재하며 종사자만 해도 50만 명 이상이다. 그리고 2010년 공업생산액은 약 2,000억

단위: 억 위안

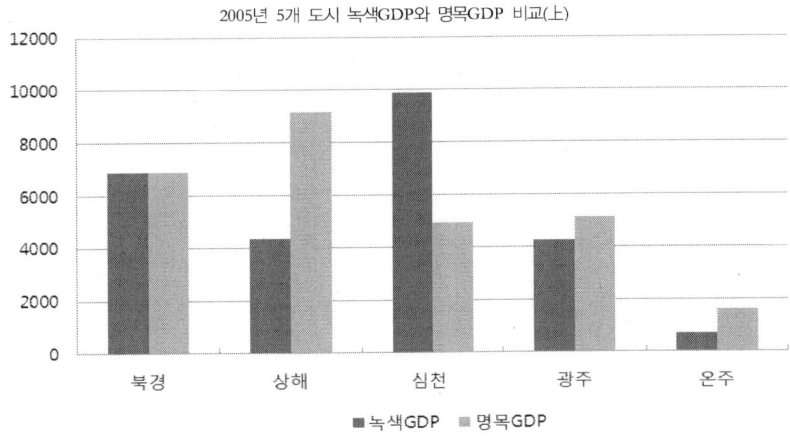

2005년 5개 도시 녹색GDP와 명목GDP 비교(上)

■ 녹색GDP   ■ 명목GDP

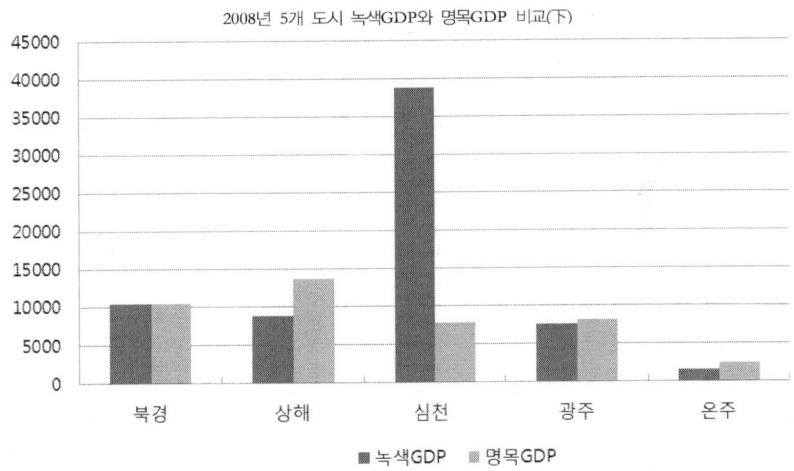

2008년 5개 도시 녹색GDP와 명목GDP 비교(下)

■ 녹색GDP   ■ 명목GDP

자료원천: 중국 300개 도시 녹색경제지수 보고(CCGEI), 중국 국가통계국

<그림 2> 연도별·도시별 녹색GDP와 명목GDP 비교

위안으로 2005년 대비 3.5배 확대했다. 환경장비 제품 수도 1만 종
을 넘어섰으며 대기오염 처리, 오폐수 처리, 고체 폐기물 처리, 소

음과 진동제어, 자원종합 이용설비, 환경감측 장비, 오염처리 부자재와 약제 등 분야로 라인업을 구성하고 있다. 개중에서 공업폐수 처리와 먼지제거 기술은 선진국 수준에 도달한 것으로 평가된다. 30여 개 국가에 먼지제거 기술은 수출하고 있으며 탈질산 장비도 중국 국내시장에서 주도적 위치를 점하고 있다. 2012년 들어 PM2.5(초 미세먼지)는 중국 환경 분야의 최대 다크호스로 떠오르고 있으며 앞으로 5년간 관련 산업이 연 30% 이상 성장할 것으로 예측된다. 중국 정부는 PM2.5 종합관리를 통해 2015년까지 중점지역 대기 가운데 PM2.5 연평균 농도를 5% 감소시킬 계획이다.

그럼에도 장점보다는 단점이 더 눈에 띈다. 몇 가지를 열거해보면 우선 환경보호 정책이 정부주도로 제정되어 내재적 동력이 취약하다. 둘째로 산업화 규모가 작고 업종 집중도도 낮다. 현재 생산액이 20억 위안 이상인 기업은 2개에 불과하다. 중소기업이 대다수를 차지하고 사업영역도 겹친다. 셋째로 기술혁신 능력이 떨어지고 핵심 장비는 수입에 의존하는 실정이다. 넷째로 표준화 체계가 불완전하고 제품질량 인증 시스템도 미비하다. 이런 갖가지 이유로 아직 탄탄한 산업 클러스터가 형성되지 못했고 전 분야를 아우르며 산업을 주도할 업체가 없는 실정이다. 그래서 통합적인 연구와 개발에 한계를 보인다.

그렇다고 마냥 비관적이지는 않다. 우선 시장잠재력은 매우 크며 시장이 점점 팽창함에 따라 부족한 부문도 빠르게 채워지고 있다. 예컨대 중국은 12차 5개년에 환경보호 처리 부문에 3.1조 위안을 투자할 예정인데 이는 한국 2년 치 예산에 달하는 금액이다. 그 가운데서도 탈황, 탈질산, 오폐수 및 쓰레기 처리시설에 6,000억 위안을 집중 투자할 계획이며 여열, 여압 발전, 쓰레기 종합이용, 먼지 제어 등에도 상당한 관심을 기울일 생각이다. 계획대로 진행된다면 2015년쯤 환경보호 장비산업 생산액은 5,000억 위안에 달하게 된다. 그리고 10~20개 정도의 관련 대기업이 탄생하고 이들 가운데 몇 개는 아마 글로벌 브랜드로 도약할 것이다. 이처럼 중국에서 환경은 경제이고 지속성장의 동력이다.

6장
애플이 열고 중국이 넓히고

애플이 스마트 세상의 문을 열었고 중국은 이를 넓혔다. 중국은 지금 스마트해지고 있다. 중국과 세계는 함께 나아가고 있으며, 그 격차도 갈수록 짧아지고 있다. 중국은 세계와 거의 동시대에 놓여 있다.

2011년 전 세계적으로 스마트 단말기 4.72억 대가 팔리며 글로벌 모바일 기기 판매량의 30%를 차지했다. 최근 5년간 출하된 수는 10억 대 정도로 추산되는데 이는 전 세계 휴대폰 고객의 20% 정도가 스마트 기기를 이용한다는 뜻이다. 일반적 생각과는 달리 아직은 스마트한 세상이 아니다. 시장이 확대되며 단말기 간 경쟁이 치열하게 전개되지만 운영시스템은 이미 몇몇 업체들로 고착화되고 있다. 하드웨어는 무한경쟁 시대로 소프트웨어는 과점시대로 굳혀지고 있는 셈이다. 예컨대 2011년 4분기 안드로이드 체계가 글로벌 스마트 기기 출하량의 50.9%를 차지했고 애플 IOS는 24%로 2위를 기록했으며 Symbian 등은 하락세를 이어갔다. 이미 구글, 애플, MS-노키아로 대표되는 삼두마차 체제가 굳건히 형성된 단계다. 한편 삼성과 애플의 스마트폰 출하량이 노키아를 넘어섰고 ZTE는 2011년 92% 상승하며 글로벌 5대 휴대폰 제조상으로 도약했다. 글로벌 전체로는 미국이 스마트 세상의 기술혁신을 선도하고 있다. 미국의 스마트기기 운영체계는 2005년 5% 시장점유율에서 지금은 65%를 기록하고 있다. 칩 분야는 Intel이 주도하고 스마트기기는 애플이 선도하고 있는 셈이다.

중국의 경우 1998년부터 모바일 기기를 제조한 이후 세계 평균을 상회하는 성장세를 유지하고 있다. 그 결과 지금은 세계 최대 모바일 기기 제조국가로 올라섰으며 2011년 생산량은 11.3억 대로 글로벌 전체 생산량 70%를 차지했다. 비록 기술이전 효과는 아직도 낮은 편이지만 OBM, ODM, EMS 과정을 통해 실력을 쌓은 일부 업체는 점점 기술장벽을 돌파하고 있으며 업스트림(up-stream)과 다운스트림(down-stream)으로 영역을 넓히고 있다. 무엇보다도 최근 5년 사이 본토 브랜드가 장족의 발전을 보였으며 시장점유율 70% 이상을 기록하고 있다. 2005년 한 해 중국시장에서 출하된 모바일 기기는 1.29억 대로 개중에 해외 브랜드는 7,236만 대이고 본토 브랜드는 5,666만 대, 즉 44% 정도에 불과하던 본토 브랜드 비중이 2011년에는 72% 수준으로 뛰어올랐고 모바일 기기 출하량은 근 4배 확대된 4.55억 대를 기록했다. 2008년을 제외하고 2005년부터 2011년 사이 본토 브랜드 출하량이 연 30% 이상 고성장세를 유지하고 있다. 반면에 해외 브랜드는 감소세로 돌아섰다.

늦은 출발에도 중국의 스마트화는 빠르게 진행된다. 소위 시간의 공백을 속도로 만회하고 있는 셈이다. 스마트 단말기가 빠르게 시장을 잠식하며 IT산업의 새로운 왕자로 부상했는데 2010년 4분기의 경우 스마트폰과 태블릿 출하량이 PC를 초과했으며 2011년에는

170% 성장하며 스마트 시대의 문을 활짝 열었다. 중국 통신업체들은 1,000위안대 스마트기기 보급을 확대하면서 저가품 시장을 넓히고 고가품 시장은 발굴한다는 투 트랙 전략을 구사하고 있다. 2011년 스마트 단말기 출하량은 1.1억 대로 그 이전까지 출하된 전체 물량을 초과했는데 이는 그해 전 세계 출하량의 23% 정도다. 참고로 2011년 4분기만 놓고 보면 중국은 전 세계 스마트 단말기 출하량의 36% 차지하며 구미 선진국과 같은 수준을 기록했다.

중국의 경우 스마트기기 제조시장이 다른 국가와 달리 독과점 체계가 아니다. 1~2개 제조사가 독차지하는 체제가 아니라 단계별로 그들만의 시장이 존재해 함께 살아간다. 그래서 공업정보화부는 중국 스마트 시장을 계단식 시장으로 평가한다. 일례로 2011년 기준 상위 3개 업체의 스마트기기 점유율은 45% 정도에 불과하다. 1위 업체의 점유율이 22%인 점을 감안할 때 2~6위 업체는 조금만 방심해도 바로 후발업체로 떨어질 수 있다. 가격대별로는 중저가(1,000~2,000위안대) 스마트폰을 생산하는 업체도 있고 500위안 전후의 산자이 제품을 만드는 회사도 존재한다. 달리 말해서 중국 전자시장은 공급자 시장이 되기 힘들며 치열한 경쟁논리만 작동한다. 따라서 1~2개 기업이 전체 시장과 이익을 독점하는 구조가 형성되기 힘들며 본능적으로 이를 거부한다. 중국은 집중된 것은 나누려는 강박관념이 강하다. 중앙정부가 분산에 따른 비효율을 내세워 10년 이상 산업 집중화 정책을 유도하지만 그 성과는 썩 만족스럽지 않다. 이런 맥락에서 정책계층은 몇 년 전부터 탑 다운방식의 통합설계를 부쩍 강조하고 있다.

화웨이(Huawei), 중흥통신(ZTE), K-Touch, Coolpad 등은 저가품을

앞세워 애플과 갤럭시가 외면한 틈새시장을 빠르게 선점하고 있다. 화웨이는 세계에서 두 번째로 큰 통신장비업체로 2012년 한 해 매출 및 순이익은 각각 40조 원과 3조 원 정도로 삼성전자 대비 매출은 1/5, 순이익은 1/8 정도다. 중흥통신도 매출 16조 원의 대형 업체로 2011년에는 4,000억 이상 흑자를 보였으나 2012년에는 약 5,000억 정도 적자를 실현했다. 마진율이 28%에서 22%로 6%포인트 축소됐고 그 가운데 네트워크 분야의 마진율 감소가 뚜렷했다. K-Touch는 직원 2,000명 정도의 중견기업으로 최저 100위안 휴대폰에서 최대 1,999위안 스마트폰까지 제품 라인업을 꾸미고 있다. 아이폰과 갤럭시 대비 반값 스마트폰을 내놓으며 공격적 마케팅을 추구하고 있다. Coolpad는 1993년 설립된 중국 3위의 스마트폰 회사로 홍콩증시에 상장되어 있다. 스마트폰 분야 연매출은 2조 원을 약간 넘는 정도로 화웨이와 중흥통신과 비교해 무게감은 떨어진다.

이렇듯 저가 스마트기기는 매출규모와 수익성은 상대적으로 떨어지지만 중국에서 절찬리에 판매되고 있고 지금은 그 눈을 해외시장으로 돌리고 있다. 예컨대 2011년 상반기 ZTE의 미국 휴대폰 판매량은 300% 급증했다. 소프트웨어 부문도 완전히 포기한 단계는 아니다. 운영시스템 개발의지를 꺾지 않고 있으며 미약하나마 2% 내외의 시장점유율을 차지하고 있다. 예컨대 루자오시 아리바바 CEO는 2013년 한 공식석상에서 휴대폰 응용프로그램 개발에 10억 위안을 투자할 계획이라고 밝혔으며 이미 몇 년 전부터 아리바바는 알리클라우드 OS 운영체제를 내놓았는데 금번에는 주요 중국계 휴대폰 메이커와 전략적 협력관계를 맺고 자신의 운용체제를 탑재한 휴대폰을 선보였다. 참고로 이 회사는 2013년 5월 시나닷컴 웨이보(중국

판 트위터) 지분 18%를 약 5.9억 달러에 인수하겠다고 발표해 세간을 또 한번 놀라게 했다. 수억 명의 회원을 거느리고 있지만 정작 적자실현을 지속하고 있는 웨이보와 강력한 수익창출 능력을 가진 전자상거래 업계 거두인 아리바바가 만나 윈-윈 전략을 꾀하고 있는 것이다.

아직은 소프트웨어 미국, 하드웨어 중국이라는 분업구조에 더 높은 점수를 주지만 이런 구도를 지속하는 것이 손해라고 판단하면 중국은 언제든지 독자적인 운영시스템을 강하게 밀어붙여 시장 판도를 바꿀 것이다. 더구나 중국이 이를 정부 중점정책 과제로 선정해 밀어붙인다면 빠르면 몇 년 안에 스마트세상은 네 마리 말이 이끄는 체제로 재편될 가능성이 높다. 현재는 안드로이드, IOS, Symbian이 90% 이상을 점유하고 있으며 2011년 4분기의 경우 안드로이드용 스마트폰 출하량이 74%로 글로벌 평균 수준보다 높게 나타났다. 핵심 칩 영역에서도 기술과 산업기초가 취약하며 상당 부분 수입에 의존한다. 그럼에도 그들 나름대로 장벽돌파를 위해 묵묵히 나아가고 있으며 TD산업은 그 좋은 밑거름이 되고 있다. 비록 2008년에야 뒤늦게 TD방식 스마트 기기를 시작했지만 이미 1,500만 대 전후를 기록하고 있다. 그 가운데서도 대당전신, 전신과기, SMICS, RDA, huawei, Rockchips, VIMC 등의 기술 수준이 빠르게 업그레이드되고 있다. 40nm 관문은 이미 돌파한 상태로 TD방식의 삼성 갤럭시 S2는 중국 업체의 40nm TD-SCDMA/HSPA 멀티모드 칩을 채택하고 있다.

그러나 외적인 신장과 달리 수익성은 여전히 취약한 편으로 이는 주변부를 배회하며 외곽에서 중심으로 진입하고 있는 태생적 한계 때문이다. 중국의 통신설비업체는 크게 세 그룹으로 나뉘는데 첫째

그룹은 ZTE, HUAWEI를 중심으로 한 전통적 통신설비업체다. 이들은 한편으론 거대 통신업체와 제휴하고 다른 한편으로는 독자적 유통망을 개척하면서 출하량을 늘리고 브랜드 영향력을 상승시키고 있다. 둘째 그룹은 리엔샹(聯想)을 대표로 한 전자 제조업체로 몇 년 동안 습득한 모바일기기 위탁생산 경험을 바탕으로 스마트 기기 시장진입을 탐색하고 있다. 셋째 그룹은 대리생산에서 모방생산으로 전환하면서 브랜드를 발전시킨 제조업체이다. 대리생산을 통해 습득한 판매경험과 유통망을 바탕으로 모바일 기기 생산 분야로 진출한 후 현재 브랜드 수립 전략으로 나아가고 있다.

스마트 기기에 대한 중국 통신업계의 관심도 역시 급격히 상승하고 있는데 차이나유니콤은 2012년 3G 스마트 기기를 내놓고 WCDMA+GSM 듀얼모드를 모두 지원하며 2G 고객을 3G 고객으로 유도하고 있으며 여기에 ZTE, Coolpad 등 다수 브랜드가 참여했다. 덧붙여 디스플레이 크기도 기존 3.5인치에서 4.0인치로 확장하고 카메라도 500만 화소로 높여 고객을 유혹한다. 한 걸음 더 나아가 1,000위안 스마트 기기에 대한 대규모 보조금 정책으로 공짜폰도 출시할 계획이다. 차이나모바일과 차이나텔레콤도 비슷한 전략을 염두에 두고 있다. 2013년 차이나모바일은 중국 전역에 걸쳐 TD 기지국 31만 개를 세울 계획을 내놓고 입찰을 서둘렀다. 개중에 20만 개는 4G TD-LTE 기지국이고 11만 개는 3G TD-SCDMA 기지국인 것으로 알려진다. 이들은 고급품 출시와 더불어 다수 휴대폰 제조업체와 손잡고 1,000위안 스마트폰 전략을 내놓고 있다. 여기에는 Coolpad와 해신 등이 참여했다. 중국의 보편적 소득수준을 감안할 때 1,000~2,000위안 가격대의 스마트기기의 점유율은 계속 상승할 것으로 판단한다.

아무래도 기업이 눈앞의 시장에 좀 더 관심을 기울이는 것에 비해 정부는 기업보다 더 멀리 보면서 정보통신 전략을 짜고 있다. 중국 정부는 4G 시대의 문이 제대로 열리기도 전에 벌써부터 5G 시대에 대한 준비작업을 벌이고 있다. 중국 공업정보화부는 5세대 Wi-Fi 연구가 가동되고 있다고 최근 인정하며 획기적인 속도를 바탕으로 IT 정보산업을 대대적으로 발전할 것이라고 밝힌다. 중국은 2G 시대 추격, 3G 시대 돌파, 4G 시대 동시 배치에 이어 5G 시대 주도의 길을 걷고 있다. 중국은 한국이 놀라(NoLA) 기술을 확보하며 앞서 가고 있고 유럽 역시 2013년 들어 5G 모바일기술 개발에 본격적으로 뛰어들고 있다고 평한다. 그래서 관련 부문을 집결해 공동으로 5G 개발사업을 추진하여 기술돌파와 더불어 자체 원천기술을 확보하고자 한다. 2020년 전후로 열린 5G 시대까지 중국은 정보통신 분야 주요 선진국과 같이 세상을 열기 위해 노력할 것이다. 그러나 이후 찾아올 6G 시대는 중국이 먼저 열어 제치길 바란다. 달리 말해서 2025년 이후 IT 주도권이 중국으로 넘어갈 수 있다는 의미다.

끝으로 모든 중국인이 스마트 세상을 선도하지는 않겠지만 대다수 중국인이 스마트 세상에서 살아갈 것이다. 지금도 저가 스마트폰과 태블릿들이 연이어 출시되면서 이런 세상의 구현을 앞당기고 있다. 모든 이가 기술의 최첨단에 서서 세상보다 한 걸음 앞서 갈 필요는 없다. 그보다는 우리가 같은 방향을 보고 함께 걸어간다는 사실이 중요하다. 이런 측면에서 중국은 진미를 몰라도 향기는 맡도록 배려한다. 중국 사회는 차별은 있더라도 완전한 배제는 없으며 이런 까닭에 중국이 어느 국가보다 더 무서운지도 모른다.

7장
중국, 작은 것의 미학을 느끼다

루안(亂)에서 즈(治)의 대상으로 바뀌며 중국 중소기업이 달리고 있다.

중국에서 작다(小)는 부정이고 크다(大)는 긍정의 개념이다. 먼 역사적 기록을 들추어볼 필요도 없이 일본을 '샤오를번(小日本)'이라 폄하하고 '샤오귀이(小鬼)'로 부르며 욕하는 것에서 우리는 이를 직관적으로 알 수 있다. 작은 것을 낮추어 보는 이런 정서는 중소기업에 대한 시각에도 깊게 묻어난다. 중국에서 중소기업은 개인의 부를 증식하는 도구로 인식한다. 이런 맥락에서 중국 정부는 이제껏 중소기업의 존재를 인정하는 것만으로도 제 할 일을 다했다는 태도를 나타냈다. 중소기업의 흥망성쇠는 국가가 아닌 개인 문제로 다루었으며 때로는 정책효과를 떨어뜨리고 시장 질서를 교란하는 존재로 다뤄졌다.

이런 정부의 눈길은 중소기업의 취약한 현실로 한층 굳어졌다. 중소기업은 전통산업에 집중되어 있고 업종중첩이 심각한 상태로 본의 아니게 시장교란자가 될 때도 있다. 대기업과 달리 정책 사각지대에 놓여 있어 산업정책의 투사력을 떨어뜨리고 후행적인 면모로 과잉생산을 유발하는 측면도 존재한다. 국유기업 물량에 민영 대기업 물량이 더해진 상태에서 또다시 중소기업 물량이 덮쳐 만성적 과잉상태를 유발하는 것이다. 무엇보다도 높은 에너지소모와 불합리한 산업구조로 낙후된 모습을 보임에 따라 고용창출의 공신이지만 산업혁신의 역적이라는 시각이 강했다. 따라서 중국 정부는 '루안(亂, 난잡하다)'이라는 한 글자로 중소기업을 정의했다. 반면에 대기업은 넓은 공장과 현대적 시설을 갖추고 있으며 눈에 들어오는 양적 결과물을 잇달아 만들어내고 있다. 따라서 대기업은 "루안(亂)"이 아닌 "즈(治, 관리)"의 표상으로 여겨졌고 관료 고과표에 이는 정치적 성과로 반영됐다.

그러던 것이 2008년부터 중소기업 도산물결이 되풀이되고 민영기업 메카인 온쥬(원저우, 溫州)마저 무너질 기미를 보이자 중국 정부 역시 사태의 심각성을 인식하고 중소기업에 대한 재평가 작업을 벌였으며 중소기업이 고용 파수꾼이자 혁신의 밑거름이 될 수 있음을 인정했다. 그럼에도 매너리즘적 사고는 아직 현실에서 강한 영향력을 발휘하며 중소기업 성장의 기본원칙으로 고용확대를 첫머리에 올리며 이들의 한계를 성정하고 있다. 중소기업과 고용의 역학관계는 마치 양날의 칼과 같아 기업존속의 방패임과 동시에 한계의 장벽이 된다. 특히 중국에서 고용은 정권유지 핵심수단으로 모든 기업정책을 압도한다. 한국처럼 대기업 중심의 성장정책을 펴고 산업 클러스터 전체를 타국으로 이전하는 방식은 결코 펼칠 수 없다. 8억 명의 경제활동 인구를 부양할 산업이 계속 유지될 때만 중국에 안정이 찾아오고 공산당이 존속할 수 있기 때문이다. 이런 흐름 속에서 전방위적으로 중소기업 경쟁력 강화 조치를 내놓고 있다. 중국 정부는 중소기업이 전문 분야에 집중하고 새로운 영역을 발굴하도록 유도하는 한편 미꾸라지가 용이 될 수 있는 환경을 조성하고 작지만 강한 기업을 만들고자 한다.

그럼 중국 중소기업 현황을 살펴보자. 중국 공업정보화부가 발표한 「12차 5개년 중국 중소기업성장규획」에 따르면 2010년 말 현재 중국 중소기업 수는 1,100만 개 이상이고 자영업자 수는 3,400만 개에 이르는 것으로 나타났다. 공업 분야의 경우 중소기업 수(매출액 500만 위안, 한화로 10억 원 정도. 참고로 2011년부터는 2,000만 위안으로 상향 조정되었는데, 약 30만 개가 이에 해당됨)는 44.9만 개로 2005년 대비 50.1% 증가했다. 중소기업은 전체 기업 수의 99.3%를 차지하며 생산액은 69.1%, 납세액(1.5조 위안)은 54.3%를 책임지고 있다. 또한 전체 기업이익의 66.8%를 중소기업이 차지하고 있으며 연평균 이익성장률은 18.9%에 이른다. 무엇보다도 연 이익증가율이 연 생산액 증가율을 1.4%포인트 앞서고 있다. 11차 5개년 기간 중소기업은 도시에서 4,400만 개 이상 일자리를 창출했다. 중소기업은 도시 취업의 80% 이상을 담당하며 특히 농민공과 해고노동자의 주요 취업 통로이기도 하다. 설혹 중소기업이 혁신을 주도하지 못하더라도 혁신의 밑거름이 되기는 충분하다.

이쯤에서 한국 중소기업 상황을 통해 중국 중소기업 현황을 좀 더 음미해보자. 한국의 경우 2009년 현재 중소기업이 전체 기업의 99.9%를 점하고 있으며 직원 수는 87.7%를 차지하고 있다. 부가가치 비중은 50.5%로 중국보다 20%포인트 정도 낮다. 10년 단위로 본 중소기업 고용기여율은 해마다 상승하며 128.7%를 기록했다. 반면에 대기업은 마이너스(−) 28.7%를 보였다. 대기업은 고용시장의 주 고객이 아니다. 혹자는 중국 노동비가 상승하여 기업들이 대거 국내로 유턴할 것이라고 주장한다. 그러나 이 주장이 현실화될 확률은 높지 않으며 오히려 유목민처럼 세계를 떠돌아다닐 가능성이 더 높다. 노동비 문제를 떠나서 한국은 중소기업의 무덤이기 때문이다. 전체 시스템이 대기업에 친화적이고 중소기업에는 적대적이며 창조적이고 개성적인 중소기업에는 더욱 그러하다. 무엇보다도 이들에게는 중국과 동남아도 제2의 고향이며 자신의 기반과 삶이 존재하는 곳이다.

본론으로 다시 넘어와 이야기를 계속 이어가보자. 중국 중소기업은 발명특허의 65%, 기술혁신의 75% 이상, 신제품 개발의 80% 이상을 차지한다. 전국 과학단지, 하이테크 단지 내 중소기업 비중은 70%를 초과하고 있다. 2010년에는 국가 하이테크 기업 가운데 중소기업 점유율이 82.5%를 기록했다. 2009년 R&D 활동 기업(일정 규모 이상)에서 소형 공업기업이 2만 3,953개로 65.8%를 차지했으며 사영기업도 1만 6,153개에 달했다. 중국 중소기업은 이미 혁신동력이며 경제성장 방식전환의 주역으로 자리매김했다. 어처구니없는 추론이지만 한국에서 대기업이 중소기업을 압박하는 까닭이 시장경쟁에 따른 두려움 때문이라는 생각도 든다. 통념적 상식과 달리 대기업이 중소기업보다 시장경쟁에 취약할 수 있다. 하청구조가 더 발달된 현 상황을 보면 이해된다. 대기업은 저가에 무언가를 만들어낼 능력을 이미 상실했다.

이에 더해 중국은 중소기업의 산업구조 최적화에도 주목하며 자본집약형, 기술집약형 제품과 서비스 비중을 확대하고 있다. 제품의 질과 브랜드를 개선하고 하이테크 영역으로 사업 분야를 유도한다. 현재 중소기업 50% 이상이 각종 산업단지에 밀집되어 있으며 넓은 범위에서 국유기업과 경쟁하고 있다. 이는 결국 시장 자원배분에 유리한 방향으로 작용한다. 중국은 경쟁을 말하고 한국은 단합을 노래한다. 한국은 앞으로 10년 이내에 전방위로 중국의 추격과 추월을 당할 것이고 여기에 중국의 중소기업이 큰 역할을 담당하리라 생각된다. 21세기 초만 해도 한·중의 제조업 기술 격차는 5년가량이었지만 지금은 4년 이내로 좁혀진 상태다. 중국 중소기업은 국내외 경제환경 변화에 따른 전략적 기회와 도전에 맞서며 경제구조 조정과 최적화의 주요 추진동력으로 자리 잡고 있다. 지금 이 순간에도 수많은 기업들이 도태되고 다시 수많은 기업들이 그 자리를 메우며 전진하고 있으며 이런 사이클 속에서 성장방식 전환, 구조조정, 기술 업그레이드는 필연적 과정이다. 한풀 꺾인 것이 아닌가라는 견해도 존재하지만 중국은 여전히 높은 성장세를 유지하고 있으며 공업화·정보화·시장화·국제화가 심화되고 있다. 1인당 국민소득도 안정 성장세를 보이고 주민의 소비능력과 욕구가 함께 분출되며 시장은 확대 지향적으로 흐른다. 민생, 내수, 소비가 세 박자를 이루고 정책이 이를 뒷받침하고 있다. 이런 환경은 중소기업에 더 많은 시장기회를 제공할 것이다. 아직 중국은 중소기업에 기회의 땅으로 존재한다. 다만 경쟁이 예전보다 치열해질 따름이다.

국제금융 위기 이후 글로벌산업 조정이 이루어지고 있다. 다국적 기업, 대기업, 중소기업으로 연결되는 국제적 분업체계가 한층 최적화되고 글로벌산업 클러스터가 더욱 체계화됐다. 애국주의는 기업생존에서 큰 장애가 되지 못한다. 중국 중소기업은 기술혁신, 정보 네트워크, 생물, 재생에너지 등 분야에서 새로운 돌파구를 마련하려

한다. 중국도 경제구조를 전략적으로 조정하며 신흥 전략산업과 현대 서비스업, 현대적 농업, 지역 간 산업이전, 시장진입 완화, 민간투자 영역 확대를 추진하고 있다. 이런 모든 움직임은 중소기업에 새로운 발전공간을 제공한다. 더구나 지방정부가 점차 색안경을 벗어던지며 중소기업 발전을 중시하는 경향을 보이고 있다. 중앙정부는 이에 더해 실질적 조치를 내놓고 있는데 재세, 금융, 사회보장, 공공서비스 등 정책적인 장려 시스템을 개선하고 생존발전에 필요한 정책보장을 제공하고 있다. 중소기업판, 차스닥, 신 싼반(3부 시장)도 이런 정책 일환이다.

이에 더해 정부 주도로 관리시스템 수립에 박차를 가하고 있는데 그 대표적 사례가 바로 중소기업을 대상으로 한 공공서비스 플랫폼 건설이다. 여기서 금융, 기술, 창업, 시장개척 등에 관한 일괄 서비스를 제공할 예정으로 중국은 4,000개 중소기업 공공서비스 플랫폼 건립과 500개 국가급 중소기업 공공서비스 시범 플랫폼을 중점 육성할 계획이다. 게다가 3,000개가량의 소기업 창업센터도 운용할 생각이다. 이런 공공서비스 플랫폼을 통해 중소기업에 ERP, SCM, CRM, 물류배송정보화, 생산시설 디지털화, 자동화와 지능화 들을 지원할 예정으로 이제까지의 방임에서 육성 정책으로 명확히 선회하고 있다. 중국의 염원대로 개천에서 용이 날 수 있는 플랫폼이 구축되고 작고 강한 기업들이 무수히 탄생한다면 중국 경제는 지속 성장을 이루고 안정과 성장 사이의 딜레마도 해결될 것이다.

VII
자원굴기

崛起

이번 장은 자원을 중심으로 중국의 움직임과 앞으로의 행보를 가늠해보고 이것이 세계에 미치는 영향을 분석한다. 우선 기존 서구의 약탈경제와 중국의 교환경제 차이점을 간략히 드러내고 국제적 지위가 아프리카, 남미 등 제3세계의 지위상승과 중국의 부상이 어떻게 맞물려 돌아가고 있는지 간략히 분석한다. 그리고 대륙별·업종별로 나누어 중국의 대외투자 현황을 살펴본다. 이어서 2050년 중국 에너지 발전 전략을 소개하고 21세기 인류에 대한 중국의 공헌이 무엇인지 직시하고 중국이 혁신적 에너지 전략을 세워야 할 당위성을 알아본다. 이를 토대로 천연가스를 중심으로 중국이 그려가고 있는 신에너지 실크로드를 탐색하고 자원을 확보하기 위해 세계를 누비고 있는 21세기 정화의 발자취를 따라가 본다.

1장
약탈경제, 자원전쟁의 핵심

약탈경제의 수탈에서 막 벗어난 아프리카를 서구는 동정과 치유의 대상으로 보고 중국은 동질과 교환의 대상으로 여긴다. 그래서 아프리카는 중국의 시대가 더할 나위 없이 반갑다. 대항해시대 이래로 아프리카 대륙의 지위가 지금처럼 높았던 적은 극히 드물다. 제3세계는 이제 약탈과 착취의 대상에서 교환과 거래의 대상으로 바뀌고 있으며 국제사회에서 자기의 목소리를 내기 시작한다. 믿든 믿지 않든 그 중심에 중국이 있는 것은 사실이다.

고대로부터 서구경제를 관통하는 키워드는 '약탈'이었다. 유럽의 르네상스는 중동에 대한 약탈로, 중상주의는 아메리카와 남미에 대한 약탈로, 제국주의는 아시아와 아프리카에 대한 약탈로, 자본주의는 인류에 대한 약탈로 생을 영위했다. 우아한 말로 아무리 포장해도 약탈이라는 사실은 변하지 않는다. 피약탈자에게 약탈 메커니즘이 민주적인지 혹은 경제적인지 그것은 별로 중요치 않다. 지금 약탈하고 약탈당한다는 사실만이 의미 있을 따름이다. 그래서 후진국에서는 민주주의를 제국주의로 종종 인식하며 국내적으로는 자유와 민주주의가 가치일지라도 대외적으로는 약탈명분으로 작용할 때가 자주 있다. 때로는 전략도구로 이용되기도 하고 이권통로 구실도 한다. 어떤 말로 치장하든지 국가 간에 순수한 투자는 있을지라도 순수한 기부는 없다. 어떤 형태로든 한쪽은 대가를 주고 다른 쪽은 대가를 받는다. 개입은 개입주체의 인적·물적 비용을 일으키고 그 부담은 해당 국민의 것이 된다. 그러므로 개입에 대한 대가가 반드시 뒤따르고 그 대가는 물적으로나 심리적으로 자국 국민들을 만족시켜야 한다. 국가는 선의 수호자가 아니라 공동의 이익을 지키는 조직으로 태생적으로 이(利)에 민감하고 선(善)에 둔한 존재다. 그래서 국가의 최선은 이(利)의 거래자이고 최악은 선(善)의 수호자다. 이를 추구해야 할 존재가 선을 수호한다고 돌아다니면 꼭 누군가를 착취하게 되어 있다. 공짜로 거저먹을 대상, 즉 착취할 대상이 필요하기 때문이다. 국가가 더 이상 자신을 먹여 살리는 국민을 위한 조직이 못 된다면 국가는 그 존재성이 사라진다. 그러므로 국가는 착취가 아닌 거래의 존재가 돼야 한다.

중동평화, 이라크 자유 및 민주주의 깃발 아래서 수십만 명이 죽고 천문학적 돈이 투입됐지만 중동이 평화롭게 변하고 이라크에 민주주의가 찾아왔는가? 획일된 안정 대신 다양한 혼란이 찾아왔고 독점부패가 분산부패로 바뀌면서 역으로 국부유출만 더해가고 있다. 그나마 이집트는 이라크와 아프가니스탄 사례보다는 긍정적인데 이는 그들 스스로 자신의 권리를 찾았기 때문이다. 자신의 권리는 자신의 피와 노력으로 쟁취해야 한다. 국가 간에는 영수증만 존재할 뿐이다. 비폭력운동이 빛날 때는 치열한 무장투쟁이 뒤를 받쳐줄 때로 반세기가 넘도록 말의 성찬만 쏟아내는 저 달라이라마를 봐

라. 티베트의 현실이 한 뼘이라도 개선되고 있는가? 젊은 티베트 승려들만 나날이 분신하며 그는 국제적 명사가 되었을 따름이다. 비폭력운동의 결과 인도가 독립한 것이 아니라 제국주의 국가들이 상잔한 결과 인도가 독립된 것이다. 그래서 투쟁가는 망각의 늪에 파묻히고 운동가는 역사를 장식하며 방관자는 부와 명예를 얻는다. 이것이 바로 역사의 진실이며 세상이 작동하는 방식이다.

국제사회는 힘의 논리에 따라 이치가 흐르고 진실은 언제나 유동적이다. 서구의 대표적 기수인 미국은 중국에 21세기 제국주의자라는 닉네임을 붙이려고 한다. 중화 제국주의 음영이 아프리카를 뒤덮는다고 호들갑을 떨며 중국을 경계해야 한다고 날마다 나팔을 분다. 하지만 경제팽창과 각종 영토분쟁을 두고 중국에 제국주의라는 낙인을 찍는 것이 너무 앞서간 듯하다. 이보다는 세계 역학관계가 넓은 다극체제로 나가는 게 올바른지, 중·미 투 톱의 다극체제가 더 바람직한지 이도저도 아니라면 미국 원 톱의 좁은 다극체제가 아직은 정답인지를 놓고 고민하는 것이 현실적이다. 무엇보다도 중국은 아직 일방적 팽창을 감당할 여력이 없다. 무력으로 영향권 확장을 꾀하면 군사비 등 각종 유지비용이 급증하게 되는데 이는 결국 내정을 궁핍하게 만들고 국민의 부담을 늘리게 된다. 팽창과 수축은 동전의 양면과 같아 겉으로는 국가역량이 확대되는 것처럼 보여도 내부는 오히려 급속히 취약해진다. 그래서 중국은 약탈보다는 교환을 바라고 영토보다는 시장에 관심을 가진다.

또한 미국과 달리 중국은 남미와 핵심이익을 다투지 않는다. 남미국가연합(UNASUR)과 남미공동시장(Mercosur)의 유명무실을 꾀하지 않고 미국과 같이 태평양블록(Pacific Alliance)과 중남미통합시장

(MILA)을 후원하며 지정학적으로 남미를 어떻게 해보겠다는 큰 플랜을 가지고 있지 않다. 단지 남미가 중국을 위한 안정된 자원공급원과 충분한 시장이 되길 바랄 따름이다. 따라서 헤게모니 다툼에 한 발 걸칠 생각도 없고 '남미'를 어떤 레짐으로 바꿀 의지도 찾아보기 힘들다. 중국에게 남미는 그저 필요한 고객일 따름이다. 이런 맥락에서 중국은 공산주의를 주장하는 소매상보다는 자본주의를 따르는 도매상이 더 좋은 고객이라고 생각한다. 그에 비하여 미국은 남미에 지정학적 이해관계가 있으며 가급적 그들이 원하는 색깔로 남미를 채색하길 원한다. 중국은 거래자, 미국은 매니저가 되길 원하는 셈이다.

남미에서 아프리카로 초점을 이동하면 마찰은 더 선명해진다. 힐러리 클린턴은 2011년 7월 잠비아 현지 방송과 인터뷰에서 아프리카 내 중국 영향력 상승에 관한 질문들 듣고 별안간 "아프리카 각국은 신(新)식민주의를 경계해야 한다"고 말했다. 야오지엔(姚堅) 상무부 대변인은 이에 발끈하며 즉시 반박성명을 발표했으며 그는 "중국과 아프리카는 오랜 협력관계를 맺고 있으며 중국은 이전부터 아프리카에 대량원조를 제공했다"고 받아쳤다. 그리고 관련 통계자료를 제시하며 중국은 지금까지 철도 2,000km와 도로 3km를 아프리카에 건설해주고 학교 100여 개와 병원 60여 곳을 세웠다고 밝혔다. 또한 200여 억 위안의 채무도 탕감했다고 강조한다. 이 문제와 관련해 그해 12월 홍레이(洪磊) 외교부 대변인은 조금은 냉소적인 발언을 내놓았는데 그녀는 "확실히 아프리카에서 신(新)식민주의가 출현했지만 절대로 중국은 아니며 아프리카 국가들도 이 점에 대해 광범위한 공감대를 형성했다"고 주장했다.

서방매체들이 남아프리카공화국 관료의 입을 빌려 중국이 아프리카에서 신(新)식민주의를 한다고 지적할 때 정작 제이콥 주마(Jacob Zuma) 남아프리카공화국 대통령은 "중국과 아프리카 사이에는 어떤 식민주의 관계도 존재하지 않으며 중국이 아프리카에서 신식민주의 자행하고 있다는 말은 사실과 다르다"고 밝혀 이들을 뻘쭘하게 만들었다. 중국은 또한 식량자급자족은 자신의 일관된 정책으로 아프리카에서 대규모 토지를 매입해 경작하고 있지 않다고 말하며 중국은 오히려 식량과 농기술 원조에 나서고 있다고 주장했다. 한 걸음 더 나아가 아프리카는 '농업 신(新)식민주의'의 최대 피해자라고 말하며 "중국은 사실상 아프리카에서 대량의 토지를 점유하고 약탈하는 국가들에게 아프리카의 소리를 듣고 실질적 행동에 나서 아프리카 식량안전 문제 해결에 공헌하길 촉구한다"고 강조했다. 쉽게 말해서 중국은 '신식민주의 주체는 우리가 아니라 서구 당신들이야!'라고 비판한 셈이다.

1여 년이 지난 후 논란은 또다시 불붙었다. 나이지리아 중앙은행 총재는 2013년 3월 11일자 파이낸셜타임스(FT)의 기고문에서 "아프리카는 중국에 대한 낭만적인 시각을 털어내고 베이징이 파트너이면서 경쟁자라는 점과 옛 식민지 권력과 같은 착취 관행을 취할 수 있다는 점을 받아들여야 한다"고 경고했다. 값싼 중국 수입품 때문에 취약한 아프리카 산업 분야가 타격을 받고 있는 상황에서 그는 아프리카가 "새로운 형태의 제국주의에 스스로를 노출했다"고 말하며 "중국이 아프리카에서 원재료를 수입해 우리에게 제품을 팔고 있는데 이는 식민주주의 본질이다"라고 주장했다. 하지만 그의 말은 실로 온전하지 못하다. 그의 말이 성립되려면 '중국이 아프리카에서 싼값에 원료를 수입해(옛 식민지 권력이 그랬듯이) 비싼 가격에 제품을 판다'고 지적해야 한다. 그럼에도 단지 중국이 싼

가격에 제품을 판다고만 불평을 늘어놓고 있다. 이는 식민주의의 본질이 아니라 시장주의의 본질이다. 그는 중국이 시장주의를 행하고 자본주의적 특징을 보인다고 비난하는 셈이다. 차라리 중국이 수출에 유리하도록 보조금과 환율조작과 같은 포식자적 관행을 유지하여 아프리카 산업 환경을 해치고 있다고 간결하게 주장하는 편이 더 설득력이 있다. 무엇보다도 기술이전은 국가 간 과제가 아니라 기업 간 과제이며 기술이전 유무가 식민주의 판단의 근거는 될 수 없다. 더구나 아프리카는 누구의 보호를 받아야 하는 대륙이 아니며 아프리카 각국은 더 이상 동물원의 원숭이가 아니다. 스스로 존엄한 존재이며 스스로 일어나야 한다.

논점을 벗어난 말이지만 파이낸셜타임스는 2012년 말 매각 추진설이 돌았으며 2013년 1월 중국에서 매수자를 물색하고 있다는 말이 돌았다. 우리네 속담에 오얏나무 밑에서는 갓끈을 고쳐 매지 말라는 말이 있다. 흡사 자신의 구애를 받아들이지 않는다고 삐쳐 상대방에게 투정을 부리는 듯한 인상을 남겨줄 수도 있다. 이후 마틴 울프(Martin Wolf)의 "왜 중국 경제는 꼬꾸라지는가(Why China's economy might topple)"라는 약간 선정적 제목의 칼럼도 등장했다. 그는 이 칼럼에서 중국 국무원연구센터(DRC)의 최신 보고서를 인용하며 2000~2010년 10% 이상 성장세를 보이던 중국 경제가 2018~2022년 사이 성장률이 6.5%로 떨어진다고 소개하며 이것이 중국경제 추락의 큰 배경인 것처럼 암시한다. 그러나 이는 추락의 증거가 아니라 당연한 수순으로 만약 중국 경제가 2018~2022년에도 연평균 10% 이상 고성장한다면 그게 바로 위기의 증거다. 이전 장에서 밝혔듯이 5% 밑으로 떨어지지 않는 한 정상범위로 보아도 무방하다. 우스갯

소리로 파이낸셜타임스 지분이 중국계로 넘어간다면 아마 "왜 중국 경제는 지속 성장할 수밖에 없는가"라는 칼럼이 나올 수도 있다. 어쩌면 중국이 자신을 사 주기 전까지 날카로운 펜대를 여지없이 휘갈기며 중국을 압박할 수도 있다. 미국 정부는 '환율조작국'을 거론하며 지속적으로 중국의 양보를 받아내고 있다.

신식민주의에 대한 중국의 대응논리를 완전히 수용하기는 힘들지만 그렇다고 획일적으로 이를 부인하기도 어렵다. 중국은 미·소 냉전시대부터 비동맹외교를 주장했고 그 맥락에서 아프리카 중시외교를 펼쳤다. 이 길이 미·소 양국의 틈바구니에서 중국의 위상을 확보하는 방법이라고 여겼기 때문이다. 외교는 긴 호흡으로 넓고 촘촘하게 그물을 던지는 것이지 유행을 타듯이 외교를 펼치면 안 된다. 지금은 자원외교가 좀 더 주목을 받고 있을 뿐이지 그 이전부터 중국은 몇십 년째 외교부장 첫해 순방지로 아프리카를 택하고 있다. 달리 말해서 중국에 아프리카는 과거에는 외교적 우방이었고 현재는 자원보고이며 미래는 주목할 시장인 셈이다. 따라서 중국의 대 아프리카 전략을 신식민주의라는 말로 왜곡하는 것은 옳지 않다. 전략이 아닌 주장으로 거대한 흐름을 되돌리기는 힘들다.

아프리카에 이어 강대국 간 공방전이 치열하게 전개되는 중동으로 눈을 돌려보자. 중국의 주 석유수입 루트는 중동과 아프리카로 전체 수입량의 80% 정도를 차지한다. 석유는 흔히 '피의 원유(Bloody Oil)'라고 한다. 그만큼 석유를 차지하기 위해 수많은 전쟁이 일어났다는 말이다. 중국은 한때 이란 핵 문제로 서구에 미운 털이 박힌 가운데 러시아와 함께 시리아 사태에 거부권을 행사하여 집중포화를 받았다. 다만 중국과 러시아의 이란과 시리아 접근법에는 약간의 차이가 있다. 우선 중국은 전략적으로 시리아보다는 이란을 더 중요시한다. 이란은 좁게는 중앙아시아와 중동을 이어주는 고리이고 넓게는 서방과 동방을 가로지르는 관문이다. 지정학적으로 중동, 유럽과 중앙아시아 세 쪽에 걸쳐 역학관계를 조정하는 저울추와 같다. 따라서 이란이 서구로 기울게 되면 중국은 급속히 중앙아시아에서 영향력을 상실할 것이고 육상봉쇄 위험에 노출된다. 반면, 시리아는 중국보다는 러시아에 더 중요한 군사적 교두보다. 러시아는 시리아에 해군기지를 두고 있으며 이 기지는 지중해를 작전반경으로 삼는다. 유럽 밑에 지뢰를 매설한 셈이다. 그래서인지 유럽이 리비아, 시리아 내전에 적극 개입하고 있다. 유럽은 이번 기회를 통해 지중해에서 러시아를 배제하고 중동과 아프리카에 대한 영향력을 재확대하려 한다. 그 과정에서 떨어질 각종 경제적 이권도 좋은 동기다. 미국은 유럽 의도를 이해하는 편이지만 그렇다고 (중동과 아프리카로) 남진을 환영하는 것은 아니다. 그보다는 유럽이 (러시아를 막는) 동진에 좀 더 관심을 가지고 재원을 한껏 투입하길 바란다. 이런 까닭에 미국은 좀 떨어져서 재스민혁명을 관망하면서 일이 덜 매끄럽게 풀리길 희망한다.

한편 미국이 이란 석유수출 봉쇄와 금융제재에 나서자 이란산 석유를 수입하는 국가들은 발등에 불이 떨어졌다. 영국, 프랑스, 일본 등은 제재명단에서 빠졌지만 한때 중국과 인도 등은 그렇지 못했다. 중국과 인도는 강하게 반발하며 달러 대신에 자국통화, 금, 상품 등으로 결제를 하겠다고 위협했다. 여기서 석유수출 봉쇄와 금융제재는 이란 핵 개발 프로그램 저지를 목적으로 한 국방수권법(NDAA)의 일환으로 미국이 밀고 유럽이 동조하는 형태를 띠고 있다. 그러나 미국은 정작 국방수권의 대가로 달러수권에 구멍이 뚫릴 형국에 놓였다. 중국은 국내법이 국제법 위에 올라서는 것을 분명히 반대한다고 피력하며 이란산 석유를 계속 수입하겠다고 밝혔고 일본과 한국은 중국을 슬며시 내세우며 실효성 문제를 핑계로 저강도 감축을 희망했다. 이란은 그 틈에 중국 수출물량을 2배로 늘리면 된다고 공언하고 유럽에 2~5년 장기계약을 맺지 않으면 수출을 중단하겠다고 으름장을 놓았다. 이후 이란산 원유 문제는 관심의 밖으로 멀어졌고 이란은 석유가 안 되면 가스를 수출하면 된다고 가스전 개발에 열을 올리고 있다. 참고로 이란은 세계 2위의 천연가스 매장량을 가진 나라로 파키스탄은 미국의 반대에도 아랑곳하지 않고 이란과 손잡고 가스관 공사를 강행하고 있다. 전화위복으로 이란의 수출자원 포트폴리오만 늘려준 꼴이다.

시리아와 이란이 논의의 초점이지만 막상 뚜껑을 열어보면 어떤 형태로든 '중국'과 이어진다. 서구는 중국이 신식민주의를 일삼고 있다고 비난하고 중국은 서구가 제국주의 향기를 잊지 못하고 있다고 되받아치는 상황에서 서구가 중동을 때리지만 중국 내부적으로는 이건 우리를 손보기 위한 준비 작업이 아닌가라는 기류도 분명 존재한다. 참고로 앞서 신식민주의 논란이 불거졌던 아프리카는 중국의 제2대 석유수입 지역이다. 중국이 북한에 석유만 끊어도 북한은 붕괴할 것이라는 주장이 큰 신념처럼 존재하며 미국은 중국에 이를 근거로 좀 더 영향력을 행사하라고 압박한다. 같은 맥락에서 중동이 중국에 석유를 끊는다면 북한처럼 정권존속을 걱정할 정도는 아닐지라도 심각한 타격은 피할 수 없다. 이런 까닭에 중국은 중동문제에 두 손 놓고 있을 수 없는 것이다.

이전 장에서 언급했듯이 중국은 예부터 번속국을 3등급으로 구분했으며 조선과 베트남은 1등급을 받았다. 오늘날의 용어를 빌리자면 이들은 중국의 핵심이익 지대인 셈이다. 1950년 한국전쟁 참전과 1979년 베트남 침공도 이런 관점에서 판단해볼 수 있다. 21세기 현재도 위 두 지역은 과거와 비슷한 전략적 의의를 가지며 이런 사고의 연장선에서 북한을 관리하고 베트남을 단속하려는 것이다. 그러나 오늘날의 중국이 과거의 중국과 같을 수는 없다. 전략적 수요가 달라지고 지리 경제적 범위도 확장되고 있다. 그래서 여기에 이란이 새로이 첨가될 것 같다. 중국의 동쪽에 "북한"이 있다면 서쪽에는 "이란"이 존재한다. 여담이지만 중국은 동북으로 깊숙이 들어오는 세력을 북한이 뒤에서 견제해주길 바란다. 세상은 알 수 없는 법이기 때문이다.

일단 중국이 이란을 양보하면 수단에서 밀리게 되고 이후는 미얀마도 손 떼야 한다. 미얀마에서 손 떼면 결국 북한이 위태롭고 북한을 포기하면 대만도 장담 못 한다. 대만이 독립하면 신강과 티베트 독립도 탄력을 받게 되고 조선족, 몽고족을 포함한 주요 이민족들의 동요를 가져온다. 중국이 이렇게 자꾸 후퇴하다 보면 문득 고립된 대륙으로 변한 자신을 보게 된다. 심하면 몇 조각으로 짙어져 대국에서 중소강국으로 떨어질 수도 있다. 따라서 중국은 일차적으로 서구의 완전한 승리를 제지하고 가급적 어중간한 혼란 속에서 서구가 힘을 소비하길 원한다. 무엇보다도 어디에서든지 화약고가 터져 중국의 선택을 강제하는 상황을 극도로 회피하고자 한다. 따라서 일방적인 제재를 반대하고 6자 회담 형태와 같은 틀 속에서 이란을 포함한 중동문제를 해결하자고 한다. 장기고착화를 통해 중국이 온전히 굴기할 시간을 벌려는 의도가 강하다. 일단 미얀마는 살짝 손아귀에서 벗어난 듯 보인다. 이런 기류들이 중국의 후퇴를 암시하며 최종적으로는 앞서 언급한 것처럼 흐를지는 좀 더 지켜보기로 하자.

여담이지만 2013년 현재 미얀마는 민주화의 길로 한 걸음 다가서며 중국과 미국의 중간지대로 살짝 돌아섰고 오바마는 북한에 "미얀마의 길"을 보라고 다그친다. 그러나 이는 적절한 대입은 아닌 것 같다. 마치 서구인들이 아시아인을 보면 모두 중국인이냐고 묻는 것과 같은 이치다. 몇 가지 요인에 걸쳐 그 이유를 탐색해보자. 먼저 한반도 주위의 지정학적 구도가 미얀마와는 비교할 수 없을 만큼 복잡하다. 한반도는 4대 강대국에 둘러싸인 세계 2대 화약고지만 미얀마는 개별 문제일 따름이다. 둘째로 북한은 자신이 미얀마보다 훨씬 특별한 존재라고 여긴다. 속으로 미얀마를 자신과 비교한 것에 무척이나 자존심이 상했을 수도 있다. 중국이 매번 자신의 길을 보라고 해도 괴팍한 심술만 부리는 나라가 북한이다. 긴 시간을 두고 특별한 사고로 특별한 접근이 필요하다. 상식적 접근은 통하지 않는다. 셋째로 중국 입장에서도 북한과 미얀마는 다르다. 북한은 1등급이었지만 미얀마는 3등급에 불과했다. 설혹 북한이 원해도 중국이 원하지 않을 수 있다. 미국은 민주적인 북한을 바라지만 중국은 통제된 북한을 원한다. 말 잘 듣는 행동대원 그 이상도 그 이하도 원하지 않는다. 실제로 북한에 대한 경제지원은 개혁·개방에 충분할 정도가 아니라 늘 굶어죽지 않은 정도에서 그쳤다. 아프리카에 선물한 대대적인 패키지를 이웃 북한에 내민 적은 단 한 번도 없다. 마지막으로 북한에 대한 미국의 포지션도 상당히 애매모호하다. 우선 부시는 북한을 악의 축으로 간주하고 외과수술을 통해 세계에서 도려내야 할 존재로 봤다. 즉, 치유의 대상이 아니라 제거의 대상이었던 셈이다. 오바마는 부시와 달리 악의 축을 직접 도려낼 생각을 하지 않는다. 전략적 인내라는 개념을 내걸고 마냥 고름이 터질 때까지 기다린다. 그런데 이 전략적 인내라는 말도 좀 묘한 게 현실적으로 아무런 전략이 없을 때 이런 말들이 종종 나오곤 한다. 이래저래 곁에서 장단을 맞추는 한국만 곤란한 처지에 놓이게 된다.

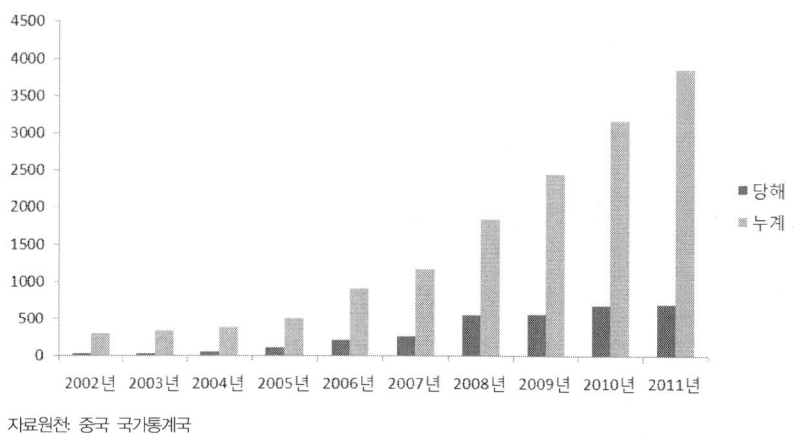

자료원천: 중국 국가통계국

<그림 1> 중국의 대외직접투자 추이

그럼 본격적으로 중국의 대외투자 움직임을 살펴보기로 하자. <그림 1>은 2002년부터 2011년까지 중국의 대외투자 현황을 나타낸 자료다. 이 기간 중국의 대외투자 합계는 4,000억 달러 정도인데 2005년을 기점으로 폭발적으로 늘어나 2007년 누계금액이 1,000억 달러를 첫 돌파했으며 그 뒤 4년 만에 4,000억 달러 고지를 눈앞에 두었다. 기존 흐름을 볼 때 2020년경 대외투자 누계금액은 1조 달러를 넘을 것으로 전망된다. 이때쯤이면 차이나머니 시대라는 말이 우

리 일상에서 친숙해질 것 같다. 일례로 2012년 말 현재 제주도 토지의 0.5% 정도를 외국인이 소유하고 있는데 개중에 약 20%를 중국인이 보유하고 있다. 그리고 서울시는 잠실운동장 일대를 중국 자본에 매각하는 방안을 고려했다. 지금은 이런 일들이 낯설게 느껴지지만 곧 일상화된 현상으로 우리에게 다가올 것이다.

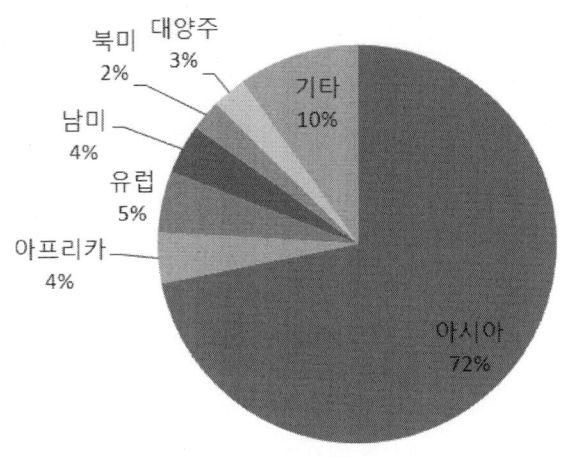

자료원천: 중국상무부, 2010년 대외직접투자통계공보

<그림 2> 2002~2010년 중국 대외투자 대륙별 비중

<그림 2>는 대륙별로 중국의 대외투자 비중을 나타낸 자료인데 아시아가 72%(이 가운데 홍콩이 상당한 비중을 차지함)로 대다수를 차지하고 유럽은 5%로 막대한 격차를 보이며 뒤를 따른다. 그리고 아프리카와 남미가 각각 4% 정도를 차지하고 대양주가 3%, 북미가 2% 정도를 기록하고 있다. 그 외 대륙이 10% 정도를 점하고 있다. 위 자료는 중국이 아직 중화권을 중심으로 한 안방에서 놀고 있다는 사실을 암시하고 있다. 중국의 해외투자는 아직 본궤

도에 오르지 않았으며 2013년 지금 목도하고 있는 것은 다가올 거대한 물결의 전조에 불과하다는 점이다.

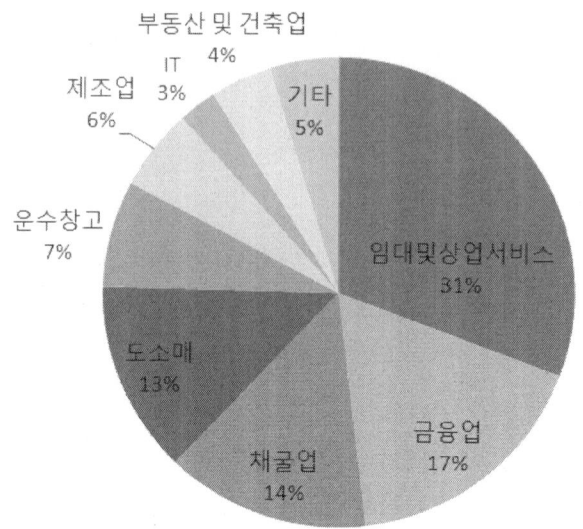

자료원천: 중국상무부, 2010년 대외직접투자통계공보

<그림 3> 2002~2010년 중국 대외투자 업종별 비중

<그림 3>은 중국의 대외투자 비중을 업종별로 나타낸 자료다. 예상과는 달리 임대와 상업서비스가 31%를 차지하고 있으며 금융업과 채굴업이 17%와 14%로 뒤를 따른다. 그리고 도소매와 운수창고업이 각각 13%와 7%를 나타내고 있다. 제조업은 6%에 불과하고 R&D 및 지질탐사와 전력 및 가스는 각각 1.3%와 1.1%에 그친다. 이는 중국의 대외투자가 자원 분야에 집중되었을 것이라는 막연한 생각이 얼마나 사실과 다른지를 극명하게 드러내준다. 자원사냥의 본 게임은 아직 시작도 하지 않았다.

2장
2050 에너지 발전 전략

20세기 인류에 대한 중국의 공헌이 13억 인구의 식량을 책임지는 것이었다면 21세기 공헌은 13억 인구가 소비할 에너지를 책임지는 일이다.

중국의 에너지 확보는 거대한 도전이다. 중국의 에너지 소비량은 10년 사이 근 3배 가까이 늘어났으며 지금도 7% 이상의 속도로 증가하고 있다. 중국은 10% 미만의 세계 GDP 비중으로 20% 이상의 에너지를 소비하고 있다. 오염배기량은 글로벌 최대로 세계 온실가스의 25%를 배출한다. 이를테면 중국 석탄생산량은 30억 톤에 달하지만 그 절반만 국제 환경표준에 맞게 채굴되고 있다. 자신도 인정하듯이 중국의 성장은 자원소모와 환경악화 대가다. 이런 국면을 타파하기 위해 중국은 경제발전 방식전환을 다잡고 있다. 이는 중국을 위해 그리고 세계를 위해 올바른 방향이다.

중국은 현재 자원소모형 성장방식 탈피와 더불어 핵심자원 비축에 나서고 있다. 예컨대 중국의 희토류 수출쿼터는 2007년 6만 톤 수준에서 2011년 3만 톤으로 2배 가까이 감축됐다. 이에 더해 공업정보화부는 2~3개 대형기업 주도로 희토류 시장을 재편할 뜻을 비치고 2012년 4월에 희토류산업협회를 출범했다. 미국·유럽·일본 등은 중국 희토류 전략화에 반발하며 세계무역기구(WTO)에 제소했지만 중국은 요지부동이다. 중국은 희토류 개발로 인한 환경파괴가 심각한 상태라고 밝히며 환경보호를 위해 희토류산업을 적절히 관리할 필요가 있다는 뜻을 굽히지 않는다. 중국이 환경을 앞세우니 이들은 반박의 명분이 마땅찮은 상태다.

중국은 "과학, 녹색, 저탄소"라는 세 가지 키워드를 중심으로 차세대 에너지 전략을 수립했고 이에 맞추어 산업구조를 전환하고 절전 기능을 강화하며 총량통제를 다잡고 에너지 최적화와 다원화 구조를 마련하고 있다. 녹색 저탄소 사회로 나아가기 위해 과학기술을 혁신하고 경제효율화를 추구하고 있다. 2013년 3월에는 탄소포집 이용발전 규획을 발표하면서 탄소포집활용저장(CCUS)산업 발전을 궤도에 올렸으며 그해 6월에는 심천에서 1차로 600여 개 기업을 모아 탄소배출권 거래를 가동했다. 중국은 성장방식 전환의 중요 분야로 에너지 수급모델 전환을 꼽는다. 고성장 구조를 토대로 만든 매너리즘적 예측에서 벗어나 과학적 분석과 평가를 토대로 새로운 모델을 창출하려고 노력한다. 이런 배경에서 중국은 에너지 과학효과를 측정하고 에너지 발전에 필요한 잠재적 기술, 경제, 환경제약 요인에 대해 심층 분석한다.

그럼에도 에너지 문제는 장기라는 말을 넘어선 길고도 험난한 과제다. 2020년 중국이 GDP 한 단위당 에너지 소비량은 2005년 대비 44% 감소하고 2030년에는 68% 떨어뜨린다고 해도 일본과 유럽보다 여전히 배로 높은 상태다. 더욱 심각한 일은 선진국의 에너지 소비강도가 지금도 계속 떨어진다는 사실이다. 그렇다면 중국과 선진국의 에너지 효율 격차는 반세기가 지나도 극복된다고 장담하기 힘들다. 1인당 GDP가 5,000달러에서 1만 달러로 늘어나고 2만 달러로 도약할지라도 중국은 자원과 에너지 소모형 산업이라는 굴레를 벗어나지 못할 수도 있다. 그러므로 중국은 중장기가 아니라 앞으로 반세기를 두고 톱니바퀴 굴러가듯이 차근차근 에너지 전략을 마련해야 한다.

중국은 2015년 에너지 소비량을 40억 톤 표준석탄(TCE)으로 설정했는데 2010년 현재 32.5억 톤 수준임을 감안할 때 결코 불가능한 목표는 아니다. 2011~2015년 평균 GDP 성장률을 8%로 잡고 GDP 단위당 에너지 소모량을 16% 감축한다면 2015년에 40억 톤에 도달한다. 사실 16% 감축목표는 보수적인 수치로 큰 난제는 아니다. 핵심은 경제성장률 높낮이가 아닌 경제구조 전환과 에너지 절약대책의 현실화다. 2010~2020년 개중에 "12차 5개년" 기간은 중장기 에너지 전략의 주춧돌을 놓는 단계로 중국의 에너지 체계가 과학발전 궤도로 진입하는 중요시기다. 그러므로 성장방식 전환을 뒷받침하면서 절전, 효율성 향상, 오염물 배출감소 분야에서 가시적인 성과를 보일 필요가 있다. 왜냐하면 2020~2030년은 에너지 변혁의 중간단계로 중국은 가장 힘겨운 도전에 직면할 것이기 때문이다. 이 기간 절전효율을 대폭 확대하고 신에너지(핵 발전과 재생에너지) 분야에서 돌파구를 마련해야 한다. 화석에너지 청결생산과 이용, 오염배출량과 온실가스 배출량 통제를 실현할 필요가 있다. 또한 안정된 석유공급과 대체자원 개발, 전력시스템 최적화, 농촌에너지 구조진척 등도 중요한 요소다. 여기까지 무사히 넘어온다면 2050년경 에너지구조 변혁이 기본적으로

완료되고 과학적인 에너지수급모델을 구축하게 된다. 이때는 청결에
너지가 절반 이상의 에너지공급을 책임진다.

<표 1> 주요국 에너지 소비량

단위: quadrillion btu

구분	1990	2000	2010	2011	
				소비량	증감률
중국	27.2	38.4	96.6	103.7	7.4%
미국	78.0	91.7	90.7	90.1	(0.7%)
러시아	-	25.2	27.4	27.2	(0.7%)
인도	7.7	12.7	20.8	22.2	6.7%
일본	17.2	20.4	19.9	17.8	(10.6%)
한국	3.6	7.6	10.1	10.4	3.0%
전 세계	322.7	369.4	476.5	487.1	2.2%

자료원천: BP plc, 「BP Statistical Review of World Energy 2012」

<표 1>은 BP의 「2012년 세계에너지통계, Statistical Review of
World Energy 2012」 자료를 정리한 것으로 1990년 27.2천 조 btu에
불과하던 중국의 에너지 소비량이 2000년 38.4천 조 btu로 약간 상
승한 이후 2010에는 96.6천 조 btu로 폭등한 것을 살펴볼 수 있다.
2010년 미국을 제치고 중국은 이미 세계 최대 에너지 소비국으로 도
약했으며 2011년에는 이보다 7.4% 확대된 103.7천 조 btu를 기록
했다. 대조적으로 미국은 1990년 78에서 2000년 91.7로 상승한 이후
로 미미한 감소세를 나타내고 있다. 인도 역시 중국처럼 상승세를 기
록하고 있지만 그 기울기는 상대적으로 완만하며 절대량도 중국의
1/5에 불과하다. 미 에너지정보국(EIA)은 「2007~2034년 에너지전
망보고서」에서 2035년경 전 세계 에너지 소비량이 2007년보다 49%

정도 늘어날 것으로 추정했다. 여기서 중국과 인도 양국의 비중은 2007년 20% 전후에서 2035년 30%로 늘어나는 것으로 전망했는데 현재 진행되고 있는 추이를 보면 충분히 설득력이 있는 전망 같다. 브릭스의 한 축인 러시아는 <표 1>에서 보듯이 대체로 횡보세를 보이고 한국은 예전에 견주어 증가속도가 약간 체감하며 일본은 2000년을 정점으로 감소세를 기록하고 있다. 이런 결과를 각 나라의 경제상황과 연결해 해석해봐도 의미가 있을 것 같다.

<표 2> 2011년 주요국의 에너지원별 소비구조

구분	석유	가스	석탄	핵 발전	수력	재생에너지
중국	17.7%	4.5%	70.4%	0.7%	6.0%	0.7%
미국	36.7%	27.6%	22.2%	8.3%	3.3%	2.0%
러시아	19.8%	55.7%	13.3%	5.7%	5.4%	0.1%
인도	29.0%	9.4%	52.9%	1.3%	5.3%	1.7%
일본	42.2%	19.9%	24.6%	7.7%	4.0%	1.6%
한국	40.3%	15.9%	30.2%	12.9%	0.5%	0.2%

자료원찬: BP plc, 「BP Statistical Review of World Energy 2012」

<표 2>는 앞서 국가를 대상으로 에너지원별 소비구조를 살펴본 자료다. 중국은 석탄이 70.4%로 독보적 위치를 차지하고 있으며 석유와 수력이 각각 17.7%와 4.5%를 차지했다. 그리고 가스는 4.5%에 머물렀고 핵 발전과 재생에너지는 각각 1%에도 못 미치는 비중을 보였다. 이는 재생에너지 실용화 길이 우리와 얼마나 멀찍이 떨어져 있는지 말해준다. 이는 꼭 중국만의 일이 아니며 미국조차 2%에 불과하고 인도는 1.7%로 일본보다 더 높은 비중을 보였다. 미국의 경우 석유, 가스, 석탄이 삼두마차 체제를 이루며 이들 가운데 가장 안정

적인 에너지 소비구조를 나타내고 있다. 인도 역시 절반 이상을 석탄에 의존하고 있으며 한국은 이들 가운데 핵 발전 비중이 12.9%로 가장 높았다.

이상을 통해 우리는 적어도 반세기 동안은 석탄이 중국의 핵심 에너지원이라는 점을 확인했다. 그래서인지 중국은 석탄과학에 초점을 맞추며 대안을 모색하고 있다. 여기서 석탄과학이란 안전하고 고효율적이며 환경 친화적인 조건에서 석탄을 생산한다는 말이다. 현 단계에서는 석탄 생산량(30억 톤)의 절반 정도가 이에 해당하지만 20년 후에는 34억~38억 톤 정도가 이 조건을 만족할 것으로 전망한다. 참고로 2050년경에는 전체 에너지에서 석탄이 차지하는 비중이 40% 정도로 떨어질 것으로 예상된다. 중국 석유 전략은 "최대한 절약하고 탐사를 강화하며 대규모 대체자원을 개발하고 적극적으로 수입(소비와 전략비축)한다"는 네 문구로 요약된다. 중국은 천연가스를 비교적 청정한 화석에너지로 보고 잠재자원도 풍부해 대규모 발전이 필요하다고 생각한다. 2030년 중국 천연가스 생산량은 3,000억㎥에 달할 것이며 수입량을 감안할 경우 4,000억~5,000억㎥까지 확대될 듯하다. 이렇듯 1차 에너지에서 천연가스 비중이 10% 이상으로 상승하여 천연가스는 에너지 발전 전략의 다크호스로 부상하고 있다. 다만 2030년 이전까지는 수력발전이 재생에너지 분야의 선봉장이 될 것이며 수력발전 용량은 2020년, 2030년, 2050년 각각 3억kW, 4억kW, 4.5억~5억kW 정도로 확대될 전망이다. 수력 이외에 태양에너지도 한 축을 담당할 것 같다. 중국은 태양에너지는 약 20억kW, 풍력자원은 10억kW 이상, 바이어메스는 약 3억 톤 TCE 정도 생산이 가능할 것으로 판단한다.

재생에너지의 경우 2020년까지 기술병목 현상을 돌파하려고 한다. 중국은 풍력발전의 경제효익을 높이고 태양열 발전비용을 낮추려고 한다. 그리고 전력망을 통합하고 셀룰로오스 액체연료 기술들을 발전할 생각이다. 여기에 더해 이미 기반을 갖춘 태양열에너지를 적극 활용하고 생물메탄가스, 지열에너지, 해양에너지 등도 발전할 생각이다. 또한 재활용 차원에서 폐기물의 에너지화를 높이고 농촌지역 에너지 생태를 현대화할 계획이다. 그렇다면 2020년, 2030년, 2050년 재생에너지(수력 제외) 공헌도는 각각 2억 TCE, 4억 TCE, 8억 TCE 전후에 달할 것이고 순차적으로 현재의 보조에서 대체를 거쳐 주도적 존재로 위상이 올라가게 된다. 한편 핵 발전 분야는 후쿠시마 원자력발전소 사고로 급제동이 걸렸지만 최근 프로젝트 승인을 재개하며 핵 발전 가속화라는 기본 방침을 다시 한번 확인했다. 다만 내륙에 핵발전소를 건립하지 않고 신규 핵발전소는 3세대 안전표준을 만족해야 한다는 강제규정을 두며 예전보다 안전문제에 한층 신경을 쓴다. 핵 발전의 경우 중국은 중장기 에너지 발전 전략에 따라 2020년 핵 발전량을 7,000만kW 이상으로 만들고 2030년에는 이보다 3배 정도 확대된 2억kW를 실현할 생각이다. 그리고 2050년에는 여기서 다시 2배 정도 늘어난 4억 kW 이상을 기록할 계획인데 이렇다면 2050년경 핵에너지가 1차 에너지에서 차지하는 비중이 15%를 넘게 된다. 앞으로 진행될 1차 에너지구조 변화추이는 <그림 4>를 살펴보길 바란다.

한편 전력구조에서 비화력발전 비율이 확대되면서 석탄발전 비중은 점점 하락하여 2050년경에는 35% 전후 수준까지 떨어질 것으로 판단된다. 중국 정부는 정보화, 자동화, 연동화된 스마트그리드 건설을

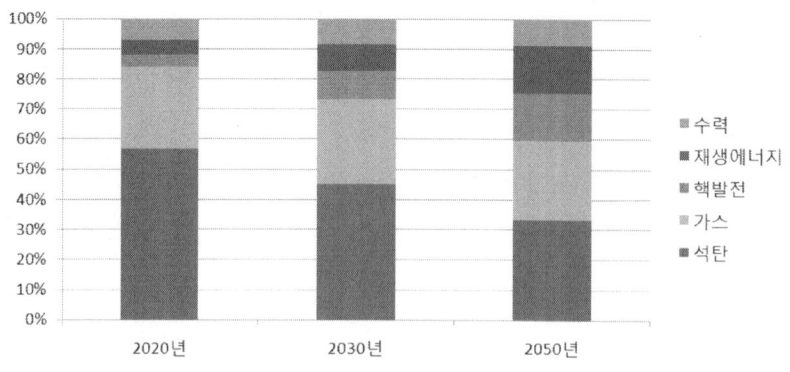

자료원찬: 중국공정원 발표「중국 에너지중장기발전전략연구보고서」자료정리

<그림 4> 중국의 1차 에너지 구조 전망

강화해 전력네트워크 효율과 안전성을 상승시킬 예정이다. 그리고 풍력과 태양광의 분포식(Distributed Generation) 발전방식을 강조하고 12차 5개년 기간 탄소배출 강도를 20% 감축하며 녹색, 저탄소 에너지 전략에 대한 목표를 실현할 생각이다. 이산화탄소 배출량은 2030년 이전 정점을 찍은 후 하락 반전하여 2050년에는 연 70억 톤 이하로 떨어질 것으로 전망되는데 이는 석탄의 지위변화와 연계되어 있다. 이런 노력 없이 현 추세가 진행된다면 중국의 이산화탄소 배출량은 연간 100억~120억 톤을 돌파할 것으로 예상된다. 그래서 중국은 2020년 탄소배출 강도를 2005년보다 40~50% 낮출 것을 약속하며 관리에 나선다. 그렇다고 순수하게 환경보호 측면에서 접근한다는 뜻은 아니다. 에너지 절약과 효율성 강화를 바탕으로 에너지소모 강도를 떨어뜨린다는 의미다. 비화석에너지 분야도 8~10% 감축효과를 보일 것이다. 여기에 더해 화석에너지 청정화도 무시 못 할 변수다. 중국의 녹색, 저탄소 에너지 전략에 따르면 10~20년 이후 연 90억 톤으로 정점에 이

른 후 하락 반전될 전망이다.

이런 목표를 실현하기 위해서는 과학 분야 지원이 필수적이며 세 가지 층면에서 이를 분석할 수 있다. 첫째, 신재료·신개념 등에 대한 혁신이다. 일례로 새로운 태양에너지 전지, 태양에너지 열 발전 신개념과 기술, cellulose ethanol, 미세조류(microalgae) 액체연료, 핵분열과 혼합융합개념 들을 꼽을 수 있다. 둘째는 기술혁신으로 기술병목현상을 해결하는 것이고, 셋째는 중대 공정 프로젝트와 전략 프로젝트 지원이다. 12차 5개년에는 원자력발전, 수력발전, 천연가스발전을 중점 지원하고 석탄 청결화와 안전생산 수준을 높일 필요가 있다. 그리고 재생에너지 혁신발전을 지원하고 자동차와 건축 분야에서 현실화를 이룬다. 끝으로 중국은 지속 가능한 에너지 창출의 길을 닦아야 하며 여기서 "과학, 녹색, 저탄소"라는 차세대 에너지 전략은 필수요소이다. 중국은 21세기에 살고 있으며 90년대식 개방개혁 사고에서 탈피해야 한다. 오늘날 중국은 13억 인구를 부양하는 것으로 자신의 역할이 끝나는 것이 아니다. 혁신적 에너지 전략을 세우고 이를 실천하는 것이야말로 중국이 인류에 공헌하는 지름길이다.

3장
신에너지 실크로드

8세기 당나라가 문물교류를 위해 실크로드를 개척했다면 21세기 중국은 천연가스를 얻기 위해 신에너지 실크로드를 건설하고 있다.

적어도 21세기 중엽까지 석탄의 주도적 위치는 흔들리지 않을 것이다. 에너지 구조는 거북이보다 더 느리게 변하고 있다. 2020년경 청정에너지는 오히려 정체상태에 놓일 것으로 전망되며 이때는 전진보다 퇴보를 더 걱정해야 할 판이다. 왜냐하면 에너지소비는 기하급수적으로 증가하지만 청정에너지 공급은 산술급수적으로 늘어나기 때문이다. 그러므로 절대치는 늘어나도 비중은 축소될 수 있다. 중국은 물 부족 국가로 수력은 한계가 있고 풍력, 태양에너지, 지열 등은 증시테마는 될지라도 에너지 문제의 현실적 대안은 아니다. 그래서 중국은 천연가스를 주목하고 있는 것이다. 천연가스는 에너지 문제를 해결할 수 있는 실질적 대안으로 중국은 13억 명에게 공급할 천연가스를 어떻게 확보할지를 놓고 골몰하고 있다.

BP의 「2011년 세계에너지통계, Statistical Review of World Energy

2011」에 따르면 중국의 천연가스 탐측량은 2.8조 억㎥로 전 세계 매장량의 1.5%에 불과하며 2010년 현재 1차 에너지에서 천연가스가 차지하는 비율은 5% 미만이다. 이처럼 천연가스는 중국 에너지구조에서 취약한 위치에 놓여 있으며 선진국과 비교해서 매우 낮은 수준이다. 미국은 세계 최대 천연가스 생산국이자 소비국인데 2011년 천연가스 생산량은 6,110억㎥이고 소비량은 6,830억㎥로 나타났다. 1차에너지 가운데 석유와 천연가스 비중은 각각 37%와 27%이다. 중국보다 천연가스 비중이 6배 정도 높다. 중국도 2015년경 5% 미만인 천연가스 비중을 8%까지 높일 생각이다. 그렇다면 중국의 천연가스 생산량과 소비량은 각각 1,860억㎥와 2,710억㎥가 되며 약 900억㎥ 부족분이 발생한다. 이렇듯 2015년이 되어도 중국의 천연가스 소비량은 2011년 당시 미국의 약 40%에 불과하다.

　핵심은 목표치인 8% 달성유무보다 어떤 식으로 이를 실현할지다. 만약 중국이 미국의 에너지 소비강도로 수렴하게 되면 세계는 정말 시장이 아닌 전장에서 자원전쟁을 벌여야 한다. 지금 당장은 외부수혈로 부족분을 채우지만 공급루트가 탄탄한 편은 아니다. 2010년 현재 중국의 천연가스 대외의존도는 11.3%에 불과하지만 2015년에는 31.3%로 상승하면서 석유의 발자취를 따를 가능성이 높다. 그렇다면 중국은 이토록 까다로운 문제를 어떻게 해결할까? 답하기에 앞서 중국의 천연가스 루트를 우선 파악할 필요가 있다. 현재 중국의 천연가스 수입루트는 세 가지로 나뉜다. 첫째는 중앙아시아인데 서기동수(西氣東輸) 파이프라인을 통해 천연가스를 연해 소비지로 보급하는 것이고, 둘째는 러시아 방면의 파이브라인을 통해 천연가스를 얻는 것이며, 셋째는 연해도시에 대단위 LNG 저장탱크를 세워 해상을 통해 LNG

를 수입하는 것이다. 다만 중국이 어떤 루트를 택하든지 내수 판매가격은 천연가스 수입가격보다 낮게 책정될 것이고 이는 정부 재정부담을 누적시킨다.

여담이지만 정부 역할 면에서 중국의 에너지정책은 긍정적 평가를 내릴 수 있다. 기업의 짐을 민간 부담으로 이전하는 한국과 달리 중국은 민간용 천연가스 가격이 기업용보다 30% 이상 싸며 수입원가 대비로는 거의 절반에 불과하다. 달리 말해서 정부가 가격충격을 흡수하고 있으며 그 우선순위도 기업보다는 국민이다. 이는 자본주의와 공산주의의 문제가 아니다. 국가의 주인이 누구며 보호할 주체가 누구인지에 관한 문제다. 미국 역시 중국과 같은 맥락에서 에너지 정책을 집행하고 있다. 미국은 셰일가스를 대규모로 개발한 덕택에 2010년 전체 천연가스 생산량의 1/5 정도를 셰일가스가 차지했다. 그 결과 미국의 천연가스 대외의존도는 2005년 16.7%에서 2010년 10.8%로 떨어졌고 이는 천연가스 가격하락을 촉발해 최종적으로는 전력가격 인하로 나타났다. 국가가 직접 국민의 부담을 덜어주던 시장이라는 중간단계를 거쳐 부담을 경감하던 혜택대상이 국민이라는 점이 중요하다.

중국은 신에너지 실크로드에 국운을 걸고 있다. 이는 과장된 만큼 절박한 과제이기도 하다. 여기서 "국운"이란 두 가지 의미를 내포하는데 첫째는 중앙아시아에서 동부 연해지역으로 천연가스를 수송하는 것으로 이는 중국 경제에 "혈액"을 수혈하는 것과 같다. 즉, 중국 사회와 경제발전을 지탱하기 위한 에너지 대동맥을 건설하는 것이다. 둘째는 대단위 프로젝트에 따른 경제 및 산업 활성화를 들 수 있다. 이에 덧붙여 황량한 서부지역이 자연히 개발되고 프로젝트에 참여한 기업들은 기술 습득과 함께 경험이라는 무형자산을 가지게 된다. 이는 해외 파이프라인 건설수주에 상당한 이점으로 작용한다. 투르크메니스탄에서 우즈베키스탄, 카자흐스탄을 거쳐 신장위구르 자치구까지 이어지는 중앙아시아 가스 파이프라인은 서2기 라인과 연결되어 천산을 지나 친링산맥을 넘어 중국 연해지역으로 천연가스를 실어 나른다. 이 에너지 실크로드는 3개국과 15개 지역을 거치는데 운송규모와 길이에서 세계 최대이다. 전체 길이는 8,700km에 달하고 투자금액은 1,422억 위안에 이른다. 파이프라인 건설에 투입된 강재는 총 400만 톤으로 국산화에 따른 직접 경제효과는 100여억 위안으로 추산된다. 그리고 강재와 설비영역에 걸쳐 3,000억 위안 이상의 직접 투자 유발효과를 창출했다. 그리고 이 라인은 상황에 따라 세계 2대 천연가스 매장국인 이란까지 연결될 수도 있을 것이다.

해마다 중앙아시아에서 공급되는 천연가스는 300억㎥로 중국 천연가스 공급량의 1/4에 달한다. 안정적으로 30년간 천연가스를 공급받게 되어 일단 급한 불은 끈 상태다. 중국 인구 절반이 위 라인 수송 천연가스 혜택을 누리게 된다. 더불어 이산화탄소와 아황산가스 배출을 각각 1.3억 톤과 144만 톤 감소하는 부수효과도 기대할 수 있다. 그러나 이것이 끝은 아니다. 선진국의 경우 1차 에너지에서 천연가스가 차지하는 비중이 25% 정도이고 한국도 10%대로 중국보다 높다. 즉, 중앙아시아 가스 파이프라인은 종착점이 아니라 과정이며 이는 중국 에너지 전략의 '서부통로'에 불과하다.

이런 까닭에 중국은 러시아 파이프라인에 더 목을 맨다. 이 파이프라인 역사는 2008년으로 거슬러 올라가는데 당시 원자바오와 푸틴은 2014년부터 30년간 동·서 파이프라인을 통해 해마다 약

700억㎥의 천연가스를 중국에 공급한다는 데 합의했다. 이는 중앙아시아 라인보다 2배 이상 많은 규모로 현실화되면 중국은 시베리아에서 서북부로 연결되는 서쪽 파이프라인을 통해 연간 300억㎥, 극동지역에서 중국 동북부로 이어지는 동쪽 파이프라인을 통해 연간 380억㎥ 가스를 확보하게 된다. 1조 달러짜리 초대형 프로젝트로 양국은 몇 년째 공급가격 문제로 지루한 협상을 벌이고 있다. 러시아는 유럽 수출가격인 1,000㎥당 300~400달러 내외를 제시하고 중국은 중앙아시아 수입가격인 200달러 전후를 고수한다. 2011년 8월 러시아가 한발 물러나 400억 달러 선불을 조건으로 250달러를 제시했지만 중국의 거부로 성사되지 못했다.

하지만 양국 모두 시간에 쫓겨 적당히 양보하는 선에서 정치적 판단이 내려질 듯하다. 2013년 2월에도 이 문제를 놓고 중국과 러시아가 중요한 공감대를 형성했다는 말이 흘러나왔다. 늦출수록 중국은 에너지 수급이 꼬이고 러시아는 경제 활성화 시기를 놓치게 된다. 정치적 환경도 예전보다 긍정적으로 흐르고 있다. 중국은 시진핑 시대로 권력이 교체되고 러시아는 푸틴체제로 돌아섰다. 양국 모두 정치적 업적이 필요한 때며 21세기 양국 관계의 교량으로 삼기에 이 프로젝트보다 적당한 것은 없다. 이 프로젝트는 서로 부족물자를 보완하며 중·러 양국 경제를 밀어 올리는 기제로 작용할 것이다.

이런 추론은 러시아의 전략변화로부터 확인될 수 있다. 2012년 5월 21일 첫 내각회의에서 우리는 생소한 인물을 만나게 된다. 문제의 인물은 바로 극동(원동)지역 발전부 장관으로 러시아 역사상 최초로 극동지역만을 담당하는 부서가 생겼다. 푸틴은 한때 러시아의 과거, 현재, 미래는 모두 유럽대국이라고 주장했다. 이런 주장의 밑바탕에는 유럽과의 밀접한 경제관계가 놓여 있는데 전통적으로 유럽은 러시아 최대 무역파트너로서 당시 러시아 지도자들은 한 목소리로 러시아는 유럽이며 유럽회귀는 러시아의 기본목표라고 말했다. 러시아는 유럽을 플랫폼으로 삼아 세계경제에 편입해 빠르게 경제회복을 이뤘다. 이때만 해도 중국은 러시아의 주 관심대상이 아니었다. 2000년 당시 중·러 무역규모는 100억 달러에 불과했다. 유럽회귀 전략이 성공하며 러시아 경제는 늪에서 빠져나왔고 신흥 경제대국으로 도약했다. 그러나 2007년 국제금융위기로 러시아 경제는 추락하고 재정은 파탄이 났다. 이를 계기로 러시아는 동진(東進) 필요성을 깨달았다. 그리고 2012년 유럽 재정위기는 이를 한층 부채질했다. 중국이 수출만으로 지속성장이 힘들다는 점을 느꼈듯이 러시아는 유럽만 바라볼 경우 경제위기가 재현될 수 있다는 점을 실감했다. 그래서 중국은 내수에 전환하고 러시아는 다변화로 방향을 틀었다. 또한 중국은 경제 전략의 큰 그림을 현대화에 놓고 러시아는 다양화에 두고 그린다.

이런 환경에서 푸틴은 러시아의 발전의 동력으로 원동(遠東,극동)을 꼽았다. 원동은 시베리아 중동부 지역을 말하며 러시아 전체 국토면적의 2/5를 차지한다. 흔히 러시아 미래는 시베리아에 있고 시베리아는 러시아의 화수분이라고 부른다. 러시아 자원의 2/3가 시베리아에 매장되어 있기 때문이다. 그러나 이 지역에 거주하는 인구는 700만 명에도 못 미친다. 강제이주로 발전을 모색했지만 자연조건이 너무 열악해 이주민들은 이 지역을 자신의 생활터전으로 생각하지 않았다. 그래서 충분한 시장형성이 거의 힘들었고 이는 만성적인 경제문제로 나타났다. 게다가 넓은 국토에 5% 안팎의 인구만 살아 대다수 지역이 황폐화되었고 국토방위 문제도 불거졌다. 현재 러시아 싱크탱크는 정책 중심을 아시아로 이동하고 원동지역에 두 번째 수도를 건설해야 한다고 적극 건의하고 있다. 이는 문화는 유럽화, 경제는 아시아화라는 투 트랙 전략을 택하자는 의미로 이 전략은 중국의 적극적 지지가 필요하다.

이전에도 실권은 푸틴에게 있었지만 푸틴이 메드베데프의 존재를 완전히 무시하고 단독으로 권력을 행사할 수는 없었다. 대통령 복귀로 이런 문제가 해결됨으로써 중·러 사이의 협상은 속도를 낼 것으로 판단한다. 이것이 양국의 전략적 목적에 부합하기 때문이다. 푸틴은 이미 "러시아는 번영과 안정된 중국이 필요하고, 중국은 강대하고 성공적인 러시아가 필요하다"는 말로 확고한 외교정책 지침을 내렸다. 러시아는 중국이 부족한 자원을 채워줄 수 있고 중국은 러시아가 부족한 시장을 제공해줄 수 있다. 2012년 6월 차이나데일리 뉴스와 가진 특별 인터뷰에서 푸틴은 "중기목표로 2015년까지 러시아-중국 양국 사이의 무역규모를 1,000억 달러로 만들고, 2020년까지 2,000억 달러로 확대할 계획이다"라고 밝혔다. 참고로 2011년 러시아와 중국의 무역규모는 835억 달러로 연 40% 성장률을 기록했다. 푸틴은 현 추세가 이어진다면 기대한 것보다 더 빨리 상기 목표에 이를 것으로 자신한다.

러시아는 수출물량의 80%가 유럽을 향하는 현 상황을 불안하게 여긴다. 가스공급 중단을 위협하며 유럽을 압박할 수도 있지만 때로는 이것이 부메랑으로 돌아올 때도 있다. 당장 유럽이 수입을 중단하면 러시아는 재정위기에 몰리게 된다. 그래서 러시아는 수출 다변화를 통해 천연가스가 양날의 칼이 아닌 온전한 지렛대가 되길 원한다. 푸틴 개인적으로도 1조 달러 계약만큼 러시아 국민의 마음을 얻을 큰 이벤트는 없다. 그리고 중국 역시 협상시간이 그리 넉넉한 상태는 아니다. 2015년까지 중국은 900억㎥로 예상되는 부족분을 채워야 되는데 현재 중앙아시아 루트를 통해 300억㎥는 확보한 상태다. 여기에 러시아 루트의 680억㎥를 추가하면 1,000억㎥ 정도가 되어 천연가스 수급불안이 무사히 해결된다.

그렇다고 결코 안심할 단계는 아니다. 모든 것이 순조롭게 해결되더라도 중국은 계속 천연가스 부족을 걱정해야 한다. 현재 4%에 불과한 천연가스 비율을 8%까지 높이는 것만으로도 900억㎥가 부족하다. 이를 한국 수준으로 올리려면 해마다 1,000억㎥가 추가로 필요하고 선진국 수준으로 만들려면 그에 더해 4,000억㎥를 추가로 더 확보해야 한다. 결국 중국은 연해도시에 대단위 LNG 저장탱크를 조성하며 해상을 통해서도 천연가스를 계속 수입해야 한다. 더불어 미국처럼 셰일가스 개발에 적극 나서야 한다. 지금 중국의 셰일가스 분야는 테스트 단계로 2009년 현재 비표준 천연가스 생산량은 331억㎥로 전체 천연가스 생산량의 약 40%를 차지한다. 그러나 막상 셰일가스 생산량은 제로 상태다. 중국은 개발기술 확보를 위해 미국, 캐나다의 셰일가스 분야 기업을 적극적으로 인수하고 있으며 시범채굴도 진행한다. 일부 보고서는 셰일가스 개발로 인해 전 세계적으로 8백만 배럴의 원유 여유분이 발생할 것이고 OPEC이 석유 가격통제권을 상실해 기름값이 폭락할 것이라고 전망하기도 한다.

끝으로 2012년 3월 시노펙은 한국석유공사와 한국가스공사 두 곳에 중국산 가스공급 계획을 제안하면서 한·중을 연결하는 가스관 건설을 타진했다. 이 제안의 주요 골자는 산동 위해에서 한국 서

해안 연결 루트를 통해 중국산 석유농축가스와 카자흐스탄을 거쳐 들어오는 투르크메니스탄 가스를 한국에 직접 제공한다는 것으로 북한을 거치는 루트의 불안정성을 감안할 때 한·중 직접 루트가 훨씬 경제적이라는 말이다. 그러나 이 주장에는 네 가지 문제점이 존재한다. 첫째로 이제껏 살펴봤듯이 중국의 소비물량도 간신히 맞아떨어지는 수준에서 한국으로 물량을 돌릴 여유가 없다는 점이다. 둘째로 이는 물량확대를 통해 러시아 가스공급 단가를 낮추기 위한 중국의 꼼수로 쉽게 말해서 중국은 도매가격, 한국은 소매가격을 지불하는 모델이다. 셋째로 파이프라인 표준화를 통해 중국 기준이 한국에 적용되며 이후 한국이 중국 기준에 예속되는 결과를 낳을 수 있다. 넷째로 중국이 파이프라인 통제권을 가짐으로써 한국에 대한 좋은 협상카드를 확보하게 된다. 양국 관계가 삐꺼덕거릴 때마다 파이프라인은 우발적 고장이 발생할 수 있다. 북한의 경우 석유 파이프라인이 종종 그러하다.

4장
21세기 정화, 신대륙을 누비다

15세기 정화가 중화의 덕을 전하려고 오대양 육대주를 횡단했다면 21세기 정화는 자원을 확보하려고 세계를 누빈다.

15세기 정화가 "만방에 덕을 전하라"는 영락제의 어지를 받들어 대양을 횡단하며 전 세계에 중국 문물을 전했다면 21세기 정화는 중국 부흥이라는 사명을 받고 전 세계를 돌며 석유와 광물자원을 먹어 치운다. 문명의 전도사에서 지금은 자원사냥꾼으로 변모하고 있다. 중국의 자원 확보는 세 개 항로를 따라 진행된다. 개중에 첫째는 고위층 방문을 통한 정치적 거래이고, 둘째는 현지진출을 통한 기업 개발투자이며, 셋째는 자원개발 업체에 대한 지분 매입이다. 그럼 자원지도를 펼쳐 세 가지 항로를 하나씩 탐험해보자.

첫째로 중국 지도자들은 전 세계를 돌며 요란한 자원외교를 펼치고 있다. 대규모 사절단을 동반한 채 각종 선물 보따리를 풀면서 정부 간 자원협정을 체결한다. 단순한 비즈니스를 넘어 양국의 포괄적 경제이익과 장기적 외교관계를 고려해 방문국을 신중하게 선정한다. 대표적 사례로 중국과 베네수엘라의 장기 석유공급 계약을 꼽을 수 있다. 중국은 안정적 원유공급 대가로 베네수엘라에 320억 달러 저금리 차관을 제공했고 차베스 전 대통령은 이를 국고로 귀속하지 않고 통치자금, 예컨대 중국 가전제품을 주민에게 저가로 공급하는 등 다양한 용도로 활용했다. 이는 자원외교의 모범사례로 경제와 외교로 나누어 성과를 분석해보자.

우선 경제적으로 중국은 수입지역 다변화와 더불어 부족한 원유와 넘치는 상품을 서로 교환함으로써 선 순환구조를 만들 수 있다. 베네수엘라 역시 수출지역 다변화로 대외 가격협상력을 높이고 수입제한 위협에 적절히 대응할 수 있다. 참고로 베네수엘라의 대중(對中) 석유 수출 물량은 미국의 절반에 이른다. 외교효과는 어떤 면에서 경제효과를 넘어선다. 베네수엘라는 중국의 거부권이 필요하고 중국은 미국의 남미지배를 억제할 베네수엘라라는 존재가 절실하다. 브라질이 남미에 대한 미국의 개입을 완곡히 거부하는 태도라면 베네수엘라는 노골적이고 거침없이 미국을 쏘아붙였다. 베네수엘라에 대한 남미 각국의 평가가 어떠하든지, 베네수엘라가 남미의 최전선에서 미국의 세력 확장을 저지함으로써 남미는 과거보다 대미관계에서 훨씬 주도적 위치가 됐다. 쉽게 말해서 미국에 필리핀이 있다면 중국에는 베네수엘라가 있었던 셈이다. 2013년 3월 차베스 장례식에 외교라인이 아닌 장핑 국가발전개혁위원회 주임(장관급)이 특사자격으로 베네수엘라에 파견된 점도 이런 자원외교 측면이 고려된 것으로 판단된다.

둘째, 중국 기업의 현지진출 활동을 수치로 살펴보자. 중국 상무부 자료에 따르면 2012년 한 해 중국 국내투자자는 세계 141개 국가와 지역에 걸쳐 4,425개 해외기업에 직접투자(금융업체 제외)를 했다. 직접투자 규모는 772.6억 달러로 2011년 대비 28.6% 확대된 것으로 나타났다. 증가율에서도 2011년 1.8% 대비 28.6%로 뚜렷이 상승한 것으로 집계됐다. 개중에 지분투자 등이 628.2억 달러로 81.4%를 차지하고 이익재투자는 144억 달러로 18.6%를 기록한 것으로 집계됐다. 그리고 기업유형별로 해외직접투자(FDI) 주체를 살펴보면 2010년 말 현재 국유기업과 유한회사가 각각 66%와 24%로 절대다수를 차지하고 있으며 주식회사는 6% 수준에 머물러 있다. 이런 결과는 기업의 대외진출이 정책적 색채를 강하게 풍긴다는 의미로 해석될 수 있다. 다만 일반적인 생각과 달리 직접투자에서 자원 부문이 차지하는 비중은 20% 이내에 불과했으며 지역적으로도 전체 투자의 60% 정도가 홍콩에 집중되어 있다. 중국이 활발한 움직임을 보이지만 블랙홀처럼 글로벌 자원을 빨아들인다는 공포는 비약이 심한 것 같다. 참고로 2012년 해외투자자의 대중 FDI 규모는 1,117억 달러로 지난해 대비 3.7% 감소한 것으로 나타났다. 나가는 돈은 늘어나고 들어오는 돈은 줄어들고 있으며 앞으로도 계속 이런 추세가 유지될 전망이다.

<그림 5>와 <그림 6>은 주요 자원 분야에 대한 연도별 직접투자 규모를 살펴본 자료다. 이를 통해 우리는 2005년 이전과 그 이후가 선명히 구별됨을 발견할 수 있다. 채굴 분야는 국제 금융위기에도 질주했고 전력과 가스 등도 투자를 늘렸다. 2008년 정점을 찍은 후 한숨을 돌린 채 2010년부터 재상승하고 있다. 연도에 따라 기복을 보이지만 전반적 추세는 투자확대로 귀결된다.

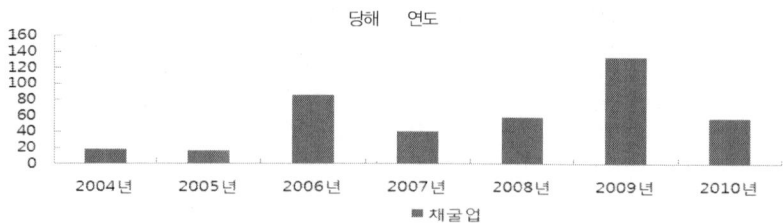

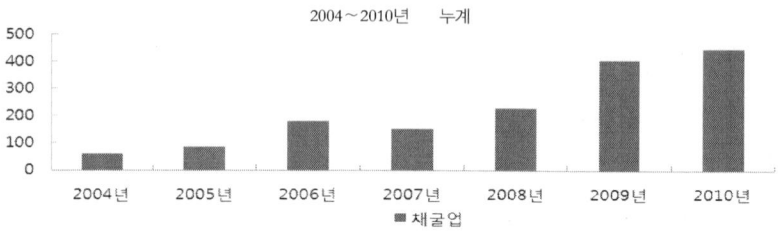

<그림 5> 중국 채굴업 직접투자규모

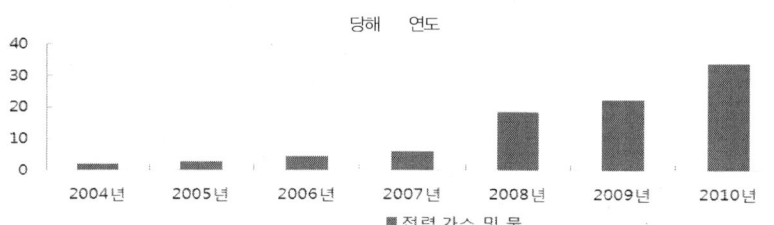

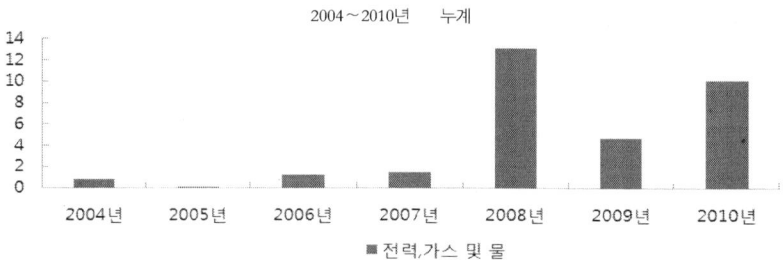

자료원천: 중국상무부, 2010년 대외직접투자통계공보

<그림 6> 중국 전력, 가스 및 물 분야 직접투자규모

한편 <표 3>은 2010년 말 기준 직접투자 상위 10위 비금융권 기업을 소개한 자료다. 시노펙, 페트로차이나, 중국해양석유과 같은 정유회사가 상위에 포진되어 있고 그 외도 자원과 직간접적으로 연관된 회사가 대부분이다.

<표 3> 2010년 말 비금융권 기업의 직접투자 랭킹 10위

랭킹	업종	기업명
1	채굴	시노펙(China Petrochemical Corporation)
2	채굴	페트로차이나(China National Petroleum Corporation)
3	채굴	중국해양석유총공사(China National Offshore Oil Corportation)
4	전력등	화륜기업(China Resources Holdings Co.,Ltd)
5	해운	중국원양운수총공사(China Ocean Shipping Company)
6	곡물	중량그룹유한공사(China National Cereals Oils & Foodstuffs)
7	유색금속	중국알루미늄(Aluminum Corporation of China)
8	종합	초상국그룹유한공사(China Merchants Group)
9	에너지	중국중화그룹공사(Sinochem Corporation)
10	통신	차이나유니콤(China Unicom Corporation)

자료원천: 중국상무부, 2010년 대외직접투자통계공보

이제 마지막 항로인 전 세계 지분매입 현황을 살펴보기로 하자. 지분매입은 빠르고 간편하게 자원과 기술을 얻는 방법이다. 다만 지배권 확보 유무에 따라 일개 주식투자로 변질될 수도 있다. 시장 조사기관인 Zero2IPO는 2011년 중국 기업 해외 M&A 수는 110건으로 2010년 대비 93% 늘어났다고 발표했다. 개중에 금액이 공개된 M&A 규모는 281억 달러로 2010년 대비 113% 확대된 것으로 나타났다. 2012년 3월 월스트리트저널은 '중국, 미국 에너지 시장에 교두보 마련(China Foothold in U. S. Energy)'이라는 도전적 타이틀로 중국이 글로벌 에너지 사냥꾼으로 변모하고 있다고 부산을 떨었다. 시장조사기관인 딜로직(Dealogic) 자료를 인용해 중국이 2010년부터 북미에서 원유와 천연가스 M&A에 170억 달러를 투자했다고 밝히고 글로벌 지도를 펼쳐놓고 에너지 사냥을 벌이는 모습을 생동감 있게 그렸다. 이 자료에 따르면 중국은 2011년 한 해 북미에서 60억 달러, 남미에서 48억 달러, 아프리카에서 22억 달러, 오세아니아에서 18억 달러, 유럽에서 12억 달러를 투입한 것으로 나타난다. 단편적으로 보면 마치 중국이 글로벌 에너지시장의 최대주주인 것처럼 느껴진다. 그러나 중국은 세계 최대 자원소비국이지 자원보유국이 아니다. 갈수록 자원부족에 내몰리고 있는 것이 현실이다. 뒤늦게 중국 기업이 세계로 흩어져 자원을 개발하고 지분을 매입하려고 분주하지만 후발주자에 불과하며 글로벌 자원시장에서 발언권도 여전히 약하다. 예컨대 발레, BHP빌리튼, 리오틴토 3사는 광물질 시장을 좌우하고 더치셸, 엑손모빌, BP 같은 메이저 석유업체는 석유시장을 관리한다. 또한 미국의 카길과 ADM, 프랑스의 루이드레퓌스(LDC), 아르헨티나의 벙기, 스위스의 앙드레과 5대 메이저 곡물업체가 국제 곡물시장을 좌우하고 있으며 개중에 카길은 홀로 세계 곡물시장 40%를 지배한다. 광물질, 석유, 곡물 등 핵심자원 시장에서 중국 기업의 그림자를 찾기는 힘들다.

우리는 흔히 많이 소비하는 것을 많이 소유하고 있다고 착각한다. 중국은 단지 어느 국가보다도 많이 소비하고 있을 따름이다. 중국 석유제품 수요는 2010년부터 2035년 사이에 2배로 늘어날 전망이다. 국제에너지기구(IEA)에 따르면 중국 석유회사의 유전 매입 규모는 2002~2003년 20억 달러에서 2009~2010년에 480억 달러로 급증했다. 그런 점에서 2011년은 글로벌 석유시장에서 기념비적 한 해였다. 엑슨모빌(ExxonMobil)을 제치고 페트로차이나가 최대 석유생산량을 기록했기 때문이다. 페트로차이나는 지칠지 모르는 중국의 석유수요를 등에 업고 신규유전 발굴과 해외유전 매입에 열을 올리고 있다. 메이저 석유업체들이 경제논리에 따라 움직인다면 중국의 정유회사는 정치적 논리에 따라 석유시장에 뛰어들고 있다. 주요 석유회사들이 모두 국유기업으로 정부정책을 집행하는 역할도 담당한다. 그래서 글로벌 경기침체로 주요 메이저 석유업체들이 유전발굴에 소극적일 때도 중국계 기업들은 공격적으로 석유지분을 사냥하고 있다. 최근 2년간 페트로차이나가 유전인수에 투입한 돈은 엑슨모빌의 2배에 달한다. 참고로 시노펙의 경우 2012년 단독으로 9,300억 위안(약 1,500억 달러)을 A주 시장에서 모집하며 대형 국유기업, 특히 정유회사가 가지는 독특한 위치를 다시 한번 확인했다. 이 규모는 당해 연도 민영기업 가운데 최대 자금모집액을 기록한 삼일중공의 30배 정도에 달하는 금액이다. 참고로 그해 A주 상장기업의 자금모집액은 8.2조 위안으로 상위 50개 기업이 절반 이상을 쓸어 담았다.

중국해양석유총공사(CNOOC)도 이에 뒤질세라 발이 땀나도록 세계를 누빈다. 2013년 2월에는 캐나다 석유 및 천연가스 업체인 넥센(Nexen)을 151억 달러에 인수하기도 했다. 이는 중국 역사상 최대 해외기업 M&A로 넥센은 캐나다, 영국 북해, 멕시코 만 등지에서 석유, 천연가스, 셰일가스 들을 보유하고 있다. 60% 프리미엄을 붙인 주당 27.5달러를 제시했는데 세계는 중국해양석유총공사(CNOOC)의 통큰 베팅에 놀라움을 표했다. 또 하나의 관전 포인트는 주식스왑, 채권발행 등 각종 금융기법을 동원하여 지불방법을 번잡하게 꼬지 않고 깔끔하게 151억 달러 전액을 현금으로 지불했다는 점이다. 이는 순전히 중국 정부라는 든든한 백이 버티고 있기 때문에 가능하다. 넥슨 인수에 가려져 별 주목을 못 끌었지만 같은 달 시노펙도 미국에서 두 번째로 큰 천연가스 생산업체인 체사피크에너지(Chesapeake Energy)의 Mississippi Lime 자산 지분 50%를 10.2억 달러에 인수했다. 중국은 넘쳐 나는 지폐를 자원으로 빠르게 환원하고 있다. 이는 중국에 있어 자원이 지속성장의 주요 전제조건이기 때문이다.

이전 장에서 글로벌 정세와 중화라는 관념을 연결해 중국 굴기를 살펴봤다면 이번 장은 자신의 의지를 남에게 강제하는 힘에 대해 논하고자 한다. 우선 세계 양대 화약고인 한반도를 두고 각 세력이 어떤 형태로 뒤엉켜 있고 이들 양대 화약고가 서로 동떨어진 문제가 아닌 불가분의 관계임을 살펴본다. 그리고 강대국 게임 속에서 우리의 죽음은 단지 햄버거 크기의 문제라는 점 역시 까발린다. 뒤이어 미국과 중국을 축으로 삼아 분주히 움직이는 주변국을 조망해보고 중국의 전통적 전략 변경 가능성을 타진한다. '경제 2030과 군사2050'이라는 제목을 내걸고 미국과 중국의 헤게모니 전환 시점을 추론하며 앞으로 50년간 미국과 중국의 국방비 격차가 어떤 식으로 뒤바뀔지를 자세히 분석한다. 뒤이어 중국 군사력을 몇 단계 분야로 나누어 살펴보면서 21세기 그레이트 게임의 특징을 알아본다.

1장
단지 햄버거 크기가 변할 뿐

리커창 총리는 "대국 사이 충돌은 필연적 규율이 아니다"라고 말하며 미국 양당 인사들이 "당신은 안심해도 된다. 누가 (미 대통령에) 당선되더라도 중국과의 협력과 하나의 중국 정책 태도는 불변이다"라고 밝혔다고 80년대 미 방문기억을 회고했다. 이는 중국 지도자가 누가 되든지 미국과의 윈-윈 전략추구는 불변이라는 점을 우회적으로 암시한 것이다. 그는 30여 년 전 중·미 무역규모는 10억 달러에도 못 미쳤지만 2012년 현재 5,000억 달러에 근접하고 있다고 제시하며 양국 앞에 놓인 현실은 무력충돌이 아니라 경제협력이라고 주장한다. 여기서 다시 30여 년이 흐른다면 양국 사이 무역규모는 몇 조 달러로 확대될 것이 분명하다. 그렇지만 우리는 위의 말을 되돌려 생각해볼 필요가 있다. 즉, 누가 지도자가 되더라도 국가, 특히 대국의 본성은 변하지 않으며 설혹 시진핑과 오바마가 평화를 원해도 국가란 존재는 늘 탄약을 장전하고 상대방을 압도할 군사력을 키운다는 사실을……. 현실적으로 전 인류를 멸절시킬 외계인이 침공하는 것도 아닌데 세계는 해마다 1조 달러 이상을 군사력 유지에 쏟아붓고 있다. 인류를 몇십 번 멸절시킬 핵무기를 창고에 가득 쌓아두고도 연신 불안에 떤다. 여기 그 대표적 화약고 한반도가 있으며 당신의 죽음은 햄버거 한 입의 가치밖에 없다.

한반도를 두고 대치하는 양 진영, 즉 미국-일본-한국-대만과 중국-러시아-북한의 무력은 누가 누구를 확실히 압도하지 못할 정도로 그 전력이 비슷하다. 그러나 미 본토 전력이 한반도로 이동하는 순간 힘의 기울기는 급속히 전자로 옮겨갈 것이고 모스크바가 유럽 주위에 배치한 병력을 한반도로 돌려야만 비로소 진영은 다시 세력균형을 찾게 된다. 이때 유럽은 어떤 선택을 할까? 유럽이 모스크바를 후방에서 압박한다면 아마 세미 제3차 세계대전(semi-World War 3)은 미국의 승리로 끝날 것이다. 하지만 유럽이 막대한 피해를 감수하며 굳이 참전할 필요가 있을까? 유럽 입장에서 두 진영이 피 터지게 싸우며 힘을 소비할 때까지 관망하는 것이 좋지 않을까? 미국이 제2차 세계대전 때 했던 것처럼……. 그럼 글로벌 헤게모니는 다시 대서양으로 옮겨가게 되고 유럽은 제2의 황금기를 누리게 된다. 그래서 유럽 처지에서는 관망이 최선이고 소극적 개입이 차선이며 적극개입이 최악이 된다.

또한 미 본토 전력이 잇달아 한반도에 투입될 때 중국과 러시아가 두 손 놓고 가만히 있을까? 중동 정확히는 이란의 손에 핵무기 몇 발이 우연찮게 넘어갈 가능성이 높다. 이란을 중심으로 몇몇 중동 국가들이 성전을 내세우며 이스라엘로 진격하더라도 미 본토 전력이 한반도에 충분히 투사될 수 있을까? 이때쯤이면 미국은 한반도 철수 전략을 고민하게 된다. 이스라엘을 포함한 중동과 한반도를 놓고 무게 추를 저울질할 것이고 그 답은 굳이 말할 필요도 없다. 미 전력이 한반도로 대거 이동한 상태에서 일어날 제4차 중동전쟁은 이스라엘에 있어 승패를 결정하는 싸움에 그치지 않는다. 밀고 당기고 하며 유리한 협상고지를 점령하는 이전 전쟁이 아니라 이스라엘 민족이 단절될지 아니면 명맥을 유지할지를 결정하는 천 년 전쟁으로 변한다. 중동에 있어 이스라엘은 흰 남방에 묻은 케첩과도 같다. 얼룩을 닦을 대상이 아니라 완전히 표백할 대상이다. 즉, 영원히 인류에서 멸족시킬 인종대청소의 존재인 셈이다. 아랍과 이스라엘 양쪽 모두 관용을 내세우기에는 누적된 갈등과 적대감이 너무 깊다.

만에 하나 제4차 중동전쟁이 발생하더라도 이스라엘 처지에서는 미국이 2개의 전쟁상태가 아닐 때여야 한다. 그들은 만약 두 개의 전쟁이 동시에 발생한다면 최우선 순위는 마땅히 이스라엘이어야 한다고 믿는다. 분명 그렇게 만들 것이다. 미국이 본토전력을 한반도에 투입하는 순간 그 반대편에 놓인 중동의 이스라엘 역시 멸족과 생존의 기로에 놓인다. 그러므로 이스라엘은 한반도에서 미·중이 격돌하는 대규모 전쟁이 발생하는 요인을 사전에 제거하려한다. 이보다는 차라리 중동에서 전쟁이 발발하는 편이 더 좋다고 여긴다. 상당한 인명손상이 있겠지만 적어도 이 전쟁은 미국의 강력한 지원을 받는 협상전이기 때문이다. 미국의 반대에도 이스라엘은 근 5년 만에 잇달아 시리아 군 시설과 연구기지를 공습하고 있다. 이런 맥락에서 이스라엘 잠수함이 한반도 해역에서 관찰된다는 미확인 소문을 주목할 필요가 있다. 흔히 세계 2대 화약고를 이스라엘과 한반도라고 부르지 않는가! 두 화약고는 서로 깊은 영향관계에 있다. 이 같은 관점에서 최근 주목할 만한 일이 일어났다. 2013년 5월 한반도 긴장수위가 높아질 때쯤 6년간 발길을 끊었던 이스라엘 총리가 다급히 베이징행 비행기에 몸을 실으며 중국을 방문했다. 네탄야후는 중동문제를 포함한 다양한 현안에 대해 시진핑과 의견을 나눴는데 그동안 이스라엘은 이란 핵문제, 시리아 사태 등이 터져도 이상하리만치 중국과의 교감에 무딘 반응을 내놓았다. 그런 이스라엘이 공교롭게도 한반도 분위기가 심상치 않자 베이징에 달려간 것이다. 며칠 간격을 두고 팔레스타인 총리와 이스라엘 총리가 부리나케 중국으로 달려간 사실도 되새겨볼 필요가 있다.

여기서 한 가지 짚고 넘어갈 일이 있다. 만약 한반도에서 전쟁이 발발하고 미 전력이 대거 투입되며 일본이 참전해 북한을 맹폭하는 과정에서 예상과 달리 중국과 러시아가 관망하는 상황이 벌어지면 어떻게 될까? 최종적으로 북한은 무너지겠지만 십중팔구 한반도는 거대한 독극물 지대, 일본은 핵 방사능 바다로 변하고 미국은 승리를 챙기는 대신 급속한 몰락의 길을 걸을 가능성이 크다. 그 여파로 21세기 중엽 이전 빠르면 2030년 이전에 미국은 글로벌 헤게모니를 상실하게 되고 영향력의 중심들로 지위가 격하될 것이다. 이라크 하나를 두고 미국은 근 8년이라는 세월과 4조 달러 이상의 전비를 투입했고 이런저런 복합적 요인이 발생하여 제2 대공황의 문을 열 뻔했다. 이라크는 석유라도 있지 북한은 당장 돈될 만한 것이 없다. 오히려 달러만 잡아먹는 블랙홀이 될 개연성이 크다.

한국에서 북한과의 전쟁을 주장하는 이들이라도 북한이 이라크보다 강하다는 사실을 안다. 더구나 민족적 기질이 그들과는 비교할 수 없을 정도로 치열하다는 점도 인정한다. 이는 우리 자신을 보면 알기 때문이다. 속된 말로 한국에는 이라크 군인 한두 명은 해장거리도 못 된다고 생각하는 이들이 부지기수다. 게다가 한국전쟁에서 경험했듯이 한반도는 황량한 사막이 아니라 산으로 둘러싸여 있어 지루한 게릴라전을 피할 수 없다. 중동에서는 한두 명이 비장한 각오를 하며 자살 폭탄테러를 벌이지만 북한의 경우 정권 전체가 자살폭탄 테러를 할 용의가 있는 곳이다. 세계에서 미국을 단독으로 누를 나라는 없다. 미국은 절대무적이라고 부를 만큼 강력하다. 그런 미국을 곤혹스럽게 하는 나라가 이스라엘과 북한이라는 점 역시 부인하기 힘들다. 핵을 몸에 두르고 등귀어진하는 나라를 상대로 별다른 손해 없이 무사히 빠져나올 수 있다고 생각한다면 정말 순진한 것이다. 그런 나라는 없다. 최소한 팔다리 하나쯤은 뚝 떼어주어야 한다. 그런 미국이 부상하는 중국과 저력의 러시아를 홀로 감당할 수 있을까? 절대 불가능하다. 북한 하나를 잡자고 미국은 초가삼간을 태울 수 있다.

다른 각도에서 상상력을 좀 더 발휘해보자. 만약 중국과 러시아가 한반도 전쟁에 빨려들고 쌍방이 막대한 피해를 보면서 전화의 불길이 전 세계로 퍼져간다면 중·미 양국은 애초의 동기는 안중에 두지 않고 전쟁지속 이유에 의문을 제기할 것이다. 이때부터 진지하게 철수 전략을 고민하게 되며 양국은 모두 추가피해 없이 최대한 신속히 빠져나갈 길을 모색하게 된다. 최악의 경우 중·미 양국은 핵 카드를 만지작거리며 악몽을 한방에 날려버리려는 욕망에 힙싸일 수 있다. 미국이 북한에 핵 탄도를 퍼붓는 일을 양해하는 대가로 중국이 일본에 핵을 날리는 상황을 눈감아주는 것이다. 이때쯤이면 북한이 남한 또는 일본에 이미 핵폭탄을 날렸을 수도 있다. 미국은 권위를 위해서 완벽한 승리가 필요하고 중국은 실리를 위해서 일본의 완전한 붕괴가 요구된다. 상처 입은 사자를 하이에나가 물어버릴 수 있기 때문이다. 19세기 말 중·일관계가 그러하지 않았는가? 솔직히 미국도 일본의 붕괴가 애석한 상황만은 아니다. 채권자가 갑자기 증발한다면 몇 조 달러에 달하는 빚을 상환할 필요가 없기 때문이다. 팁으로 한국이 보유한 채권도 사라진다. 그럼 그동안 소모한 전비도 충당할 수 있을 것이다. 어쩌면 돈은 중요치 않을 수도 있다. 미국이 한반도에서 치명상을 입는다면 일본의 태평양제국 꿈이 다시 영글어가며 기억 한편에 묻어두었던 최종전쟁론이라는 망상을 끄집어낼 수 있다. 그래서 두 진영 간 전쟁이 터지면 일본의 철저한 파괴가 요구된다. 결국 중동이 완벽히 미국의 손에 떨어지지 않는 한 한반도에서 전쟁이 발생하기 힘들고 중국이 개입하지 않는 전쟁은 미국의 추락을 앞당기고 중국이 개입하면 적어도 손해 보는 장사는 아니다. 미국이 한반도로 전력을 배치하고 긴장관계를 조성 및 방조하는 것은 북한이 아니라 중국의 개입유무를 탐색하려는 의도다. 우리가 지레짐작하는 것과는 정반대로 **중국이 개입할 가능성이 높기 때문에 북한을 내버려두는 것이 아니라 중국이 개입하지 않을 가능성이 높기 때문에 북한을 그대로 두는 것일 수도 있다.**

혹시 우리는 매너리즘적 사고에 너무 사로잡혀 거대한 글로벌 지각변동을 간과하고 있는 것은 아닌지 고민해볼 필요가 있다. 더 이상 진영논리라는 안경이 현상을 정확히 투사해주지 못한 채 오히려 현실을 굴곡하는 기제로 작동할 수 있다. 반세기 이상 같은 안경을 계속 꼈으며 이제 도수가 눈에 안 맞을 때도 됐다. 우리는 어쩌면 북한과 일본의 움직임을 오판하고 있는지도 모른다. 21세기 새판 짜기라는 무대 앞에서 그들 나름대로 필사적으로 몸부림치고 있는데 이를 주기적 발작 정도로 간과하는 것은 아닐까? 달리 말해서 북한과 일본의 도발적 행동은 의외로 자기 진영을 향한 무력시위일 수도 있다. 즉, 북한의 각종 도발은 중국에 대한 무력시위고 일본의 각종 분란은 미국에 대한 반항일 수 있다. 중국은 최근 신형 대국관계 설정을 줄기차게 요구하고 있다. 미국 역시 이것이 필연적 과정임을 잘 알고 있다. 만약 두 나라가 이면으로 각종 글로벌 어젠다를 합의하고 이와 맞물려 동북아 재편, 북핵문제 등에 대한 실마리를 마련한다면 일본과 북한의 효용가치는 급격히 떨어진다. 북한과 일본은 이런 G2의 밀약이 자신에 대한 사망선고라고 느낄 수 있으며 그래서 자신이 배제된 어떤 밀약도 거부한다는 제스처를 이런 식으로 강하게 표출하는 것이다. 옛말에 미운 놈에게 떡 하나 더 준다고 이들이 주위에서 계속 징얼거리며 소란을 떨면 어떤 형태로든 이들의 몫도 보장해줘야 한다. 아닌 말로 북한과 일본이 이판사판이라고 생각해 덜컥 일을 저질러버리면 상황이 골치 아파진다. 예기치 않게 이들도 딸려 들어가게 되고 양국의 21세기 밀약은 물거품이 된다.

솔직히 말해 미국이 닭 잡는 데 소 잡는 칼을 쓰는 우를 범하겠는가? 더 노골적으로 말해 전국구 깡패가 시골 빈민촌까지 삥 뜯으러 내려와 시골 양아치와 볼썽사나운 모습을 연출하겠는가? 체면을 둘째로 치고라도 교통비, 식대도 제대로 건지기 힘들다. 아닌 말로 괌에서 한반도로 B-2 전략폭격기 한 번 출격하는 데 30억 원이 소모된다고 한다. 2013년 3월 28일 한반도 긴장이 높아질 당시 한반도를 향해 B-2 두 대가 출격했는데 이를 산출적으로 계산하면 왔다 갔다 한 비용만 60억 원이 날아갔다(실제로 미국은 2013년 7월 말 개최된 주한미군 방위비분담특별협정(SMA) 제2차 고위급 협의에서 연합훈련 비용과 B-2 전략폭격기 전개 등을 언급하며 이는 작전비용이므로 한미 방위비 분담협상 내용에 포함해야 한다는 입장을 전달했다). 폭격기 한 대가 이 정도라면 2주 정도를 예상하고 항공모함 전단이 한 번 움직일 때는 적어도 1조 원이 소모될 것이다. 비유하자면 서울에서 시골로 내려오는 비용만 1조 원이 날아가는 셈이다. 여기에 관중 좀 동원하고 플래카드 걸고 꽹과리 치고 그러면 별 한 것도 없이 2조~3조 원이 훌쩍 날아간다. 아무리 미국이라도 무력과시 한 번에 20억 달러를 날리기는 힘들다. 설혹 촌장이 양아치를 쫓는 대가로 사례금을 내놓더라도 그 금액에는 한정이 있다. 괜히 사상자라도 발생한다면 배보다 배꼽이 더 클 수 있고 재수 없으면 다른 조직에 뒤통수를 맞고 자기구역조차 빼앗길 수도 있다. 재정압박이 심화되고 국방비 감축 프로세스가 진행되는 상황에서 중국처럼 덩치 큰 상대를 잡는 것이 아니라면 이는 전혀 수지타산이 맞지 않다. 움직이면 돈 나가는 세상이 바로 오늘날이다.

한반도 긴장수위가 극도로 높아지자 시진핑은 2013년 4월 7일 보아오포럼 기조연설에서 "국가가 크든지 작든지, 강하든지 약하든지, 부자든지 가난하든지 모두 평화 수호자와 촉진자가 돼야지 여기서 무대를 만들고 저기서 무대를 무너뜨리면 안 된다. 남이 부족한 점을 도와주어 훌륭한 연극이 연이어 공연되도록 해야 한다. 국제사회는 종합안전, 공동안전, 협력안전 이념을 제창해야 하고 우리의 지구촌이 공동 발전을 모색하는 큰 무대로 만들어야지 서로 격투하는 경기장이 되어서는 안 된다. 더욱이 자신의 사사로운 이익을 위해 지역과 세계를 혼란에 빠뜨리면 안 된다. 각국의 교류는 빈번함에 따라 티격태격하는 일은 피하기 힘들다. 관건은 대화 협상과 평화단판을 견지하고 모순과 이견을 나무랄 데 없이 해결하고 상호 관계발전이라는 큰 국면을 수호하는 것이다"고 모호한 주장을 제기했다. 대다수 언론들은 "여기서 무대를 만들고 저기서 무대를 무너뜨리면 안 된다"라는 말과 "자신의 사사로운 이익을 위해 지역과 세계를 혼란에 빠뜨리면 안 된다"는 이 두 말만 발췌해서 북한을 암묵적으로 지칭한 경고성 멘트라는 견해를 내놓았다. 하지만 앞뒤 문맥을 모두 살펴보면 북한보다는 미국을 겨냥한 말에 가깝다. 덧붙여 북한, 일본, 한국도 새겨들을 것을 당부한 느낌이 묻어난다. 현실적으로 북한은 밥상을 뒤엎을 능력은 되더라도 밥상을 차릴 역량은 없다. 세계 곳곳에 무대를 열고 그 막을 내릴 능력은 미국만 가지고 있다. 게다가 한반도 문제를 지칭한 것 같지만 그 맥락을 넓히면 미국의 아시아 회귀까지 넓힐 수 있다. 뒤이어 독일을 방문한 푸틴은 독일 메르켈 총리와의 공동 기자회견에서 "만약 (한반도에서) 무슨 일이 벌어진다면 체르노빌 사고는 어린이 동화 수준으로 다뤄질 것이다"라고 깊은 우려를 표하며 협상 테이블에 앉아 문제해결을 위해 함께 노력할 것을 당부했다.

2013년 4월 8일 CNN 웹사이트에는 "돌발사고 그리고 북한과의 전쟁?(An accident, then war with North Korea?)"이라는 제목의 기

사가 게재되자 일순간 1,000여 개의 댓글이 붙었다. 그 내용은 주로 한반도에서 전쟁이 발생할 경우 '왜 우리(미국)가 개입을 해야 되지! 현재는 우리 자신도 추스르기에 벅찬 상황이다!'라는 말에서 급기야는 공화당과 민주당이 어떠하다는 문제로 넘어가 2012년 선거에 대해 비평하다 재정문제를 언급하면서 중국이 자신들의 일자리를 가져갔다는 불평으로 번져 결국 나의 시급이 얼마다는 식으로 마무리된다. 결국 한반도 전쟁으로 몇천만 명이 죽는 것은 중요치 않으며 전쟁으로 바뀔 자기의 생활에 관심이 모아진다. 쉽게 말해서 전쟁영향으로 자신의 시급으로 살 수 있는 햄버거 크기가 변할 것을 걱정할 따름이다. 이는 어쩌면 보통 서민이 가진 인지상정인지도 모른다. 그들에 있어 다른 나라의 전쟁은 영화의 한 장면이고 글로벌 권력재편은 자신과 관계없는 타자의 일일 따름이다. 미국이 한반도 전쟁에 개입하는 순간 천문학적 전비가 투입되고 그 비용은 세금인상과 국채발행으로 충당될 것이며 그 여파로 지불가능 소득은 감소하고 돈 가치는 떨어지고 물가는 상승하게 된다. 즉, 한반도에 전쟁이 일어나면 미국인의 햄버거 크기는 줄어든다. 한반도는 무너지고 한국인은 멸절하겠지만 미국인은 단지 햄버거 크기가 작아질 뿐이다.

반면에 중국 네티즌은 크게 세 가지 견해로 나뉜다. 첫 번째 부류는 집 지키는 개가 너무 짖으니 고삐를 단속해 누가 주인인지 인식시킬 필요가 있다고 말한다. 두 번째 부류는 남북한 둘이 지지고 복든 말든, 미국이 개입하든 말든 딱히 신경 쓰지 말고 우리의 길을 계속 가자는 고립형이며 세 번째 부류는 미국을 중심으로 한·일이 중국을 포위해 자신의 앞마당 개를 연일 패고 있으니 한

번쯤 주인의 위신을 보여줄 필요가 있다고 한다. 첫 번째 부류가 대충 절반을 차지하고 세 번째 부류와 두 번째 부류는 각각 30%와 20% 정도다. 예컨대 중국 네티즌 80% 정도가 그 대상이 북한이든 또는 미국과 그 동맹세력이든 관계없이 이들의 움직임에 대응해 한 번쯤 세게 브레이크를 걸 필요가 있다고 생각한다. 이런 밑바닥 정서에는 남중국해, 조어도, 한반도 들에서 계속 물러서는 듯한 모습에 대한 불만과 좌절과 아울러 중국의 힘을 한 번쯤 분출하려는 욕구가 공존한다.

어쨌든 미국과 북한은 2013년 새로 배운 독문검법을 들고 치열한 논검(論檢)을 펼쳤고 각자 깨달음을 얻고 제자리로 돌아갔다. 옆에서 지켜본 관객들도 나름 깨달음을 얻었을 것이다. 이후 양자는 깨달음을 바탕으로 새로운 초식을 창조해 재차 논검을 벌일 수 있고 한 걸음 더 나아가 실제로 초식을 겨룰 수도 있으며 심하면 생사의 결전을 벌이며 우열을 판가름할 수도 있다. 게다가 이도 저도 아니라면 서로 의기투합해 함께 검법을 만들 수도 있다. 가능성은 여러 가지로 열릴 수 있다. 우리는 늘 미국의 한반도 전쟁개입을 확실변수로 두고 정세를 분석하는 버릇이 있는데 한미동맹이 영원불멸이 아니다. 미국이 중국과 러시아 봉쇄 전략 필요성을 느끼지 못하거나 비용 대비 수익이 떨어진다고 판단할 때 자칫 주변화될 위험을 감당하면서까지 흔쾌히 한국 방어에 나설까? 설혹 군수복합체 먹거리 창출과 내부이완 방지를 위해 적절한 경쟁자 또는 가상의 적이 필요해도 면역력이 약화된 현 상태에서 굳이 외부에서 항원을 찾을 필요가 있을까? 몸이 안 좋을 때는 대개 접종을 하지 않는다.

중·미 충돌이 필연적 규율이 아니듯 북·미 전쟁도 필연적 규율이 아니다. 1970년대 중·미가 핑퐁외교로 관계 정상화를 이뤘듯이 북·미가 농구외교를 하고 북·일이 줄넘기외교를 펼칠 수도 있다. 실제로 2013년 5월 일본 아베 총리는 북한에 이지마 참여를 파견해 정부 간 대화 재개에 관해 의견교환을 나누며 대북 독자행보를 펼쳤다. 일본 전자업체의 남포공단 진출 등 구체적 협상내용도 언론을 통해 속속 흘러나오고 있다. 일본 전자업체는 중국의 1/3 정도에 불과한 노동비를 바탕으로 제2의 도약을 꿈꾸는 것 같다. 예컨대 소니, 파나소닉, 샤프 등이 100~200달러 정도의 가격인하 공간을 바탕으로 공세적 마케팅을 펼친다면 삼성, LG 등은 글로벌 시장점유율을 상당 부분 내주어야 할 것이다. 일본의 남포공단 진출 가능성에 중국은 아마 상당한 충격을 받았을 것이다(그런 점에서 리위안차오 부주석의 2013년 7월 북한 전승절 60주년 기념식 참여는 상당한 의미를 가진다. 우리는 "부주석"이라는 그의 직책보다 "중공중앙외사공작영도소조 부조장"이라는 직책을 더 주시해야 한다. 시진핑을 제외하고 외교전략 문제를 풀기 위해 중국이 파견할 수 있는 최고위급 인사를 보낸 셈이며 이 문제를 정치경제가 아닌 정치외교 문제로 해석했다고 볼 수 있다). 왜냐하면 그 전략적 의미가 매우 심대하기 때문이다. 우선 어떤 형태로든 중국의 독주가 제동이 걸릴 것이고 일본은 한국보다 북한에 대한 정보우위에 서게 된다. 심할 경우 정작 한국은 한반도의 주변인으로 취급받을 수도 있다. 덧붙여 서해에 위치한 남포의 지리적 위치도 주목할 필요가 있다.

흥미로운 사실은 그쯤에 중국어선이 북한에 의해 나포된 적이 있었는데 중국 외교부는 기회를 만난 듯 강한 어조로 북한에 진상조사와 재발방지를 신속히 요청했다. 그간의 관례로 봐서 이는 매우 이례적인 일로 중국 민중의 불만을 대신 표출한 측면도 있지만 그보다는 자신의 사전 충분한 양해 없이 북한이 일본과 접촉하는 것에 대해 경고한 것일 수도 있다. 이에 북한은 다급히 특사를 파견했는데 이는 중국의 이해를 당부함과 아울러 6월 중·미 정상회담 전에 북한의 입장을 설명하려는 의도로 여겨진다.

만약 북한이 통미봉남과 접일소중(接日疏中, 일본을 끌어들여 중국을 떨어낸다) 외교를 펼치고 미국과 일본이 이에 적극 반응한다면 동북아 판도는 크게 요동치게 된다. 중국은 강한 충격과 더불어 대외 전략기조를 변경할 것이고 한국은 시쳇말로 한동안 '멘붕' 상태에 빠져 헤어나질 못할 수 있다. 따라서 있을 법한 다양한 시나리오를 두고 유연하게 전략을 짜야 하며 어떤 일이 있더라도 마지막 퇴로만은 열어둬야 한다. 그래야만 국면을 주도하지는 못하더라도 적어도 참여는 가능하다. '막다른 골목까지 쥐를 몰지 말라'는 속담이 괜히 나온 말이 아니다. 국가 간에는 영원한 우방도 영원한 적도 없다. 동맹관계는 절대로 변하지 않는다는 말, 절대로 그것만은 하지 않을 것이라는 섣부른 단정은 말아야 한다. 절대는 신의 것이지 인간의 판단 영역이 아니다. 지금 미국은 배치하고 북한은 반응하며, 중국은 말하고 러시아는 지켜보며, 일본은 자해하고 한국은 헤매고 있다. 이런 구도를 알고 두 번째 단락으로 넘어가 보자.

2장
글로벌 전략환경

중국 전략가들 사이에서는 중국의 해외이권이 확대됨에 따라 전통적 전략, 즉 비군사동맹, 해외 군사기지 미 건설, 내정 불간섭 등의 수정을 두고 논쟁이 벌어지고 있다. 아직은 기존 전략을 유지하자는 세력이 다수를 차지하고 있지만 언제나 이들이 다수일 수는 없다. 중국이 강대해지고 해외이권이 늘어날수록 중국의 전략은 한층 적극적이고 심지어는 공격적으로 변할 것 같다. 확성기에 대고 굳이 자신의 의도를 상대방에게 해명할 필요는 없다. 군사배치 상황이 각자의 의도를 대변하기 때문이다.

냉전시대 미국은 러시아 견제카드로 중국을 이용했고 이제는 중국 견제카드로 인도와 일본을 사용한다. 미국의 "아시아 회귀 전략"이 중국에 결정적인 타격은 입히지 못하더라도 아시아에서 중국이 이슈를 선점하고 자신의 계획에 따라 아시아를 요리할 기회를 방해하고 있는 것만은 사실이다. 그러나 중국이 인도를 자신과 같은 눈높이에 둔다면 인도카드는 더 이상 유효하지 않고 일본은 기꺼이 시대적 대세에 몸을 맡길 준비가 되어 있다. 비록 중국 부상에 위협을 느껴 미국에 한 걸음 다가섰지만 인도는 전통적으로 러시아와 깊은 우호적 관계를 유지하고 있다. 더욱이 군사적 측면에서 러시아를 대신할 국가는 아직 없다. 예컨대 러시아는 인도 최대 무기공급상으로 그 점유율은 70% 정도로 2000~2010년 사이 인도와 맺은 군수계약규모는 300억 달러에 달한다. 인도는 앞으로 10년간 무기 업그레이드에 1,000억 달러를 쏟아 부을 예정인데 러시아가 그 몫의 상당수를 차지할 듯하다. 참고로 2012년 12월 만모한 싱(Manmohan Singh) 인도 총리와 푸틴 러시아 총리는 제13차 인도-러시아 연례 정상회의에서 10개 항의 상호협정과 더불어 29억 달러 규모의 군수계약을 맺었다.

21세기 현재 빛바랜 기억처럼 남아 있지만 인도도 한때는 사회주의 선봉장이었고 비동맹 세계 맹주 역할도 담당했다. 무엇보다도 고대문명의 발상지라는 자부심과 인도양을 지배하는 대국이라는 관념이 강하다. 소위 **영향력의 중심들**이라는 말은 받아들여도 누군가의 **하위파트너로 다루어지는** 상황은 참지 못한다. 그다지 돋보이지 않는 위치에 자신을 처박아두는 미국에 점점 인내심을 잃고 은근한 불만을 표한다. 이런 미묘한 기류가 2013년 3월 제5차 브릭스정상회의에서도 분명히 나타났다. 더반(Durban)을 방문한 인도 만모한 싱 총리는 시진핑 주석과의 양자회담에서 인도와 중국의 공동발전 실현이 인도외교의 우선선택이라고 밝히며 인도는 중국과 고위층 교류 및 대화를 계속 유지하길 희망한다고 말했다. 그는 또한 인도는 독립 자주적 외교정책을 수행하며 "(인도는) **중국을 억제하는 수단으로 이용되지 않을 것**"이라고 강조하며 인도와 중국이 협력 파트너이지 경쟁상대가 아니라는 점을 세계에 증명하길 원한다고 밝혔다. 즉, 만모한 싱은 직설적인 말로 인도를 중국에 대한 지렛대로 사용하려는 미국에 경종을 울린 셈이다. 이에 대해 시진핑은 "중국과 인도 관계는 가장 중요한 양자 관계 가운데 하나로 미래지향적으로 전략 협력관계가 발전하도록 노력해야 한다"고 강조했다. 아울러 전략과 정치소통을 강화하고 군대 교류협력을 확대하는 한편 군사・안전에 관해 서로 믿음을 심화해야 한다고 주장하며 국경문제가 쌍방관계 발전에 영향을 미치지 말아야 한다고 밝혔다.

미국의 희망적 바람과 달리 인도는 결코 또 다른 일본이 되지 않을 것이다. 오히려 인도양을 두고 미국과 신경전을 벌일 가능성도 존재한다. 만약 일본이 태평양을 지배하는 종주국으로 자신의 위치를 설정했다면 지금과 같은 미・일 관계가 성립될 수 있었을까? 아마 과거 냉전시대 미・소 관계 이상으로 두 나라의 긴장상태가 높아졌을 것이다. 반세기 이전만 해도 일본은 태평양을 놓고 미국과 경쟁한 국가이자 미 영토에 폭격을 퍼부은 유일한 나라다. 인도에게 인도양은 러시아에 있어 시베리아와 같은 전략적 가치를 가진다. 말하자면 국가의 명운이 달린 중요한 종자돈인 셈이다. 그런 인도가 자신의 핵심지대를 미국에 이양하면서까지 이웃나라인 중국을 견제할 까닭이 없다. 실제로 1970년대 동파키스탄(현 방글라데시) 독립문제를 두고 인도와 파키스탄이 전쟁을 벌일 때 미 항공모함이 인도양으로 진입하며 인도의 제해권을 압박하면서 파키스탄을 측면 지원한 사례도 있는데 당시 충격이 뼈에 사무치게 남아 인도는 지금까지도 핵잠수함과 항공모함 건설에 온 역량을 쏟아붓고 있다(이때 러시아 핵잠수함이 미 항공모함의 뒤를 은밀히 밟으며 인도를 간접 지원했다는 설도 있다). 참고로 인도는 2004년 초기 계약금액보다 2배 이상 많은 23억 달러를 주고 러시아에서 항공모함 비크라마디티야함을 건조 중이지만 수년째 항공모함 인도가 지연되면서 러시아가 인도의 돈으로 항공모함 건설기술을 재획득하고 있다는 의혹을 받았다. 한국 역시 나로호 문제로 비슷한 논란이 불거진 적이 있다. 그럼에도 인도와 러시아의 끈끈한 군사협력 관계가 변할 것 같지는 않다. 인도는 2025년까지를 전략적 취약시점으로 파악해 군 현대화를 빠르게 진행하고 있다. 2012년 70억 달러 이상 러시아제 무기를 구입하며 인도는 러시아 최대 무기시장으로 자리매김했고 이라크와 중국도 각각 40억 달러와 20억 달러 정도를 구매하며 러시아의 2, 3대 무기수입국이 됐다.

　미국과 일본은 동맹관계를 통해 중국과 러시아의 팽창을 저지하고 있지만 이 둘의 깊은 속내를 들추어보면 아직 서로를 깊이 경계하며 어떤 면에선 그 강도가 중국을 초과한다. 원래 눈앞의 적보다는 내부 변절자가 더 신경이 쓰이는 법이다. 미국은 일본이 원거리 전쟁능력을 보유하는 것을 의도적으로 막고 있으며 그 연장선에서 핵무기, 핵잠수함, 전략폭격기 등의 보유를 차단하고 반대급부로 일본에 핵우산을 제공한다. 그럼에도 일본은 틈만 나면 이 장벽을 무너뜨리고 보통국가로 나아가려고 한다. 일본에게 보통국가란 전체주의 군수국가를 말하며 그들이 생각하는 보통국가의 전략적 과제는 좁은 섬에서 벗어나는 일이고 목표는 동시대 강대국을 넘어선 1등 국가가 되는 것이다. 미국이 중국 부상을 누르기 힘들다고 판단할 때 미국은 일본 핵무장에 선뜻 동의할지도 모른다. 아니 장려하고 조상한다는 편이 올바른 표현 같다. 일본의 GDP 대비 국방비 비중은 1% 전후에 불과한데 미국은 늘 이 사실에 불만을 표하며 이제 일본도 덩치에 맞게 국방비를 끌어올릴 필요가 있다고 압력을 가한다.

바야흐로 21세기 글로벌 전략의 최대 화두는 서구에서 아시아로의 중심이동이다. 이 와중에 헤게모니 재편도 일어나고 미국의 아시아 회귀도 이루어진다. 따라서 미국의 아시아 회귀는 당연한 귀결이고 어쩌면 다소 뒤늦은 감조차 있다. 일례로 한·중·일 3국만으로도 세계경제의 1/5을 차지하고 있다. 만약 아시아 역내국가들 간에 다양한 형태의 경제체제가 출현하고 서로 연계되면서 이들의 성장동력이 식지 않는다면 미국과 EU 단독, 심지어 결합된 형태로도 아시아의 부상을 막지 못할 수 있다. 이는 달러패권 종말과 미국의 글로벌 지배력 상실을 의미한다. 따라서 아시아 중심 동력인 한·중·일 세 나라가 서로 의심하고 견제하도록 두는 것이 미국 입장에서는 좋은 전략이 된다. 이러한 맥락에서 일본 정부가 환태평양경제동반자협정(TPP) 참여에 긍정적 자세로 전환하고 이에 뒤질세라 중국 역시 부정에서 고려로 입장이 유연하게 변경되고 있는 점을 음미해볼 필요가 있다. 중국은 트로이 목마를 떠올리며 밖에서 싸우는 것보다 안에서 싸우는 게 더 좋을 수 있다고 생각하는지도 모른다.

과거 70년대 미국은 일본이 구소련과 우호관계를 수립하려 할 때 이를 저지하면서 일본을 소련의 적대세력으로 묶어두었고 1971년 핑퐁외교를 통해 닉슨 행정부가 중국과의 관계를 정상화하며 일본을 외교적으로 좌절시켰다. 제2차 세계대전 이후 처음으로 탈미입아(脫美入亞)를 시도했던 야토야마 내각은 단명한 채 역사 속으로 사라졌다. 아베 총리 시대로 넘어오면서 21세기 우호적인 중·일 관계는 10년 이상 뒤로 늦추어졌고 한·일관계도 자꾸 비거덕거린다. 동북아 분리정책이 여전히 힘을 발휘하고 있는 셈이다. 한편 일본은 조어도 문제가 이미 밥상에 오른 상태에서 중국의 말처럼 후세에 이 문제를 넘기기는 향후 정세가 너무 불리하다고 여긴다. 무엇보다도 중국의 힘은 계속 상승하고 일본의 입지는 점점 좁아지는 상태에서 시간이 누구에게 유리할지는 명약관화하다. 참고로 <중일평화우호조약>을 체결할 당시 양국은 조어도 문제는 일단 내려놓고 이후에 해결하기로 공감대를 형성했다. 중국의 부상이 여기저기서 가로막히고 내부가 어수선한 상태에서 일본이 계속 발목을 잡는다면 중국이 핵 선제공격 포기라는 약속을 깰 가능성도 존재한다. 무엇보다도 부가 확대되고 경제력이 발전할수록 중국은 핵무기 사용이 모든 불안요소를 제거하는 가장 확실한 수단이라고 판단할 수 있다.

그럼에도 일단은 중국과 일본의 대규모 무력충돌 가능성은 빈약하다. 우발적인 사격으로 쌍방의 관계가 심각히 얼어붙을 개연성은 있지만 그렇다고 국교단절로까지 비화되지는 않을 것으로 판단한다. 2013년 1월 미디어 간담회에서 소장급인 펑광치엔 국가안전정책위원회 부비서장이 "일본이 (조어도에서) 한 발이라도 경고사격을 가한다면 그건 개전의 한 발이다"고 말해지만 이는 중국 정부의 보편적 견해가 아닌 일부 소장파의 각론일 따름이다. 물론 이것도 잘 관리된 발언이다. 엄밀히 말해 2030년 이전은 중국이 일본과의 대규모 전쟁은 회피하고 2030년 이후는 일본이 중국과의 전쟁을 최대한 거부하며 2050년 이후 일본은 그런 꿈조차 꾸지 못하게 된다. 만약 2020년 이전에 실제로 중·일 간 대규모 전쟁이 일어나면 중국은 핵무기를 투하해 신속히 사태를 정리할 가능성이 높다. 왜냐하면 그것이 가장 빠르게 전쟁을 종식하고 중화부흥의 길로 나가는 방법이기 때문이다. 단기적으로는 세계 각국의 집중포화를 받겠지만 장기적으로는 이게 가장 매력적인 카드일 수 있다. 중국이 핵 사용 당위성을 조작하거나 만드는 일은 쉬우며 남경대학살과 같은 역사적 사례를 들어 명분을 제기할 수도 있다. 중국이 만약 또 다른 남경대학살이 재현되길 원하지 않는다고 말한다면 누가 이에 강한 이의를 제기하겠는가?

한편 미 합참은 2011년 2월 국가군사전략서를 발표하며 미국이 현재 전략적 변곡점에 있어 전략 우선순위의 재균형을 추구해야 한다고 강조했다. 이는 이라크와 아프가니스탄이라는 테두리에서 벗어나 미래의 주요 도전으로 함포 방향을 전환해야 함을 의미한다. 넓게는 아시아 부상 좁게는 중국과 인도의 굴기를 뜻한다. 21세기 초 미국은 테러와의 전투를 테러와의 전쟁으로 격상해 막대한 자원을 낭비하고 쓸데없는 곳에 발이 묶이는 전략적 오판을 했다. 거대한 매머드가 자신보다 몇만 배나 작은 개미를 쫓으며 초원을 황폐화한 나머지 모든 초식동물이 이제는 매머드를 티라노사우루스로 여기며 두려워하고 방계인 코끼리조차 이제는 매머드를 잠재적 적으로 경계하고 있으며 다른 육식동물은 새로운 경쟁자의 위용에 놀라 서로 연합을 꿈꾼다. 엎친 데 덮친 격으로 아랍의 봄으로 독재자들이 잇달아 물러나면서 중동에 대한 미국의 지배력이 예전만 못하다. 민주주의 가치와 석유 및 이스라엘 수호라는 현실 사이에서 딜레마에 빠진 체 짐짓 고민하지만 결국은 전자보다 후자에 무게중심을 둘 것이다. 중동에 관한 한 미국 역시 안정이 모든 것을 진압한다고 신봉하는 셈이다(이집트 군부는 이집트 최초의 민선 대통령인 무르시를 축출했으며 미국이 배후에서 이를 조장했다는 의심도 존재한다. 이슬람주의 세력이 이집트를 좌지우지하는 상황을 미국은 결코 용인하지 않을 것이다. 더구나 이집트는 중동에서 미국의 이익을 조율하는 말이다).

브레진스키는 그의 저서 『거대한 체스판』에서 "리스본에서 블라디보스토크에 이르는 이 거대하고 기이한 형상의 유라시아 체스판은 '게임'을 위한 환경을 제공한다. 만일 중간지대가 미국 우세의 서구의 팽창궤도 안으로 갈수록 더 말려들어 간다면, 만일 남부지역이 단일 플레이어에 의해 지배되지 않고, 동양이 그들의 연안기지로부터 미국을 즉각적으로 축출하는 방향으로 단결하지 않는다면 미국이 우세하다고 말할 수 있다. 하지만 만일 중간지대가 서구에 퇴짜를 놓으며 적극적인 단일 독립체가 되고 남부에 대한 통제권을 가지거나 주요한 동쪽의 참가자와 동맹을 맺는 형태가 되면 유라시아에서 미국의 영향력은 극적으로 줄어든다. 만일 동쪽의 두 주요 플레이어가 연합할 경우에도 그 결과는 같다. 끝으로 비록 이것이 중간지대를 차지한 부상하는 플레이어에 대해 극심한 서구의 궁극적 예속을 의미하더라도 서구 파트너들이 서구 주변에 걸터앉아 있는 미국을 어떤 형태로든 축출한다면 유라시아 체스판 위의 게임에서 미국의 참가는 자동적으로 종말을 맞이하게 된다. 미국의 글로벌 헤게모니 영역이 크다는 점은 다 아는 사실이지만 그것의 깊이는 얕고 국내외 속박에 따라 제한되고 있다. 미국의 헤게모니는 결정힌 영향력 행사를 포함하고 있지만 과거

제국과 달리 직접 지배는 아니다. 몇몇 유라시아 국가의 파워뿐만 아니라 유라시아의 거대한 규모와 다양성은 미국의 영향력 깊이와 사건의 과정에 대한 컨트롤 범위를 제한한다. 이 거대 대륙은 단순히 너무 크고 인구가 너무 많으며 문화적으로 너무 다양하다. 더구나 경제적으로 가장 성공하고 정치적으로 뚜렷한 글로벌 파워에 순응하는 너무 많은 역사적 야심과 정치적 역동성을 가진 국가로 구성되어 있다. 이런 조건은 거대한 유라시아 체스판에 미국의 자원을 조심스럽고 선택적이며 매우 신중하게 배치하는 것과 같은 지정학적 기술을 최상위로 두게 한다"고 주장했다. 2013년 현재 그의 주장이 딱 맞아떨어지지는 않지만 그 실마리는 서서히 보이는 듯하다.

중국은 조어도 문제를 중화단결 기제로 사용하는 한편 실질적 문서화 작업에도 소홀함이 없다. 당장은 아닐지라도 반세기만 지나면 이도 좋은 역사적 증빙자료가 되기 때문이다. 일례로 2012년 중국 국무원은 『조어도는 중국의 고유한 영토』라는 이름의 조어도 백서를 발표하며 이것은 중국만의 문제가 아닌 중화권 전체 문제라는 뜻을 밝혔다. 조어도 문제는 홍콩, 마카오, 대만과 해외 화교의 공통된 관심사로 떠올랐고 양안 중국인은 민족이익이라는 관점에서 보기 드물게 일치된 견해를 보인다. 외부에서는 조어도 문제를 국토와 경제적 이익 개념에서 해석하고 있지만 중국정부는 영토문제가 민족주의를 넘어 넓게 산재한 가지들을 "중화"라는 뿌리로 응집하는 기제가 될 수 있음을 똑똑히 실감한 것 같다. 중구난방으로 진행되는 일본의 도발로 중국은 힘을 결집하고 일본의 잘못된 역사인식은 아시아 각국을 불편하게 만들며 미국을 난감한 상황에 빠뜨린다. 예를 들면 2013년 4월 한국과 북한에 긴장감이 고조될 때 뜬금없이 일본에서 한반도 유사시 자위대를 투입해 납북 일본인을 구출하는 특별조치법을 만들어야 한다는 주장이 제기됐다. 이에 북한은 일본이 약간의 제스처만 취해도 전쟁의 불꽃이 일본에 먼저 떨어질 것이라고 엄포를 놓으며 한국전쟁과 같은 어부지리를 기대하지 말고 전쟁특수를 꿈꾸는 이들에게 먼저 핵탄두가 향할 것이라는 점을 밝혔다. 같은 달 아베는 일본 의회에서 침략의 정의에는 시각차가 존재한다는 투의 발언을 하고 각료들은 야스쿠니 신사참배 반대 위협에 굴하지 말아야 한다고 대놓고 두둔했다. 내부결집을 위해 외교는 포기하고 가겠다는 뜻을 밝힌 것으로 이는 제2차 세계대전 발발 이전의 일본의 모습을 보는 듯한 느낌조차 던져준다.

이처럼 일본은 자신의 입지를 좁히는 것을 넘어 이제는 미국의 아시아 회귀 전략마저 점점 방해한다. 중국과 중국 외 아시아로 이원화된 구도에 일본이 뛰어들면서 개별 국가 간 문제로 초점이 바뀌었고 그 와중에 김이 쭉 빠져버렸다. 한반도를 두고 흔히 회자되는 진영논리로 봐도 이런 점은 분명하다. 북·중·러와 한·미·일이 팽팽히 대립하는 구도에서 일본이 뜬금없이 전쟁포로를 구한다고 대열을 이탈하며 적아(敵我) 구분 없이 막무가내로 화살을 날리고 있다. 미국도 이런 일본의 오버페이스에 견제구를 던진다. 페트릭 베트웰 미 국무부 대변인은 4월 23일 조어도 영유권 분쟁에 관해 "미국은 입장을 가지고 있지 않다"고 밝히며 이전과 다른 미묘한 입장변화를 보였다. 직간접적으로 해석의 여지를 두던 상태에서 일본의 처신에 따라 중·일 당사자 간 문제로 치부할 수 있다는 메시지를 던진 셈이다. 비슷한 시기 미 합참의장은 베이징을 방문해 시진핑을 접견했으며 앞서 존 케리 미 국무장관은 북한핵 프로그램 폐기 대가로 동아시아에서 미사일방어체제(MD)를 철회할 수 있다는 뜻을 비쳤다. 늘 외교를 경시하고 국제정세를 오판하던 일본은 이번에도 톡톡히 대가를 치른 셈이다. 마치 중국대 아시아에서 일본 대 아시아로 구도가 전환된 것처럼 느껴지기조차 하다.

결국 미국에게 일본은 견제카드이지 번영을 안겨주는 카드는 아니다. 시간이 지날수록 중국은 일본이 내놓을 수 없는 새로운 번영카드를 미국에 끊임없이 제시할 것이다. 중국이 테이블 앞에서 중국과 일본 가운데 하나를 택할 것을 강요한다면 미국은 아마 중국을 택할 것이다. 지금 미국에게 필요한 것은 적절한 견제가 아닌 적당한 번영이다. 그래서 설사 조어도 문제로 중국과 일본이 티격태격해도 미국의 즉각적 개입을 담보하긴 힘들다. 전면전이 아닌 한 뒷짐을 진 채 양국 간 분쟁지역 문제로 정의하며 외교적 해결을 압박할 것이다. 다른 나라, 개중에서도 주요 강대국이 걸쳐 있는 분쟁지역에 미국이 무력 개입해 만족할 만한 이익을 얻기는 힘들다. 양국 해군 사이에 충돌이 일어나고 그것이 전쟁에 준하는 국면으로 급속히 전개된다면 일방을 지지하기보다는 미군을 중간지대로 배치하면서 양국 간 완충역할을 할 가능성이 높으며 그 와중에 최대한 안보장사를 할 것이다.

솔직히 말해 미국은 동맹국을 위해 중국을 공격함으로써 자국의 안보를 위태롭게 하기에는 가진 것이 너무 많다. 중국에 대한 일본의 적극적 의지를 미국이 강화시키는 측면이 있지만 이것이 미국의 자동적인 군사개입을 담보하지 않는다. 중국은 또한 미국의 발목을 잡을 2,000억 달러짜리 치명적 무기도 있고 어떤 상황에서도 생존만은 보장할 1조 달러짜리 카드도 있다. 지역 내 긴장이 높아질수록 중국의 부추김과 러시아의 불안이 결합하면서 한반도가 오발탄을 맞을 수 있다. 시간이 지날수록 동북아에 걸린 러시아 판돈은 늘어나고 있으며 이는 러시아 극동방위군의 군사개입 의지를 전에 없이 강렬하게 만든다. 러시아 전략중심이 유럽에서 아시아로 이동될수록 유럽에 대한 미국의 장악력은 떨어지고 풍선효과처럼 아시아의 휘발성은 상승한다. 도미노처럼 연쇄반응을 일으키며 예전보다 쉽게 전화의 불길이 세계에 퍼지고 힘의 공백을 타고 중동은 요동치고 유럽은 들썩이게 된다. 세계는 혼돈의 시대로 빠르게 나아가며 만국(萬國) 대 만국(萬國)의 전쟁이 곳곳에서 일어난다. 우리는 지금 전쟁하듯이 게임을 할 것인가, 게임을 하듯이 전쟁을 할 것인가라는 갈림길에 서 있다.

그렇다고 러시아가 무조건적으로 중국 편에 선다는 말은 아니다. 한 사례로 러시아는 2012년 처음으로 7,400톤급 함정을 파견하며 림팩(RIMPAC)에 정식 참여했다. 림팩은 미 태평양사령부 주관으로 2년마다 하와이에서 열리는 다국적 해상연합 훈련으로 러시아는 그동안 참관단만 파견했다. 러시아의 이런 움직임은 미국에게는 러시아가 미국의 적일 수는 있지만 몽둥이를 맞을 첫 번째 상대는 아님을 상기시키고 중국에게는 중국만이 러시아의 유일한 옵션은 아니며 미국이라는 대안이 있음을 환기시킨다. 구소련 몰락 이후 진행되고 있는 미국과 러시아의 관계설정이 해묵은 갈등이라면 21세기 러시아와 중국과의 관계 재설정 문제는 분출하는 갈등이다. 러시아는 낫과 망치를 접자 미국이 자신을 하위 파트너로 대접하는 것에 분개했는데 지금은 중국에도 비슷한 대접을 받을 수 있다는 위기감을 느낀다. 그래서 미국과 중국 사이에서 균형자 역할을 수행하며 자신의 가치를 극대화하고자 한다. 중국도 당장은 러시아와 역사상 최고의 밀월기를 보내며 미국의 압박을 완화하고 있지만 그것이 영원히 지속되지 못하리라는 점을 잘 알고 있다. 따라서 독자적 역량으로 미국의 간섭을 배제할 필요성을 느낀다.

장기적으로 동아시아가 전쟁의 포화에 노출되지 않으려면 각국 간에 의미가 있는 전력통제에 나설 필요가 있다. 일례로 핵을 제외한 재래식 전력에 관해 중국은 적어도 50년 동안은 미국 전력의 75%를 유지하고 러시아는 65%를 확보한다면 중·러 양국의 전력은 미국보다 40% 정도 앞서게 된다. 이어서 일본은 중국 전력의 70%를 유지하고 한국은 일본 전력의 65%를 보유하고 북한은 한국 전력의 70%를 확보한다면 미·일·한과 중·러·북과 각각 186 대 164 정도로 전자가 후자를 약간 앞서지만 전쟁을 쉽게 감행할 만큼 절대적 우위는 아니다. 여기에 대만 병력을 전자에 보탠다고 해도 20% 정도 앞서는 것에 불과하다. 더구나 한국과 북한, 즉 한반도의 합계전력도 일본을 약간 앞서는 수준에 불과해 통일 한국에 대한 주위 우려를 불식시킬 수 있으며 차후에 전력 조정을 통해 일본의 70% 선으로 축소하면 된다. 이런 식으로 한반도 주위 국가들 간 군축협의를 하는 방안도 생각해볼 만하다. 그럼 2050년까지는 동아시아에서 전쟁이 발생할 가능성은 사라진다. 왜냐하면 미국과 중국이 전쟁을 한다면 승자가 누구든지 다음 상대인 러시아를 감당할 여력이 없다. 심지어 일본도 억제하지 못할 수도 있다. 한편 중국과 일본이 전쟁을 하면 미국과 러시아는 고사하고 한국도 제대로 제어하지 못할 것이다. 게다가 일본과 한국이 전쟁을 하면 두 나라는 1세기 동안은 중국의 그늘을 벗어나지 못한다.

우리는 또한 중국이 다음과 같이 생각하는 것을 경계해야 한다. 중국은 일본이 미국의 앵무새로 독립적인 외교주체가 아니라고 여긴다. 그러므로 일본은 안보리상임이사국의 자격 자체가 없다고 생각한다. 반면에 한국은 미국의 사냥개라고 여긴다. 가끔 주인을 향해 짖지만 먹이를 주면 주인의 지시를 충실히 이행한다고 본다. 그러므로 한국은 일국의 자격 자체가 없다고 생각한다. 때론 북한이 중국을 난처하게 만들고 중국은 북한을 방자하다고 비난하지만 그것이 이 둘 사이의 관계가 근본적으로 변했다는 증거는 못 된다. 제5세대 지도자인 시진핑은 중국과 북한과의 관계를 피로 맺어진 혈맹관계로 표현하며 "위대한 항미원조 전쟁은 평화를 지키고 침략에 맞선 정의로운 전쟁으로 군사개입의 정당성을 강조하며 중국 인민은 양국 인민과 군대가 흘린 피로써 맺어진 위대한 우정을 잊어본 적이 없다"고 말했다. 시진핑은 외교문제에 한해서 후진타오보다 더 강경한 노선을 취할 것 같다. 흔히 북·중관계를 달리 순망치한(脣亡齒寒, 입술이 없으면 이가 시리다)으로 부른다. 북한이라는 완충지대가 없다면 중국도 결국 쇠퇴한다는 말과 같다. 한미동맹 관계를 놓고 '강력한'이라는 말은 해도 '순망치한'이라는 어휘는 덧붙이기 힘들다. 미국은 결코 이 말의 의미를 인정하지 않을 것이기 때문이다. 이에 반하여 체면을 중시하고 자부심이 하늘을 찌르는 그래서 때때로 서만하다는 평을 듣는 중국은 이를 부인하지 않는다. 북한이 중국에 실로 중요한 존재라고 솔직히 인정한다.

가끔 북한 포기론을 기고한 학습시보 덩리원 부편집장 같은 인사들의 뚝 던진 말을 받아쓰며 중국과 북한의 유대관계가 예전만 못하다고 지레짐작하는 경우가 종종 있다. 그러나 이는 중국 파벌 다툼의 한 갈래로 순수한 언론플레이에 불과하다. 반대세력을 등에 업고 시진핑-리커창 체제를 우회 공격한 것으로 그의 역할은 나팔수 그 이상도 그 이하도 아니다. 이전 후진타오-원자바오 체제도 이 같은 일을 수시로 당했다. 즉, 북·중관계의 근본적 변화를 나타내는 징조는 아니라는 말이다. 이 일을 계기로 그는 학습시보에서 정직을 당한 것으로 알려진다. 한국은 정보와 소음을 구분하는 식견을 가지고 북한 및 대중 정책을 다듬어야 한다. 북·중관계는 경제적으로는 실질적 예속관계고 외교적으로는 번속국에 가깝다. 시끄러운 앞마당을 치우려고 북한에 대리인을 파견할 생각을 덜컥 품을 수도 있다.

주변국에 대한 군사개입 전략은 특유의 신중함보다는 신속 과감함으로 나타날 것 같다. 심지어 군부조차도 경제적 성과를 파괴하는 형태로 전쟁이 전개되면 안 된다는 강박관념을 가지고 있어 대규모 선제공격으로 전쟁을 빠르게 종식하고자 한다. 이런 측면에서 북한은 좋은 카드로 대리전의 꼭두각시가 될 수도 있고 후방을 교란하는 유격대 역할을 맡을 수도 있다. 최근 북한과 중국은 신압록강 대교를 설치하는 데 합의했는데 이 공사가 마무리되면 돌발사태 발생 시 중국 기계화부대가 신속히 북한으로 도하할 수도 있다. 신압록강 대교는 길이 6km, 폭 33m의 다리로 전차 4대를 일렬로 세워 진격할 경우 전차 1,000대 정도는 반나절 안에 충분히 도하를 완료할 것으로 추산한다. 계획된 전쟁이 발발할 가능성은 예전보다 낮지만 돌발적 전투가 일어날 확률은 상승하고 있다. 핵보유국인 중국은 비록 전쟁의 피해범위는 통제할 수 없더라도 전쟁의 시작과 끝을 결정할 역량은 가지고 있다.

요즘 부쩍 중국 인민해방군의 대외활동에 관심이 모아지고 있다. 중국이 2030년 이전에 해외에 군사기지를 두는 것은 성급한 조치로 자력으로 세계 곳곳에 퍼진 국가이익을 지키려는 욕망을 자제할 필요가 있다. 왜냐하면 중국이 공격적으로 나가면 모든 국가가 한발 양보하는 단계는 아직 아니며 곳곳에서 저항에 부딪혀 목표점에 도달할 때쯤이면 모든 기력이 빠져 금방 추락하게 될 것이다. 저 강대한 미국조차도 제2차 세계대전 때 만든 수천 개의 해외기지를 약 절반으로 감축하며 현재는 천 개 남짓 운영하고 있을 따름이다. 이것도 천문학적 돈을 잡아먹음에 따라 갈수록 큰 짐으로 다가온다. 불완전한 추론에 따르면 미국은 중국 연 국방비의 1/3 정도를 해외기지 유지에 투입하고 있는 것으로 판단된다. 즉, 중국은 아직 본격적으로 대규모 해외기지를 둘 만한 국내외적인 여건이 충분히 성숙되지 않았다. 하지만 해외 전략거점을 마련하는 일은 모색해볼 만하며 중국 해군의 현대화가 진행될수록 이는 선택의 문제가 아닌 시점의 문제로 변질된다. 강화되는 군사적 요구와 팽창하는 경제적 필요성이 중국 해군을 더 먼 대양으로 밀고 있다. 벌써부터 방글라데시, 미얀마, 캄보디아, 탄자니아, 앙골라 등이 중국 해군의 전략거점으로 제기된다. 파키스탄 해군기지 건설은 추진단계에 있고 북한도 각국의 반응을 살피며 조심스럽게 언급된다. 실제로 시진핑은 집권 첫해 아프리카 첫 방문지로 탄자니아를

선택했다. 그는 금번 방문에서 탄자니아 정부와 바가모요(Bagamoyo)
항 종합개발 프로젝트를 포함해 100억 달러 규모의 인프라 건설
계약을 맺었다. 외부는 이 항구가 민용과 군용으로 모두 사용될 것
으로 추측하고 있다. 미국과 인도를 모두 감안해 다목적으로 탄자
니아에 전략 항을 마련하는 것이 아닌가라고 의심의 눈초리를 보
낸다. 지정학적으로 탄자니아는 아프리카 무역에서 핵심기지가 될
수 있을뿐더러 중동을 포함해 인도양과 대서양을 연결하는 징검다
리 역할도 가능하다. 또한 후방에서 소말리아를 압박해 중동 석유
수송로의 안전을 확보할 수 있다.

이상의 내용을 간추리자면 중국은 반달 전략으로 자신을 봉쇄한
다고 미국에 불평하고 인도는 진주 목걸이 전략으로 자신을 포위
한다고 중국에 투덜거린다. 이에 대해 미국은 군사적 의도는 전혀
없다며 짐짓 억울해한다. 힘의 역학관계에 따라 육대주는 점점 내
주더라도 오대양에 대한 제해권만은 확실히 장악하려고 한다. 당
장은 중국이 가장 신경 쓰이지만 먼 미래는 인도가 미국을 귀찮게
할 수도 있고 이란도 기회만 오면 페르시아 왕국의 영광을 재현하
려고 한다. 그래서 미국은 21세기에도 글로벌 리더십 행사를 위해
통합적이고 꼼꼼하게 사전포석을 두고 있으며 이런 미국을 단독으
로 저지할 나라는 아직 없다. 중국은 제 페이스를 유지하며 미국
의 전략에 말려들지 않으려 하고 러시아는 미국과 중국 모두를 관
망하며 파워조정에 나서고 있다. 미국 입장에서 중국은 가장 두드
러진 못이지만 그렇다고 유일한 못은 아니다.

3장
경제2030과 군사2050

중국에 국방비의 투명성을 요구하는 일은 중국에 병법이라는 말이 나온 이후 면면히 이어져 오는 두 가지 양대 전략인 허허실실(虛虛實實)과 허장성세(虛張聲勢)를 포기하라는 뜻과 같다. 미 국방부 장관 게이츠는 "실수와 오판을 피하기 위해 중국과 더 많은 대화가 필요하며 미국은 중국과의 군사관계를 개선할 수 있는 모든 것을 하겠다"고 강조했다. 그의 말은 달리 "중국이 미국의 군사력에 대한 실수와 오판을 내려 모험적 행동을 할 가능성이 있으니 이를 피하기 위해서 중국과 더 많은 군사회담과 정보교류를 하여 미국의 역량을 중국에 확실히 인식하도록 만들겠다"로 해독할 수 있다.

미 정부의 재정적자 규모는 4년 연속 1조 달러를 상회하며 미국의 발걸음을 무겁게 한다. 한 해 GDP를 상회하는 정부부채 역시 미국의 앞날을 어둡게 만든다. 혹자는 미 연방준비제도이사회(FRB), 미 정부기관 등이 미 국채 45% 정도를 보유해 미국호가 침몰할 일은 결코 없다고 장담한다. 그럼에도 펜타곤을 중심으로 한 미 정부 일각에서는 중국의 달러투매에 관한 불길한 시나리오를 짜며 앞날을 대비하고 있다. 미국 정치전문지 폴리티코(Politico)에 따르면 미 국방부가 2009년 3월 메릴랜드 로렐 소재 전략분석연구소에서 군 인사들을 초대한 후 가상 경제전쟁을 시뮬레이션 했다고 한다. 글로벌 경제위기를 전제로 둔 워게임(war game)은 미국, 러시아, 중국, 동아시아와 그 밖의 팀으로 나누어 진행되었고 북한 붕괴, 러시아 천연가스 가격조작, 양안(중국과 대만) 긴장 고조와 같이 글로벌 파워균형을 이동시킬 수 있는 시나리오가 설정됐다. 왜 미 군사 전략가들은 테러와의 전쟁으로 바쁜 가운데 전장을 경제까지 넓힌 것일까? 차세대 전쟁을 불러일으킬 지대로 경제를 손꼽은 듯하다. 전쟁은 더 이상 상대방에게 나의 의지를 강요하는 정치적 행위가 아니라 경제의 연장선으로 변하고 있다. 전쟁의 동기는 이제 정치권력의 크기가 아닌 부의 크기다. 실제로 냉전 이후 발생한 무력분쟁의 95%는 내전이며 타국의 영토획득은 이제 먼 옛일이 됐다. 4조 달러를 투입하고도 미국은 이라크, 아프가니스탄에서 한 뼘의 땅도 원하지 않았다. 오히려 점령지에서 군대를 물리며 철수 전략에 더 골몰했다. 이 배경에 경제이권이 작용하지 않았다고 장담하기는 힘들다. 오늘날 안보는 지리적 영토보다 경제적 영토에 더 큰 의미를 두고 이권의 크기가 전쟁규모를 좌우한다.

위 가상 경제전쟁 결과는 미국에 심각한 경고사이렌을 울렸다. 비록 미국이 최대 경제대국 지위를 가까스로 방어했지만, 러시아와 일련의 금융충돌로 미국의 입지가 상당히 약화되는 것으로 나타났다. 다만 이 시나리오는 옛 미소 냉전 구도에 함몰된 것으로 현실감이 상당히 떨어지는 것 같다. 비록 러시아가 원자재시장에서 달러를 배척하고 공공연하게 달러패권에 불만을 제기하고 있지만 냉정히 말해 "달러와 루블화"의 통화전쟁은 거의 불가능하다. 무력전쟁과 달리 통화전쟁에서 러시아는 별 힘 없는 중소국가에 불과하다. 무엇보다도, 오늘날의 러시아는 중·미 양국의 반대편 자리보다 캐스팅보드 역할에 더 큰 관심을 가진다. 결론적으로 전쟁여파로 미국은 힘을 잃고 중국이 부상하는 결과가 도출됐다는데 우리는 이를 정치 공학적 소설로 치부할 수만은 없다. 실제로 중국이 보유한 7% 상당의 미 국채는 언제든지 경제혼란의 도화선이 될수 있다. 2012년 말 현재 중국의 미 국채보유량은 1.2조 달러에 달한다. 시장을 움직이기 위해 꼭 최대주주가 될 필요는 없다. 파울 블랙컨(Paul Bracken) 교수는 위 가상 경제전쟁에서 두 가지 통찰력을 얻었다고 밝혔는데 첫째는 금융전쟁과 전통적 무력전쟁, 이 둘을 관리하기 위해서는 통합적 접근이 필요하다는 것이고, 둘째는 중국이 달러를 투매하지 않을 것이라는 가정이 의문시된다는 점이다. 여기에 더해 1.1조 달러의 미 국채를 보유한 일본도 마냥 안전지대는 아니다. 1997년 6월 하시모토 류타로 일본 수상은 미국 방문 연설에서 "솔직히 말해 우리는 몇 차례나 미 국채를 대량으로 매각하길 원했다. 예를 들어 미국무역대표부(USTR)의 미키 캔더(Mickey Kantor)와 다툴 때, 미국이 국제준비통화로서의 미 달러 역할유지에 노력하지 않을 때가 그러하다. 미 국채 보유가 우리의 유일한 옵션은 아니다. 미국 국채를 팔고 금을 사는 다른 옵션이 있다"고 말했다. 이 발언이 있은 다음 날 미 증시는 1987년 블랙 먼데이 이후 최대 폭락을 기록했다.

미·일 동맹이 지속되는 한 미국과 긴밀히 조율하지 않고 일본이 일방적으로 달러자산을 투매할 가능성은 희박하다. 일본에게 달러

자산은 투자상품이 아닌 동맹의 담보금이다. 좀 더 논란적으로 말해 일본은 미 국채를 살 자유만 있지 팔 자유는 없다. 그러나 중국은 일본과 처지가 다르다. 중·미 관계는 미·일 관계와 달리 훨씬 대등한 관계에서 다층적이고도 복합적이다. 양국은 경제적으로는 전략적 동반자이고 외교적으로는 현실적 경쟁자이며 군사적으로는 최대의 잠재적 적국이다. 비유하자면 미·일은 고정환율제도이고 중·미는 변동환율제도다. 그래서 중·미는 딱 잘라 결론을 내리고 단정적인 대책을 수립하기 힘들다. 각각의 영역이 가진 시대적 흐름이 다르고 이해득실도 상이하기 때문이다. 그러므로 전략가들은 이런 상황을 썩 달가워하지 않는다. 그들에게 변동은 변수고 변수는 곧 리스크(risk)기 때문이다. 또한 중국이 달러자산을 투매할 가능성은 낮지만 중립적 포지션을 취함으로써, 즉 달러 자산가치가 붕괴하지 않도록 만들며 달러매매를 조금씩 되풀이하여 미 경제의 불확실성을 높일 수 있다고 본다. 실제로 이런 움직임은 시장에서 관찰되고 있다. 중국은 위안화 국제화와는 별도로 한편으론 달러자산의 종류와 기간구조를 조정하고 다른 한편으론 금과 유로화로 외환보유고 다변화를 진행한다.

한편 위 가상전쟁 시뮬레이션을 보고 한 인사는 <닥터 스트레인지러브(Dr. Strangelove)>를 보는 듯한 느낌을 받았다고 말했다. 참고로 <닥터 스트레인지러브>는 1964년 스탠리 큐브릭 감독이 만든 블랙코미디 영화다. 미 공군 잭 리퍼 장군은 수돗물 불소처리가 소련 공산주의자들에 의한 미국 상수원 오염 음모라는 과대망상에 사로잡혀 폭격부대에 R작전(유사시 장성급이 핵무기 사용허가를 내릴 수 있도록 한 최후의 작전)을 전달한다. 이 명령을 받은 843

폭격부대는 소련에 선제 핵 공격을 가하기 위해 출격하고 미 행정부는 이를 멈추기 위해 폭격기를 격추할 수 있는 정보를 소련에 넘겨주지만 우여곡절 끝에 미사일 공격에도 살아남은 한 대의 폭격기가 ICBM 기지로 떨어지면서 세상은 종말을 향한다는 내용이다. 이 영화는 냉전의 허약한 본질과 상호확증파괴(Mutual Assured Destruction, MAD) 개념을 통해 핵전쟁이 억지될 수 있다는 통념을 풍자한 것인데 중국 달러투매에 대한 부정적 견해 역시 상호확증파괴 개념에 그 기원을 두고 있다. 그러나 투키디데스는 "모르고 전쟁에 빠져드는 경우는 없다. 전쟁 속에 이득이 있다면 두려워도 (전쟁에서) 빠져 나오지 못한다. 한쪽은 승리가 가져다주는 이익이 손해의 위험보다 크다고 생각하고, 또 다른 쪽은 당장 현실화될 손실보다는 (불확실한) 위험에 더 기꺼이 몸을 내던진다"고 말했다. 어쩌면 다가올 미국과 중국의 현실이 꼭 이와 같을 수 있다(위 부분은 이전 도서 『주식투자의 길』에서 일부 발췌했음을 밝혀둔다).

2007년 이후 계속된 중국의 달러방어 요구에도 아랑곳하지 않고 미국은 2012년 9월 제3차 양적 완화를 했다. 이후 몇 개월 만에 다시 추가 양적 완화 가능성이 언급되고 있으며 일본도 여기에 동조하며 지폐를 계속 찍어내고 있다. 무역불균형 해소와 위안화 절상 문제는 주기적으로 테이블에 오를 것이다. 그렇다고 중국이 꼭 달러자산을 투매할 것이라고 단정하기는 힘들다. 대만해협을 마주하고 조지 워싱턴호와 랴오닝호가 서로 함포사격을 하지 않는 한 중국이 달러자산을 전량 투매할 까닭은 없다. 일본에게 달러자산이 동맹의 담보물이라면 중국에게는 평화(정확히는 평화로운 시간)의 담보물이다. 사설은 이쯤에서 멈추고 국방비 분석을 통해 본격적으로 미래 군사력 향방을 가늠해보자.

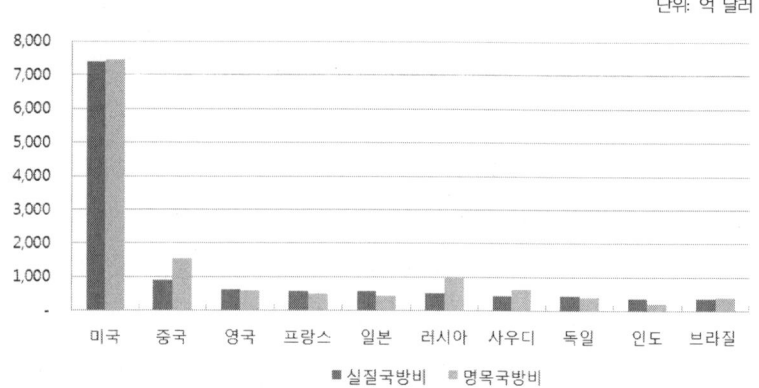

단위: 억 달러

<그림 1> 2011년 국방비 상위 10개국

자료원천: 스톡홀름국제평화연구소(SIPRI), 중국경제정보분석(CEIA)

　　전쟁의 승패는 군사력이 좌우하지만 승리의 지속기간은 돈이 결정한다. 전 세계는 2010년 한 해만 해도 1조 5,146억 달러를 국방비로 소모했는데 이는 2000년 대비 거의 2배에 해당하는 막대한 금액이다. 그래서 우리는 일국의 군사력을 가늠할 때 실질적 무력 이외에 경제력도 함께 살펴본다. 그러나 군사적 측면에서는 GNI가 GDP보다는 경제력을 더 잘 표현하는 것 같다. GNI로 표현하면 중국과 브라질은 10～15%, 러시아는 20% 이상 경제력이 과대평가된 것으로 산출됐고 이들보다는 낮지만 한국은 7%, 인도는 5%, 일본은 2% 정도 과대 평가됐다. 이에 반하여 미국, 프랑스, 독일은 GDP와 GNI 수치가 거의 비슷하고 영국은 GDP가 GNI보다 3% 정도 크다. 따라서 개별국가의 전쟁 지속능력을 GDP로 추산할 때는 러시아는 20% 정도, 중국은 10% 정도 낮추는 것이 타당하다.

<그림 1>은 2011년 국방비 상위 10개국을 비교한 것인데 2011년 미국 국방비는 7,393억 달러로 나머지 상위 10개국을 더한 값보다 2,500억 달러 이상 많고 바로 밑인 중국보다는 8.23배나 크다. 동북아 3개국으로 범위를 좁혀보면 일본은 중국의 65%, 한국은 일본의 42% 수준인 것으로 나타났다. 한편 중국을 중심에 두고 동일한 논리를 아시아에 적용해보면 중국 국방비는 일본, 한국, 인도, 호주, 대만, 싱가포르, 인도네시아, 베트남 등 주요 아시아 국가들 국방비 전체를 더한 값보다 많다. 세계 각국이 미국의 국방비에 압도되고 있다면 아시아 각국은 중국의 국방비에 숨 막혀 한다. 그런데 이는 일국의 진정한 국방비가 아니다. 국방비는 대체로 인력, 작전유지, 조달(R&D 포함)로 삼등분이 된다. 간단히 말해서 군인을 유지하고 작전을 벌이며 이에 투하되는 물자를 조달하는 것에 국방비가 모두 사용되는 것이다. 국가별로 약간의 차이는 있지만 선진국은 보통 국방비의 40%를 인력 부문에 쏟아붓고 작전유지와 조달에 각각 30% 전후를 투입한다. 그러나 개발도상국은 인력에 30%를 투입하고 나머지 70%를 작전유지와 조달이 나누어 가진다. 다시 말해서 60~70% 정도의 국방비가 구매력평가에 노출되어 있다는 의미다. 5달러짜리 햄버거를 먹으나 20센트짜리 만두를 먹으나 전투력은 별 차이가 없다.

그러므로 우리는 실질국방비가 아닌 명목국방비로 군사력을 산출해야 한다. 여기서 명목국방비는 개별국가의 구매력평가를 감안한 것으로 GDP가 아닌 GNI 수치를 통해 산출했다. 그 결과 미국은 거의 변동이 없지만 중국과 러시아의 국방비는 가가 71%와 92%

늘어나며 나란히 2위와 3위를 기록했다. 또한 사우디아라비아도 40%
정도 확대되며 영국을 제치고 미국, 중국, 러시아에 이어 세계 4위
의 국방비 규모를 나타냈다. 참고로 한국도 356억 달러로 45% 정도
증가하며 인도를 넘어선 것으로 나타났다. 반면에 인도는 약 40%
축소되었고 일본도 20% 이상 감소했다. 따라서 명목국방비로 재
산출하면 중국은 미국의 21%이고 일본은 중국의 30%이며 한국은
일본의 77% 수준인 셈이다.

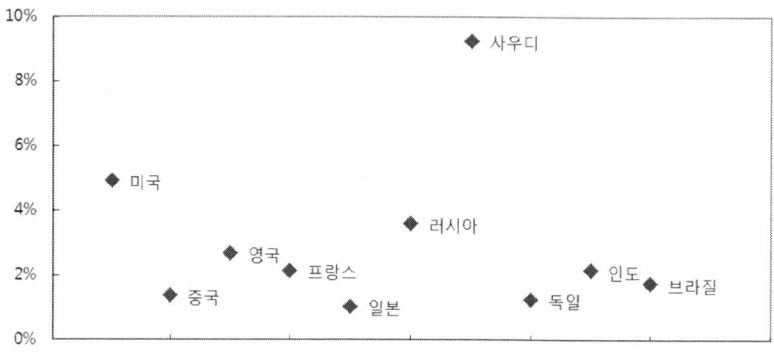

자료원천: 중국경제정보분석(CEIA), 스톡홀름국제평화연구소(SIPRI) 국방비 자료 이용

<그림 2> 2011년 GNI 대비 상위 10개국 국방비 비중

<그림 2>는 나라별 GDP 대비 국방비 비중을 그려본 것이다. 사
우디가 9.2%로 가장 높고 일본이 1.0%로 가장 낮다. 사우디에 이
어 미국이 4.9%로 두 번째로 높으며 그 뒤를 러시아(3.6%)가 쫓고
있다. 영국(2.6%), 프랑스(2.1%), 인도(2.1%)는 2%대이고 브라질(1.7%),
중국(1.4%), 독일(1.2%), 일본은 1%대이다. 두 자리 숫자로 고공행
진을 벌이는 중국의 국방비 증가율을 두고 미국이 호들갑을 떨고

있지만 사실 경제력 대비 미국은 중국보다 3배 높은 국방비를 쓰고 있다. 이런 측면에서 증세와 국방비 감축은 재정절벽 해소에 필수다. 미국은 앞으로 10년간 국방예산 4,500억 달러를 삭감할 계획인데 이는 생색내기에 불과하다. 유럽 기준으로는 10년간 2조 달러, 냉전 시대 앙숙인 러시아 기준으로는 3조 달러 정도를 삭감해야 한다. 그래야 국방비가 경제의 짐으로 작용하지 않는다.

그럼에도 미국이 대규모 국방비 감축을 단행할 가능성은 매우 낮다. 왜냐하면 미국은 1990년대 이후로 경제력보다는 군사력으로 달러를 지탱하고 있기 때문이다. 여기서 우리는 경제력 대비 미 국방비가 3,000억 달러 정도 과다 집행된 점과 나머지 상위 10개국 합계보다 미 국방비가 2,500억 달러 정도 많다는 사실에 주목할 필요가 있다. 이는 미군이 전 세계를 영토로 삼아 예산을 편성한다는 말로 미국 내부의 재원으로 미국 외부에서 지출한다는 뜻과 같다. 여전히 미국은 전 세계에 걸쳐 천여 곳의 기지를 운영하고 있으며 유럽은 축소 지향적, 아시아를 필두로 그 외 지역은 확대 지향적으로 변하고 있다. 그래서 이런 부족을 메우기 위해 미군은 스스로 경제적 동물이 되기도 한다. 미국이 전 세계로 국방범위를 확장하는 한 미국의 재정파탄은 피할 수 없으며 동맹국에 대한 분담금 증액요구는 필연적이다. 일례로 2010년 5월 미 육군사관학교 졸업식에서 오바마는 "우리 적들은 미국이 힘을 과도하게 확대함으로써 힘이 약화하는 것을 보고 싶을 것이다"고 말하며 금세기의 짐들이 미국인의 어깨 위에만 내려질 수 없다는 점을 분명히 밝혔다. 2011년 5월 브뤼셀에서 로버트 게이츠는 나토 동맹국들에게 "자신의 방위를 위해 필요한 자원을 투입하거나 또는 진지하고 유능한 파트너가 되기 위한 필요한 변화에 주저하는 국가를 대신해 (미국의) 귀중한 자금이 점점 더 지출되는 상황에 관해 미 의회의 의욕과 인내는 점점 줄어들 것이라는 것이 솔직한 현실이다"고 우려를 표하며 미국의 납세자가 유럽 국방예산 감소로 증가된 안보의 짐을 마땅히 짊어질 것이라는 동맹국들의 생각을 비난하고 미국이 나토의 국방비 75% 이상을 부담하는 현 상황을 미국은 못마땅해한다.

또한 글로벌 역학구도로 봐도 중국이 러시아를 제치고 최대 경쟁자로 부상해 러시아의 유럽팽창을 막는 방패로서의 나토의 가치는 예전만 못하다. 유럽 처지에서도 예전보다 러시아의 위협이 현저히 줄어든 환경에서 국방비에 추가 재원을 할당하는 상황이 썩 내키지 않는다. 따라서 미국과 유럽 모두 국방비 감축이라는 카드를 버리기는 힘들 것 같다. 미국은 나토 회원국들이 유럽 방어를 위해 적극 헌신하길 원하지만 유럽은 재원이 부족할 뿐만 아니라 이에 대한 정치적 의지도 약하다. 그러므로 미국은 재원문제를 해결하면서 중국과의 역군비경쟁에 몰리는 상황을 최대한 회피해야 한다. 그래야만 미국의 리더십을 통한 안정적인 국제질서 유지라는 원대한 목표를 달성할 수 있다. 물론 미국은 자신의 자원이 아닌 동맹국의 자원을 최대한 끌어내 미국의 이익을 관철하려고 한다. 부가적으로 국방예산에서 미 전략변화도 가늠할 수 있다. 앞으로는 덜 매력적인 나라 또는 지역 순서로 미국은 손을 뗄 것이며 이념과 가치보다 경제이권이 전략의 우선순위가 될 것이다. 그래서 우리는 미군이라는 인류 역사상 가장 강력한 용병을 맞이할지도 모른다.

이쯤에서 선명한 체급 차이에도 미국이 중국의 국방비 증액속도에 노심초사하는 이유를 밝혀보자. 2030년 전후로 중국 경제력이 미국을 넘어설 것이라는 점에는 공감대가 형성되어 있다. 더구나 구매력 평가로 산출할 경우 이 시기는 10년 정도 앞당겨진다. 예를 들면 2011년 중국의 실질 GNI는 미국의 44%에 불과하지만 구매력 감안 GNI는 75%에 달한다. 앞으로 10년 동안 미국은 국방예산 4,500억 달러를 감축할 예정이지만 일단 이는 논외에 두고 2060년까지 10년 단위로 미국과 중국의 국방비를 추산해보자.

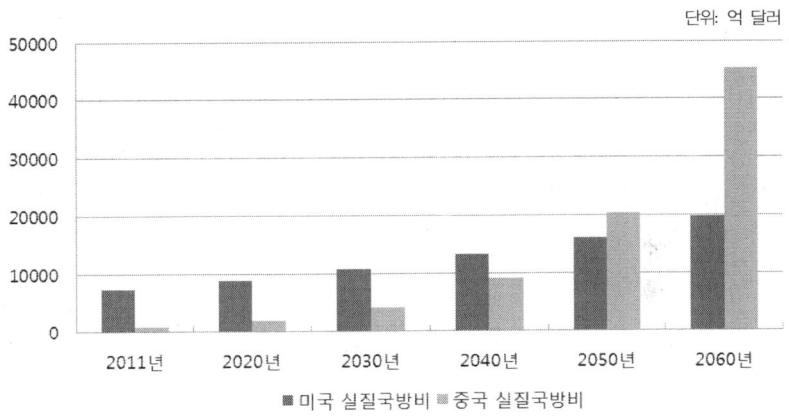

단위: 억 달러

■미국 실질국방비 ■중국 실질국방비

자료원천: 중국경제정보분석(CEIA)

<그림 3> 향후 50년간 중·미 양국 국방비 추이

양국의 경제성장률을 감안해 앞으로 50년간 중·미 양국의 국방비를 추정해보면 <그림 3>과 같이 도출된다. 중국은 연평균 8% 국방비 증액을 미국은 연평균 2% 국방비 증액을 전제로 두었다. 일반적으로 중국은 경제성장률보다 2~3%포인트 높게 국방비를 증액하는 추세로 2000~2011년 사이 연평균증가율은 13.4%에 달했다(참고로 2013년 중국 국방비는 지난해보다 10.7% 늘어난 7,406억 위안으로

경제성장률 목표보다 3.2%포인트 높은 수치임). 그러므로 중국의 국방비는 예상 장기 GDP 증가율보다 2% 높게 설정했고 미국은 2%로 일정하게 두었다. 다만 이 같은 분석은 정확한 중·단기 결과 산출보다는 장기 추이 파악에 목적을 둔 영향으로 결과치에 통속적인 측면이 있다는 점을 염두에 두길 바란다. 결론적으로 말해 미국은 2050년경에 중국에 대한 국방비 우위를 상실할 것으로 판단된다. 더구나 이는 실질국방비로 산출해 얻은 결론으로 앞서 살펴본 명목국방비 개념을 대입하면 2050년이 아니라 2040년에 중국이 미국을 초과하고 2050년에는 2배 이상 격차가 벌어지는 것으로 나타났다.

이쯤만 해도 미국에는 충분히 악몽임에도 문제는 여기가 종착역이 아니라는 점이다. 예컨대 2050년 미국의 GNI 대비 실질국방비는 4.9%로 여전히 높은 데 반해 중국은 평균 8% 국방비를 증액해도 그 비율이 2.9%에 불과할 것이다. 빠르면 2040년 늦어도 2050년쯤 미국은 중국과의 군비경쟁에서 피동적 처지에 놓이게 된다. 중국에 대해 군사적 우위를 유지하려면 미국은 군수국가로 나아갈 수밖에 없으며 이는 소련 몰락을 답습하는 길이다. 게다가 이상의 모든 추산에 위안화 절상 요인은 전혀 반영되지 않았다. 이를 감안하면 또다시 10년 정도 앞당겨질 수도 있다. 군사력과 경제력에 기댄 미국의 퇴조는 우리가 생각하는 것보다 더 빨리 진행되고 중국의 시대는 우리가 생각하는 것보다 더 빨리 찾아올 것 같다. 여담이지만 미국의 전쟁주기가 갈수록 짧아지는 까닭은 미국의 지도력이 발휘될 일들이 갈수록 많아지기 때문이 아니라 자신의 힘이 나날이 빠지고 있다는 점을 인식하기 때문이다. 그래서 미국은 지금보다 상황이 악화되기 이전에 행동에 나서려고 한다.

4장
중국 군사력 해부

이번 단락에서는 중국 군사력을 몇 단계 분야로 나누어 살펴보기로 한다. 본 단락을 편성한 목적은 막연히 그럴 것으로 여겨지던 중국 군사력을 몇 부문에 걸쳐 수치적으로 살펴봄으로써 근거 없는 주장과 이에 동조하는 움직임을 경계하려 함이다. 민주주의 국가에서 전략을 만들고 실행하는 일은 전문가의 영역이지만 결국 국가 운명은 이를 판단하는 대중의 인식 여하에 달려 있다. 따라서 가장 무거운 책임은 늘 대중의 몫으로 돌아간다. 히틀러도 국민투표라는 민주적 절차에 따라 선택된 인물이다. 에드워드 기본(Edward Gibbon)은 로마제국 쇠망사에서 "로마세계에서 번창했던 갖가지 유형의 숭배사상을 모든 백성은 똑같이 진실이라고 생각했으며 철학자들은 똑같이 거짓이라고 생각했고 권력자들은 똑같이 쓸모가 있다고 생각했다"고 적고 있다. 일단 분위기만 조성되면 대중의 사고방향을 조종하는 일은 더 없이 쉽고 민족주의와 전체주의가 서로 뒤섞여 온 나라에 광풍이 몰아칠 경우 군사적 옵션은 어떠한 장벽 없이 문제를 해결하는 유일한 대안처럼 비친다. 이런 상황에서는 정부가 유일한 선전도구가 되고 다른 목소리는 반역으로 치부된다. 정도의 차이는 있지만 동아시아 국가들 모두 이런 몽롱한 상태에 점점 빠져들고 있으며 광기의 그림자가 주위를 어슬렁거리고 있다.

<표 1> 주요 아시아 국가 및 미국, 러시아 병력 수

단위: 만 명

구분	1990년	2000년	2012년
중국	303	247	229
미국	212	137	156
인도	126	130	133
북한	111	108	119
러시아	399	100	105
한국	75	68	66
파키스탄	55	61	62
베트남	105	48	46
일본	25	24	25
세계	2661	2224	2027

자료원찬: IISS, Military Balance 자료정리

<표 1>은 주요 아시아 국가와 미국, 러시아 병력 수를 비교 정리한 자료다. 2012년 기준 병력 수는 중국이 229만 명으로 가장 많고 그 뒤를 미국, 인도, 북한, 러시아 순으로 뒤쫓고 있는데 이들 국가는 모두 100만 명 이상의 병력을 보유하고 있다. 상기 5개국 병력이 전 세계 병력의 36% 이상을 차지하고 있으며 남북한을 포함해 한반도에 이해가 걸린 중국, 일본, 미국, 러시아 병력을 합할 경우 총 700만 명으로 이 역시 전 세계 병력의 35% 정도를 차지한다. 이들의 전력을 병력이 아닌 군사력으로 추산하면 절반 이상이라고 해도 과언이 아닐 것이다. 인도, 북한 들을 제외하고 대체

로 병력감축 추세를 보이며 개중에 러시아의 병력감축이 가장 뚜렷하다. 1990년 399만 명에서 2012년 105만 명으로 1/3 수준으로 축소되었고 중국도 303만 명에서 229만 명으로 약 70만 명 이상 감축했다. 미국은 1990년 212만 명에서 2000년 137만 명으로 75만 명 감축했지만 테러와의 전쟁 등으로 다시 156만으로 확대됐다.

세계대전 발발의 브레이크면서 역설적이게도 인류 최대 위협인 핵무기는 러시아가 10,492개, 미국이 8,613개 정도를 보유하며 기타 핵보유국을 확실히 압도한다. 중국은 240개 정도이고 인도는 그 반인 80~100개, 파키스탄은 70~90개 사이로 추산된다. 북한은 12개 이내로 추정되지만 그 정확한 수치는 알 길이 없다. 대륙간 탄도미사일의 경우 양대 군사강국인 미국과 러시아가 각각 450기와 376기를 비축하고 있으며 중국은 66기를 보유하고 있다. 인도는 아직 실전배치를 하지 않은 상태이며 북한은 미확인 상태인 것으로 알려진다. 중국은 왜 러시아와 미국의 1/50 수준에서 핵무기 보유를 그쳤을까? 이 정도만으로도 핵을 날린 적국뿐만 아니라 전 인류를 멸절시킬 수 있다고 확신하기 때문인 것 같다.

한편 미국을 중심으로 세계 각국이 연이어 중국 국방자료 투명성을 강하게 제기하며 유무형의 압력을 가하자 중국은 예전과 달리 2013년 국방백서에서 육해공 병력 수와 제2 포병, 무장경찰, 민병대의 역할, 각 군구와 집단군 구성 등을 간략하게나마 기술했다. 2013년 4월 16일 발표된 이 국방백서의 정확한 제목은 『중국무장역량 다양화 운용』으로 백서가 발표되자 곧바로 병력을 둘러싼 의혹이 제기되며 일순간 중국 국방부를 당혹시켰다. 혹을 떼려다 오히려 혹 하나를 더 붙인 셈이다. 중국무장역량, 즉 전무부대는 크게 인민해방군, 인민무장경찰부대, 민병대로 구분되며 인민해방군은 다시 육·해·공 3군과 제2 포병으로 나뉜다. 여기서 육군 병력은 85만 명이고 해군과 공군은 각각 23.5만 명과 39.8만으로 제2 포병을 제외한 병력 수는 148.3만 명 정도인데 이는 중국 총 병력 수인 230만 명과 비교해 80만 명가량 차이가 난다. 나머지 80만 명 가운데 무장경찰이 70만 명 정도를 차지하고 그 외 10만 명 정도가 제2 포병으로 추산된다. 생각 외로 육군병력 수가 작게 집계되고 있다.

중국 육군의 가장 큰 몸통은 7개 군구에 퍼진 총 18개 집단군으로 집단군은 사단과 여단으로 편성되어 있다. 각종 독립합성작전사 병력을 1개 집단군 정도로 예상하면 1개 집단군이 평균 4.5만 명 정도를 보유하고 있는 셈이다. 그런데 전통적으로 북경군구는 수도를 지키는 어림군 역할을 담당하는 부대로 단독으로 2개 군구에 해당하는 병력이 상주할 것이며 북경군구보다는 못해도 제남군구와 심양군구 역시 수도권 외곽 방어를 담당하는 전통적 강군으로 다른 군구를 상회하는 병력이 배치되어 있을 것이다. 이런 점을 감안하면 수도권 주위 3개 군구가 전체 육군의 60%, 나머지 4개 군구 등이 40% 정도를 차지한다고 주장해도 그리 큰 무리는 아니다. 그렇다면 수도권 영역에 배치된 9개 집단군은 평균 5.7만 명가량의 병력을 보유하고 나머지 10개 집단군이 3.4만 명 정도를 확보하게 된다.

문제는 아무리 인민해방군이 때 지난 인해전술을 버리고 현대화·정보화·기계화를 추구한다손 쳐도 14개 나라와 영토를 접하고 있는 중국이 10만 명에도 못 미치는 병력을 가지고 몇 개 성을 방어하는 병력운용을 할지 의문시된다. 일례로 난주, 광주, 성도 군구는 각각 2개의 집단군이 상주하면서 한반도 전체 면적의 몇 배에 달하는 지대를 10만 명 미만의 병력으로 방어하는 셈이다. 만약 중국 국방백서상의 병력수치가 정확하다면 이는 단 한 가지 사실을 반영한다. 즉, 중국 정부는 외부세력이 중국 본토를 절대 공격하지 않을 것이라고 굳게 믿으며 그 믿음의 바탕에는 비대칭전력이 존재한다는 점이다. 그렇지 않다면 결론은 세 가지로 집약된다. 첫째는 중국 국방부가 의도적으로 육군 병력을 축소한 경우고, 둘째는 예상과 달리 독립합성작전사 규모가 상당히 거대한 경우이며, 셋째는 육군 병력을 해군 및 공군 병력으로 둔갑해 후자는 부풀리고 전자는 축소하는 경우다. 이도저도 아니라면 이 세 가지가 모두 복합적으로 작용한 결과일 수도 있다.

여담이지만 중국은 동풍(東風, 좁게는 중국 넓게는 동양)이 서풍(西風, 좁게는 미국 넓게는 서양)을 누른다는 마오쩌둥의 명언에 따라 탄도미사일에 동풍(東風)이라는 이름을 붙이고 시리즈 형태로 내놓고 있다. 탄도미사일 성공 이후 중국은 바로 핵실험 단계로 넘어갔으며 북한도 비슷한 길을 걸었다. 그래서 우리는 2012년 12월 북한이 은하 3호 로켓 발사가 성공한 이후 곧 핵실험을 할 것이라는 점을 예측할 수 있는 것이다. 1950년 9월 미 부통령은 마오쩌둥에게 "중국이 트럭과 트랙터 제조기술을 배우기 이전에 탱크 제조기술을 배운다면 이는 세계의 비극이다"라고 점잖게 권고했지만 마오쩌둥은 오히려 "한국전쟁(중국은 이를 항미원조 전쟁이라고 부름) 결과가 어떠하든지 군수공업 발전을 늦출 수 없다"고 되받아치며 탄도미사일과 핵미사일 개발에 노력했다. 실제로 미군이 우려하는 전력은 이제 막 둥지를 떠난 중국 해군이 아

니라 핵탄두 등으로 무장한 미사일 부대다. 만약 양국이 제1라인
에서 제한전을 벌이면 생각 외로 미국이 일격을 당할 수도 있다.
속된 말로 똥개도 제집에서는 반은 먹고 들어간다고 한다. 항공모
함도 대국 간 전쟁에서는 종이호랑이에 불과하다. 일례로 '항공모
함 킬러'인 동펑-21D는 다탄두 방식으로 대기권을 뚫고 올라가 마
하 10의 속도로 항공모함을 타격하는 것으로 알려진다. 확률 싸움
을 하는 미사일방어체제(MD)를 믿고 베팅하기에는 그 대가는 너
무 크다.

<표 2> 중국 미사일 전력

구분	미사일	발사대	추정범위
ICBM	50~75	50~75	5,500+km
IRBM	5~20	5~20	3,000~5,500km
MRBM	75~100	75~100	1,000~3,000km
SRBM	1,000~1,200	200~250	<1,000km
GLCM	200~500	40~55	1,500+km

자료원천: IISS, Military Balance 자료정리

한편 해상에서 중국과 미국이 국지전을 벌이더라도 중국이 미
본토를 선제 타격할 가능성은 전무하다. 1차 핵 공격에서 살아남아
2차 보복공격을 할 능력이 있는 국가들 사이의 전쟁은 본토보다는
다른 나라 혹은 영해에서 이루어질 확률이 높다. 전장에 관한 옵션
은 다양하다. 중·미 혹은 중·일 간에 국지전이 일어난다면 대만
은 기회를 택해 독립 또는 본토수복 이 두 방향으로 나아갈 것이
다. 공산당의 중국으로 존재하는 한 첫 번째 옵션은 대만이고 중
화의 중국으로 존재하면 첫 옵션은 한반도다. 또한 미국 개입을

배제할 능력이 있다면 첫 옵션은 동남아다. 그래서 한국 생존이라는 당면과제로 보면 어중간한 줄타기 상태보다는 중국이 미국에 압도되든지 혹은 압도하는 국면이 훨씬 이롭다.

중국 미사일 전력 가운데 CSS-4는 미국 전역을 사정거리에 두고 있지만 동풍 31A와 달리 고정 발사체로 핵탄두 한 개만 실을 수 있다. 이에 반하여 동풍 31A는 장착식으로 탱크, 기차, 트럭 등에서 발사할 수 있고 지하발사 기지에서도 발사할 수도 있는 것으로 알려진다. 중국이 동풍 31A 시험발사 정보를 슬며시 누설한 까닭은 미국, 특히 펜타곤에게 상호확증파괴 카드가 여전히 유효함을 일깨운 측면이 있다. 중국은 북한의 로켓 발사능력을 주목은 하고 있지만 아직 실질적 위협단계는 아니라고 판단한다. 고정 발사체는 선제파괴가 가능해 전략카드로 이용하기에 실용성이 떨어지기 때문이다. 중국은 펜타곤, IISS 등 각종 기관이 추산하는 것보다 훨씬 많은 탄도미사일을 비축하고 있을 가능성이 높으며 이 점에 관해서는 허장성세보다 허허실실을 믿는 편이 더 올바른 것 같다. 그럼 공군 전력으로 넘어가 보자.

<표 3> 중국과 대만 공군능력

구분	중국		대만	대만 저항력	
	전체	대만해협		초단기	단기
전투기	1,570	310	388	83.4%	41.20%
폭격기/공격	550	180	22	8.1%	6.70%
수송기	300	40	21	35.0%	11.70%

자료원천: 미 국방부 보고서(Military and Security Developments Involving the People's Republic of China), 대만저항력 수치는 자체 분석한 것임

중국 공군은 항공병, 지면방공병, 레이다병, 공수부대원, 전자대

항 등 병종으로 구성되어 있고 병력은 약 40만 명으로 7개 군구공군과 1개 공수부대로 구분된다. 군구공군 산하에는 항공병사단과 여단, 지공탄도사단과 여단, 레이다 여단 등이 있다. 공방 겸용이라는 전략적 요구에 따라 정찰조기경보, 공중공격, 방공요격, 전략운송을 중점으로 한 작전역량 체계건설을 강화하고 있으며 차세대 전투기, 신형지대공 탄도와 신형 레이다 등 선진 무기장비를 개발하고 있다. 그리고 조기경보체계와 지휘 및 네트워크를 개선해 전략적 조기경보 능력, 전략적 억제 및 원거리 항공타격능력을 향상하고 있다. <표 3>에서 보듯이 중국과 대만의 공군전력 차이는 확연하게 벌어진다. 대만해협을 두고 대치하고 있는 전투기들이 서로 양패구상한다고 해도 대만 전역은 개전 몇 시간 만에 폭격기에 의해 쑥대밭이 될 것이다. 대만 공군력은 영공방어가 아니라 오키나와에서 미군기들이 도달할 때까지 시간을 벌어주는 용도일 따름이다. 당면한 중국 공군의 최대 위협은 오키나와 기지이다. 오키나와 기지는 공공연하게 "태평양의 버팀목(keystone of pacific)"이라고 부르는데 여기서 출격할 경우 1~2시간 이내에 동아시아 주요 지역에 신속히 공군력을 배치할 수 있고 유사시에는 2,000여 대의 전투기가 넘나드는 파이프라인 역할을 담당한다. 따라서 미 본토 병력이 도달하기 이전에 압도적인 전력을 쏟아부어 전쟁을 속전속결로 마무리 지을 가능성이 높다. 이렇게 함으로써 중국은 일단 선기를 잡은 후 천문학적 전쟁비용과 보상이라는 채찍과 카드를 내밀어 미국의 개입을 주저하게 만들 심산이다. 일단 전진기지를 확보한다면 확전범위에 대한 정치적 협상은 가능하다.

중국은 적극적으로 공군전력을 강화하고 있는데 여기에는 해군

전력이 제대로 진용을 갖추기까지 적어도 10년 이상이 걸린다고 보고 그 이전까지 공군역량을 강화해 불완전 균형을 이루려는 의도가 존재한다. 예컨대 중국과 러시아는 2012년 말 수호이-35BM 폭격기 48대 판매협상을 극적으로 타결했다. 이 협상은 복제방지와 판매대수 등 주요 쟁점을 두고 수년간 난항에 빠졌지만 미군의 아시아 재배치에 자극을 받은 중국이 적극 협상에 나서며 물꼬가 트였다. 다만 복제방지 조항과 기술이전 수준을 어느 정도 용인할지는 불투명하다. 또한 중국 측은 2013년 3월 시진핑의 러시아 방문을 기해 최첨단 전투기인 수호이(SU)-35S 24대와 아무르급 잠수함 4척을 도입하는 협정서를 체결했다고 밝혔지만 이 소식을 러시아 관련 당국자는 즉시 부인했다. 이는 계약조건에 적지 않은 이견이 있다는 점을 대변한다. 지금껏 러시아는 중국이 관련 계약을 위반하고 시제품 전투기만 사들여 복제품을 대량 양산하고 있다고 불만을 터트렸다. 실제로 중국 주력전투기인 젠(殲)-11기와 젠-15기는 러시아의 수호이-27과 수호이-30을 개량한 것으로 알려진다. 따라서 러시아는 선택적으로 기술을 이전하고 전투기 엔진과 같은 핵심 기술은 온전히 전수하지 않을 확률이 높다. 한 가지 주목할 점은 이 계약이 타결되기 한 달 전 중국은 1,000억 위안(한화 17조 이상)을 투입하여 "중국형 엔진" 제조를 전면 추진할 계획이라고 밝혔다는 사실이다. 민간항공기 엔진 개발이 강조됐지만 이 자금이 로켓엔진과 전투기 엔진 개발에 집행되지 않는다고 장담하긴 힘들다. 게다가 2013년 1월에는 윈-20이 첫 비행에 성공하며 중국의 작전반경을 2배가량 늘리고 글로벌 작전수행 능력을 향상했다. 윈-20의 재원을 간략히 살펴보면 항속거리는 7,800km, 최내 적재중량 66톤에 달하는 대형 수송기로 미국 C-17과 러시아 IL-76의 장점을 두루 고려해 개발된 것으로 알려진다. 경제적 측면 역시 무시할 수 없으며 앞으로 소재, 엔진, 설계 등의 분야로 산업유발 효과가 일어날 것으로 전망한다.

이 밖에 공항과 같은 인프라 시설 역시 전국에 걸쳐 체계적으로 갖추어가고 있다. 중국민항국은 2011년 말 기준 전국에 걸쳐 180개 공항이 있고 이 가운데 75% 정도가 적자상태라고 밝혔지만 이에 아랑곳 않고 중국은 2015년까지 70개 공항을 추가로 건설할 계획이다. 적자공항 양산이라는 비판에도 중국이 공항건설을 멈추지 않는 까닭은 크게 두 가지로 요약될 수 있다. 하나는 인프라 건설에 따른 일자리 창출, 관련 산업 수혜라는 경제적 효과이고 다른 하나는 국가안보라는 전략적 목적이다. 중국은 100여 개 민간공항에 군용기를 위한 연료공급 시설을 갖추고 있다. 이렇듯 중국은 차근차근 당면한 문제를 해결하고 있으며 2030년경에는 미국이 손쓸 틈도 없이 강력한 항공전력망을 구축할 것이다.

<표 4> 중국과 대만 해군능력

구분	중국		대만	대만 저항력	
	전체	동해와 남해함대		단기	중장기
구축함	26	16	4	36%	25%
호위함	53	44	22	71%	50%
수륙양용함	28	26	12	66%	46%
중급상륙함	23	18	4	32%	22%
디젤잠수함	48	30	4	19%	13%
핵잠수함	5	2	0	0%	0%
해안경비정	86	67	61	130%	91%

자료원천: 미 국방부 보고서(Military and Security Developments Involving the People's Republic of China), 대만저항력 수치는 자체 분석한 것임

마지막으로 요즘 부쩍 눈길을 끄는 중국 해군전력을 살펴보자. 제해권을 둘러싼 국가 간 힘겨루기와 중국의 해양 전략은 다음 장 해양굴기 편에서 자세히 다루도록 하며 본 단락에서는 양안 사이 전력비교를 통해 중국의 해군능력을 간략히 분석해보기로 한다. 중국 해군 병종은 잠수함부대, 함정, 항공병, 해병대(육전대), 해안방위 부대 등으로 구분되며 총 병력은 23.5만 명으로 북해, 동해, 남해 3개 함대로 나뉘어 있다. 각 함대 산하에는 함대항공병, 기지, 파견대, 수경, 항공병사, 해병대 등 부대가 있다. 아직은 근해방위에 초점이 맞추어져 있으며 이런 전략적 요구에 따라 근해 종합작전역량 현대화 수준을 높이는 데 집중하고 있다. 중국 해군은 최신 잠수함, 구축함, 호위함 등 장비를 발전시키고 종합전자정보시스템 장비체계를 개선해 원양기동작전, 원양협력 및 비전통안전위협능력 대응, 전략억제 및 반격능력을 증강하고 있지만 아직 남중국해를 포함한 근해 제해권을 확실히 방비하지 못했다고 판단하고 있으며 항공모함 역시 대양이 아닌 근해를 관리하기 위한 용도로 활용하고 있다. 아직은 잠수함 전력 강화를 최우선 순위로 두는 듯하다. 그렇다고 중국이 대양해군을 영원히 포기했다는 말은 아니다. 이는 중국의 선택이 아니라 시대적 요구와도 같아 저도 모르게 중국도 이러한 길로 휩쓸려 들어갈 것이다.

　　모두 알듯이 테러와의 전투를 테러와의 전쟁으로 격상하여 미국의 자원을 낭비하고 쓸데없는 곳에 발이 묶이는 전략적 오판을 했다. 또한 걸프전에 이어 중소 강국을 겁박하기에는 항공모함만 한 게 없다는 점을 재인식시켰다. 지금은 테스트 수준으로 항공모함 1척을 진수했지만 앞으로는 함대별로 1~2척을 배치하리라 판단된다. 아울러 중국은 2013년 2월 중국형 이지스함이라고 부르는 052C 구축함을 동해함대에 배치하며 북해와 남해함대에 이어 세 번째 이지스함이 취역했다. 이어서 연내에 추가로 2척을 더 진수할 계획이며 10년 이내에 함대별로 5척 이상의 이지스함을 배치하며 물량공세에 나설 가능성이 높다. 여기서 다시 10년이 흐른다면 미국의 절반 수준으로 이지스함 보유를 늘릴 것이고 원양함대 성격의 태평함 함대를 신설하면서 항모전단 체계로 변혁될 것이다.

사설은 이 정도로 하고 본격적으로 <표 4>를 분석하면서 중국의 해군역량을 가늠해보자. 만약 양안 간 전쟁이 발생하든지, 남중국해 문제로 중국이 무력개입을 한다면 남해함대를 중심으로 동해함대가 지원하는 형태를 띨 것 같다. 북해함대는 상륙점령보다는 개입루트를 끊어내는 전략함대로 핵잠수함 능력이 다른 함대보다 압도적으로 높은데 이는 한반도 주위를 포함해 베이징으로 직행하는 대문을 방비한다는 개념이 강하기 때문이다. 그런 이유로 육군의 점령전을 지원하는 수륙양용함, 상륙함 등은 상대적으로 적게 배치되어 있다. 세부적 재원에 따라 전투력 차이가 크게 벌어질 수도 있지만 일단 본서에서는 숫자를 통한 단순 비교에 그치도록 한다. 이럴 경우 해안경비정을 제하고는 대만은 중국의 공격을 효과적으로 방비하지 못하게 되며 이는 해상충돌을 넘어선 전쟁도발에 대만이 유효하게 대처할 능력이 없다는 사실을 증빙한다. 인민해방군은 수륙양용함, 상륙함을 남해와 동해함대에 집중 배치하고 있다. 이는 유사시 대만 무력점령도 염두에 둔 조치로 시간이 지날수록 대만의 저항력은 떨어지게 된다. 중국 해군 현대화가 70% 이상에 이르고 항공모함 전대가 제대로 진용을 갖추게 되면 의심할 여지 없이 1차 열도선 무력화를 시도할 것이다. 그렇다면 대만은 영원히 가라앉지 않는 항공모함에서 자칫 사면초가에 빠진 항우 꼴이 될 수도 있다.

　중국은 러시아와 해군전력 강화를 위해 긴밀한 협력관계를 맺고 있다. 중국이 러시아산 무기를 구매함으로써 러시아는 신기술 개발자금을 보충하고 중국은 러시아로부터 무기와 기술을 도입함으로써 미국과의 전력 격차가 지금보다 더 벌어지는 상황을 막는다. 잠수함 영역만 해도 2012년 말 중국과 러시아는 총 20억 달러 규모의 아무르급 잠수함 4척 건조계약을 체결했는데 이 가운데 절반은 중국에서 생산하도록 계약을 맺었다. 비록 중국산 부품비율을 30% 이내로 제한하는 규정을 두었지만 중국의 장기인 모방과 기술 빼오기를 감안할 때 2020년 이내에 중국식 아무르 잠수함이 대거 취역할 수도 있다. 러시아도 이런 점을 인지하고 계약에 나선 것 같다. 설혹 어찌어찌해서 기술이 중국으로 유출된다 해도 아쉬울 것 없는 철 지난 기술일 가능성이 높다. 왜냐하면 러시아는 2020년 이전에 제3세대 핵잠수함을 퇴역하고 제4세대 핵잠수함을 배치할 생각이며 2030년 이후에는 제5세대 핵잠수함을 생산할 계획이다. 즉, 유효성은 있으나 최신성은 떨어지는 기술을 중국에 넘기면서 러시아는 앞으로 나아갈 듯하고 중국도 일정한 시차를 두고 러시아 뒤를 계속 쫓을 것이다. 미국을 극복하지 못하는 한 중·러 양국은 서로의 부족을 메우며 견실한 공생관계는 지속하게 될 것이다. 중국은 지금 러시아를 통해 군사력 격차를 극복하고 러시아는 중국을 통해 경제력 격차를 보완하고 있다.

5장
그레이트 차이나 전략

이전만 해도 그레이트 게임의 주 무대는 유라시아였다. 여기를 차지하는 이가 글로벌 최강자로 우뚝 올라서 국제질서를 재편하며 글로벌 지배력을 행사했다. 하지만 21세기 들어 그레이트 게임의 룰이 변하고 있다. 미국은 기존 관념에 따라 지정학 포석에 집착하는 반면, 중국은 마치 자신을 지배하는 이야말로 진정한 리더라고 여기는 듯 내부역량을 결집하고 있다. 즉, 미국은 힘의 확산에 골몰하고 중국은 힘의 결집에 더 무게 추를 둔다. 중국은 미국이 전략적 답보상태에 빠져 새로운 돌파구를 만들어내지 못하고 있다고 판단하며 유라시아라는 곶감이 입에 떨어지기만을 기다린다. 이런 가운데 전통적 터줏대감인 러시아는 이 둘의 행보를 유심히 관망하며 조용히 내실을 다진다.

냉전시대에는 소련 군사력보고서를 내더니 이제는 중국 군사력보고서(원제목: Military and Security Developments Involving the People's Republic of China)를 연례적으로 발표한다고 미국을 강하게 비난하며 미국이 여전히 냉전시대 그림자에서 벗어나지 못하고 있는 것이 아닌가라고 의문을 던진다. 이어서 2013년에는 새롭게 북한군사력보고서조차 발표한다고 냉소적 반응을 보이며 미국의 끝없는 적 만들기에 신물을 낸다. 그러면서 미국이 매년 중국 군사력보고서를 발표하는 이유는 국제여론을 조성해 중국과 다른 나라의 관계를 이간질해 자신의 글로벌 전략에 도움 되도록 하기 위한 의도가 분명하다고 본다. 국내적으로는 장기 군사역량 발전을 위해 중국과 같은 가상의 적이 필요하며 이를 과장해 국방예산을 늘리고 군사복합체를 살찌우려는 의도라고 생각한다. 그리고 펜타곤 내부의 알력관계도 이를 조장한다고 판단한다. 달리 말해서 테러와의 전쟁으로 육군의 지위가 예전에 비해 상승하고 해군과 공군이 상대적으로 제약을 받음에 따라 중국 군사력을 과장해 해군과 공군이 공해일체화 전략, 즉 Air Sea Battle concept를 지속할 수 있는 토대를 닦으려고 한다고 전망한다. 그러면서 미국은 접촉과 방비라는 두 가지 전략을 수행한다고 판단하는데 이는 중·미 양국이 거대한 공동의 이익을 가진 나라임과 동시에 심층적인 구조적 모순을 안고 있기 때문이라고 본다. 그래서 한편으론 중국 군사력을 과장하고 다른 한편으로 양국 군대의 협력추진을 제기하고 있다고 여긴다.

중국 국방부는 이 보고서에 대해 불편한 감정을 숨기지 않으며 펜타곤이 틀에 박힌 말을 반복하고 있다고 평가절하 한다. 국방지인 해방군보(解放軍報)는 그 논조가 한층 더 신랄한데 이 신문은 펜타곤이 더 이상 신선한 전략적 판단 없이 나날이 계륵화되고 있다고 비꼬며 2004년에는 중국 본토가 대만을 참수하기 위해 조치를 취할 것이라고 전망했고 2006년에는 중국 국방력 발전으로 미국의 아태지역 전략능력이 약화되고 있다고 말했으며 2007년에는 중국을 부상하는 군사대국으로 칭하며 이미 글로벌 영향력을 구비했다고 평했지만 이후는 새로운 관점이 없다고 촌평한다. 즉, 펜타곤이 심각한 매너리즘에 빠져 있다고 진단한 셈이다. 그러나 겉으로 나타난 시큰둥한 반응과 달리 내심 뜨끔한 부문도 더러 있을 것이다. 체계적으로 중국의 군사력 발전과 전략을 모니터링하고 있다는 사실에 불편해하며 미국이 자신을 스토킹하고 있다고 여긴다. 그러면서 미국을 향해 "이는 프라이버시 침해야!" 하고 큰 소리로 외친다. 더불어 '왜 우리는 이런 보고서를 제대로 만들지 못하는가!' 하고 자괴하며 참을 수 없는 시기심에 불타오른다.

엄밀히 말해 연례 중국 군사력보고서는 상당히 체계적이고 온전하다. 그래서 오히려 더 평이해 보이는 수도 있다. 사실 군사력보고서는 화려한 문체와 상상력을 자랑하는 소설이 아니다. 다양한 수치들이 주는 직관과 현실에 대한 정확한 인식을 바탕으로 앞으로 일어날 법한 일을 전망하고 이에 대한 대응책을 만드는 작업이며 그걸 의회라는 기구를 통해 간접적으로 국민에게 동의를 구하는 문건이다. 그런 점에서 이 보고서는 중국 군사력과 전략을 압축적으로 설명하고 있으며 비전문가라도 대충 무엇을 말하고자 하는지 파악할 수 있도록 한다. 전략교본이 아니라 의회에 제출하는 보고서라는 특징이 작용했기 때문으로 어찌 보면 용도에 가장 알맞게 작성된 맞춤형 보고서라고 할 수 있겠다.

이런 결과 중국이 기대하는(?) 신선함이 떨어질 수는 있겠지만 그러함에도 본연의 가치는 충분히 발휘되고 있다. 결코 일부를 보고 전체를 판단하는 우를 범하지 말아야 한다. 일례로 2010년 보고서에서는 요약의 말미를 "미 국방부는 아태지역 내 평화와 안정 유지를 위한 미국의 의지와 능력을 발휘한다"로 끝맺었지만 2011년에는 "미국은 안정적이고 안전한 동아시아 환경을 유지하기 위해 군사력, 자세, 작전개념 조정(적응)을 지속한다"로 미 국방부가 아닌 미국의 이름으로 선언했으며 아태지역에서 동아시아로 범위를 좁혔다(천안함과 연평도 포격 사건이 일부 영향을 준 것으로 판단됨). 그리고 평화에서 안전으로 단어가 바뀌었고 의지와 능력이라는 모호한 말이 군사력, 자세, 작전개념이라는 보다 구체적인 말로 변경됐다. 당시 동아시아 안보상황을 좀 심각하게 여겼다는 의미다. 이어서 2012년에는 "미국은 안정적이고 안전한 아태 안보환경을 유지하기 위해 군사력, 자세, 작전개념 조정(적응)을 지속한다"로 말을 바꾸며 동아시아에서 아태로 범위를 재차 확장했고 지역환경이 아닌 지역 안보환경이라는 말을 사용하며 좀 더 직설적으로 안보를 부각했다. 그리고 2013년에도 동일한 문구를 사용하며 입장에 변화가 없음을 드러냈다. 달리 말해서 중국 군사력 부상이 동아시아가 아닌 아태지역 전체 안보환경에 위협이 되고 있어 미국은 이에 걸맞게 군사력, 자세, 작전 개념 등을 조정할 필요가 있다는 의미다. 물론 중국 전략가들 역시 이런 미묘한 변화를 꿰뚫어보고 있으리라 생각한다. 그렇지 않다면 중국을 이 정도로 키우지 못했을 것이기 때문이다.

다만 양국의 전략가들은 가장 단순한 사실 한 가지를 간과하지 말아야 한다. 바로 전쟁에 관한 한 중국의 문제는 반세기 동안 제대로 된 실전경험이 전무하다는 것이고 미국의 문제는 제2차 세계대전 이후 만만한 상대하고만 싸움을 했다는 점이다. 그럼에도 베트남전에서는 치욕스럽게 철군할 수밖에 없었다. 엄밀히 말해 이라크와 같은 중소국은 항공모함 전대를 침몰시킬 능력이 없지만 중국과 같은 군사대국은 이것이 가능하다. 미국의 군사 전략은 주로 해군과 공군의 연합작전 형태로 초기 대규모 폭격을 통해 전쟁승패를 결정짓는 구조다. 그래서 육군은 승패가 정해진 상황에서 이를 정리하는 수순에 불과하다. 하지만 예전 독일처럼 우수한 잠수함 능력을 보유한 나라 혹은 일본과 같이 제한된 범위에서 미국과 해전을 벌일 만한 나라가 괜찮은 장거리 대함 미사일을 보유한 채 제집 앞마당에서 전투를 벌인다면 의외로 곤혹스러운 처지에 내몰릴 수 있다. 왜냐하면 미국은 반세기 이상 이런 시나리오를 직접 경험한 적이 없고 펜타곤은 작은 승리에 도취되어 있기 때문이다. 정보화가 전쟁의 승패를 좌우하는 시대이지만 컴퓨터 시뮬레이션만으로는 한 명의 적도 제거하지 못한다. 역대로 자만심은 언제나 강자의 무덤이었다.

오바마는 "미·중 관계는 늘 불일치와 어려움이 존재했다. 그러나 반드시 적이 돼야 한다는 생각이 운명 지어진 것은 아니다"라고 밝혔다. 시진핑-리커창 체제도 오바마의 의견에 대체로 공감을 표하고 이런 사고야말로 양국의 충돌을 막는 지침이라고 생각한다. 하지만 모든 정치인이 오바마와 같은 생각을 가진 것은 아니며 모든 미국인이 이에 동조하는 것도 아니다. 그래서 이들은 적대감과 공포심을 마리아나 해구 깊숙이 파묻지 못한다. 덩샤오핑은 중국에 "냉정관찰(冷静观察) 온주진각(稳住阵脚) 침착응부(沉着应付), 도광양회(韬光养晦), 선우수졸(善于守拙), 절부당두(绝不当头), 요소작위(有所作为)"라는 28자를 남기며 이를 외교정책 지침으로 삼을 것을 당부했다. 그러나 이는 꼭 외교 분야에만 한정된 말은 아니며 군사를 포함한 중국 대외정책 전반에 관한 주문과도 같다. 이 뜻을 풀이하자면 "냉정하게 사태를 관찰하고 현실에 기초하여 태도를 확고히 하며, 침착하게 대처하고 시기가 도래할 때까지 역량을 숨긴다. 어수룩함을 가장하여 실력이 될 때까지 절대 나서지 말며, 시기가 도래할 때 기지개를 켜고 도약해라"로 해석할 수 있다.

중국은 경제적으로나 군사적으로 요소작위 단계에 진입하고 있지만 절부당두라는 금기 선은 오랫동안 고수할 것 같다. 군사 부문은 아슬아슬하게 미국보다 처지는 상태를 21세기 중반까지 유지할지도 모른다. 중국은 2012년 자신의 무역규모가 3조 8,660억 달러로 미국(3조 8,200억 달러)을 넘어 세계 최대 무역국으로 부상했다는 외신보도를 적극 부인하며 이는 중국과 미국의 통계방법 차이에 따른 결과로 세계무역기구(WTO) 방식으로는 중국은 여전히 미국보다 150억 달러 이상 적다고 논평했다. 중국과 미국의 수출입 성장률을 감안할 때 이는 조만간 찾아올 결과임에도 미국을 넘어섰다는 평을 한 해라도 미루려고 하며 5세대 지도자와 오바마 행정부의 첫 만남부터 통상문제로 미국과 힘겨루기를 하지 않으려는 속내도 엿보인다. 그 외 세계 최대 무역국이라는 타이틀이 주는 책임감과 다른 나라의 경계심 유발, 개발도상국으로서 누리는 혜택 반감 등도 일부 고려됐을 것 같다. 무엇보다도 양적 순위는 더 이상 중국에 어떠한 감흥을 주지 못하며 때론 부정적 현상으로 해석하기도 한다.

같은 맥락에서 설혹 중국 군사력이 미국을 앞서더라도 이를 공개적으로 드러내지는 않을 것 같다. 지금은 신무기를 은근슬쩍 대외에 선보이고 떠들썩하게 우주기술과 항공모함 진수를 선전하고 있지만 실제 중국의 군사역량이 미국을 넘어선다고 해도 최대한 이를 축소하는 쪽으로 보도할 것이다. 지금도 부쩍 신장된 경제력과 거침없는 해외진출로 주위 국가들의 경계와 더불어 다른 강대국의 눈총을 받고 있는데 여기에 더해 무력에서까지 세계 최강국이 된다면 일단 러시아부터라도 미국과 함께 파워 재균형을 모색할 가능성이 높다. 더구나 중국은 미국과 전혀 다른 지정학적 환경에 놓여 있다. 미국의 경우 유라시아에서 멀찍이 떨어져 있는 해양국가로 국경을 맞댄 국가가 캐나다와 멕시코뿐이다. 그러나 중국의 경우 육지 면적이 960만 km^2로 러시아, 캐나다에 이어 세 번째로 큰 국토를 보유하고 있으며 육지변경 길이는 2.28만 km로 동으로는 북한, 몽고, 러시아와 인접하고 서북으로는 카자흐스탄, 키르기스스탄, 타지키스탄이 자리 잡고 서남으로는 아프가니스탄, 파키스탄, 인도, 네팔, 부탄이 있으며 남으로는 미얀마, 라오스, 베트남이 인접하면서 14개 국가와 국경을 마주하고 있다. 또한 대륙 해안선 길이는 1.8만km로 중국 영해와 인접한 국가로는 한국, 일본, 필리핀, 브루나이, 말레이시아, 인도네시아 등이 있고 7,600개에 이르는 섬들이 각 해역에 뿔뿔이 흩어져 있어 주위 국가들과 끈임 없는 영해분쟁에 노출되어 있다.

이렇듯 미국과 전혀 다른 지정학적 환경은 중국을 좀 더 내향적으로 만들고 일방적인 독주를 자제하게 만드는 역할을 한다. 안하무인으로 자신의 이익만을 추구한다면 곧 사면초과의 상태에 빠지게 되고 중화의 번영은 물 건너간다는 점을 똑바로 직시하고 있다. 그래서 경제적 팽창주의는 공격적으로 택하더라도(만약 택한다면) 군사적 팽창주의는 이보다는 저강도로 관리할 가능성이 크다. 카슈미르 실질통제선 문제를 놓고 중국이 문제해결보다는 관리에 더 골몰하고 있다고 인도가 분통을 터트리는 이유기도 하다. 관리적 팽창주의를 추구하는 셈이다. 더군다나 중국은 미국처럼 세계가 중국의 지도력을 바라고 중국은 세계의 질서를 유지할 책임이 있다는 사고를 할 배경을 갖추지 못했으며 애초에 이런 사고체계 자체를 부자연스럽게 여긴다. 겸손은 이익을 주고 오만은 손실을 부른다는 관념이 강하게 자리 잡고 있으며 미국보다는 강력한 지도력이라는 말에 덜 열광하며 이를 독재와 패권으로 치환한다. 싱가포르 국부라 부르는 리콴유는 중국이 자유민주주의를 택하면 붕괴될 것이라는 견해를 밝혔다. 아주 먼 훗날은 모르지만 21세기 중엽까지는 그의 말이 맞을 것 같으며 중국이 무너지지 않고 민주주의 중국으로 탈바꿈한다면 세계에 크나큰 비극이 찾아올 것이다.

그렇다면 정치와 사회가 민주주의적이지 않은 체계에서 거대한 군사력을 가진다는 의미는 무엇일까? 그것은 바로 총구의 통제가 갈수록 힘겨워진다는 의미다. 왜냐하면 국민이 군사력에 정당성을 부여하지 않음으로써 명령체계가 민주주의국가보다 똑바로 서기 힘들다는 단점이 존재하기 때문이다. 그러므로 외부의 강력한 적이 없다면 군사력은 공산당이 통제할 수 있을 때까지 팽창하다가 천천히 수축될 것이다. 다만 총구가 공산당에서 국가로 이양되고 민주적인 정치체계가 확립된다면 경제적 팽창과 군사적 팽창이 상승작용을 일으키며 세계는 또 다른 제국을 맞이할 가능성도 존재한다. 이런 와중에 전혀 다른 동력이 의외의 방식으로 중국의 군사력 팽창을 견인할 수도 있다. 극단적으로는 중국의 국가 전략이 군사복합체의 이권에 먹혀버려 이권을 위한 군사력 팽창으로 나아갈 수도 있다. 물론 이는 중국 체제의 작동방식이 상당한 전환을 거친 이후의 일로 당장은 큰 힘을 발휘하지 못할 것이다.

예컨대 2012년 말 현재 중국 군수공업 분야 24개 상장회사는 영업수입 816억 위안과 순이익 31억 위안을 실현했다. 이는 지난해 대비 24와 33%가량 증가한 수치로 전체 마진율은 17.61%이고 순이익률은 3.8% 수준이다. 한편 2012년 말 매출채권과 재고자산 규모는 256억 위안과 356억 위안 정도로 연초 대비 34%와 29%가량 늘어났다. 경영활동에 따른 현금 흐름도 플러스(+)로 전환된 상태이나 이는 과거 수준과는 일정한 차이를 보인다. 무엇보다도 일시적 자산투입에 따른 효과를 제할 경우 영업수입과 순이익 증가율은 7.84%와 7.53%로 뚝 떨어지며 경제성장률 수준을 배회했다. 이는 중국 군사복합체가 수요부족에 빠진 상태로 갈수록 그 공백은 커질 것이라는 점을 암시한다. 따라서 미국과는 약간 다른 루트로 움직이겠지만 중국의 군사복합체 역시 자신의 거대한 덩치를 지탱할 가상의 적이 필요하며 약간의 긴장국면도 자신에게 그리 나쁜 일은 아니라고 생각할 것이다.

어쨌든 미국만큼 강력한 무력을 갖출 것으로 보지는 않는다. 중국은 공동 지도체제의 한 축은 될 수 있어도 미국이 누린 원 톱 지위는 맞지 않다. 그렇게 되길 원하지도 않고 그렇게 되어서도 안 된다. 이렇다면 중국은 강대국과의 2개의 전쟁을 수행할 만큼 거대한 군사력을 필요치 않으며 설혹 그런 군사력을 지탱할 만큼 충분한 부를 축적했더라도 미국과 동일한 궤적을 그리지는 않을 것이다. 전 세계 곳곳에 제국 군대를 직접 파견해 각종 이권을 챙기는 일도 적을 것이다. 따라서 자신의 군대를 야전군보다는 강력한 어림군으로 만들어 "중국" 자신을 보호하는 데 역점을 둘 가능성이 높다. 미국은 유라시아를 놓고 상대를 바꿔가며 크레이드 게임을 벌이지만 중국은 자신을 두고 그레이트 게임을 한다. 이 점이 바로 중국과 미국의 본질적 차이고 21세기 권력게임이 20세기와 다른 양상을 보이는 원인이다.

동맹을 전략적 선택, 즉 본국의 이익최대화를 위한 행위로 보는 일본과 중화권 쇠퇴의 증거, 즉 패배의 상징으로 여기는 중국, 이 두 나라의 시각 차이는 동북아를 불안정하게 만들고 있다. 중국이 미국을 제치고 21세기 최강대국으로 발돋움해도 중국이 과거와 같은 종속관계를 요구한다면 중국에 대한 일본의 거부감은 필연적이다. 따라서 중국이 대등적 관계로 일본에 접근할 때만 중국은 아시아를 안정화시키고 유럽을 향해 나아갈 수 있다. 이것이 싫다면 중국은 대륙세력이라는 한계를 탈피해 해양세력으로 거듭날 필요가 있다. 이런 관점의 반영인지 중국은 2013년 국방백서에서 처음으로 "해양권익 수호"와 "해외이익 수호"라는 두 단락을 마련하며 발전이익도 국가이익의 중요한 구성 부문임을 밝혔다. 발전이익이란 조금은 생소한 말을 사용했지만 이를 경제적 이익이라고 직설적으로 표현해도 무리는 없다. 즉, 경제적 이익을 보호하기 위해 군대가 개입할 수 있다고 속내를 드러낸 셈이다. 욕하면서 닮는다고 중국도 이미 미국의 발자취를 좇고 있다. 미국의 경제적 이익을 극대화하기 위해 미군이 오대양 육대주를 누비듯이 인민군도 중국의 경제적 이익을 위해 기꺼이 한 몸 불사를 준비가 되어 있다고 말한다. 더군다나 영토, 내수, 영해, 영공 안전 수호라는 기존의 전통적 임무에서 이제는 전략적 시야와 방위공간을 확장해 국가해양 권익, 우주, 인터넷 공간의 안전이익 수호까지 범위를 넓히며 주동적 전략으로 점점 선회하고 있다. 이와 동시에 해외에너지 자원, 해상 전략 통로, 해외 체류국민과 기업의 안전문제가 나날이 중요시된다고 판단해 해외 행동능력 건설 강화도 주문한다. 군대에 있어 해외 행동능력은 무엇일까? 떠오르는 것은 전쟁능력뿐이다.

1장
해양제국의 유전자를 찾아서

중국은 역사상 최초로 대양에 대한 의지를 활활 불태우고 있다. 중국이 이처럼 대양을 갈구한 적은 결코 없었다. 앨프리드 머핸(Alfred T.Mahan)은 『해양력이 역사에 미치는 영향(the Influence of sea Power Upon History)』에서 그는 "이제 대륙 팽창이 완수된 만큼 해양제국 건설을 위한 기지 확보에 매진할 때"라고 말했다. 1세기가 지난 현재 이 말은 미국이 아닌 중국에 꼭 들어맞는 문구인 것 같다. 서구에 바다의 신 포세이돈이 있다면 중국에는 바다의 여신 마조(媽祖) 가 존재한다.

본 단락에서는 해양제국을 향한 중국의 옛 모습을 정화를 통해 되새기며 왜 중국이 해양제국으로 나아갈 수밖에 없는지를 경제구조를 통해 살펴보기로 한다. 현재 국제무역의 90% 이상이 해상운송으로 이루어지며 제해권을 통제하는 나라가 곧 세계의 물류를 지배하게 된다. 인류의 역사는 서양과 동양, 상업문명과 농업문명의 힘겨루기였다. 서구가 바다의 풍요로움을 노래할 때 동양은 대지의 비옥함을 찬미했다. 그럼 동서양 차이의 배경은 무엇일까? 우리는 고

대 4대 문명 발상지가 자리한 지리적 환경으로 답의 일부를 찾을 수 있다. 역사적으로 고대문명은 바다가 아닌 강에 기대어 형성됐다. 우리가 중화문명을 황화문명이라 부르는 것도 같은 맥락이다. 중화문명에서 티베트 고원과 태평양은 장벽으로 존재했고 실크로드 개통은 동서양의 문물이 교류하는 큰 길을 마련했다.

그 이전의 중국인들은 외부세계에 대한 지식이 빈약했으며 대외 확장보다는 내부통일에 더 몰두했다. 그래서 춘추전국시대 중국인들은 그들만의 갇힌 사고체계에서 중국이 세계의 중심이라고 믿었으며 세상은 산천, 평원, 하류 등 광활한 지대를 기반으로 형성된다고 생각했다. 이에 비하여 서구문명은 지중해를 요람으로 태동했는데 이 지역은 기후가 건조하고 대부분이 산지로 덮였다. 따라서 일찍이 강보다는 바다로 눈을 돌렸으며 농업보다 상업이 더 발달됐고 이들에게 무역로 확보는 절체절명의 생존과제가 되었다. 예컨대 서구문명의 요람인 그리스는 식민지 확장과 해상무역을 통해 발전했고 로마 역시 포에니전쟁으로 지중해의 재해권을 장악하면서 세계제국으로 빠르게 성장했다.

반면에 중국은 농경경제를 기반으로 움직였고 상업활동도 거의 육로를 통한 대륙 간 연결로 한정됐다. 시대를 불문하고 해양경제는 거의 밀수와 동격으로 여겼으며 잘해 봐야 필요악 정도로 다뤄졌다. 군사력도 북방 이민족에 초점이 맞춰져 육상병력 중심으로 편제됐고 이들에 대해서는 전쟁단위의 재원이 투입됐다. 반면에 근대까지는 해양세력이 왕조의 근간을 흔든 사례가 없어 해상병력은 구색을 맞추는 수준에서 그쳤다. 중앙정부는 연안을 어지럽히던 왜구를 성가신 존재 그 이상도 이하도 아니라고 생각했으며 이들에 대한 처리를 중앙군이 아닌 지방성주의 재량하에 알아서 처리하도록 일임했다. 이런 까닭으로 중국의 해상능력은 그 덩치에 대면 미약했으며 그나마도 바다보다는 강에 집중됐다. 그래서 지금까지도 우리는 중국을 연상하면 "대륙"이라는 두 글자를 떠올리게 된다. 하지만 21세기 중국은 우리의 이런 연상이 올바르지 않다고 말하고 중화민족의 뿌리 속에는 해양 유전자가 심어져 있다고 항변한다. 그들은 지금 유전자 변형을 통해 대륙과 해양이 결합된 새로운 중화의 상(象)을 세우려고 하며 그 최전선에 역사를 앞세운다. 대륙의 역사에서 대륙과 해양이 공존하는 역사로 다시 써내려간다. 분명 그러하다. 중국은 지금 "해양대국"을 향해 신속히 나아가고 있는 것이다.

그럼 먼 과거로 시간여행을 떠나보자. 상나라는 하나라와 함께 신화 속 나라로 믿어졌지만 관련 유물들이 연달아 출토되면서 실재한 왕조로 여겨지고 있다. 현 중국의 뿌리인 화하인이 아니라 동이족이 세운 왕조라는 설도 있지만 중국은 이를 인정하지 않고 있으며 설혹 동이족이 세웠더라도 문제될 것은 없다. 중국은 분명 이를 자신의 역사로 치장할 것이기 때문이다. 중국은 마치 블랙홀처럼 주변민족의 역사를 빨아들여 중화에 동화시키고 있다. 오늘날 중국에게 칭기즈칸도 누르하치도 이민족 황제가 아닌 범중화인에 불과하다. 상나라는 아홉 이족 가운데 하나로 해운과 무역에 능했는데 이들은 이후 산동반도로 이주한 것으로 알려진다. 중국 학계는 이들이 남방민족과 밀접한 관련이 있을 것으로 추론한다. 상나라는 보기 드물게 해양세력의 특징을 가졌으며 작은 나룻배 이외에 큰 선박까지 건조했고 왕과 귀족은 자신의 직위에 맞게 배를 보유했다. 더불어 상 왕조에서 점복은 권력의 상징이었고 점복에 사용된 재료는 소뼈보다 귀갑이 자주 이용됐다. 이런 이유인지 1,000개 정도의 갑골문자 가운데 선박과 관련된 것만 30여 개에 달한다. 중국인은 이런 사실을 바탕으로 상나라가 대륙보다 해양세력 특색이 더 강하다고 믿는다. 하지만 이들도 중원의 비옥한 토지에 안주하면서 해양적 색채는 점점 잃어갔다고 한다. 상나라가 대륙에 안주하며 해양적 색채를 지울 때 풍이(風夷)가 그 빈자리를 채웠으며 풍이는 타 부족과 달리 해양과 바람에 능숙했다고 전해진다. 여담이지만 고대 중국은 성과 씨가 한 몸이 아니라 둘로 나뉘었으며 최초의 성은 풍(風)이고 최초의 씨는 복희씨, 신농씨, 여와씨 등이 있다. 이는 고대에는 개인의 성은 없고 부족의 성만 존재했기 때문이다. 그래서 당시 중국인은 동이족을 풍이라고도 불렀다.

　해양과 중국을 단절한 첫 번째 왕조는 주나라로 "하늘 아래 토지가 근본이다"라는 개념은 주나라 때부터 존재했다. 주나라가 상나라를 내쫓고 중원을 차지한 배경에는 많은 이족들이 주나라의 발원지로 대거 몰려왔기 때문이다. 그들 가운데는 농경에 종사하던 하(夏), 수렵에 종사하던 "이(夷)", 창과 방패로 무장한 융(戎), 횃불과 사냥개가 결합된 "적(狄)"인이 있다. 심지어 남방의 만족(蠻族)도 주나라로 모여들었다. 주나라는 상나라를 무너뜨리고 동이와 회이족도 원래의 거주지에서 축출했고 이후 중국 고대문헌에서 상나라 사람들의 발자취는 사라지게 된다. 참고로 상인(商人)의 어원은 상나라의 후손들이 여기저기 떠돌면서 생활한 것에서 유래됐다고 한다. 주나라는 200여 년간 번영을 유지했는데 이때 "사직(社稷)"이라는 신조어가 등장했다. 여기서 직(稷)은 주나라 시조의 이름이면서 좁쌀과 비슷한 일종의 농작물을 뜻한다. 이후로 왕조변천이 어떠하든지 농업은 중화민족의 근본으로 자리 잡았다. 주나라를 거쳐 중국은 춘추전국시대로 접어들었고 마침내 최초의 통일국가인 진이 등장했다.

만리장성으로 상징되는 이미지가 매우 강렬해서 진시황이 대륙경영에만 몰두한 것처럼 비치지만 사서는 그렇지 않다고 주장한다. 진시황은 황제로서 중국 각 지역을 통치했으며 그의 지배력은 해안지대까지 뻗었다. 고대 중국인들은 천하(天下)와 해내(海內)를 비슷한 개념으로 이용하여 오늘날에도 중국인은 "위세를 해내에 떨쳐"와 "위세를 천하에 떨쳐"라는 말을 혼용하여 사용한다. 진시황이 만리장성을 건설하여 북방변경 지대를 구분했지만 연(燕), 제(齊), 월(越)의 근거지였던 임해에 대해서는 근심스럽게 생각했다. 이 지역은 이족(夷族)의 발상지로 반란이 시시때때로 일어났기 때문이다. 따라서 천하를 통일한 지 3년 만에 진시황은 동쪽으로 순회를 돌았으며 기원전 219년에는 3만 가구를 중원에서 산동으로 이주시켜 해양세력에 대한 지배력을 강화했다. 염황오제로부터 시작해 진시황이 천하를 통일한 지 3,000여 년이 흘렀지만 옛 중국인들은 해양을 근본이 아니라 외곽이라고 보았다. 하지만 진시황만은 좀 달랐던 것 같다. 중국의 옛 고도 서안에 자리한 진시황 병마용의 눈길은 모두 대해가 있는 동방을 향하여 있다. 이는 해양에 대한 진시황의 포부를 암시한다고 하겠다.

진시황과 해양을 연결할 때면 빠지지 않고 등장하는 인물이 바로 전국시대 음양가인 추연(鄒衍)이다. 추연은 바로 동남동녀 3천 명을 데리고 불로초를 찾아 떠난 서복의 스승이기도 하다. 추연(鄒衍)은 제(齊)나라 사람으로 '오행종시설(五行終始說), 음양오행설(陰陽

五行說)'을 주장했는데 이는 오행상생설(五行相生說)과 더불어 중국의 전통사상의 바탕이 됐다. 그의 음양설을 믿어 진나라는 수의 기운을 따랐으며 색깔은 흑색, 숫자는 6을 숭상했다. 또한 천하에 대한 인식에서도 추연은 고대 사상가들과 많이 달랐다. 고대 사상가들은 천하를 9등분하여 9주라고 불렀는데, 이후 9주는 아시다시피 중국의 또 다른 대명사로 불리고 있다. 『상수(尙书)』에 따르면, 9주는 각각 익주, 연주, 청주, 서주, 양주, 형주, 양주, 옹주, 예주로 구성되어 있으며 그 중심은 예주였다. 이에 반하여 추연은 대(大)구주론을 내세웠는데 그는 유가에서 소위 말하는 중국은 천하 81개 가운데 하나에 불과하다고 말했다. 그는 소구주가 9개 뭉쳐 1개 주가 되고 이를 적현신주(赤縣神州, 중국을 말함)라고 했다. 이런 9개 주로 작은 바다에 둘러싸인 중구주가 존재하고 이런 중구주가 9개 뭉쳐서 1개의 대구주가 되고 이런 대구주가 9개 존재한다고 말했다. 즉, 유가의 천하에는 바다가 없지만 그의 천하에는 대양이 존재하는 셈이다.

중국은 짧은 진나라 집권 시기를 지나 한나라가 들어서면서 대륙국가라는 개념이 확립됐다. 유교가 지배사상으로 올라섰으며 화와 이에 대한 구분이 명확해지고 해양세력에 대한 경시풍조가 나타났다. 중국은 한의 몰락과 더불어 위촉오로 삼분됐는데 여기서 위나라와 촉나라는 대륙세력이고 강동에 기반을 둔 오나라는 해양세력이었다. 오나라는 당시 3,000명을 수용할 수 있는 5층 크기의 선박도 만들었다고 한다. 엄밀히 말해 적벽대전도 양자강을 경계로 대륙세력과 해양세력이 충돌한 전쟁이었고 여기서 조조가 대패하면서 우리가 알고 있던 삼국정립이 이루어졌다. 중국 역사를 되짚어보면 내부적으로는 대륙과 해양세력의 충돌이 곳곳에서 벌어지는데 특히 송나라 때 그 정도가 유독 심했다.

불행히도 중국 역사를 통틀어 가장 자랑스럽게 여기는 해전은 백촌강해전이다. 중국은 백촌강해전이 중·일 간 첫 정식교전으로 당나라가 10배 수적 우위를 가진 일본 해군을 전멸시켰고 이 해전의 승리로 당나라가 동아시아 중심 지위를 굳혔다고 생각한다. 그러나 한·중·일 역사는 각국상황에 따라 편의적으로 해석되는 측면이 있어 진실을 파악하기 힘들다. 대체로 중·일은 자신의 역사를 과장하고 한국은 축소한다. 당과 고구려가 맞붙은 해전의 역사를 보면 당나라는 연패로 귀결되는데 이는 당나라가 대륙을 기반으로 움직였기 때문이다. 일례로 대장산도 해전에서 당나라는 1,000척의 배와 10만 대군을 동원하고도 고구려 수군 2만에 패해 간신히 절반만 생환했다. 대외무역도 해상무역보다 실크로드를 통한 육상무역이 주를 이뤘다.

송나라는 중국 역사상 유일하게 억상정책(농업을 근본으로 삼아 상업을 억제하고 정책)을 펼치지 않은 왕조로 어떻게 보면 역사의 변종과도 같았다. 송나라의 도시화 수준은 매우 높았으며 상품경제도 활발했다. 송나라 때 중국 선박들이 호주에 도착했다고 전하며 수나라 산해경에는 캥거루가 묘사되어 있다. 문장가로 더 잘 알려진 왕안석(王安石)은 백만이 넘는 상비군 유지를 위해 변법을 단행했으며 이를 통해 해외무역도 그 위치가 격상됐다. 당시 송나라가 해외무역을 장려한 배경에는 북방의 유목민족이 자리 잡고 있었는데 아마 송나라는 중국 역사상 이민족의 침입이 가장 빈번한 왕조였을 것이다. 결국 금나라 때문에 송나라는 남쪽으로 밀려났으며 우리는 이 왕조를 남송이라고 부른다. 어쩔 수 없는 측면이 있지만 남송은 장강을 끼고 돌며 북방세력과 대결한 해양세력에 가까웠고 해군력이 북쪽의 유목민족보다 월등했다.

당나라 때는 대륙이 강성하여 해외무역은 한 갈래에 불과했지만 남송에 이르러서는 재정의 주요 원천으로 작용했다. 당시 3개 항구 세수가 국가 전체 세수의 20%에 달했다고 한다. 따라서 황실은 해외무역을 장려하는 정책을 폈는데 이를테면 해양무역에 대한 감세정책을 실시하고 무역액이 일정 규모에 달하면 상인이라도 관직을 내렸다. 1080년에는 중국 첫 해상무역법인 <광주시박조(廣州市舶條)>를 실행하기도 했다. 사마광은 "하늘 아래 생산되는 재화와 상품은 정해져 있어 민간에 없으면 바로 국가에 있다. 소위 이재에 밝은 이는 민간의 재화를 국가로 긁어모으는 사람일 뿐이다"라고 주장했지만 왕안석은 이를 반박하며 "진정 이재에 밝은 이란 민간에서 조세를 추가로 징수하지 않고 국가가 넉넉히 사용하도록 만드는 사람이다"라고 말했다. 남송시대는 원양무역으로 제조업, 가공업, 운송업, 서비스업 등이 흥성했고 항구도시가 발달하여 시장이 경제의 중심으로 뛰어올랐다. 따라서 진나라 때부터 중국 황실의 수입원천은 농경 부문이 담당했지만 유일하게 남송만 상업세가 토지소득세를 초과했다. 이를 토대로 중국 역사학자들은 남송이 당시 세계에서 가장 발달된 경제권이었다고 말하며 그들의 무역지대가 전체 아시아를 아울렀다고 주장한다. 송에 이어 등장한 왕조인 원은 역사상 최초로 글로벌화를 실현한 나라로 이 제국은 기술, 농업 등의 표준화를 강제로 집행했고 기술자들은 황제에게 지구본을 만들어 바치기도 했다. 기마민족이라는 선입견과 달리 원나라는 해상무역도 발달했다. 광주 일대만 해도 12만 명의 아라비아 상인이 머물렀다는 기록이 있다. 이렇듯 원나라가 조성한 글로벌 체계를 바탕으로 중국 문물은 세계로 뻗어나갔다.

몽고족의 압제에서 한족을 구원한 명의 주원장에 대한 역사적 평가는 상당히 박하다. 주원장은 포악하고 잔인한 폭군의 대명사로 말해지는데 이는 빈농 출신이라는 신분적 한계 때문만은 아닌 듯하다. 그와 같은 선상에 있던 유방은 오히려 중국인이 가장 좋아하는 지도자상이고 마오쩌둥도 따지고 보면 빈농 출신이다. 명 건국 이후 왕권강화를 위해 공신을 멸족하는 등 비정한 면모를 보였지만, 사실 토사구팽은 주원장의 전유물은 아니며 예부터 이어온 권력의 법칙이었다. 한을 건국한 유방도 결코 주원장보다 덜하지는 않았다. 그럼에도 주원장을 폄하하고 유방을 드높이는 까닭은 이들의 통치방식이 완전히 달랐기 때문이다.

예부터 중국인은 법치보다 덕치를 유위(有爲)보다 무위(無爲)를 좋아했다. 말하자면 삶에 대한 구속을 싫어했다. 이런 생활방식을 무시하고 주원장은 중국인의 삶 전반에 걸쳐 획일화를 추구했다. 대표적인 사례가 바로 팔고문과 해금령으로 이 둘은 명나라뿐만 아니라 그 뒤를 이은 청나라의 멸망의 근원이었다. 팔고문은 명·청시대 과거시험에 쓰인 문체로 반드시 주희의 주에 입각하여 답안을 작성해야 했으며 자유롭게 써내려 갈 수 없었다. 그 결과 제자백가는 거의 씨가 말랐고 유가도 예전의 유가가 아니게 됐다. 17세기 데카르트는 "나는 생각한다. 고로 나는 존재한다"고 말했는데 그의 관점에 따르면 당시 중국인은 좀비와도 같았다. 아마 주원장은 생각은 황제의 몫이라고 판단한 듯하다. 팔고문에 이어 14세기 이후 중국의 몰락을 결정지은 것이 해금령이다. 주원장은 팔고문으로 머리를 마비시키고 해금령으로 손발을 묶었다. 중국은 500여 년간 명·청 왕조의 금해령으로 제해권을 상실했다.

명나라는 건국 이후 늘 왜구문제로 골머리를 싸맸는데 사실 진왜(일본인)는 소수였고 대다수는 중국인으로 조주인, 장주인, 영파인 혹은 소흥인이 대부분을 차지했다. 이들의 밑바탕에는 해금령에 따라 수군에서 떨어져 나간 인원과 해상무역에 종사하는 상인들이 존재했다. 사걸은 『건대왜찬』에서 정부가 엄격한 해금정책을 집행함에 따라 해상무역에 종사하는 이들이 왜구로 전환됐다. 즉, 왜구와 상인은 같은 사람으로서 교역이 개통되면 왜구에서 상인으로 전환되고 교역이 금지되면 상인에서 왜구로 바뀐다고 왜구문제의 본질을 정확히 짚어냈다. 중국인이 역사적 영웅으로 떠받드는 정성공의 아비 정지룡도 대만해협을 오가며 해상무역과 해적질을 하던 사람이었다. 정지룡이 구축한 기반이 없었다면 오늘날의 정성공도 없었을 것이며 대만은 독립된 다른 섬나라로 존재했을 수도 있다. 명나라는 결국 해금령을 내리며 자멸하는 길을 택한 셈이다.

이 틈에 중국인의 뇌리에 대륙고립의 역사를 뚫고 '해양'이라는 두 글자를 깊게 각인한 이는 영락제다. 그는 중국 최초이자 최후의 해양제국을 그려본 황제다. 영락제가 정화에게 내린 "만방에 덕을 전하라"는 짧은 어의로 중세 르네상스는 태동했고 근대로 넘어오는 계기를 만들었다. 인정하기 싫겠지만 유럽은 영락제에게 큰 빚을 지고 있는 셈이다. 중국이 물러난 빈자리는 포르투갈과 스페인으로 채워졌으며 그 뒤를 네덜란드와 영국이 물려받았다. 정화의 대 함대는 디아스보다 60년 먼저 희망봉을 회항했고 마젤란보다 98년 앞서 마젤란 해협을 통과했으며 쿡 선장보다 300년 먼저 호주에 발을 디뎠다. 남극과 북극의 경우 유럽인보다 400년 앞서며 아메리카는 콜럼버스보다 70여 년 먼저 탐사했다. 정화함대의 위용이 어떠했는지는 선박의 크기만 살펴봐도 알 수 있는데 당시 베네치아의 갤리선 가운데 가장 큰 것이 길이 45m에 폭 6m로 화물 적재량은 50톤에 불과했지만 영락제의 보선은 길이가 44장(약 140m), 폭이 18장(약 60m)에 달했으며 영락 3년(1405) 6월 15일 첫 원정길에는 208척의 선박에 2.8만 명을 싣고 항해에 나섰다. 당시의 중국과 유럽의 해상군사력은 항공모함과 해안 순시선 정도로 비교할 만큼 그 격차가 컸다. 덩치가 30배 이상 큰 보선 100척이 세계 곳곳을 주름잡고 있을 때 이를 가로막을 해양세력은 존재하지 않았고 제1차 세계대전에야 비로소 대등한 규모의 해양세력이 나타났다. 짧은 순간이나마 중국은 분명 세계 최강의 해양대국이었다. 중국을 해양세력으로 보기는 분명 어폐가 있지만 그렇다고 해양 유전자가 아주 없다고 보기도 힘들다. 21세기 중국은 희미하게 명맥을 이어오고 있는 그 해양 유전자를 깨우려고 한다.

2장
블루해군을 향한 힘찬 발걸음

앨프리드 머핸은 "국가 사이의 위계질서는 늘 유동적이고 끊임없는 경쟁이며 어떤 국가들은 부상하고 다른 국가들은 몰락하는데 해군력이 여기서 결정적인 역할을 담당한다"고 주장했다. 1898년 카이저가 독일의 미래가 바다에 있다고 말했을 때 이는 영국에 대한 도전으로 해석되었다. 그로부터 1세기가 흐른 지금 독일과 영국은 중국과 미국으로 대체되며 새로운 역사의 페이지를 만들어가고 있다. 중국은 500년이라는 시간을 건너 정화를 다시 불러들이며 대항해시대의 문을 열려고 한다.

근 1세기 동안 지속된 항공모함의 꿈이 2012년 마침내 실현됐다. 근대 중국 해군의 시조는 천샤오콴이라고 볼 수 있는데 그는 1928년 국민당 정부에 2,000만 위안을 투입해 항공모함 한 척을 건조할 것을 건의했다. 당시 천샤오콴은 중국 유일의 해군 전략통으로 제1차 세계대전 당시 영국군에 파견돼 항공모함의 전략적 가치를 직접 눈으로 확인하고 돌아왔다. 이 경험을 바탕으로 그는 중국이 제해권을 확보하려면 항공모함을 갖춰야 한다고 여겼다. 하지만 천샤오콴의 의욕에 찬 건의는 즉시 거절되었고 이에 화가 난 그는 장개석에게 곧바로 사직서를 제출했다. 장개석은 항공모함 건조계획을 받아들이지 않았지만 안 그래도 부실한 해군이 더욱 유명무실해질 것을 걱정해 3~5년 안에 배수량 60만 톤 규모의 해군전단을 건설할 것이라고 밝히며 그를 달랬다. 그때 천샤오콴은 후일을 기약하며 해군건설 계획을 다듬었고 산동의 조주항, 상해의 상산, 광동의 대붕항을 항공모함 모항으로 선택했다. 천샤오콴은 1934년 『해전』에서 "현대해군은 공격수단을 필요로 하는데, 이때 갑판에 항공기를 반드시 탑재할 필요가 있다"고 논술했다. 그러나 당시 국민당 정부는 해군보다 공군이 더 현실적이라고 생각했으며 이런 중국과 달리 일본은 해군을 적극 육성하기 시작해 결국 아시아 제해권을 가져갔다.

현 중국 정부가 들어선 이후에도 항공모함은 그 필요성에도 불구하고 경제가 아직 항공모함 건조를 지탱할 수 없다는 데 대체로 공감하며 연이어 후순위로 내돌렸다. 그래서 국민당 정부에 이어 현 중국 정부에서도 긴 시간 항공모함 계획은 서랍장 속에 갇혔고 대신에 잠수함과 구축함을 보강하는 현실적 타협안이 마련됐다. 이런 배경에는 항공모함 전대 구성에 소요되는 막대한 재정 이외에 근해해군으로 포지션을 설정하고 방어적 전략을 택한 것도 큰 역할을 담당했다. 군사적으로 중국 해군의 임무는 대만도하 라인을 방위하고 연근해에서 발생할 충돌을 억제하는 데 주로 모아졌고 이런 까닭에 중국 군부에서조차 천문학적 재원이 소요되는 항공모함 건조를 자원낭비로 인식하는 경향이 강했다. 하지만 중국 경제력이 신장과 아울러 대외 무역라인 방어, 자원확보, 해외 이권 보호 등이 선결과제로 떠오름에 따라 중국 해안가를 맴도는 연해해군 고수는 시대착오적 전략으로 변하고 있으며 중국도 대양해군으로 빠르게 전환할 필요성이 제기되고 있다. 무엇보다도 중국에게 항공모함은 더 이상 사치품이 아니다.

중국은 서구가 항공모함을 놓고 "중국위협론"을 강하게 제기할 것을 알았고 이에 대한 온갖 방해작업이 이루어질 것이라 판단한다. 그러므로 가급적 빨리 항공모함 진용을 갖추길 원했지만 생각보다 그 시기가 몇 년 뒤로 미뤄졌다. 첫 번째 항모인 랴오닝함이 중국의 품으로 오기까지 정말 파란만장한 굴곡을 거쳤다. 중국은 1999년 7월 우크라이나에서 랴오닝함을 매입한 후 이를 중국으로 수송하려 했다. 그러나 터키는 선박이 무척 커서 다른 선박의 항로에 위협이 된다고 선박의 운행을 거절했다. 하지만 이는 누가 보아도 핑계에 불과함을 알 수 있다. 당시 터키는 NATO 가입에 한창 열을 올리고 있던 시기여서 어느 때보다 서방의 눈치를 많이 살폈다. 무엇보다도 이때 중국은 지금과 달리 확고한 강대국이 아니었다. 중국과 터키는 1년 반 동안 담판을 벌였고 도입 비용은 2,000만 달러가 어느덧 1억 달러로 확대됐다. 랴오닝함은 이렇듯 갖가지 우여곡절을 겪으며 2002년 3월 마침내 대련항에 도착했다.

양광리에 중국 국방장관은 2009년 3월 일본 방위성 장관을 접견한 자리에서 "대국 가운데 항공모함이 없는 나라는 중국이 유일하다. 영원히 항공모함이 없을 수는 없다"고 밝혔다. 인민일보 산하 『환구시보』는 2011년 4월 6일 "항공모함이 곧 출항하여 중국인이 70년 동안 기다렸던 항공모함의 꿈이 실현된다"고 보도했다. 중국의 항공모함은 미국 최신 핵 항공모함보다는 낙후됐지만 그 밖의 항공모함과는 별 차이가 없다. 이렇듯 1세기 동안 억눌려 왔던 중국의 항공모함 소유욕은 지금 빠르게 분출되고 있다. 미국은 중국이 사거리 2,700km에 이르는 동풍 21D 탄도미사일을 배치할 경우 미국의 항공모함 시대는 종말을 맞을 것이라고 전망하지만(역으로 생각할 경우 중국의 항공모함 역시 대국의 상징이라는 값비싼 간판에 불과할 수도……) 그럼에도 항공모함을 향한 중국의 욕망을 막지는 못했다. 중국은 대련항에서 20억 달러를 투입하여 항공모함 개조작업과 플랫폼 테스트를 하고 1세대 항공모함 베타버전을 선보였다.

중국은 빠르면 5년 안에 1세대 항공모함 진용을 갖추고 실전 배치할 것으로 전망된다. 상해 강남조선소에서 6만~7만 톤급 항공모함 2척을 만들고 있다는 소식이 흘러나오지만 우리 입장에서 정확한 사실관계 유무를 확인할 길은 없다. 일단 중국 측은 구체적 건조장소는 부인하고 있지만 항공모함 건조사실만은 부정하지 않는다. 예컨대 2013년 4월 송학 해군 부참모장은 중국인민해방군 해군 창건 64주년 기념식 자리에서 "국가해양권익수호 수요에 근거해 항공모함 발전규모를 확정할 것이고 중국 해군은 항공모함 1척 보유에 그치지 않을 것"이라고 주장했다. 이어서 그는 항공모함 건조공정은 선박, 항공, 전자 등에 걸쳐 수천 개의 전문기술 분야의 지원이 필요하며 현재 수천 개의 기업들이 첫 항공모함 건조공정에 참가하고 있다고 밝혔다. 아무리 숨기려 해도 수천 개의 입을 모두 봉할 수는 없는 법이며 이쯤에서 공식화하려는 것 같다. 중국 특유의 언어습관으로 볼 때 항공모함 건조과정이 7~8부 능선을 지났다고 추측해도 무방하다. 이어서 그는 상해에서 항공모함을 건조하고 있다는 소식은 부인했지만 다음번 항공모함은 5만 톤인 랴오닝함보다만재 배수량이 한층 더 크길 바란다고 말하며 그래야만 더 많은 비행기를 탑재할 수 있고 전투력이 한층 강화될 것이기 때문이라고 속내를 드러냈다. 이는 앞서 언급한 6만~7만 톤급 항공모함이라는 소문에 설득력을 더해주는 말이다. 뒤이어 함재기 부대를 현재 조직하고 있으며 항공모함 1척에 적어도 2개 비행단을 배속할 것이고 젠15 전투기는 시험비행을 거칠 필요가 있는데 이런 과정을 통해 젠15 전투기 수량도 점점 증가할 것이라고 단언했다. 이와 연계해 차세대 구축함 건조도 짚고 넘어갈 필요가 있다. 중국은 2013년 2월 실전 배치한 052C의 후속모델인 052D 구축함 3척을 상해 조선소에서 건조하고 있으며 올해 안에 시험항해를 할 것으로 전망된다. 052D는 중국형 이지스함 계열로 중국 해군은 시험항해를 통해 획득한 자료를 바탕으로 2015년 이전에 10여 척의 052D 구축함을 실전배치할 계획인 것으로 알려진다. 만약 항공모함과 구축함 건조작업이 순조롭게 진행된다면 그리 긴 시간이 흐르지 않아 우리는 항공모함 3척에 이지스함 12척이 배속되는 형태의 1세대 항공모함 전대를 목도할 수도 있다.

중국은 최종적으로 최대 12척, 최소 9척의 항공모함, 즉 3~4개의 항공모함 전대를 2030년 이전까지 운용할 것으로 예상한다. 왜냐하면 중국의 해양권익은 근해에 머물지 않고 오대양 육대주에 걸쳐 계속 팽창할 것이기 때문이다. 엄밀히 말해 랴오닝함은 1세대 항공모함 기술을 습득하기 위한 샘플에 불과하다. 참고로 랴오닝함은 구소련이 건조한 쿠즈네초프급으로 갑판길이는 300m 정도이고 최고속도는 29노트다. 승무원은 약 2,000명 정도이고 젠 15 전투기를 포함하여 50여 대의 항공기를 탑재할 것으로 전망된다. 부가

하자면 중국은 적어도 10년 안에 4~5척의 항공모함을 순차적으로 취역하면서 차세대 항공모함 기술을 확보할 것이다. 결국 중국은 미국의 70% 수준으로 항공모함 전단을 운용할 것 같은데 이 정도면 아태지역에서 미국의 재해권을 효과적으로 제약하고 다른 해양에서 중국의 이익을 도모할 수 있다.

한편 후진타오는 2011년 12월 6일 베이징에서 해군 제11차 당대표대회 및 전군장비공작회의 대표들을 접견하는 자리에서 "해군전환을 가속화하고 군사투쟁 준비를 심화하며 해군 현대화를 착실히 추진하여 국가안전을 지키고 세계평화를 유지하는 데 더욱 큰 공헌을 할 필요가 있다"고 말했다. 원자바오는 '2011년 정부공작보고'에서 국방 분야를 한 꼭지로 삼았는데 이는 군과 행정을 뒤섞지 않는 관례에 비춰 이례적이다. 경제발전에 대한 군의 공헌이 강조되고 병참업무가 행정적 요소를 담고 있다는 점을 고려해도 군사지침을 대표되는 행정조직인 국무원이 발표하는 것은 주목할 필요가 있다. 원자바오는 "공고한 국방과 강력한 군대는 국가주권·안전과 이익수호의 강건한 방패로 눈앞의 신세계와 새로운 단계를 맞이해 군대의 역사적 사명을 고려하며 군대의 혁명화·현대화·정규화 건설을 전면 강화하고 정보화 승리조건에서 국지적 전쟁능력을 핵심으로 한 다양한 군사임무를 달성할 능력을 계속 높인다. 이어 사상·정치 건설을 강화하고 군대에 대한 당의 영도를 근본원칙으로 견지하며 인민군대를 근본이념으로 삼는다. 정보화 조건에서 군사훈련을 적극적으로 전개해야 한다"고 제기했다.

위 문장에서 우리는 네 가지 점을 유추할 수 있다. 첫째, 중국이 염두에 둔 전쟁형태는 전면전이 아닌 국지전이라는 사실이다. 눌째, 국지전 수행의 전제가 협상의 실효성 상실이 아닌 "정보전의 승리" 요건이 갖추어졌을 때라는 점이다. 셋째 중국의 인민해방군이 당군이라는 점을 수시로 밝히고 있지만 정부공작보고에서 이 내용이 언급된 점은 '왜 국가의 군대가 아닌 당의 군대인가!'라는 내부 비판을 고려한 듯하다. 왜냐하면 국무원의 법적 지위는 공산당 하부조직이 아닌 국가 행정부이기 때문이다. 넷째로 총리가 정부공작보고의 주제이지만 군사영역에 대한 판단은 어디까지나 주석의 몫이다. 이런 까닭에 중국이 온갖 영토마찰을 계기로 이참에 전시동원 체제를 점검하고 있지 않은가라는 생각이 든다. 앞서 네 가지 가운데 어느 것이 좀 더 그럴 듯하던 중국 일각에서 전쟁에 대한 거부감이 예전보다 퇴색되고 있음은 사실인 것 같으며 밑바닥으로 갈수록 '중국의 힘을 주위 소국들에게 보여줄 필요가 있다'는 정서가 확산되고 있는 듯하다. 또한 해양분쟁에 적절히 대응하기 위해 최근 중앙해양권익공작영도소조 판공실을 설치했는데 중국에서 영도소조가 설립됐다는 말은 이 일을 국가적 문제로 보고 전략적으로 통합 관리하는 단계로 넘어섰다는 의미다. 예컨대 국가해양국과 같은 국무원 산하 기관들이 전략을 실행하는 행정조직이라면 영도소조는 군사 분야를 포함해 통합적으로 전략을 짜고 결정하는 정책기구로 대개 주석이 조장을 맡고 부조장은 총리 또는 정치국 상무위원들이 겸한다.

모름지기 미국은 글로벌 작전반경을 염두에 둔 블루해군이고 중국은 그린해군에서 블루해군으로 나아가는 단계다. 지리적으로 동해와 황해는 항공모함 함대운용에 적절치 않고 남해가 가장 적합하다고 판단하는 듯하며 작전성격은 공격형보다는 핵심이익 지대를 중심으로 한 방위형 전단으로 장기간 운용할 것 같다. 사춘기 소년처럼 항공모함에 대한 알 수 없는 동경이 일반 대중과 군부에 넓게 퍼지고 있지만 실질적 효과에 대해서는 아직 이견이 존재하는 것 역시 사실이다. 따라서 중국의 특기인 대량생산 체제로 빠른 시일 내에 전환하기는 힘들며 운용에 따른 재정부담도 깊게 고민하고 있다. 그리하여 항공모함 체제로 본격적으로 전환할 때는 아니라고 판단하는 듯하다. 그럼에도 일본과의 조어도 분쟁이 격화되고 미 항공모함이 남중국해와 서해 근처에서 얼쩡거리는 횟수가 빈번해지면 일본을 압도하는 수준으로 빠르게 해군 역량을 끌어올릴 가능성도 존재한다. 더구나 해상무역 루트와 자원 루트가 봉쇄되거나 심각히 위협받는다고 생각할 경우 기존 방어형에서 공격형으로 전환할 것이다.

　어쨌든 미국은 현재 전 세계 항공모함 절반을 보유하고 있고 중국은 이제 막 1척의 항공모함을 진수했을 따름이다. 당장 근해방위 전략을 변경하는 것은 현실적으로 불가능하며 원양 기동능력 역시 테스트 단계에 불과하다. 그럼에도 다른 수단을 통해서라도 끊임없이 주변 해역에 대한 영향력 확대를 꾀할 것이고 과도기 전력 결핍 상태가 어느 정도 해소되면 일반적 통념을 깰 만큼 중국은 신속 과감하게 관할 제해권을 확장할 것이다. 이런 중국의 움직임은 제도 및 민간영역에 대한 일련의 작업을 통해 이미 드러나고 있다. 중국은 2012년 해양관측 예보관리 조례를 제정해 황옌다오(黃巖島, 스카보러 섬)와 조어도를 포함한 인근 해역에 대해 해양예보를 한다고 밝혔다. 이 조례를 바탕으로 이들 지역에 대한 해양관측 정보를 다른 나라에 제공하는 행위를 금지하고 외국인이 이 해역에서 해양관측 활동을 할 경우 중국의 관련 규정을 따를 것을 명시했다. 이는 사실상 동중국해 전체가 중국의 관할이라는 주권선포와 같다.

일본은 조어도 국유화 의지를 공공연하게 내비치고 자위대는 중국의 조어도 점령에 대비한 탈환계획을 수립하는 가운데 그 반작용으로 중국 측은 무력충돌 시나리오를 상정하며 강대강 전략을 고수하고 있다. 솔직히 말해 조어도 문제는 평화적으로 해결하기 힘든 성질의 것으로 일본이 설사 양보하더라도 미국이 이를 동의하지 않을 가능성이 높다. 조어도는 중국에 있어 고토 회복, 자원 및 어장확보라는 범위를 넘어선 사건이다. 중국은 자신을 봉쇄하는 제1열도선의 첫 출발점을 조어도로 보는데 지리적으로 이 섬은 대만과 매우 가까이 있어 일본과 대만을 연결하는 접점 구실도 한다. 그래서 중국은 백번 양보해 일본과 공동개발을 통해서라도 군사적 연결라인을 끊어내려고 했다. 중국은 늘 미국과 일본이 대만을 통해 대륙으로 진출할 것을 경계하며 대만이 대륙 분할통치의 촉매제 역할을 할 수 있음을 뇌리에 각인하고 있다. 왜냐하면 엉클 톰과 사무라이 명패로는 대륙에 진주할 수 없어도 국민당 이름으로는 가능하기 때문이다. 그래서 조어도에 대한 일본의 지배조치를 전쟁선포에 준하는 도발로 보고 있으며 최근 이 섬을 핵심이익으로 규정하고 아예 퇴로를 잘라버렸다.

게다가 일본은 북방 4도를 놓고 러시아와도 긴장관계에 있는데 군사적으로 북방 4도는 러시아 태평양 함대의 관문과도 같고 경제적으로는 남 주기 아까운 지하자원 보고다. 만약 러시아의 북방 4개 섬이 봉쇄된다면 러시아 극동함대는 남하가 저지되고 태평양으로의 진출 길이 막혀 흡사 어항 속에서 배회하는 금붕어 신세로 변한다. 이는 러시아의 전략에 전혀 부합되지 않은 상황으로 러시아는 그들이 세계대국은 못 되더라도 이익지대에서 세계대국을 억제하고 자신의 이익을 유지할 수 있기를 바란다. 푸틴은 2012년 6월 인민일보 기고문에서 "중국과 러시아의 참여가 없고 양국 이익이 고려되지 못한 어떠한 국제문제도 논의되거나 해결될 수 없다"고 주장했다. 다른 나라들은 몰라도 한국은 푸틴의 말을 되새길 필요가 있다. 넘치는 것이 지하자원인 러시아이지만 그래도 북방 4도를 일본에 반환할 경우 석유자원을 필두로 각종 지하자원이 일본의 손으로 넘어가고 덤으로 세계 최대 어장도 잃게 된다. 여기에 푸틴 입장에서는 정치적 역풍도 감내해야 한다. 예컨대 북방 4도에는 석유 16억 톤, 철광석 2,000억 톤, 텅스텐 400만 톤, 황금 2,000톤 등 막대한 자원이 매장된 것으로 알려진다. 1956년 10월 평화조약 체결과 아울러 북방 4도 가운데 하보마이 군도와 시코탄 섬을 일본에 넘기기로 합의했지만 미국의 견제 등으로 판이 깨진 후 북방 4도 전체 반환으로 일본이 선회하면서 여태껏 큰 진전 없이 수면 아래로 논의가 사라졌다. 2003년 고이즈미 총리 방문 후 근 10년 만에 아베가 경제사절단을 이끌고 푸틴을 찾아가 북방 4도 반환협상 재개라는 다소 모호한 진전을 이뤘지만 일본이 미·일 동맹을 파기하면서 먹음직한 당근을 안겨주기 전에는 북방 4도 전체를 반환받기는 힘들 것이다. 그럼에도 이들은 각자 다른 의도를 품고 어색한 웃음을 지은 채 누군가에게 시위했다. 결국 조어도와는 약간 다른 의미로 러시아 역시 북방 4도를 포기하지 못하는 것이다.

아울러 중국과 러시아는 눈앞의 일본보다 그 너머의 미국을 바라본다. 이들은 미국의 움직임을 주시하며 냉전시대에도 찾아보기 힘든 최고의 밀월기를 즐기고 있다. 단적으로 황옌다오 분쟁에 관한 니콜레이 쿠다사브(Nikolay Kudashev) 주필리핀 러시아 대사의 발언은 중국이 러시아에 바라는 최고의 지원사격이었다. 만약 그의 발언이 무거웠다면 중국에 부담으로 작용했을 것이고 가벼웠다면 개인적 소신으로 치부될 수 있다. 그래서인지 러시아는 외교부가 아닌 필리핀 주러시아 대사의 말을 빌려 적절한 수준에서 중국의 입장을 대변했고 중국은 이에 상당한 만족감을 표시했다. 니콜레이 쿠다사브는 말미에 자신의 말이 러시아 정부의 공식발언이라는 점을 다시 한 번 상기하며 성명서를 마무리했다. 그리고 2012년 5월 러시아 함정들은 블라디보스토크에서 출발해 대한해협을 거쳐 중국 해군과 연합작전을 수행했다. 여기에는 반잠수정 훈련도 포함되는데 반잠수정 연합 군사훈련을 한다는 것은 양국의 관계가 매우 밀접하다는 뜻이다. 이는 각국의 중요 기밀 일부가 상대국에게 공개됨을 의미한다. 사실 중국은 덩치가 커진 조선업을 먹여 살리기 위해서라도 계속 정부발주를 해야 한다.

끝으로 중국은 1세기 이상 항공모함이 필요한 까닭을 찾지 못했다. 그러나 지금은 실행할 의지와 감당할 재력이 있으며 이유는 더 이상 중요하지 않다. 중국 역시 무력충돌로 분쟁을 완전히 해결할 수 없다는 점을 알고 있다. 그러나 미국에 대한 전쟁 억지력을 가진다면 결국 협상으로 문제가 해결될 것으로 본다. 중국이 다른 상대국을 압도하면서 미국에 대한 전쟁 억지력을 유지할 수만 있다면 영토분쟁은 결국 중국의 뜻에 따라 해결될 개연성이 크다. 그러므로 중국은 분쟁은 멀리한 채 일단 당사국끼리 공동개발을 먼저 진행하자고 제의한다. 일견 타당해 보이나 여기에는 커다란 오류가 존재하는데 요컨대 중국을 제외한 당사국들이 대규모 자원을 개발할 자금과 능력이 없다는 점이다. 따라서 협상이 어떤 식으로 흘러도 결국은 중국이 최대지분을 가질 수밖에 없는 구조가 형성된다.

3장
태평양 독점시대를 타파하라

중국은 아태 지역은 중국과 미국 모두를 담을 만큼 크다는 입장을 드러내며 미국의 아시아 회귀를 수용하는 듯한 인상을 안겨주고 있다. 그러나 이를 역으로 해석하면 미국의 태평양 독점시대가 더 이상 유효하지 않으며 중국의 몫도 있다는 점을 에둘러 표현한 것일 수도 있다. 태평양은 미국의 것만이 아니라 중국과 미국의 이권이 교차하는 지대라는 의미다. 이 연장선에서 남중국해 문제에 관해 경제이권은 가급적 공유하고 영토주권은 최대한 방어한다는 철칙을 마련한 듯하다. 남중국해 분쟁지역인 난사군도·시사군도·중사군도 3곳을 싼사경비구로 편입해 경비대상에 포함하며 군부대를 주둔하려고 한다. 이는 실효적 지배를 통해 주권 경계선을 명확히 하겠다는 의도이며 아울러 대규모 선단을 남중국해에 파견하여 이 지역이 국외가 아닌 국내임을 세계에 각인하고 있다.

시진핑은 2013년 6월 중·미 정상회담에 주목적을 중·미관계 발전 로드맵을 계획하고 태평양을 뛰어넘는 협력을 전개하기 위해서라고 밝혔다. 그러며 중·미관계는 새로운 역사적 출발점에 놓여 있다고 선언했다. 그는 "중국과 미국은 경제 글로벌화의 신속한 발전과 동주공제(同舟共濟, 한 배를 타고 같이 건넌다는 의미)라는 객관적 수요를 직시해 역사적으로 반복된 대국충돌이라는 대항국면과는 다른 새로운 길로 나아가야 하고 쌍방은 공동으로 신형 대국관계 구성에 노력하고 상호 존중하며 원-원 협력하기로 동의한다. 국제사회는 중·미관계가 부단히 개선 발전하길 기대하고 중·미 양국의 좋은 협력관계 유지는 세계안정의 밸러스트(ballast, 바닥짐이라는 의미로 배 무게중심을 잡기 위해 바닥에 두는 물건을 지칭함)이자 세계평화의 추진기다"라고 자신에 찬 어조로 주장했다. 그러면서 노골적으로 신형 대국관계 수립을 미국에 요구하며 이를 각종 발언을 통해 누차 언급했다.

그는 중·미 신형 대국관계 건설은 천무고인(前無古人) 후계래자(後啓來子)라고 제기했는데 여기서 재미있는 점은 원래 의미는 "천무고인(前無古人) 후무래자(後無來子)"로, 즉 이전에도 이후에도 없는 전무후무(前無後無)한 일이라는 의미로 사용되는 문구이나 이 글이 너무 죽은 의미, 즉 부정적인 뜻도 담고 있다고 봐서 없다는 무(無)를 열다는 계(啓)로 바꾸어 한층 생동감 있게 바꾸고 사용했다. 달리 말해서 이전에 없던 일을 최초로 해서 후대를 위해 길을 열어준다는 긍정적 의미로 변환한 것이다. 이 의미를 한번 곱씹어보는 맛도 쏠쏠할 것 같다. 이어서 시진핑은 새로운 형세하에서 양국관계를 심층적으로 자세히 살펴야 한다고 말하며 '우리는 어떠한 중·미관계가 필요한가?' '중·미는 어떠한 협력을 진행해야 원-원을 실현할 수 있는가?' '중·미는 어떠한 제휴협력을 통해 세계평화와 발전을 촉진할 수 있는가?'라는 소위 세 가지 "어떠한"을 제기했다. 덧붙이길 이는 중·미 양국 국민이 주목하는 일일 뿐만 아니라 국제사회도 주목하는 일이라고 정의하고 양국 국민의 근본적 이익에서 출발해 인류발전 진보를 착안하고 혁신사고와 적극적 행동으로 공동으로 신형 대국관계 수립을 추진해야 한다고 주장했다. 그러면서 새로운 형세하에서 중·미관계는 진취적이고 발전적이어야 하고 중·미 협력은 개척적이고 혁신적이어야 한다고 말하며 중·미는 상호 존중하고 포용해야 한다고 주장했다. 또한 전략적 고도와 원대한 각도에서 출발해 중·미관계의 정확한 방향을 확실히 포착해 신흥 대국관계의 길로 나아가야 한다고 강조했다.

다만 중국의 전략적 요구에 대해 미국은 전술적으로 대응하며 긍정도 부정도 아닌 미지근한 반응을 보였다. 중국이 신형 대국관계, 즉 글로벌 질서재편과 같은 세기적 화두를 던지자 미국은 사이버 안전과 같은 소소한 주제로 방향을 돌리며 깊은 논의를 회피하며 정상회담의 격이 일순간 국장급으로 떨어졌다. 그러면서도 아마 각자 원하는 봐는 이뤘을 것이다. 사실 신형 대국관계 수립이 1~2년 만에 이루어지는 것은 아니며 긴 시간을 두고 각자의 역량조정을 통해 자연스럽게 형성되는 일이다. 즉, 일단 미 대통령의 면전에서 신흥 대국관계 수립을 공식적으로 요구했다는 그 자체만으로 중국은 이미 원하는 바를 이룬 것이고 미국도 이 문제에 대한 진지한 협의가 아닌 말을 듣는 것으로 선방하며 뜨거운 감자를 뒤로 미뤘다. 물론 테이블 밑에서는 좀 더 구체적인 말이 오갔을 것으로 생각한다.

문제는 우리는 우리의 관점에서 이를 접근해야 한다는 점이다. 파격적 회담이라는 수식어를 남발하며 21세기 헤게모니 재편과 새로운 질서에 대한 심층 분석은 외면한 채 노 넥타이, 회담시간, 마오타이주 등 가십거리에 열을 올리고 사이버안전과 같은 시시콜콜한 문제를 부각해서는 안 된다. 그리고 비록 한국의 최대 현안일 수도 있지만 북한 비핵화에 관한 중·미의 의견일치에 너무 흥분해서도 안 된다. 전혀 새로운 일이 아니며 다시 한번 확인하는 정도에 불과하다. 이는 중·미가 모두 일관되게 주장하는 것으로 중국은 한반도 비핵화를 기본지침으로 삼고 있고 미국도 같은 포지션을 택한다. 아마 한반도에 관해 중국과 미국이 유일하게 완벽한 의견 일치를 보는 분야가 바로 한반도 비핵화일 것이다. 그러므로 본질과 흐름을 놓치지 말고 큰 그림 속에서 움직임을 따라가길 바란다. 양국은 지금 21세기 새로운 질서를 놓고 주거나 받거나 하고 있으며 한반도는 그 틀 속에 끼어 있다. 따라서 그들이 말하는 것이 아니라 말하지 않는 것에 관심을 가지며 주도는 못 하더라도 소외되지는 말아야 한다.

이쯤에서 중국에 대한 브레진스키의 평을 잠깐 살펴보자. 그는 『제국의 선택』에서 이미 "오늘날 중국은 과거 대영제국을 시기하고 프랑스에 호전적이었으며 러시아를 경멸하던 독일제국을 연상하게 한다. 중국은 아시아에서 미국의 역할에 점점 실용적으로 대응하지만 일본에 대해 신경질적이고 인도에는 은혜를 베푸는 듯 거들먹거리며 러시아에 대해서는 거만한 태도를 보인다"고 분석했다. 오늘날 이 국가들이 중국에 가지는 우려를 정확히 묘사한 것이다. 그리고 일본에 대해서는 "중국은 일본이 아시아의 영국처럼 변화되는 상황을 곤혹스럽게 바라본다. 외교정책상 중국 지도부의 관심은 일본의 군사력 증강이 얼마나 역동적이고 정치적으로 공격적이며 국제적으로 야심만만하게 전개될 것인지 그러한 군사력 증강이 미국과의 연계로 얼마만큼 제어될 것인지에 집중한다"고 논평했다. 이 역시 현 동북아 정세 속의 중·미·일 삼국의 관계를 비교적 정확히 짚어낸 것이다. 대륙세력인 중국은 이제 육지라는 좁은 울타리를 벗어나 더 넓은 해양으로 나아가려고 하고 해양세력인 미국과 일본은 이를 적극적으로 제어하려고 한다. 중국은 자원과 에너지 루트 확보라는 현실적 필요성에 더해 육지와 해양으로 모두 뻗어나가지 못하면 또다시 19~20세기 역사적 치욕을 반복할 수 있다는 강박관념을 가지고 있다. 19세기 이전까지 대륙세력이라는 말은 영광의 상징이었지만 21세기 중국은 이를 자아폐쇄와 비슷하게 받아들인다. 그리고 옛 중국 몰락 주원인으로 대항해시대 실기(失機)를 들고 있다. 그래서 태평양으로 더 깊숙이 전진하는 중국의 움직임은 필연이며 마찰은 피할 수 없다.

미국은 중국의 제해권 확보 전략을 3단계로 나누어 접근하고 있는데 첫 단계로는 중국이 2000년부터 2010년까지 제1라인에 대한 제해권을 확립했다고 진단한다. 다음으로 2010년부터 2020년 기간을 2단계로 보고 제2라인에 대한 제해권을 노릴 것으로 예측하며 마지막 단계로 2020년에서 2040년까지 태평양과 인도양에 대한 미군의 지배를 종식시키기 위해 노력할 것이라고 주장한다. 이어서 덧붙이길 최일선에 항공모함이 자리 잡고 있을 것 같다고 전망한다. 이런 미국의 시각이 반영되어 2012년 3월 미국의 아시아 전략배치에 새로운 움직임이 감지됐다. 애시턴 카터(Ashton Carter) 미 국방부 부장관은 앞으로 몇 년 사이에 미 해군의 군함 60%를 아태지역에 배치할 것이라고 밝혔는데 그는 태평양 배치함정을 기존 52%

에서 60%까지 증대할 것이라고 말하며 항공모함 1척을 추가 파병하여 아태지역에서 총 6척의 항공모함을 운용하게 될 것이라고 내다봤다. 이에 발맞추어 아태지역에서 미 육군과 해병 역시 강화될 것이고 이 지역에 배치된 미군 수는 증축만 있을 것이라고 피력했다.

21세기 들어 당파와 인물에 관계없이 미국은 일관된 기조로 글로벌 군사배치를 조정하며 미 해군의 작전중심을 인도양과 아태지역으로 이동하고 있다. 부시 행정부 당시 제기된 조정 목표는 공격형 잠수함의 60%를 아태지역으로 이동하고 항공모함 11척 가운데 6척을 아태지역에 배치하는 것으로 오바마 행정부에서 이 목표는 대체로 완료됐다. 그 외에 탄도미사일을 탑재한 14척의 핵잠수함 가운데 8척을 아태지역에 배치한 상태로 이는 미 핵잠수함 전력의 60%에 달하는 규모로 미 해군 전력의 절반 이상이 아태지역으로 집결하고 있다고 봐도 과언이 아니다. 이에 대해 중국은 직접적 대응을 자제한 채 육로를 통해 인도양에서 돌파구를 찾으려고 한다. 덩달아 태평양에 전력을 전개하기에는 분명한 격차가 존재하며 치킨게임으로 비쳐 스스로 퇴로를 끊어버리는 우를 범할 가능성이 높기 때문이다. 미국의 천라지망을 만천과해(瞞天過海)의 계로 넘겨버리는 것으로 해석할 수 있다. 태평양에 대한 미 지배력은 초월적이며 이에 도전할 만한 나라는 아직 지구상에 없다. 그나마 인도양은 약간 움직일 여지가 있다. 지정학적으로 태평양과 인도양을 연결하는 통로에 다수의 국가들이 복잡하게 뒤엉켜 있어 아무리 미국이라도 제집 안마당인 양 거침없이 헤집기에는 여러모로 불편한 점이 많다. 당장 중국의 대항마로 키우고 있는 인도만 해도 자신이 인도양의 종주국이라는 생각하며 미 해군의 공격적 배치에 경계심을 드러낸다.

중국은 미국이 국방비를 삭감하는 와중에서도 아태지역에 1척의 항공모함을 추가 파병하고 전력배치를 강화하는 것에 우려를 표하며 이런 움직임이 중국을 겨냥하고 있는 것이 아닌지 예의주시하고 있다. 그리고 이런 중국의 의심이 지나치다고 꼭 단정할 수만은 없는데 실제로 미 군사력이 속속 아태지역으로 모여들고 있으며 아시아 회귀와 더불어 진행되고 있는 미군의 입체적 배치와 우방국들과의 다양한 연계는 아태지역 내 힘의 균형을 새롭게 재편하고 있다. 미국은 글로벌 미군배치에 있어 중동과 아태지역을 양대 중점지역으로 보고 이를 연결하는 인도양을 핵심라인으로 삼고 있다. 이런 미군의 움직임에 인도는 안도와 우려가 교차된 눈길로 바라보고 있다. 인도는 영국에서 독립한 이후 늘 지역 대국을 넘어 글로벌 대국으로 부상하려는, 즉 글로벌 주요 행위자로 인정받고자 하는 욕망을 품었고 중국은 야심찬 인도가 자신의 글로벌 부상에 방해요인으로 작용할 것을 걱정해 인도를 남부아시아 한 귀퉁이에 주저앉히려고 했다. 이런 상황에서 인도는 우선 인도양에서 주도권을 잡고 차후에 태평양과 대서양 양쪽으로 진출하려 하며 그 맥락에서 2013년 3월 인도 핵잠수함 차크라가 남중국해 주변을 훅 돌아보고 간 것이다. 당시 인민해방군이 낌새조차 알아채지 못한 사실이 드러나 중국 군부를 충격에 빠뜨렸다. 그러므로 미국의 호주 배치도 꼭 중국만을 상정해 보지 말고 여러 각도로 살펴봐야 한다. 중국의 인도양 진출을 막고 태평양을 굳히는 동시에 인도의 인도양 제해권 장악을 저지하는 포석일 수도 있으며 이에 더해 중동에 대한 신속한 대응을 염두에 둔 조치일 수도 있다. 더 멀리

보면 호주의 친중 기류를 견제하는 역할도 고려했을 것 같다. 아시아 어느 국가도 인정하지 않지만 호주는 자신이 아시아 국가가 될 수도 있다고 생각한다.

심지어 미국은 옛 적국인 베트남과도 군사훈련을 하며 중국을 가일층 압박한다. 중국보다는 덜 하지만 러시아 역시 미국에 대한 불편한 기색을 감추지 않으며 중국과 연계를 통해 운신의 폭을 넓히려고 한다. 이들은 미국이 테러리스트 도발과 해상로 안전을 이유로 각종 연합훈련을 하듯이 같은 까닭을 내세우며 연합 해상훈련을 벌이고 있다. 두 진영 모두 적기 출현을 전제로 훈련 매뉴얼을 짜고 있는데 솔직히 말해 테러리스트들이 전투기를 몰고 상선을 납치할 가능성은 길 가다 벼락에 맞은 확률보다 낮다. 만에 하나 벼락에 맞는 일이 있더라도 전투기가 상선에 제대로 착륙할 수 있을지도 의문시된다. 덧붙이자면 현 단계에서 중국과 러시아의 연합작전 능력은 제대로 갖추어지지 않은 것 같다. 마치 생소한 이들이 처음 만난 것처럼 밍밍한 상태이며 광범위하게 심도 있는 작전을 수행하기에는 어쩐지 어긋난 느낌조차 든다. 아직은 발을 맞추어 보는 단계로 실전보다는 대외 과시용 성격이 더 강하며 적어도 10년 정도 서로 손발을 맞춰야 해양세력에 대항하는 진용이 갖춰질 것 같다. 현재는 1+1이 3이 되기보다 서로 구축해 1.5로 떨어지는 단계로 시너지 효과는 아직 먼 이야기처럼 느껴진다. 그러므로 중·러 양국은 2020년 이전까지는 작전영역을 명확히 배분해 따로 움직여야 하며 그 이후 점점 중첩 영역을 늘리는 방향으로 나아가야 할 것이다. 실전에서는 미국과 영국처럼 수십 년 연합작전을 수행한 국가일지라도 자주 팀킬 현상이 발생하는 곳이 전장이다.

누구나 인정하듯이 아시아는 전 세계에서 가장 활력이 넘치고 미국의 이권도 많이 걸려 있는 지역이며 현재도 충분히 크지만 장래는 한층 더 거대해질 지대다. 그래서 미국은 지역 우방국들을 결집하면서 큰 그림을 그려가고 있다. 미 해군은 앞으로 2년 사이 진주만에 배치한 19척의 잠수함에 더해 5척의 신형 잠수함을 추가할 계획이며 이 가운데는 공격형 핵잠수함 2척도 포함된다. 미 해군은 근 10년이라는 시간을 두면서 공격형 핵잠수함 부대를 대서양에서 태평양으로 이동 배치하고 있는데 이런 전력배치는 2006년 발표한 「4개년 국방평가보고」의 중요내용이기도 하다. 이 보고서는 2010년 말까지 공격형 잠수함 60%를 태평양함대로 배치할 것을 제시하며 미국은 아태지역 국가들이 잠수함 부대를 대폭 확장하는 것에 대응해 해당지역에 더 많은 공격형 핵잠수함을 배치하여 반잠작전능력을 강화해야 한다고 제시하고 있다. 이렇게 된다면 총 20척의 버지니아급 잠수함이 아태지역에 배치되게 된다.

비록 미 해군이 북한, 이란 등의 디젤 잠수함에 대응하고 태평양 라인 주위에 배치된 180척의 타국 잠수함을 방비하기 위해 공격형 핵잠수함 배치를 강화하고 있다고 주장하지만 우리는 중국과 러시아가 진짜 목표임을 알고 있다. 사실 공격형 핵잠수함의 최우선 임무는 반잠으로 적의 전략 핵잠수함 사냥을 중시한다. 그러나 미국 이외에 아태지역에서 전략 핵잠수함을 가진 국가는 러시아와 중국이 유일하다. 근본적으로 미 해군의 전술배치와 타깃이 엇갈리는 상황으로 조금만 생각하면 알 수 있는 점을 중국이 간파하지 못했다고 믿기는 힘들다. 참고로 중국의 전략 핵잠수함은 상대적으로 북해함대에 집중 배치되어 있다. 간혹 미 전력이 서해로 깊숙이 전진하는 것이 어선의 밥인 북한 디젤잠수함을 쫓는 것인지 요란한 중국의 전략 핵잠수함을 잡으려는 것인지 당사자가 아니라면 정확히 알 길은 없다.

중국은 아직 인정하지 않고 있지만 미국은 중국이 몇 척의 진급 신형 전략 핵잠수함을 보유하고 있다고 추측한다. 이 신형 잠수함은 저음운영 능력과 원양능력이 대폭 개선된 형태로 개량형 탄도미사일을 탑재하여 미 본토를 타격할 수 있다고 판단하고 사전에 치밀한 대비가 필요하다고 생각한다. 이에 대응해 중국 역시 2013년 랴오닝함 정박지를 칭다오로 옮겼다. 2013년 4월 송학 중국 해군 부참모장은 랴오닝함이 어느 함대에도 속하지 않고 해군의 직접지휘 관할 아래 있다고 밝혔는데 이는 북해, 동해, 남해 함대 간 주도권 다툼에 따른 결과이든가 혹은 지역을 가리지 않고 랴오닝함을 전략적으로 운용하겠다는 내심을 드러낸 말이다. 사실 2010년과 2012년 조지워싱턴호의 서해진입은 북한보다 중국에 더 큰 트라우마를 남기며 1996년 대만해협 사태 당시의 좌절감을 떠올리게 했다. 그래서 연례행사가 될지 모르는 미 항공모함의 서해진입에 대응하는 움직임을 보임과 더불어 한미 연합훈련을 견제하는 동시에 일본에는 더 이상 조어도 분쟁을 묵과하지 않겠다는 다중 시그널을 던진 셈이다.

그리고 2013년 6월 개최된 제12차 아시아 안보회의(일명 샹그릴라 대화)에서 중국 측은 미국의 200해리 배타적 경제수역 내에서 움직임을 전개했다는 점을 확인하며 해양 전략이 중대한 변곡점에 있음을 여실히 드러냈다. 중국은 국제관례에 따라 이루어진 일이라고 이런 거동을 평가절하하고 있지만 이는 중국의 근해방어 전략이 필연적으로 결정지어진 것은 아니라는 점을 반영한다. 미국이 중국의 배타적 경제수역에서 항행권을 행사한다면 중국 역시 미국의 배타적 경제수역에서 항행권을 행사할 수 있다는 사실을 워싱턴에 시위한 것으로 중국은 그동안 미 군함이 빈번히 자신의 배타적 경제수역에 드나드는 것을 불편해하며 이건 미국의 봉쇄 전략의 일환이라고 주장했다. 서태평양의 전초기지인 괌, 하와이 등에서 중국해군이 작전을 전개하기는 아직 이른 감이 있지만 잠수함을 이용해 미 해군의 주의력을 분산시킬 수는 있을 것 같다. 미국이 중국의 경제구역에서 통행권을 행사한다면 중국 역시 미국의 경제구역에서 통행권을 행사할 수 있다는 점을 시위할 수 있다. 중국은 2013년 5월 북해함대 함정 3척이 미야코 해협을 통과해 서태평양에 진입한 사실을 대대적으로 보도했는데 이는 남해에서 어슬렁거리는 핵 항공모함 니미츠호를 차단할 수 있다는 점을 간접적으로 암시하기 위해서인 것 같다.

미국의 귀환과 아울러 러시아의 눈길도 점점 동으로 이동하고 있다. 지난 70~80년대 구소련의 태평양함대는 700여 척의 군함을 보유한 제2의 함대로 미 해군의 태평양 독식을 막는 첨병 역할을 톡톡히 했다. 그러던 것이 90년대 소련해체와 더불어 전력이 거의 두 동강 났고 지금은 400여 척으로 힘겹게 버티며 방어형으로 함대성격을 전환했다. 그럼에도 우리는 이 함대의 역량을 평가절하하지 말아야 한다. 푸틴의 말처럼 태평양 함대는 러시아 해군뿐만 아니라 러시아 전체 국방력에서 특수한 지위를 차지하고 있으며 러시아의 키워드가 '동쪽'으로 변한 현재, 빠르게 과거의 영광을 회복하고 있다. 러시아는 소련붕괴와 경제개혁 충격 속에서 어느 정도 안정을 찾으며 점점 군사력을 챙긴다. 여태껏 러시아는 제조 무기의 95% 정도를 수출하고 5%만 국내로 돌리며 무기를 생존수단이 아닌 달러벌이 수단으로 만들었다. 그 결과 군대의 장비체계는 갈수록 피폐해졌고 안 그래도 사기가 잔뜩 떨어진 붉은 군대를 한층 웅크리게 만들었다. 이런 상황이 최근 변화될 징조를 드러내고 있다. 우선 러시아 정부는 무기 업그레이드에 20조 루블을 투입할 예정인데 푸틴 스스로도 이는 놀랄 만한 액수라고 밝히고 있다. 참고로 2010년 러시아 군비는 587억 달러로 20조 루블은 6,300억 달러 정도로 한 해 국방비의 11배에 해당하는 규모다. 러시아 해군은 그 가운데 1/4인 5조 루블(약 1,600억 달러)가량의 예산을 따냈으며 이를 토대로 앞으로 3년 동안 50여 척의 함정을 추가로 배치할 계획이다. 구체적으로 2016년 이전에 18척의 전투함과 6척의 다목적 잠수함 및 핵잠수함이 해군에 복역할 것이고 그 외 30척의 호위함과 특수함정도 배치될 전망이다. 이어서 2020년까지 해군의 최신 장비비율을 70%까지 끌어올릴 생각이다.

이렇듯 미국의 아시아 회귀와 일본의 좌충우돌, 중국의 해양력 부상과 러시아의 재무장이라는 예사롭지 않은 정세 속에서 한국의 제주도 해군기지 건설은 분명 필요하다. 지금은 자연보호와 생존권을 놓고 서로 난상토론을 벌일 때가 아니다. 그보다는 제주도에 들어갈 해군전력이 충분히 갖추어져 있는지를 자문자답해야 한다. 만약 주차할 차조차 없으면서 자신의 돈으로 공공 주차장 공사나 하는 멍청한 일을 벌이고 있다면 확실히 문제다. 그리고 그 창끝이 향하는 방향을 군이 지정할 필요는 없다고 생각한다. 객이 현실감각을 잃은 채 너무 질주하면 돌아오는 것은 매밖에 없다. 미국은 중국의 태평양 진출 억제 역할을 한국과 일본이 주도적으로 떠맡기를 바란다. 덤으로 러시아까지 견제해주면 금상첨화라고 생각한다. 그래서 일본의 등을 떠밀고 한국을 다독이며 큰 틀에서 보조를 맞추길 요구한다. 우방국 간 극히 민감한 주제에 관해서는 원론적 입장만 내놓는 미국이 한일정보보호협정 체결만은 등 떠밀듯이 채근한다. 재주는 곰이 부리고 돈은 엉클 톰이 버는 국면이다. 이 과정에서 1차 방어선의 주축인 일본과 전진기지인 한국이 심각한 타격을 받거나 또는 괴멸되더라도 이는 전략적 선택결과라고 여긴다. 그 대상이 누구이든 상대방도 이에 상응하는 피해를 당할 것이기 때문이다. 그렇다면 21세기에도 태평양 앞바다에서 미국을 저지할 해양세력은 사라지게 된다.

4장
해양이 바로 경제이고 생존이다

중국은 조선 대국에서 조선 강국으로 부상하려 하며 해양은 더 이상 대륙과 멀리 떨어져 있지 않다. 중국의 두 눈은 하늘을 향하고 두 팔은 해양의 물살을 가르며 두 다리는 대륙에 굳건히 뿌리내리고 있다. 중국은 전방위로 발전하고 있다. 웅크리며 나아가지 못하면 퇴보한다는 점을 잘 알고 있다.

중국 정부는 「해양경제발전 "12차 5개년" 규획」이라는 청사진을 제시하며 본격적으로 해양경제의 닻을 올리고 있다. 중국 정부는 전체 해양을 북부·동부·남부 3개 해양경제권으로 나누어 각 경제권의 특색에 맞는 발전을 이룰 생각인데 그 가운데 북부 해양경제권은 요동반도, 환발해와 산동반도들을 포함한 북방지역의 대외개방 플랫폼이자 동북아의 중요 국제해운센터 역할을 수행한다. 게다가 여기에 대련을 중심으로 한 해양공정 장비제조기지를 조성하려 한다. 이어 동부 해양경제권은 아태지역의 중요 국제관문으로 주 삼각지역과 연계해 발전하며 그 밑의 남부 해양경제권은 가장 넓은 범위를 가진 구역으로 풍부한 자원과 더불어 전략적으로 중요한 의의를 가진다. 2010년 중국 해양생산총액의 88%가 환 발해·장삼각·주삼각 이 세 지역에서 실현된 것을 보면 이들을 중국 해양의 트로이카라고 봐도 과언이 아니다. 중국 해양경제는 2006～2010년 사이 연평균 13.5% 성장하며 전체 경제성장률을 상회했다. 2010년 중국의 해양 생산총액은 4조 위안 정도로 2005년 대비 2배 이상 증가했으며 국내총생산(GDP)에서 차지하는 비중도 9.9%에 달한다. 이는 미약하나마 5년 전보다 0.3%포인트 상승한 수치지만 2012년 다시 9.6%로 떨어지며 제자리걸음을 한 것으로 나타났다. 다만 절대적 규모는 5조 위안을 돌파하며 계속 성장하고 있다. 또한 해양 관련 종사자 수는 3,350만 명에 이르는데 이는 해양경제가 중국 경제의 중요한 버팀목임을 직설적으로 말해준다.

중국 국가해양국이 발표한 「2012년 중국 해양경제 통계공보」에 따르면 2012년 중국 해양산업 부가가치는 2조 9,397억 위안이며 해양 관련 산업 부가가치는 2조 690억 위안에 달하는 것으로 조사됐다. 총 5조 위안가량인 해양경제를 1, 2, 3차 산업으로 나누어 집계해보면 일차와 이차산업이 2,683억 위안과 2조 2,982억 위안이고 삼차산업이 2조 4,422억 위안을 기록한 것으로 나타났다. 또한 이들이 해양 총생산액에서 차지하는 비중은 각각 5.3%와 45.9%, 48.8%인 것으로 집계됐으며 구역별로는 환발해지역이 1조 8,078억 위안(점유율 36.1%)으로 중국 최대 해양경제권이고 장삼각과 주삼각 지역은 각각 1조 5,640억 위안(점유율 31.2%)과 9,928억 위안(점유율 19.8%)을 기록하며 선두를 뒤쫓고 있다. 이어서 2013년 5월에는 「중국해양경제발전보고(2013)」를 발표하며 2030년 중국의 해양경제 규모가 20조 위안 넘어서며 GDP 대비 15% 이상을 기록할 것으로 전망했다. 이 보고서는 2015～2030년 중국 해양경제가 여전히 성장기에 놓일 것이며 성숙기로 나아갈 것이라고 예상하며 성장방식도 집약형으로 전환되고 해양자원 이용률도 대폭 상승할 것이라고 진단하고 있다. 앞으로 중국 해양경제는 8% 전후의 성장률을 보일 것이며 2020년 GDP 대비 해양생산 총액이 12%를 찍고 2030년에는 15%를 초과할 것으로 전망했다. 그리고 2030년 이후 중국 해양경제는 성숙기로 진입할 것이라고 말한다.

중국은 글로벌 경쟁국면에 맞추어 해양산업을 최적화하고 있는데 한편으론 전통적인 해양산업을 업그레이드하고 다른 한편으론 해양약품, 해양 생물제품, 해양 신재료, 해수담화 등 신흥 해양산업을 중점적으로 육성하고 있다. 또한 신에너지 전략의 연장선에서 해상풍력과 그 밖의 해양재생에너지 발전을 가속화하고 있다. 일례로 2010년 해양 재생에너지 부가가치는 40억 위안으로 2005년 대비 3배 정도 늘었다. 이런 노력이 결실을 얻는다면 2010년 현재 1.6%에 불과한 신흥 해양산업 점유율(해양생산총액 대비)은 2015년에 3% 이상으로 높아지게 된다. 다만 방향, 즉 선을 크기, 즉 면적으로 보는 우는 범하지 말아야 한다. 달리 말하면 신흥 해양산업은 2015년에도 여전히 인큐베이터상태일 것이며 2020년 이후에야 어렴풋이 골격이 갖추어지고 2030년 이후에야 산업적 면모를 보일 것이라는 의미다.

또한 중국 부상에 발맞추어 글로벌 해양산업에서 중국의 영향력은 향상되고 있다. 중국은 2010년 말 현재 연 물동량이 1억 톤 이상 항구를 20여 개 보유하고 있고 7년 연속으로 글로벌 최대 화물 물동량을 기록했다. 게다가 2010년 이미 세계 최대 조선국으로 떠올랐고 169개 국가와 지역에 제조선박을 수출하고 있다. 여기에 더해 해양 양식업과 원양어업, 해양 수산물 가공업 분야도 차츰 두각을 나타낸다. 이런 기조를 타고 항만설비도 점점 대형화, 규모화, 전문화되고 있다. 예컨대 2010년 연해 항구의 천 톤 이상급 버드(birth) 용량은 55억 톤으로 2005년 말보다 30억 톤 증가했고 버드 수도 661개에서 1,774개로 3배 가까이 늘었다. 덧붙여 해양오일가스 산업도 나날이 그 중요성을 더하고 있다. 2010년 중국의 해양오일가스 생산량은 5,000만 TOE를 넘어서며 생산대국의 반열에 올랐다. 한편 중국은 2015년까지 해양 석유탐사 매장량을 10억~12억 톤 늘리고 해상 천연가스탐사 매장량을 4,000억~5,000억㎥ 추가할 계획이며 해상오일가스 생산량도 6,000만 TOE로 높일 생각이다. 또한 연해 액화천연가스 접안능력과 수송 파이프라인 건설을 강화하고 이의 비축주기와 배분능력을 향상할 계획이다.

이 같은 그림에서 중국은 연 8%의 해양경제 성장률을 제시하며 2015년에는 국내총생산 대비 해양경제 비중을 10%로 만들 생각이다. 추가로 250만 명의 일자리를 창출하여 해양경제 인구를 3,600만 명 이상으로 높일 것이며 R&D 투입을 확대하여 1.4% 수준인 관련 비중을 2%까지 높일 계획이다. 이어서 2015년 해양 과학기술 연구 성과의 상업화 비율을 50% 이상으로 높이고 해양기술의 해양경제 공헌도를 60% 이상으로 확대할 생각이다. 또한 해양생태계 보호를 위해 80개 정도의 해양보호구를 추가로 지정하고 2015년까지 관할 면적 대비 해양보호구역면적을 3%로 높일 생각이다.

그림 조선과 해양장비 분야를 통해 중국의 해양경제 역량을 점검해보자. 2010년 중국의 조선 분야 매출과 선박수출액은 6,000억 위안과 400억 달러를 돌파하며 전체 공업부가가치의 24%를 차지했다. 여기에 더해 중국은 2015년 매출 1.2조 위안, 선박수출 800억 달러 달성을 목표로 삼고 이를 실현하기 위해 매출액 대비 R&D 비중을 2% 이상으로 하고 산업구조 최적화로 환발해·장삼각·주삼 각 3개 지역을 글로벌 조선기지로 만들 계획이다. 기업 측면으로는 M&A와 구조조정으로 업종집중도를 높일 생각이며 상위 10대 조선업체 시장점유율을 70% 이상으로 하고 글로벌 10대 조선업체 절반 이상을 독차지할 꿈을 꾸고 있다.

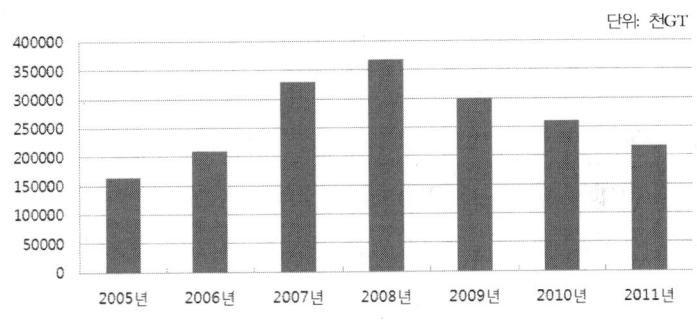

연도별 수주잔량(上)

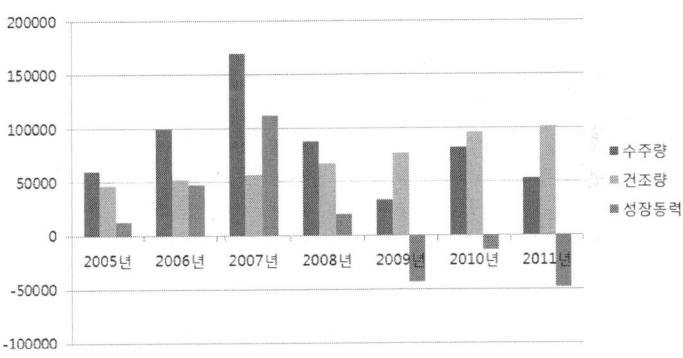

수주량, 건조량 및 추가 성장동력(下)
자료원천: 일본조선공업회(SAJ) Shipbuilding Statistic 자료정리

<그림 1> 글로벌 조선시장 현황

<그림 1>은 글로벌 조선시장 현황을 살펴본 것으로 상단의 그림은 연도별 수주잔량 추이를 나타낸다. 그래프를 통해 우리는 2008년을 기점으로 되돌림 현상이 벌어짐을 살펴볼 수 있다. 성장이 아닌 퇴보를 보이며 2011년 수주잔량이 2006년 수준으로 축소했다. 문제는 현재보다 다가올 미래가 더 암울하다는 점으로 연도별 수주량·건조량·성장동력을 분석해보면 그 까닭을 알 수 있다. 조선업계로 보면 수주량이 건조량을 2배 넘어서는 2007년과 같은 모습이 이상적이나 현실은 기대처럼 흐르지 않는다. 2007년 이후 수주량이 뚝 떨어지면서 2009년부터는 수주량과 건조량이 역전됐고 지금은 성장동력 하락을 넘어 잠식단계로 나아가고 있다. 2015년까지는 힘든 시기를 보낼 것이고 실물경제가 살아나지 않는 한 만성적 침체에 빠질 수도 있다. 즉, 이 사이에 경기가 확 살아나지 않는다면 세계 10대 조선업체라는 말보다 5대 조선업체라는 말이 더 친숙하게 들릴 것이다. 게다가 조선업 불황에 따른 충격강도는 일본과 중국보다 한국이 더 클 것으로 전망한다. 2011년 기준으로 일본은 수주잔량의 41.9%가 자국물량이고 중국도 자국물량이 26.4%나 되지만 한국의 경우 그리스 물량이 21.6%로 가장 높고 그다음이 독일(9.1%), 덴마크(7.4%), 한국(7.0%) 순이다. 세계 조선업계에 퍼펙트 스톰이 불어온다면 일본은 대피하고 중국은 휘청거리며 한국은 난파된다.

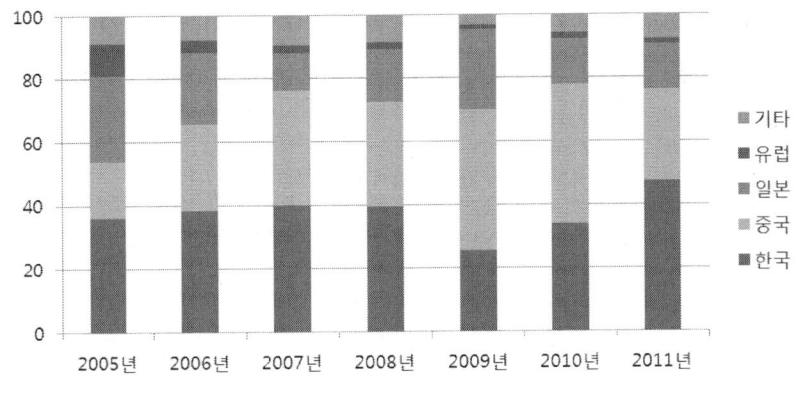

국가와 지역별 수주량 점유율(上)

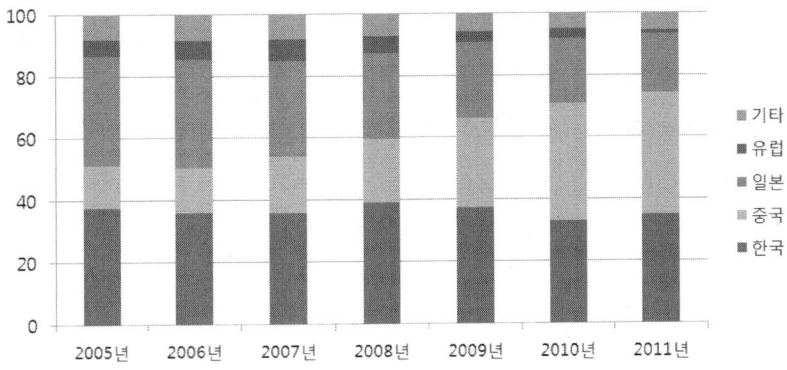

국가와 지역별 건조량 점유율(下)
자료원찬: 일본조선공업회(SAJ) Shipbuilding Statistic 자료정리

<그림 2> 국가와 지역별 수주량과 건조량 점유율

　　앞서 논의를 좀 더 진행하기 위해 주요 지역의 수주량과 건조량 점유율을 살펴보자(<그림 2> 참조). 한·중·일 세 나라로 압축해서 조선업상태를 정의하면 한국의 성숙, 일본의 퇴조, 중국의 약진으로 말할 수 있다. 중국의 성장세는 눈부실 정도인데 2010년 기준으로 수주량과 건조량 점유율이 5년 전보다 각각 2.5배와 2.7배 늘

어났다. 2011년 수주량이 뚝 떨어지며 44%에서 29%로 추락했지만 건조량 점유율은 38%가량을 보이며 2010년에 이어 세계 최대 조선 대국 지위를 유지했다. 그럼에도 조선 강국과는 일정한 거리가 있는데 이는 수주잔량 선박구조를 보면 바로 알 수 있다. 한국은 컨테이너 선박이 약 40%로 가장 높고 다음은 원유탱크선(14.1%), 벌크선(13.8%), LNG(11.3%), 석유화학 제품용(4.2%) 순이다. 반면, 중국은 벌크선이 절반을 차지하고 컨테이너와 원유탱크선은 15%와 8% 정도에 불과하며 LNG와 LPG 선은 2% 이내이다. 크루즈, LNG, 드릴십 등 고부가가치 선박보다는 벌크선, 컨테이너, 일반화물선 등 노동집약적 선박이 주류를 이룬다. 중국도 이런 점을 뼈저리게 인식하며 돌파구 마련에 분주하다. 우선 2015년까지 과거 5년보다 부가가치율을 3%포인트 상향하고 노동생산성도 15% 높일 계획이다. 또한 중대형 기업의 ERP보급률을 80%로 만들고 디지털설계 보급률을 85%로 확대할 생각이다. 부속설비 분야도 적극 발전시켜 매출 3,000억 위안을 실현하고 선박엔진과 갑판기계 부문에서 매출 100억 위안 규모 업체를 5∼10개 정도 육성하려고 한다. 아울러 주요 선박설비 제조기술을 세계 일류 수준으로 높일 생각이다.

조선에 이어 해양장비 분야를 한번 살펴보자. 21세기는 해양의 세기로 세계 각국이 해양자원 개발에 나서고 있다. 중국은 앞으로 5∼10년을 관건기로 보고 있으며 2015년까지 국제 경쟁력을 갖춘 5개 전후의 대형업체를 육성하고 매출 2,000억 위안을 달성할 계획이다. 해양유전가스 개발장비 분야는 세계 시장점유율을 20%까지 높일 생각이다. 2020년에는 매출 4,000억 위안을 실현하고 세계 시장점유율은 35% 이상을 목표로 한다. 3개 산업단지 단독으로 2015년

400억 위안 매출액을 달성하고 2020년에는 800억 위안 이상을 실현할 계획이며 2015년 핵심시스템과 부품의 국산화를 30% 이상, 2020년에는 50% 이상으로 높일 생각이다. 대외진출(走出去)과 기술도입(引进来) 역시 적극 추진할 생각이다.

그리고 국내외 해양자원 개발 수요에 맞추어 3,000m 심해 장비의 핵심기술을 확보하고 해양유전가스를 필두로 한 해양광산 자원 개발장비를 적극 발전시킬 생각이다. 해양 풍력발전 공정장비를 대표로 한 해양재생에너지 장비를 전면 추진하고 해수담화와 종합이용 장비를 대표로 한 해양화학자원 개발장비의 산업화와 각종 해양 에너지와 Gas Hydrate, 해저금속 광산개발장비 관련 산업을 육성할 계획이다. 산업화 규모와 기술 수준 향상을 가속화하고 산업 클러스터를 개선하여 중국 해양공업 장비제조업의 빠른 발전을 실현하려 한다. 또한 해양광산자원 개발과 해양유전 가스개발 분야를 중점으로 반잠수식 시추장비와 플랫폼, 시추선, 탐사선, 해양채굴 설비 및 관련 시스템들을 적극 발전시킬 생각이다. Gas Hydrate와 해저금속 광산자원 개발의 사전 연구와 기술확보 방안을 적극 찾고 있다. 이렇듯 중국은 거대한 해양경제에 눈을 돌리고 있으며 그들의 미래가 해양에도 존재함을 깊게 인식한다.

5장
북극항로와 북극해를 쟁탈하라

북극을 향한 각국의 관심이 뜨거워질수록 북극은 빠르게 바다로 녹아들어 가고 세계의 바닷길은 일대 격변을 겪게 될 것이다. 우리는 이 전환의 물결 속에서 오성홍기를 휘날리며 나아가는 중국호를 수시로 관찰하게 된다.

북극자원 규모와 개발 가능성에 대한 넓은 합의는 아직 이루어지지 않은 상태다. 혹자는 전 세계 석유와 가스매장량의 1/4 정도가 북극에 묻혀 있다고 주장하지만 이는 단편적인 자료에 기반을 둔 것으로 누구도 객관적이고 포괄적인 자료를 내놓지 못하고 있다. 북극은 여전히 현실적 사실보다는 그럴듯한 가능성의 대지인 셈이다. 그럼에도 전 세계가 북극을 주목하는 까닭은 북극 인근에서 활발히 자원채굴이 일어나고 있기 때문이다. 현재 전 세계 석유생산량의 10% 내외가 북극해에서 발생하고 다국적 석유회사는 곳곳에 빨대를 꽂고 있다. 북극은 석유, 가스 이외에 광물질도 풍부하게 산재된 것으로 알려진다. 알루미늄·구리·철광석 이외에 다이아몬드·금·은·플래티늄과 같은 값어치가 높은 광물과, 인듐·텔루

륨과 같은 희귀광물도 대거 매장되어 있다.

북극은 항로확보 면에서도 상당한 가치가 있다. 북극항로가 일단 개통되면 유럽, 아시아, 북미의 거리가 더욱 단축되어 기존 항로에 대한 부담이 경감된다. 글로벌 항로에 지각변동이 일어나 국제 분업과 산업배치에 변화가 발생하고 이는 중국 연해지역 분업과 경제발전 전략배치에 영향을 미친다. 운송대혁명이 일어나면서 국가의 흥망성쇠가 뒤흔들리게 된다. 북극항로를 타면 부산에서 로테르담까지 14일이 소요되지만 수에즈항로를 이용할 경우 24일이 소요된다. 러시아가 시베리아를 개발하고 중국이 북한과 연계하여 동북지역에 투자를 강화하고 일본이 호시탐탐 양 지대를 노리는 것도 자원 이외에 물류 주도권 확보라는 측면도 강하다. 순조롭게 평화협력 구도가 마련되면 한반도는 21세기 물류의 중심이 될 수 있다.

아직은 가능성 타진에 머물러 있지만 20~30년이 흐르면 미국과 캐나다, 러시아, 중국, 한국과 일본 등이 북극항로 개발을 두고 치열한 경쟁을 벌일 것이다. 여기에 북한도 중국의 동해안 통로 역할을 하며 일정 부문 이권을 챙길 듯하다. 이런 측면에서도 미국의 "아시아 회귀"는 남중국해 문제만 놓고 해석하면 안 된다. 해양주권 수호, 자원 확보와 더불어 항로 장악이라는 이권도 도사리고 있으며 그런 까닭에 한반도의 지정학적 위치가 더욱 돋보인다. 한반도는 지리적으로 북극항로의 컨트롤 타워에 해당한다. 세계 물류의 일정량이 북극항로를 타고 이루어질 것이고 수에즈항로는 석유수송로 정도로 지위가 격하될 듯하다. 중국의 태평양함대(만약 제4의 함대가 만들어지면)가 아마 북극항로를 책임질 것 같다.

푸틴 대통령은 2012년 5월 러시아의 전략안보와 경제이익을 보호하기 위해 북극지역과 극동해군을 강화할 것을 주문했다. 러시아는 당장 북극지역에 이익수호 조치를 취하지 않으면 21세기 중엽쯤 이 지역 주도권을 놓칠 수 있다고 판단하고 있으며 그 연장선에서 다양한 선제조치를 내놓고 있다. 예컨대 2013년 5월 러시아 연방안전국(FSB)은 2020년 이전에 신형군함 4척을 북극지역에 파견할 것이라고 밝힘과 아울러 혼합 무장병력을 배치한다는 목표도 세웠다고 말했다. 이는 북극지역의 정치 및 경제이익을 보호하기 위한 조치로 여겨진다. 이런 러시아의 움직임에 자극을 받아 노르웨이는 북극지역에서 러시아 공군에 대항하기 위한 현대화 작업에 힘을 기울이고 있다. 또한 캐나다는 북극에서 정기적으로 군사훈련을 하며 이 지역에 캐나다의 몫이 있다는 점을 해마다 상기시킨다. 이런 와중에 뜻밖에도 미국은 북극문제에 소극적 자세를 보인다. 그러나 이는 무관심의 표현이라기보다는 경제성의 확보 때까지 뒤로 미루는 제스처에 불과하다. 초기비용을 미국이 굳이 부담할 필요가 없기 때문이다. 더구나 북극매장 석유는 탐사와 시추에 드는 막대한 비용을 감안할 때 높은 기름값이 일상화돼야 그나마 수지타산이 맞다. 하지만 고유가 정책은 기본적으로 미국의 이익에 반하므로 현 상태에서는 이 문제를 묻어두면서 어느 한 나라가 북극을 독점하는 상황을 저지하는 데 만족하는 듯하다.

미국보다 오히려 중국이 북극에 더 주목하고 있다. 중국은 글로벌 양대 에너지 보고인 중동과 남해지역의 긴장국면이 유지되는 가운데 동일한 무게의 경제와 전략적 의미를 가진 북극도 쟁탈전이 불가피할 것으로 판단한다. 북극은 아직 미개발상태에 있는 양대 처녀림으로 풍부한 오일가스, 광산 등 자원이 매장된 것으로 추정된다. 그래서 점점 북극지대를 대상으로 전략적 배치작업을 전개하고 있다. 이는 달리 말해서 "북극 신냉전"의 총성이 조용히 울렸다는 신호다. 관련 전문가들은 빠르면 2040년 북극에서 대서양과 태평양을 연결하는 두 가지 루트가 열릴 것으로 전망하고 있다.

이런 중국의 열망과는 달리 북극위원회는 비북극국가가 주도하는 상황을 배제하려고 한다. 그럼에도 북극에 대한 중국의 개입을 가로막지는 못할 것 같다. 왜냐하면 북극개발에는 견실한 시장과 거액의 자금이 소요되기 때문이다. 따라서 중국의 북극진출에 큰 장애는 없는 편이다. 중국은 이미 캐나다 북쪽 셰일가스 개발에 수백억 달러를 투자했고 러시아와 함께 석유와 천연가스 파이프라인 건설을 추진하고 있다. 원자바오는 2012년 4월 유럽 4개국을 순방할 당시 몸은 유럽에 머물렀지만 마음만은 북극에 있었다. 당시 그의 방문지로 아이슬란드와 스웨덴이 포함됐는데 아이슬란드와 스웨덴은 북극위원회 회원국으로 북극문제에 관한 당사자로 인정을 받고 있는 상태다. 게다가 스웨덴은 북극위원회에 중국이 상임 옵서버국으로 참여하는 것을 지지했으며 아이슬란드도 경제지원을 내건 중국에 긍정적 의견을 표명했다. 이에 송타오 중국 외교부 부부장은 2012년 4월 이미 스웨덴의 지지를 얻었으며 북극위원회 옵서버 지위도 신청했다고 밝혔다. 또한 그는 지열에너지를 발전시킬 구상을 밝히며 아이슬란드의 우수한 지열발전 기술에 찬탄을 보냈다. 더구나 중국과 덴마크의 경제관계도 나날이 강화되고 있어 중국의 북극진입에 긍정적 환경을 제공하고 있다. 그리고 2013년 5월 중국은 마침내 한국, 일본, 인도, 이탈리아, 싱가포르와 함께 정식 옵서버 지위를 획득했다.

중국은 자원과 에너지 분야 이외에 북극신항로 개통도 주목하며 "설룡호"와 더불어 빙하 충격을 견딜 수 있는 화물선과 유조선을 건조하여 시범항해 중이다. 중국은 현재 설룡호에 탐사대를 태우고 빈번하게 북극을 누비고 있다. 중국은 자원이 풍부한 북극지대에 대해 전략적 이익을 가지고 있으며 탐사범위를 확대하길 희망한다. 이런 중국의 북극진출 확대에 미국 등은 경계심을 보이고 있다. 미국 내에서 북극 연구가들은 북극에 대한 미국 정부의 소극적 자세에 불만을 터트리며 미국이 보유한 쇄빙선은 3척에 불과한데 그나마도 한 척만 제대로 가동할 수 있다고 미 행정부의 안일한 자세를 힐난한다. 이는 오대양을 주름잡는 미 해군의 위상과 비교해 북극에 대한 미국의 피동적 자세를 단적으로 드러낸다.

미국의 피동적 자세와 달리 중국은 적극적 행보를 이어가고 있다. 중국은 2004년 7월 한국의 다산기지 옆에 황하기지를 설립했는데 붉은색 빛깔의 기지 정문에는 두 마리의 사자상이 양옆으로 떡하고 버티고 서 여기가 중국의 영역이라고 포효하고 있다. 참고로 황하기지는 500평 규모의 2층 건물로 시설과 규모에서 니알슨 기지촌 안에서 선두를 달리고 있으며 현재 20명가량이 머물고 있는데 중국은 애초에 중국이 전 세계에서 차지하는 인구비중을 그대로 북극에 축소 적용하려는 듯이 이보다 몇십 배 많은 인원을 파견할 계획이었다고 한다. 그러자 그 규모에 놀란 노르웨이 정부가 이를 거부하여 1/20로 파견인원이 대폭 축소됐다. 중국은 남극에도 상당한 인원을 파견하고 있는데 1989년 건립한 5,800평 규모의 남극 장성기지에 200여 명을, 1985년 건립한 남극 중산기지에 70여 명을 운용하고 있으며 뒤늦은 진출에 한풀이하듯 수시로 설

500 굴기의 시대

룡호에 탐사인원을 태우고 남극과 북극을 휘저으며 왕성한 활동을 벌이고 있다. 여기에 더해 중국 국가해양국은 빠르면 2013년 늦어도 2014까지 배수량 8,000톤급 쇄빙선을 자체 건조해 극지방에 투입할 것이라고 밝혔다. 이처럼 북극을 향한 중국의 눈길은 나날이 뜨겁고 노골적으로 변하고 있으며 서부시대 개척자들이 노다지를 캐는 그 심정으로 북극을 가슴에 품는다.

崛起

선택과 집중의 묘를 상실할 경우 우주는 탐구를 위한 탐구가 될 가능성이 높은 신기루와 같은 존재다. 중국은 러시아의 실용성에 중국 특유의 경제성이 결합된 형태로 우주개발을 추진하면서 그들만의 하늘을 만들어가고 있다. 이에 반하여 미국은 시간의 늪과 미지의 공포 속에 질식된 나머지 화려함의 마법에 깊숙이 빠져들고 있다. 비대해질 때로 비대해진 그 덩치를 유지하기 위해 계속 동화 속 아름다운 이야기를 지어내고 있지만 그 속에서 한 조각의 현실을 찾기는 정말 힘겨운 일이다. 파생효과를 노래하는 일도 이제 슬슬 질릴 때도 됐다. 고래 이래로 인류가 투자한 영역 가운데 가장 큰 적자를 보는 곳이 바로 우주인 것 같다. 만약 이 돈을 지구에 투자했다면 우리가 꿈꾸는 그 우주의 모습이 현 지구에 재현됐을 수도 있다. 적어도 지금보다는 더 파라다이스 근처에는 한발 더 다가서지 않았을까 생각해 본다. 일례로 NASA만 해도 2012년 약 180억 달러 정도를 사용했으며 앞으로도 매년 이 정도 예산을 편성해놓고 있다. 이렇듯 반세기 이상 인류가 천문학적 돈을 우주에 뿌렸으면 이제 몇 달러짜리라도 돈 될 만한 것을 우주에서 직접 캘 필요가 있다고 생각한다. 우리가 중국에 기대하는 일이 그리 큰 것이 아니다. 바로 이 정도를 해주길 바랄 뿐이다.

1장
우주굴기, 모든 굴기를 제압하다

인류는 우주에 산술급수적으로 다가서고 중국인은 기하급수적으로 다가선다.

중국은 2011년 12월 말 『중국의 우주』라는 제목의 도발적 백서를 발표했다. 이 백서는 그간 5년간의 우주정책을 점검하고 다가올 5년을 대비하는 제시적 성격이 강한 문건으로 중국은 2006년에도 같은 제목의 백서를 발간했다. 예전부터 중국은 우주산업을 국가발전 전략의 주 구성 부문으로 보고 이를 적극 육성했는데, 여기에는 군사 전략적 측면이 강하게 내포되어 있었다. 즉, 양탄일성(兩彈一星)으로 대변되는 비대칭 전력을 통해 강대국 지위를 굳건히 하고 이를 통해 재래식 무기 비축에 전용될 비용을 경제개발로 전환한다는 사고가 깊이 깔려 있었다. 하지만 현재는 각기 다른 콘택트렌즈를 끼고 우주를 균형적으로 바라보고자 한다. 지금 중국의 왼쪽 눈에는 군사 전략이라는 콘택트렌즈가 오른쪽 눈에는 경제산업이라는 콘택트렌즈가 끼워져 있으며 이들에 있어 우주는 현실적 객체가 된다.

이 백서는 총 9개 영역에 걸쳐 우주산업을 나누고 각 영역에 관한 중점 발전방향을 제시하며 우주활동은 중국 경제 건설과 사회 발전에서 나날이 중요한 역할을 담당하게 될 것이라고 강조한다. 더불어 중국은 우주발전을 실시할 때 과학발전, 자주발전, 평화발전, 혁신발전, 개방발전이라는 5대 원칙을 엄격히 준수한다고 주장하고 있다. 그럼에도 각국은 중국의 우주개발을 예의주시하며 경계의 눈초리를 보낸다. 이는 중국 항공우주 사업을 이끌고 있는 빅3의 배경만 봐도 금방 알 수 있다. 중국 우주항공 빅3이란 중국항공공업그룹(Aviation Industry Corporation of China, AVIC), 중국항천과공그룹(China Aerospace Science and Industry Corporation, CASIC), 중국항천과기그룹(China Aerospace Science and Technology Corpora-tion, CASC)을 말하는데 여기서 중국항공공업그룹(AVIC)은 주로 비행기를 책임지고 중국항천과공그룹(CASIC)은 각종 미사일을 담당하며 중국항천과기그룹(CASC)은 우주영역에 특화되어 있다. 이 세 그룹의 성격은 정부산하 군사복합체에 가까우며 상호 경쟁보다는 업무분담을 통해 서로 연계되어 중국의 하늘을 책임지고 있다. 그럼 이들 빅3에 대해 간략히 알아보도록 하자.

먼저 중국항공공업그룹은 초대형 국유기업으로 항공장비, 각종 전투기와 폭격기, 엔진, 헬리콥터, 일반항공기, 자동차 등 다양한 분야에 걸쳐 사업을 영위하고 있다. 산하에 200여 개 기업을 거느리고 있으며 이 가운데 상장회사도 20개나 존재한다. 총 직원 수는 40만 명으로 한국의 중소도시 인구와 맞먹으며 2012년 Forturn 세계 500위 기업 가운데 250위에 랭크됐다. 중국항공공업그룹은 '항공보국 강군부민'이라는 기업철학을 내세우며 현재 매출 1조 위안을 향해 분주히 질주하고 있고 2012년 11월 주해 에어쇼에서 이 기업 CEO는 2030년경 중국의 민간 항공기 수가 2.6배 증가할 것으로 예상하며 최신 엔진모델 두 개를 선보였다.

다음으로 중국항천과공그룹을 살펴보자. 이 그룹은 1956년 10월 국방부 제5연구소를 모태로 제7기계공업부, 항천공업부, 항공항천공업부, 중국항천공업총공사, 중국항천기전그룹으로 다양한 변천을 겪으며 현재의 모습을 갖추었다. 그룹 산하에 연구원 2군데, 과학연구생산기지 5군데, 상장회사 6개가 있으며 580여 개의 기업이 소속되어 있다. 총 직원 수는 12.7만 명으로 개중에 전문기술인력이 40% 이상을 차지한다. 이 기업은 "국가이익이 모든 것에 우선한다"는 가치관을 바탕으로 육・해・공과 제2포병단이 필요로 하는 각종 탄도미사일을 제조하고 있으며 여러 우주계획에 참여했으며 레이더와 온갖 특수차량도 제조하고 있다. 마지막으로 중국항천과기그룹은 1999년 7월 1일 설립된 초대형 국유기업으로 그 뿌리는 1956년 설립된 국방부 제5연구원으로 거슬러 올라간다. 산하에 8개의 대형 과학연구생산 복합체와 중국위성통신그룹, 중국장청공업총공사 등 11개 특수회사와 8개 지역성 우주산업기지, 8개 국내외 상장회사를 거느리고 있다. 우주운반체, 유인우주선, 인공위성, 전략무기들을 생산하고 있다. 직원 수는 14만 명이며 총 자산규모는 1,553억 위안으로 2009년 기준 매출은 약 700억 위안이고 이익은 70억 위안을 약간 상회했다. 이쯤에서 중국 우주항공산업 트로이카를 알아보는 것은 마치고 이제 항공우주 분야를 몇 가지 카테고리로 나누어 살펴보자.

■ 우주운반시스템과 유인우주선

중국은 2006년부터 "장정(長征)" 계열 탑재로켓을 67차례 발사했고 79개 우주비행체가 예정된 궤도로 성공적으로 진입하여 탑재로켓의 신뢰성이 크게 상승했다. 예전보다 장정계열 탑재로켓의 성능이 한층 개선되었고 신세대 탑재로켓 연구개발도 중대한 진척을 보이고 있는 것으로 알려진다. 유인우주선 분야의 경우 선조우 7호 유인우주선을 성공적으로 쏘아 올리며 기술력을 검증받았고 이어서 우주공간에서 각종 재료실험을 하며 우주대국의 특권을 한껏 누렸다. 특히 세계에서 3번째로 우주유영 관련 핵심기술을 가진 국가로 부상하며 미국, 러시아와 더불어 빅3 체제를 굳히고 있으며 2011년 9월과 11월에 각각 성공적으로 도킹실험을 마치며 이제는 명실상부한 우주강국임을 세계에 각인했다. 또한 2013년 5월에는 중국 쪽에서 미확인 로켓 발사체가 하늘로 치솟았다는 소문이 돌아 중국이 인공위성 요격미사일 실험을 한 것이 아닌가라는 소문이 돌았지만 중국과학원이 우주공간 고에너지 입자, 자기장 등을 연구하기 위해 관측 장비를 탑재한 과학용 로켓이라고 해명함에 따라 이 일은 해프닝으로 마무리됐다. 중국은 5년 전 이미 지상에서 탄도미사일을 발사해 낡은 기상위성을 요격한 경험이 있으며 당시 미국은 중국이 위성요격무기(ASAT)체계를 완성한 것이 아닌가라며 신경을 곤두세웠다.

▣ 인공위성과 심우주 관측

지리 관측 위성의 경우 기본적으로 "풍운", "해양", "자원", "원격감지", "천회" 등 위성계열과 "환경과 재난 감측예보 소위성 성좌" 구조를 확립했다. 풍운 기상위성은 글로벌, 3차원, 다차원 스펙트럼의 정량관측 능력을 구비하고 있으며 풍운 2호는 정지궤도위성으로 쌍성관측을 실현했다. 2008년 5월 발사된 "풍운 3호" 기상위성은 극궤도기상위성으로 적외선 관측복사계와 적외선 광선분리계 등 10여 가지 장비들이 설치돼 있다. 한편 석 달 후 중국은 첫 해양 동력환경위성을 발사했는데 이 위성은 모든 시간대 관측이 가능한 것으로 알려진다. 아울러 "자원" 위성의 공간분별률과 영상의 질도 대폭 향상됐고 방송통신위성의 경우 대용량 지구정지궤도위성 공용플랫폼 분야에서 돌파구를 마련했다. 이어서 "중성 10호"를 발사하며 방송통신 위성의 기능과 용량이 대폭 향상됐다. 게다가 "티엔리엔 1호" 발사로 관제 데이터전송과 우주비행체의 관제 감측통제 서비스 분야 기초역량 역시 갖추게 됐다.

또한 중국은 북두(北斗)위성항법시스템을 전면 건설하고 있는데 이 시스템은 5개 지구정지궤도 위성, 5개의 지구동보궤도위성, 4개 중원지구궤도위성으로 구성된다. 중국은 2007년 4월부터 위성 10개를 성공적으로 발사했고 아태지역 고객에게 시범운영 서비스를 제공할 조건을 갖추고 있다. 과학위성과 기술시험위성을 발사하며 우주환경탐측, 우주과학실험, 신기술검증들을 위한 플랫폼을 마련하고 있으며 더불어 심우주 관측에도 일정한 성과를 보이고 있다. 2007년 10월 24일 첫 달 관측체인 "항하 1호"를 성공적으로 발사해 정확한 궤도변경을 실현했고 달 주위를 돈다는 최초 목표를 완수하며 과학 데이터와 달 화면을 얻었다. 중국은 이에 만족하지 않고 2010년 10월 1일에 항아 2호를 발사해 달을 관측했으며 분별률이 한층 향상된 달 영상과 관련 자료를 받아 달 착륙의 꿈에 바짝 다가서고 있다.

▣ 우주발사체 기지와 관측 및 통제

중국은 주천, 서창, 태원에 있는 3개의 우주발사체 기지를 개선하며 종합실험능력과 고밀도 발사성능을 한층 높여 유인우주선, 달 탐측체, 각종 위성의 발사 임무를 원만히 수행했다. 중국은 현재 차세대 탑재우주선 발사 수요를 만족하기 위해 해남에 우주발사기지를 추가로 조성하고 있다. 더불어 지면 관측과 원양측량 분야 역시 개선했는데 우선 4개 관측소와 1개 데이터 처리센터로 조직된 네트워크 체계를 만들었다. 우주관측통제 역시 육지에서 우주제어로 점점 넘어가고 있으며 지구공간감측에서 우주감측으로 범위를 확대하고 있다. 이들 시설은 위성제어와 함께 유인우주선 지원과 우주감측 지원 역할도 담당할 것으로 알려진다.

▣ 지리 관측과 공간과학

지리 관측 위성의 응용영역과 규모가 확대되고 있다. 자원 위성은 토지, 지질광산, 농업, 임업, 수리 등 자원과 지질화재 조사, 감측과 관리, 도시계획 등에서 중요한 업무를 담당하고 있다. 북두위성항법시스템의 경우 이미 교통운수, 해양어업, 수문관측, 통신, 전력 조절과 재난감소 등 영역에서 응용이 이뤄지고 있다. 공간과학은 공간탐측, 달 과학연구, 미중력과학과 공간생명 과학, 공간환경탐측과 예보로 구성된다(출처: 국무원 신문판공실, 『2011년 중국의 우주』).

이처럼 중국은 여러 분야에 걸쳐 항공우주산업을 발전하고 이를 사회 각 부문에 응용하려 한다. 기술개발을 위한 개발이라는 오류에 빠질 것을 걱정하며 가급적 이익창출과 병행하는 방향으로 나아간다. 중국은 러시아의 실용성에 중국 특유의 경제성이 결합된 형태로 우주개발을 추진하고 있어 화려함의 마법에 빠져든 미국을 21세기 이내에 제칠 것으로 판단한다. 또한 중국은 우주가 인류에 가까이 있으며 중국인은 한층 더 가까이에 있다는 사실을 자랑스럽게 생각하고 있는데, 인민일보는 지난해 6월 선저우 9호를 다룬 한 사설에서 인디언 추장 시애틀(Chief Seattle)이 말한 "인류는 대지에 속하나 대지는 인류에 속하지 않는다"는 문구를 인용하며 "우주는 인류에 속하나 인류는 우주에 속하지 않는다. 우주와 인류는 정복과 피정복 과정 속에 있으며 중국의 찬란한 우주탐험을 기대한다. 탐험자에게 미래가 있으며 이는 우리와 끝없는 우주의 다정한 포옹과 같다"고 소회를 밝혔다.

2장
신의 배, 천궁의 품에 안길 때

신의 배가 천궁의 품에 안길 때 중화는 찬란하게 빛났지만 그 옆의 반도는 깊은 바닥 속을 헤맸고 이웃 섬은 자욱한 안개 속을 거닐었다.

평소라면 짙게 어둠이 깔릴 2011년 11월 03일 새벽 1시 47분경 중국은 환한 대낮으로 물들었고 13억 중국인은 밤잠을 설쳐가며 신의 배가 천궁의 품으로 들어가는 장면을 지켜봤으며 속속 중난하이(中南海)에 집결한 최고 지도자들은 중국이 우주강국의 반열에 올랐음을 들뜬 마음으로 자축했다. 이로부터 7개월이 흐른 2012년 6월 18일 신의 배는 3명의 중국인을 태우고 천궁의 품에 무사히 안착했다. 중국은 유인우주선 도킹에 성공하며 2단계 전략의 대미를 장식했고 미국, 러시아와 함께 진정한 우주강국 트로이카 체제의 문을 열었다. 이에 더해 중국은 2020년경 독자적인 우주 정거장을 운영할 계획인데 공교롭게도 이 시점에 국제우주정거장(ISS)의 수명이 다하는 것으로 알려진다. 이때쯤 일시적일지라도 중국이 우주정거장을 운영하는 유일한 주체가 될 가능성이 높다.

한편 징하이펑(景海鵬), 류왕(劉旺) 이외에 첫 여성 우주인인 류 량(劉洋)을 탑승시키며 소소한 이야기도 만들어냈다. 이들 3명은 천 궁에서 6일 정도 머물며 열다섯 가지 실험을 했으며, '네 발 달린 것은 의자만 빼고 다 먹는다'는 중국인의 식도락을 반영하듯이 이 들 우주인은 천궁에 머물면서 7가지 종류의 70여 가지 중식을 즐 겼다. 세계 최초의 유인우주선을 발사한 국가는 구소련이고 가장 먼 저 달에 착륙한 나라는 미국이지만 단연코 우주에서 가장 다양한 음식을 즐긴 나라는 중국일 듯하다. 더불어 풍성한 미담(?)도 남겼는 데 이들은 6월 24일(음력 5월 5일) 단오절에 종즈를 먹으며 우주에 서 단오절을 보낸 최초의 중국인으로 기록됐다. 한국이 중국의 단 오절을 유네스코에 등록했다고 전 중화권이 궐기한 기억을 되살리 면 한국에 대한 중국의 가장 세련된 보복인 셈이다. 비록 사소한 일이지만 이도 세월이 흐르면 역사적 증거자료가 되며 권위를 인 정받게 된다. 중국은 자신의 자손이 우주에서 단오절을 보낸 일을 우주의 역사에 기록하며 후세에게 한국을 도둑으로 만들었다.

중국은 유인 우주선 도킹에 성공하면서 첫걸음인 양탄일성에서 863계획을 지나 이제는 921공정의 세 번째 단계로 진입했다. 여기 서 양탄일성이란 "핵탄두, 미사일과 위성"을 뜻하고 863계획은 첨 단기술 육성계획을 말한다. 그리고 921공정은 세 단계의 독자적 우주개발 프로그램으로 유인우주선 발사에 이어 도킹과 우주인 체류를 거쳐 우주정거장을 건설한다는 계획을 일컫는다. 2009년과 2011년 연이어 나로호 발사에 실패한 한국, 38만 4천km의 달이 아닌 6m의 강바닥을 파던 한국과 정말 대비된 결과다. 2012년 말 가까스로 나로호 발사에 성공했지만 이를 한국의 온전한 성과라고 보기는 힘들다. 그 몸은 한국 것이나 심장은 러시아 것을 빌려왔기 때문이다.

기회가 있다면 후진타오, 원자바오가 우주항공 관련 성과를 축하하는 화면을 유심히 지켜보길 바란다. 한 무더기의 과학기술자들이 도열한 가운데 일일이 악수를 권하며 그동안의 노고를 위로하는 모습이 언제나 클로즈업된다. 이 장면에서 이들 지도자가 누구의 앞에 발걸음을 멈추고 가장 긴 시간 환담을 나누며 밝게 웃는지 살펴보길 바란다. 십중팔구 젊은 20대 기술자의 앞에서 장시간 대화를 나눌 것이다. 그 외 일반보도 화면도 젊은 과학자들을 지속적으로 노출시키며 중국의 미래가 밝음을 과시한다. 만약 같은 일이 한국에서 벌어진다면 아마 과학자라기보다는 이제는 행정관료에 더 가까운 이들이 클로즈업되며 모든 것이 자신의 공로인 것처럼 일장 연설을 하는 장면을 담을 것이다. 중국은 젊은이가 과학의 미래를 짊어진다고 선전하지만 한국은 노인이 과학의 미래를 닦았다고 과시한다. 그 결과 한국의 젊은 과학자는 잡부 정도로 다루어지고 과학계는 정체되고 관료화된다.

한국의 우주개발 경쟁력이 어느 단계에 있는지 예단하기는 힘들다. 위성 분야는 두각을 보이는 듯하지만 발사체인 로켓 분야는 낙후된 상태다. 이는 뇌만 발달하고 심장은 부실한 사람과도 같다. 일본 아사히신문은 일본우주항공연구개발기구(JAXA) 관계자의 말을 인용해 한국의 로켓기술이 일본보다 50년 뒤졌다는 충격적인 논평을 내놓았다. 나로호는 제대로 날아보지도 못하고 우주 저편으로 사라져버려 10번째 우주클럽 가입의 꿈은 물거품으로 끝났다. 반면에 중국은 2012년 4월 말부터 5월 말까지 한 달 사이 로켓을 다섯 차례 우주로 쏘아 올렸다. 최근에는 달 착륙 탐사선 창어 3호에 탑재할 탐사차량인 "중화파이(中華牌)"의 모습을 대외에 공개하며 이제 달을 향해 눈길을 돌리고 있다. 만약 중화파이가 임무를 완수할 경우 달에 유인우주선을 보내는 작업은 한층 탄력을 받을 것이다. 2013년 6월경에는 선저우 10호를 발사해 유인우주선 운용기술을 확실히 습득한 후 천궁 2호와 천궁 3호를 차례로 발사해 2015년 이전에 우주실험실(Space lab)을 만들 생각이다.

이렇듯 중국은 머지않은 장래에 달 탐사 위성을 쏘아 올리고 달에 붉은 오성홍기를 꽂을 생각이다. 2020년 전후로 독자적인 우주정거장을 건설할 예정으로 그 규모는 국제우주정거장(ISS)의 1/6 수준인 것으로 알려진다. 일례로 나사는 우주정거장 항목만 해도 매년 30억 달러가량의 예산을 편성하고 있는데 중국은 아직 이 정도 수준으로 예산을 집행할 능력이 안 된다. 이어서 2030년에는 화성에 유인탐사선을 보내어 우주개발의 한 페이지에 마침표를 찍을 계획이다. 중국의 우주선 발사 성공률은 이미 95% 정도로 세계적인 수준이다. 중국은 2003년 유인우주선 선저우 5호 발사성공에서 2011년 톈궁 1호의 도킹성공까지 짧은 시간에 비약적인 발전을 이뤘다.

혹자는 2040년경에는 중국과 미국의 우주기술 격차가 역전될 것으로 전망하는데 실제로 중국이 달에 단순히 깃발을 꽂는 것 이외에 달에서 미국을 압도하는 무언가를 시연하거나 달 이외의 다른 행성에 유인 우주선을 보낸다면 세계는 중국의 우주시대가 확실히 열렸음을 분명히 인정할 것이다. 끝으로 중국은 우주의 군사화와 군비경쟁 반대 태도를 견지하고 러시아와 공동으로 '우주무기 미배치에 관한 조약' 초안을 제출하며 미국의 입장변화를 요구한다. 하지만 미래 중국이 현재의 미국이 될 수도 있다. 중국 굴기가 중국 패권으로 변할 수 있듯이 우주굴기도 우주패권으로 바뀔 수 있기 때문이다.

3장
우주굴기와 경제효과

중국에 있어 우주는 꿈의 실현 장소가 아니라 이익의 실현 장소다.

우주산업은 일국의 과학기술과 공업발전 수준을 측정하는 가늠자다. 과학, 군사, 정치, 경제, 공익 등 측면에서 중요한 작용을 한다. 근래 글로벌 우주산업은 빠른 성장세를 유지하고 있는데 2010년 글로벌 우주산업 규모는 2,765억 달러로 5년 전보다 40% 정도 확대됐다. 그 가운데 위성산업이 68% 비중을 차지한다. 중국은 2012년 한 해만 해도 수십 차례 우주선을 쏘아 올리며 자신의 앞날이 우주산업에 있음을 드러내며 지금은 고빈도 발사시기라고 밝힌다. 즉, 한창 관련 기술과 경험을 축적할 단계라는 말이다.

중국은 12차 5개년 계획에 따라 100차례 정도 로켓을 발사해 위성 100개가 지구궤도를 촘촘히 돌도록 할 생각인 것으로 알려진다. 많은 전문가들이 우주대국이라고 자신하려면 독립적이고 완전한 우주 시스템을 구축해야 한다고 말하고 있는데 이는 적어도 100개 전후의 우주 궤도물체를 보유해야 함을 의미한다. 그런데 중국은 아직 30개 정도에 불과해 400여 개를 운영하는 미국과 큰 차이를 나타내고 있다. 그러므로 앞으로의 전망은 그리 비관적이지 않다. 중국의 국력이 더 강대해지고 기술이 발전함에 따라 중국은 우주공간 시스템을 적극적으로 구축할 것으로 판단되며 지금만 해도 욱일승천하는 기세로 우주 산업이 성장하고 있다. 예컨대 중국은 2010년 로켓 15차례, 위성 20차례를 발사했고 2011년에는 미국을 제치고 두 번째로 많은 로켓을 우주로 쏘아 올렸다. 첫 번째는 36차례를 쏘아 올린 러시아가 차지했다. 위성의 경우 2010년에 이미 20개를 발사하며 미국을 앞질렀다. 나사(NASA) 편성예산을 볼 때 운반체 분야는 앞으로 축소 지향적으로 흐를 가능성이 높다.

이에 그치지 않고 2012년에는 인공위성과 유인우주선들을 포함해 28기를 우주로 쏘아 올렸고 2012년 12월에는 내몽고에 있는 위성센터에서 터키 관측위성을 성공적으로 쏘아 올리며 이게 돈벌이도 된다는 점을 드러냈다. 터키는 자원탐사 등 비군사적 용도로 사용할 것이라고 밝혔지만 그 말을 액면 그대로 믿을 나라는 없다. 미국이 각종 요인으로 머뭇거리는 사이 중국은 현재 그들만의 시장을 만들어가고 있다. 중국은 앞으로 유인 우주정거장, 달 탐사 프로젝트, 제2세대 북두위성항법시스템, 차세대 탑재로켓 등 특별 프로젝트를 진행할 계획이고 이는 관련 산업의 빠른 발전을 견인한다. 더구나 우주 산업은 매우 높은 경제유발 효과를 가지며 전반적 과학기술 수준을 한 단계 끌어올리는 촉매제 구실도 한다.

한편 중국은 북두위성항법시스템에 따라 2020년 이전에 30여 개의 추가 항법위성을 발사할 계획이며 중국항천과기그룹이 위성과 로켓 부분을 담당할 것으로 알려진다. 중국항천과기그룹은 중국 우주 산업 발달에 있어 중추적인 역할을 담당하는 기업으로 앞으로

100개의 발사로켓을 추가 생산할 계획이다. 기업매출은 2006년 390억 위안에서 2010년 994억 위안으로 155% 확대되었고 이익은 15.4억 위안에서 84.7억 위안으로 450% 늘었다. 이익증가율이 매출증가율을 3배 정도 앞서는 것으로 나타났는데 이는 중국 우주 산업이 규모경제로 진입하고 있음을 드러낸다. 2011년 성장세가 약간 주춤했지만 그럼에도 매출 1,018억 위안과 이익 91.4억 위안을 기록하며 우주 산업이 계속 성장하고 있고 돈 되는 사업임을 증명했다. 중국에 있어 우주는 탐구대상보다는 이익대상으로 과학자들이 한데 모아 우주의 신비를 푸는 산업이 아니라 그 속에서 돈 될 만한 것을 발굴하는 산업이다.

우주 산업 발전은 직접과 간접 효과로 나뉘는데 직접효과 측면에서 가장 두드러진 분야는 위성응용산업이다. 관련 전문가들은 2020년경 중국의 항법응용 산업규모가 1,000억 위안에 달할 것으로 전망하고 있다. 중국의 북두 위성항법시스템은 세 단계 발전 전략을 채택했으며 지금은 마지막 단계에 놓여 있다. 첫 번째 단계는 2000~2003년 사이로 북두항법 시범체계를 수립하면서 세계 3번째로 자체 위성항법 시스템을 가진 나라가 됐고, 두 번째로 단계는 2012년경 전체 아태지역을 커버하는 시스템을 성공적으로 구축하면서 마무리됐다. 만약 세 번째 단계가 완료되면 중국은 2020년 이전에 전 세계를 커버하는 북두 위성항법 시스템을 갖추게 되고 이는 세계가 중국의 시야에서 벗어날 수 없다는 점을 의미한다. 참고로 2003년부터 지금까지 이 시스템 건설에 직접 투입된 정부 지원금은 35억 위안 정도며 2015년 이전에 그 배에 달하는 금액이 집중 투입될 것으로 전망된다.

이 시각 현재 북두 위성항법시스템은 중국과 주변지역에 걸쳐 위성항법 서비스를 제공하고 있는데 그 성능은 미국의 GPS와 비슷하며 자체 개발한 칩과 패널을 탑재하고 있다. 그럼에도 아직은 미국의 GPS가 가진 위상을 넘지 못하고 있다. GPS는 글로벌 위성 항법 시장에서 절대적 시장지배력을 보유하고 있어 후발주자인 중국 북두시스템에 상당한 장벽으로 작용한다. 그러나 북두시스템 역시 그 나름의 경쟁력을 가지고 있으며 최대장점으로 꼽히는 것이 바로 항법과 통신의 긴밀한 연계다. 이를테면 2008년 사천 대지진이 발생했을 당시 광범위한 통신두절 현상이 발생했는데 이때 재난 지원부대가 북두시스템을 탑재한 장비를 들고 구조현장에 투입되어 통신망점을 극복한 것으로 알려진다. 게다가 사막과 초원 등지에서 휴대폰이 불통되더라도 자체 메신저 기능이 구비되어 있어 상시적 소통을 유지할 수 있다는 장점이 있다. 일각에서는 전세계 위성항법산업규모가 5,000억 달러에 달하고 중국은 대략 800억 달러 정도라고 추정한다. 중국은 2015년까지 북두의 중국항법시장 점유율을 15～20%까지 만들고 2020년경에는 70～80%까지 끌어 올릴 계획이다. 이를 통해 북두와 GPS를 겸용하는 시대로 나아가고자 한다.

덧붙이자면 북두시스템과 GPS 시스템의 최대 차이는 가격이며 기능 면에서는 거의 근접한 것으로 알려진다. 따라서 북두가 GPS와 어깨를 나란히 하기 위해서는 보급확대를 통해 가격을 최대한 낮출 필요가 있다. 미국과의 적대적 경쟁관계에 대한 부담 때문인지 북두의 위치를 GPS의 경쟁재가 아닌 보완재로 두고 글로벌 위성 시스템에 편입되길 희망한다고 밝힌다. 후발주자라는 핸디캡을 안고 있어 조건이 까다로운 민간 부문보다는 전략적 판단이 우선시되는 군용 부문을 먼저 노크하고 있으며 파키스탄과 물밑 협상을 벌이고 있다. 파키스탄은 항법과 무기 정밀타격 측면에는 좋은 점수를 주었지만 완전한 가용성에 대해서는 약간 의문을 표하는 실정이다. 그럼에도 북두 시스템이 파키스탄 국방력 향상에 있어 중요한 역할을 할 것임은 틀림이 없다. 일례로 Bubar 순항 미사일과 Shaheen-Ⅱ 탄도 미사일은 모두 위성항법에 의해 유도가 필요하고 특히 Bubar 순항 미사일은 핵 억지력의 주요 전력으로 2차 핵 보복 플랫폼에 있어 중요한 역할을 담당한다. 이런 측면에서 북두 시스템은 파키스탄 핵전력을 한층 세련되게 만들 것이며 잠수함 전력에 있어서도 위치정보 기능은 필수로 이 부문의 부족을 북두 시스템이 일부 보완해줄 것으로 기대한다.

우주산업은 위와 같은 직접효과 이외에 부수적인 간접효과도 막대하다. 중국 관련 기관들은 대체로 우주영역에 1위안을 투입하면 7~12위안의 유발효과가 발생하는 것으로 추산한다. 240억 달러를 투입한 아폴로 계획은 과학기술 성과가 민간 부문으로 파생됨에 따라 1,000억 달러 이상의 시장을 형성했고 500여 개 하이테크 특허기술을 발명함과 아울러 3,000여 개 기술성과를 유발한 것으로 알려진다. 한편 중국의 우주항공산업 전략목표에는 우주민용 시장 확대도 포함된다. 중국우주기금회 데이터에 따르면 미국은 공간기술 산업화로 벌써 2조 달러 이상 이익을 창조하고 있는 것으로 알려진다. 이와 비교해 프랑스의 우주산업 매출규모는 연 3,000억 위안 정도고 중국은 2010년에야 1,000억 위안 관문에 겨우 진입했다. 비록 글로벌 우주산업 매출에서 중국이 차지하는 비중은 3% 전후에 불과한 단계지만 아직 성장잠재력이 제대로 발휘되지 않았다는 점을 고려하면 그리 낙담할 필요는 없다.

2015년 말경 중국의 우주산업 규모는 3,000억 위안을 돌파하며 상업화의 윤곽을 갖출 것으로 예상된다. 이어서 덩치를 계속 불리며 본격적으로 실물경제를 넘어 자본시장으로 그 여파가 파급될 것으로 판단한다. 중국 증권가는 이미 우주산업을 장기 정책호재 분야로 보고 천궁 1호를 기점으로 한 우주정거장 건설 관련 기업들을 주요 수혜종목으로 꼽고 있다. 내심 로켓발사가 우주산업 섹터 촉매제가 될 것으로 굳게 믿고 있으며 이와 관련된 상장회사로는 중국위성(600118), 항천동력(600343), 항천기전(600151), 항천전자(600879), 창천전기(002025) 등이 있다. 마지막으로 중국은 2012년 6월 질질 끌던 <항공법> 입법 조사연구를 정식으로 착수하며 마침내 법적 체계 마련에 나서고 있다. 관계자 외 출입금지 팻말을 붙이고 꼭꼭 숨겨뒀던 우주항공 분야를 시장 앞에 선보일 준비를 하는 셈이다. 앞으로 우주항공 분야는 꿈의 실현 장소가 아니라 이익의 실현 장소로 바뀔 것이다.

지루한 본서를 읽느라 고생한 여러분에게 감사의 마음을 전하며 무언가 하나라도 건진 것이 있기를 진심으로 바랍니다.

김태일 ─────

국내에서 무역학과를 졸업하고 대기업 기획실에서 M&A와 IR 업무를 잠시 경험하였다. 그 후 중국 상해재경대학원에서 중국주식 분야를 연구하였으며, '중국의 세계금융중심 건설 전략'이라는 주제로 경제학 석사학위를 받았다. 중국 1급 학술지인 중국관리과학에 논문을 게재하였으며 그 외 다수의 논문을 발표하였다. 재학 중 한국선물거래소에서 주최한 논문대회에 'KOSPI 주가지수 선물, 옵션 시장 내 투자자 유형별 매매패턴 연구'라는 내용으로 입상하기도 하였다. 현재 중국경제정보분석(CEIA) 수석분석가로 재직 중이며 컨설팅과 강연, 칼럼을 통하여 투자자들과 긴밀한 교류를 하고 있다.

『2009년 중국주식투자 바이블 1』
『2009년 중국주식투자 바이블 2』
『주식투자의 길 1: 철학과 전략』
『주식투자의 길 2: 증시해체』
『차이나 이펙트』(2012 한국경제교육협회 경제교육추천도서)

굴기의
시대

G1으로 향하는 중국몽
초 판 인 쇄 | 2013년 10월 10일
초 판 발 행 | 2013년 10월 10일

지 은 이 | 김태일
펴 낸 이 | 채종준
펴 낸 곳 | 한국학술정보㈜
주   소 | 경기도 파주시 문발동 파주출판문화정보산업단지 513-5
전   화 | 031) 908-3181(대표)
팩   스 | 031) 908-3189
홈 페 이 지 | http://ebook.kstudy.com
E - m a i l | 출판사업부 publish@kstudy.com
등   록 | 제일산-115호(2000. 6. 19)

ISBN   978-89-268-4609-4 03340

이담
BOOKS 는 한국학술정보㈜의 지식실용서 브랜드입니다.

이 책은 한국학술정보㈜와 저작자의 지적 재산으로서 무단 전재와 복제를 금합니다.
책에 대한 더 나은 생각, 끊임없는 고민, 독자를 생각하는 마음으로 보다 좋은 책을 만들어갑니다.